Arnt Wöhrmann

Intangible Impairment

GABLER RESEARCH

Arnt Wöhrmann

Intangible Impairment

Qualitativer Impairment-Test für immaterielle Vermögenswerte

Mit einem Geleitwort von Prof. Dr. Wolfgang Berens

GABLER

RESEARCH

Bibliografische Information der Deutschen Nationalbibliothek
Die Deutsche Nationalbibliothek verzeichnet diese Publikation in der Deutschen Nationalbibliografie; detaillierte bibliografische Daten sind im Internet über <http://dnb.d-nb.de> abrufbar.

Dissertation Westfälische Wilhelms-Universität Münster, 2009

D6

1. Auflage 2009

Lektorat: Claudia Jeske | Stefanie Loyal
Gabler ist Teil der Fachverlagsgruppe Springer Science+Business Media.
www.gabler.de

Umschlaggestaltung: KünkelLopka Medienentwicklung, Heidelberg
Gedruckt auf säurefreiem und chlorfrei gebleichtem Papier
Printed in Germany

ISBN 978-3-8349-2053-9

Geleitwort

Die Bedeutung immaterieller Vermögenswerte in den Unternehmensbilanzen wächst kontinuierlich. Besonders in Krisenzeiten zeigt sich allerdings, dass die Werthaltigkeit dieser Werte schnell erodieren kann. Damit der Abschluss für den Investor eine verlässliche Entscheidungsgrundlage bieten kann, ist kritisch zu hinterfragen, inwiefern Risikopotenziale immaterieller Vermögenswerte rechtzeitig erkannt werden. Dieser Aufgabe nimmt sich Herr Wöhrmann an und untersucht die Beziehungen zwischen Risikomanagement auf der einen und der Abbildung von Intangibles im IFRS-Abschluss auf der anderen Seite.

Die Arbeit zeichnet sich neben der besonders aktuellen Fragestellung vor allem durch zwei Aspekte aus. Zum einen präsentiert der Verfasser die Ergebnisse einer facettenreichen inhaltsanalytischen Auswertung von Geschäftsberichten deutscher Unternehmen. Dabei gelingt es, Schwachstellen beim Status quo der Risikoidentifikation immaterieller Vermögenswerte herauszuarbeiten. Eine weitere Stärke der Arbeit liegt in der umfassenden Würdigung der Frage, ob das bislang in den Unternehmen etablierte Risikomanagement ausreichend gerüstet ist, auch diejenigen Aufgaben zu erfüllen, die im Rahmen des in der Arbeit detailliert vorgestellten qualitativen Impairment-Tests für Intangibles erwachsen.

Sowohl die empirischen Ergebnisse als auch die theoretischen Überlegungen zeigen deutlich, dass ein Anpassungsbedarf im Risikomanagement verbleibt, damit die Abschlüsse den an sie gestellten Anforderungen gerecht werden können. Herr Wöhrmann leistet hier einen wichtigen Beitrag zur Weiterentwicklung insbesondere der Risikoidentifikation bei immateriellen Vermögenswerten. Aus diesem Grund stellt die Arbeit sowohl aus wissenschaftlicher Sicht wie auch aus der Perspektive der Praktiker einen entscheidenden Erkenntnisfortschritt bei der Abbildung und Überwachung von Intangibles dar.

Ich bin daher davon überzeugt, dass die Arbeit von Herrn Wöhrmann auf die ihr gebührende Resonanz treffen wird.

Prof. Dr. Wolfgang Berens

Vorwort

Im Zentrum der Arbeit steht die Erkenntnis, dass der Unternehmenserfolg in entscheidender Weise auch von der Ausstattung mit immateriellen Ressourcen abhängt. Dann, wenn ein Unternehmen plötzlich nicht mehr auf diese zurückgreifen kann, ist der Erfolg gefährdet.

Ähnlich ist dies bei dem „Unternehmen Dissertation". Es verlangt nach mehr als einem Laptop und Büchern, um zum Erfolg zu gelangen. Ich bin glücklich und dankbar, dass ich mich in den vergangenen Jahren immer auf die „immateriellen Ressourcen" in meiner Umgebung verlassen konnte und mir (anders als in der Arbeit) keine Gedanken über die Frage machen musste, ob diese auch in einer Krisensituation zur Verfügung stehen.

Als erstes möchte ich meinem Doktorvater Prof. Dr. Berens danken. Er hat mich durch die Zeit der Dissertation hervorragend begleitet und stand jederzeit als hilfreicher Ansprechpartner zur Verfügung. Die von ihm geprägte Arbeitsatmosphäre ist stets von Vertrauen, Förderung und einem Miteindander geprägt. Besonderer Dank gilt auch Dr. Walter Schmitting für die intensive Durchsicht des Manuskripts und die vielen hilfreichen Gespräche.

Anschließend möchte ich den weiteren Mitarbeiterinnen und Mitarbeitern des Lehrstuhls für eine schöne, lehrreiche und fröhliche Zeit danken: Dr. Daniel Bolte, Dipl.-Wirt. Inform. Marco Dudda, Dr. Klaus Flacke, Dipl.-Kffr. Anna Kaland, Dipl.-Kfm. Thorsten Knauer, Dr. Sabine Knothe, Dipl.-Kffr. Maike König, Dr. Mirko Kraft, Dr. Florian Krol, Dipl.-Kfm. Maik Lachmann, Dr. Jan-Philipp Menke, Dipl.-Kffr. Alexandra Rohlmann, Dr. Andreas Röhrig, Dipl.-Kffr. Kerstin Schmidt, Dipl.-Kfm. Friedrich Sommer und Dr. Andreas Wömpener.

Weiterer Dank gilt dem Sekretariatsteam, Bettina Kleinfelder und Gabriele Paning, das entscheidend zum Funktionieren des Lehrstuhlalltags beiträgt und Garant für die positive Atmosphäre ist. Nicht zuletzt danke ich auch meiner Hilfskraft Maxim Künzel für seine zuverlässige Arbeitsweise und tatkräftige Unterstützung insbesondere in den letzten Monaten.

Natürlich gibt es ein Leben neben dem Lehrstuhl. Ich möchte daher an dieser Stelle ganz ausdrücklich meiner Familie und besonders meinen lieben Eltern, Hans und

Ursula Wöhrmann, danken. Ohne ihre Hilfe wäre in meinem Leben vieles nicht gelungen. Ich konnte und kann mich in jeder Hinsicht stets auf ihre Unterstützung verlassen. Sie haben mir immer ein Zuhause voller Liebe und Geborgenheit gegeben.

Daneben danke ich auch meinen langjährigen Freunden Jan-Philipp Aufdemkamp, Dr. Christoph Becker, Tim Horstmeier, Sebastian Krüger, Antje Mesker und Carsten Sander.

Besonderer Dank gilt meiner Partnerin Christine Uebbing, die während der gesamten Dissertationszeit aber auch darüber hinaus jedes Hoch und jedes Tief mit viel Geduld, Empathie und Liebe begleitet hat. Daher widme ich Dir, liebe Christine, diese Arbeit.

Dr. Arnt Wöhrmann

Inhaltsverzeichnis

Abkürzungsverzeichnis

abs.	absolut
AktG	Aktiengesetz
BC	Basis for conclusion
BilReG	Bilanzrechtsreformgesetz
BörsO	Börsenordnung für die Frankfurter Wertpapierbörse
BT	Bundestag
c.p.	ceteris paribus
CAPM	Capital Asset Pricing Model
DCF	Discounted Cashflow
DCGK	Deutscher Corporate Governance Kodex
DRS	Deutscher Rechnungslegungs Standard
DRSC	Deutsches Rechnungslegungs Standards Committee e. V.
DSR	Deutscher Standardisierungsrat
FASB	Financial Accounting Standards Board
FG	Finanzgericht
Fn.	Fußnote
GE	Geldeinheiten
gem.	gemäß
HFA	Hauptfachausschuss des Instituts der Wirtschaftsprüfer in Deutschland e. V.
HGB	Handelsgesetzbuch

i. V. m.	in Verbindung mit
IAS	International Accounting Standard(s)
IASB	International Accounting Standards Board
IDW	Institut der Wirtschaftsprüfer in Deutschland e. V.
IE	Illustrative Example
IFRIC	International Financial Reporting Interpretations Committee
IFRS	International Financial Reporting Standard(s)
KonTraG	Gesetz zur Kontrolle und Transparenz im Unternehmensbereich
MarkenG	Gesetz über den Schutz von Marken und sonstigen Kennzeichen
o. J.	ohne Jahr
o. S.	ohne Seite
o. V.	ohne Verfasser
PS	Prüfungsstandard
Rk.	Rahmenkonzept (Framework)
Rn.	Randnummer
RS	Stellungnahme zur Rechnungslegung
S & P 500	Standard & Poor`s 500
S.	Seite(n), Siehe
SEC	United States Securities and Exchange Commission
SFAS	Statements of Financial Accounting Standards
SWOT	Strengths, Weaknesses, Opportunities and Threats
TransPuG	Transparenz- und Publizitätsgesetz

Tz.	Textziffer
WpHG	Gesetz über den Wertpapierhandel
ZGE	zahlungsmittelgenerierende Einheit(en)

Symbolverzeichnis

C_R	=	Reliabilitätskoeffizient
$C_Ü$	=	Zahl der Übereinstimmungen
C_A	=	Zahl der Codierungen von Codierer A
C_B	=	Zahl der Codierungen von Codierer B
n	=	Anzahl

Abbildungsverzeichnis

Tabellenverzeichnis

1 Einleitung

1.1 Motivation des Themas

Zum Ende des Jahres 2000 überstieg die Marktkapitalisierung des amerikanischen Energiekonzerns Enron den Buchwert des Eigenkapitals um mehr als 650 % bzw. 64 Milliarden US-Dollar.[1] Die Differenz wurde zum Teil auf das Auseinanderfallen von Markt- und Buchwerten der einzelnen bilanzierten Werte und auch auf (nicht aktivierte) immaterielle Güter[2] zurückgeführt.[3] Ähnlich wird auch für andere Unternehmen argumentiert:[4] Der Wert des Pharmakonzerns Pfizer erklärt sich nicht in erster Line durch die Laborausstattung, als vielmehr durch seine Forschungs- und Entwicklungsaktivitäten, die Marke oder Patente. Bei Wal-Mart sind es nicht die einzelnen Filialgebäude, sondern die effizienten Prozesse, die den Unternehmenswert ausmachen. Im Fall von Enron wurde der Marktwert vor allem mit der Unternehmensreputation erklärt. Als der Konzern am 2. Dezember 2001 seine Insolvenz erklärte und der Bilanzierungsskandal in der Öffentlichkeit diskutiert wurde,[5] fiel der Aktienkurs innerhalb kürzester Zeit von 85 US-Dollar auf 0,68 US-Dollar.[6] Das immaterielle Vermögen, die Unternehmensreputation, war – über Nacht – verschwunden.[7] Im halbjährlichen Monetary Policy Report für den amerikanischen Kongress vom Februar 2002 geht der damalige Notenbankchef der USA, Alan Greenspan, auf die Ereignisse um Enron ein:

> *"The rapidity of Enron's decline is an effective illustration of the vulnerability of a firm whose market value largely rests on capitalized reputation. The physical assets of such a firm comprise a small proportion of its asset base. Trust and reputation can vanish overnight. A factory cannot."*[8]

---

1 Vgl. hier und folgend LEV (2002), S. 131.

2 Vgl. zur Definition immaterieller Güter Abschnitt 2.1. Wird im Folgenden von „immateriellen Vermögenswerten" in Abgrenzung zu immateriellen Gütern gesprochen, so bezieht sich dies auf die nach IFRS aktivierbaren Werte. Vgl. dazu Kapitel 3.

3 Vgl. hierzu auch KIRSCH/KOELEN (2007), S. 280; ARBEITSKREIS "IMMATERIELLE WERTE IM RECHNUNGSWESEN" DER SCHMALENBACH-GESELLSCHAFT FÜR BETRIEBSWIRTSCHAFT E.V. (2002), S. 2337.

4 Vgl. hier und folgend LEV (2002), S. 132.

5 Vgl. HEALY/PALEPU (2003), S. 4.

6 Vgl. PEEMÖLLER/HOFMANN (2005), S. 30.

7 Vgl. GREENSPAN (2002).

8 GREENSPAN (2002). Vgl. Kritisch dazu LEV (2002).

Offensichtlich wird immateriellen Werten heute eine große Bedeutung für den Börsenwert eines Unternehmens beigemessen.[9] Zugleich gelten sie als besonders risikobehaftet.[10] Dies stellt hohe Anforderungen an ihre Abbildung im Rahmen der Rechnungslegung.[11] Obwohl sich die Rechnungslegung, besonders seit Einführung der IFRS,[12] deutlich verändert hat, scheint MOXTERs Bezeichnung der immateriellen Werte als „ewige Sorgenkinder des Bilanzrechts"[13] seine Gültigkeit noch immer nicht verloren zu haben: Da immaterielle Werte nur in Ausnahmefällen auf einem Markt mit bekannten Preisen gehandelt werden, scheidet der Markt als Korrektiv für den Bilanzwert des immateriellen Vermögens regelmäßig aus (IAS 38.78). Dessen ungeachtet verlangen die IFRS, Anzeichen für eine drohende bzw. eingetretene Wertminderung rechtzeitig zu erkennen und gegebenenfalls eine außerplanmäßige Abschreibung vorzunehmen (IAS 36.9). Zur Bemessung der außerplanmäßigen Abschreibung ist daher ein – meist mit Barwertkalkülen[14]– ermittelter Wert dem Buchwert der einzelnen Vermögenswerte gegenüberzustellen (Impairment-Test).[15] Im Rahmen einer Barwertberechnung werden die aus der Unternehmensplanung abgeleiteten Cashflows diskontiert, so dass der Barwert indirekt von den Planungen des Unternehmens abhängt.[16] Nur wenn diese zutreffend sind, kann angenommen werden, dass die Höhe der Abschreibung richtig bemessen ist. Allerdings ist die Wahrnehmung des Unternehmens und seiner Umwelt durch das Management schon früher – und nicht erst bei der Quantifizierung einer Wertminderung – von entscheidender Bedeutung: In vielen Fällen verpflichten die Rechnungslegungsregeln ein Unternehmen nur dann den Wert eines immateriellen Vermögenswertes mit entsprechenden Verfahren zu quantifizieren, wenn das Management zuvor Anzeichen für eine mögliche Wertminderung erkannt hat.[17] Dies gilt vor allem für Unternehmen, die unterjährig zur Rechenschaft verpflichtet sind (IAS 34.B35-B36), und für bestimmte immaterielle Vermögenswerte.[18] Zusammenfassend bedeutet dies, dass die Fähigkeit eines Unternehmens, drohende und eingetretene Wertminderungen zu erkennen, von entscheidender Bedeutung für die

9 Vgl. zur Bedeutung des immateriellen Vermögens Abschnitt 2.2.

10 Vgl. LEV (2002), S. 134.

11 Vgl. DAWO (2003), S. 1.

12 Wird im Folgenden allgemein von internationalen Rechnungslegungsstandards gesprochen, werden dieses als IFRS bezeichnet. Darunter fallen sowohl die einzelnen IFRS als auch die älteren IAS (IAS 1.11).

13 MOXTER (1979), S. 1102.

14 Vgl. hierzu genauer Abschnitt 3.4.3.1.

15 Vgl. PELLENS et al. (2008), S. 260.

16 Vgl. hier und folgend POTTGIEßER/VELTE/WEBER (2005), S. 1751 f.

17 Vgl. WEIßENBERGER (2007), S. 131.

18 Vgl. dazu WEIßENBERGER (2007), S. 131 und Abschnitt 4.3.3.2.3.

Verlässlichkeit der bilanzierten Werte ist. Diese Fähigkeit zeigt sich im qualitativen Impairment-Test und steht im Zentrum dieser Arbeit.

1.2 Zielsetzung der Arbeit

In der Vergangenheit ist der Impairment-Test, der nicht nur für immaterielle Vermögenswerte durchzuführen ist, umfangreich diskutiert worden.[19] Trotz einer großen Fülle an Arbeiten stand zumeist die Operationalisierung des Vergleichs von tatsächlichem Wert und Buchwert im Vordergrund. Im Mittelpunkt der Betrachtung dieser Arbeit soll die – nicht minder wichtige – vorgelagerte Prüfung auf Vorliegen von Wertminderungsanzeichen bei immateriellen Vermögenswerten stehen.

Die Arbeit verfolgt zwei Ziele: In einem ersten Schritt (1. Ziel) soll die Berichterstattung über Wertminderungen immaterieller Vermögenswerte empirisch untersucht werden. Unter anderem soll überprüft werden, zu welchem Zeitpunkt Wertminderungen immaterieller Vermögenswerte erkannt werden. Zu diesem Zweck wird erstmalig die unterjährige Berichterstattung über zum Geschäftsjahresende wertgeminderte Vermögenswerte untersucht und ein Bezug zwischen Abwertungszeitpunkt und Abwertungsursache hergestellt. Wertaufholungen werden in dieser Arbeit nur am Rande betrachtet.

Vor dem Hintergrund der gewonnenen Ergebnisse soll in einem zweiten Schritt (2. Ziel) analysiert werden, inwiefern das rechtzeitige Erkennen von Wertminderungsanzeichen für immaterielle Vermögenswerte neue Anforderungen an ein Unternehmen stellt. Unternehmen müssen nicht erst seit der Einführung des Impairment-Tests mögliche Bedrohungen erkennen, sondern tun dies bereits aus regulatorischen oder betriebswirtschaftlich sinnvoll erscheinenden Gründen im Rahmen des Risikomanagements[20].[21] Daher soll einerseits analysiert werden, inwiefern bereits Vorgaben für das Risikomanagement bestehen, deren Umsetzung ein Unternehmen in die Lage versetzt, die gestiegenen Anforderungen der Rechnungslegung zu erfüllen. Anderer-

[19] Vgl. hierzu z.B. WIRTH (2004); BEYHS (2002); POTTGIEßER/VELTE/WEBER (2005), S. 1748-1752; GENTZ (2003), S. 61-102; HACHMEISTER (2005), S. 191-224; BRÜCKS/KERKHOFF/RICHTER (2005), S. 1-7; BUHLEIER (2008), S. 455-479.

[20] Der Begriff des Risikomanagements wird ausführlich in Kapitel 5 besprochen. An dieser Stelle soll darunter vorläufig der Teil der Unternehmensführung verstanden werden, der auf die „systematische und kontinuierliche Identifikation, Beurteilung, Steuerung und Überwachung unternehmerischer Risikopotentiale“ abzielt. DIEDERICHS (2004), S. 15.

[21] Vgl. DIEDERICHS (2004), S. 2.

seits sollen Studien zur tatsächlichen Ausgestaltung des Risikomanagements genutzt werden, um konzeptionell zu beurteilen, inwiefern Anpassungen für den qualitativen Impairment-Test notwendig sind, die über den aktuellen Stand der Praxis des Risikomanagements hinausgehen. Abschließend gilt es zu analysieren, ob die aus den IFRS resultierenden Anforderungen an die Überwachung der immateriellen Vermögenswerte vor dem Hintergrund der aktuellen Konstitution des Risikomanagements praktisch möglich sind.

1.3 Wissenschaftstheoretische Einordnung

In diesem Abschnitt soll der Forschungsbeitrag wissenschaftstheoretisch eingeordnet werden. Dazu bietet es sich an, auf die in Abbildung 1 dargestellte Systematisierung von CHMIELEWICZ zurückzugreifen, anhand derer im Folgenden argumentiert wird.

	1	2	3	4	5
		Generelle Aussagen			
1	Begriffe Definitionen	Theoretische Aussagen (Ursache/Wirkung)	Technologische Aussagen (Ziel/Mittel)	Normative Aussagen (Werturteile)	Spezielle (singuläre) Aussagen (deskriptiv oder normativ)
2	Nicht Wahrheitsfähig	Wahrheitsfähig (F-wahr oder F-falsch)		Nicht Wahrheitsfähig	-
3	Ohne Gehalt	Empirischer Informationsgehalt (Allgemeinheit und Bestimmtheit)		Normativer Anweisungsgehalt	-
4					
5	Begriffslehre (Essentialistisches Wissenschaftsziel)				
6	Wirtschaftstheorie (Theoretisches Wissenschaftsziel)				
7	Wirtschaftstechnologie (Theorie der Wirtschaftspolitik); (Pragmatisches Wissenschaftsziel)				
8	Wirtschaftsphilosophie (Normatives Wissenschaftsziel)				

Abbildung 1: Stufenmodell der Forschungskonzeptionen

Quelle: CHMIELEWICZ (1994), S. 9.

CHMIELEWICZ unterscheidet zwischen den in den Zeilen 5 bis 8 genannten Forschungskonzeptionen (Begriffslehre (5), Wirtschaftstheorie (6), Wirtschaftstechnologie (7) und Wirtschaftsphilosophie (8)). Um diese Arbeit einer oder mehreren der Forschungskonzeptionen zuordnen zu können, müssen diese weiter konkretisiert werden, was durch die in den ersten drei Zeilen enthaltenen Elemente geschieht.

Der Begriffslehre können solche Arbeiten zugerechnet werden, die sich um eine sprachliche Präzisierung eines Begriffs bemühen.[22] Auch diese Arbeit enthält Aspekte der *Begriffslehre*, wenn z. B. der Begriff eines immateriellen Gutes untersuchungsspezifisch konkretisiert wird. Für die Darstellung von immateriellen Vermögenswerten wird auf die bestehenden Definitionen des IASB zurückgegriffen. Die obige Abbildung enthält bereits den Hinweis, dass eine Definition zwar mehr oder weniger geeignet, aber nicht wahr oder unwahr sein kann.[23]

Anders ist dies bei den auf die Begriffslehre folgenden beiden Forschungskonzeptionen, denn sowohl *theoretische* als auch *technologische Aussagen* sind wahrheitsfähig, d. h. die Aussagen können entweder wahr oder unwahr sein.[24] Bevor erläutert wird, welche Relevanz theoretische und technologische Aussagen in dieser Arbeit haben, soll erklärt werden, was wahrheitsfähige Aussagen sind.

Aussagen können logisch (L-wahr) oder empirisch bzw. faktisch wahr (F-wahr) sein.[25] Erstere werden mit der Logik und letztere mit der Realität verglichen, um ihren Wahrheitsgehalt zu prüfen. Empirische Aussagen können weiter danach unterschieden werden, ob sie deskriptiv, explikativ oder technologisch sind.[26] Deskriptive Aussagen beschreiben zu einem bestimmten Zeitpunkt in einem bestimmten Raum eingetretene Ereignisse, die dann als singuläre Ereignisse bezeichnet werden.[27] Abzugrenzen davon sind explikative Aussagen, die in der strengsten Form generelle Sätze sind, die keinen bestimmten Zeit-Raum-Bezug haben.[28] Explikative Aussagen bilden eine Ursache-Wirkungs-Beziehung ab.[29] Sie werden als theoretische Aussagen bezeichnet und sind der Wirtschaftstheorie zuzurechnen (vgl. Abbildung 1). Ursache-Wirkungs-Aussagen (theoretische Aussagen) können in Ziel-Mittel-Aussagen überführt werden, indem eine

22 Vgl. FÜLBIER (2004), S. 267.
23 Vgl. HUTCHISON (1972), S. 194.
24 Vgl. CHMIELEWICZ (1994), S. 9.
25 Vgl. hier und folgend RAFFÉE (1974), S. 29-38.
26 Vgl. KORNMEIER (2007), S. 46 mit weiteren Nachweisen.
27 Vgl. LINGNAU (1995), S. 125.
28 Vgl. RAFFÉE (1974), S. 30.
29 Vgl. RAFFÉE (1974), S. 28. Abhängig davon wie eindeutig und sicher die Ursache-Wirkungs-Beziehung ist, reicht das Spektrum explikativer Aussagen von den nomologischen Aussagen (Aussage gilt immer) zu den Tendenzaussagen (Aussage gilt häufig, ohne Angabe einer Wahrscheinlichkeit). Vgl. RAFFÉE (1974), S. 35-38.

Ursache als Mittel genutzt wird, um eine bestimmte Wirkung herbeizuführen.[30] Ziel-Mittel-Aussagen sind technologische Aussagen, die der Wirtschaftstechnologie zugerechnet werden (vgl. Abbildung 1).

Zwischen den deskriptiven (singulären) und den explikativen Aussagen besteht ein enger Zusammenhang.[31] Diesen Zusammenhang macht man sich bspw. bei der aus der Logik stammenden Deduktion zu Nutze, um einen Begründungszusammenhang für eine Beobachtung zu liefern. Ein singuläres Ereignis (Antecedenzbedingung) wird dabei mit einer generellen Gesetzesaussage zu einem sog. Explanans verbunden, um eine andere singuläre Beobachtung (Explanandum) zu erklären.[32] Die Deduktion ist also ein Schluss von einem Gesetz und einer Randbedingung auf ein bestimmtes Ereignis.[33] Bei der Induktion findet hingegen eine Kombination einer (beobachteten) Randbedingung mit einem (beobachteten) Ereignis zu einem Gesetz statt. Da bei der Deduktion ein Ereignis „begründet" und bei der Induktion ein Gesetz „entdeckt" wird, wird erstere häufig dem Begründungs- und letztere dem Entdeckungszusammenhang der Forschung zugeordnet.[34] Ebenfalls in den Entdeckungszusammenhang einzuordnen ist die Hermeneutik, bei der es nicht um das Erklären, sondern um das Verstehen von Zusammenhängen geht.[35] Eine weitere Möglichkeit Hypothesen zu entdecken, liefert die Abduktion. „Vereinfacht formuliert sucht man mit der aus der Logik stammenden Abduktion nach (unbekannten) Ursachen (B), die zusammen mit einer bekannten Gesetzmäßigkeit (A) ein beobachtetes Ereignis (Phänomen) (C) plausibilisieren."[36] Die Abduktion verlangt keine Monokausalität, d. h. auch andere Ursachen als die genannte könnten für das beobachtete Phänomen verantwortlich sein.[37] Dennoch ist die Abduktion für die Wissenschaft sehr relevant, da sie zur Endeckung neuer Hypothesen führt.[38]

Auch in dieser Arbeit spielt die Abduktion eine wichtige Rolle. Das beobachtete Phänomen (deskriptives Element), für das eine (unbekannte) Ursache gesucht werden soll,

30 Vgl. KORNMEIER (2007), S. 83.
30 Vgl. hier und folgend CHMIELEWICZ (1994), S. 11 f.
31 Vgl. hier und folgend RAFFÉE (1974), S. 30 f.; BRÜHL (2006), S. 185.
32 Vgl. RAFFÉE (1974), S. 30 f.; CHMIELEWICZ (1994), S. 152 f.
33 Vgl. hier und folgend KORNMEIER (2007), S. 82.
34 Vgl. BRÜHL (2006), S. 182 f.
35 Vgl. LINGNAU (1995), S. 126. Vgl. z. B. zur Gewinnung der Grunsätze ordnungsmäßiger Buchführung durch ein hermeneutisches Vorgehen BAETGE/KIRSCH/THIELE (2007), S. 109-115.
36 KORNMEIER (2007), S. 82.
37 Vgl. KORNMEIER (2007), S. 83.
38 Vgl. BRÜHL (2006), S. 183.

sind im Laufe der Arbeit erläuterte Beobachtungen zu Problemen beim Impairment-Test für immaterielle Vermögenswerte. Als *plausible* Ursache für diese Beobachtung wird ein notwendiger Anpassungsbedarf im Risikomanagement identifiziert, denn wenn das Risikomanagement Wertminderungsanzeichen nicht entdeckt, kann der Impairment-Test zwangsläufig nicht funktionieren. Da die Abduktion keine Monokausalität verlangt, könnten für das beobachtete Phänomen auch andere Ursachen, wie z. B. Manipulationen des Managements, verantwortlich sein.[39] Nichtsdestotrotz ist auch eine isolierte Auseinandersetzung mit dem Risikomanagement gehaltvoll, da sie einen Erkenntnisfortschritt für die Ausgestaltung des Risikomanagements verspricht. Die vermutete Beziehung zwischen Risikomanagement und den Ergebnissen des Impairment-Tests stellt einen Ursache-Wirkungs-Zusammenhang dar. Somit leistet die Arbeit einen Beitrag zur Wirtschaftstheorie (vgl. Abbildung 1). Die vorgestellte Vermutung ist – wie vom kritischen Rationalismus[40] verlangt – falsifizierbar, d. h. andere Forscher könnten empirisch zeigen, dass der vermutete Zusammenhang nicht besteht.[41] Nicht falsifizierbare Aussagen sind gehaltlos, da nie gezeigt werden kann, dass sie unwahr sind.

Die bislang noch nicht erläuterte Wirtschaftstechnologie stellt keinen Ursache-Wirkungs-Zusammenhang dar, sondern eine Mittel-Ziel-Beziehung.[42] Daher fragt die Wirtschaftstechnologie nicht nach der Wirkung einer bestimmten Ursache, sondern nach den Mitteln, mit denen ein bestimmtes Ziel erreicht werden kann. Damit liegt kein kausaler, sondern ein finaler Zusammenhang vor. Allerdings kann die Ursache-Wirkungs-Beziehung zwischen Impairment-Test und Risikomanagement in eine Mittel-Ziel-Beziehung überführt werden. Wird als Ursache für mögliche Probleme beim Impairment-Test ein Anpassungsbedarf vermutet, so ist dieser Anpassungsbedarf durch ein Auseinanderfallen von Ist-Zustand und Soll-Zustand des Risikomanagements definiert. Das Erreichen des Soll-Zustands ist aber zugleich das Mittel, um das angestrebte Ziel, nämlich einen funktionierenden Impairment-Test, zu erreichen. Insofern enthält die Arbeit auch eine wirtschaftstechnologische Dimension.

---

39 Vgl. KORNMEIER (2007), S. 83.

40 Der von POPPER geprägte kritische Rationalismus ist eine wissenschaftstheoretische Schule, die zum einen von der „objektiven Existenz der Realität“ (FRANK (2007), Sp. 2012 f.) ausgeht, aber menschliche Wahrnehmungsverzerrungen zugleich nicht ausschließt (kritischer Realismus). Weiter nimmt der kritische Rationalismus eine Aussage dann als wahr an, wenn sie den Vergleich mit der Realität besteht (Korrespondenztheorie), d. h. nicht nur logisch wahr ist. Zentrales Kriterium des kritischen Rationalismus ist der Falsifikationismus, d. h. eine Aussage kann durch die Realität widerlegt werden. Vgl. FRANK (2007), Sp. 2012 f.

41 Vgl. hier und folgend LINGNAU (1995), S. 124 f.

42 Vgl. hier und folgend CHMIELEWICZ (1994), S. 11 f.

Die (nicht wahrheitsfähige) Wirtschaftsphilosophie geht noch einen Schritt weiter und fragt, ob ein bestimmtes Ziel auch in Kenntnis möglicher Nebenwirkungen verfolgt werden soll.[43] Im Gegensatz zu den bislang besprochenen Forschungskonzeptionen ist die Wirtschaftsphilosophie also nicht werturteilsfrei, sondern gibt ein „normatives Soll"[44] vor.[45] In der betriebswirtschaftlichen Forschung werden wirtschaftsphilsophische Fragen z. B. dann diskutiert, wenn danach gefragt wird, wie Bilanzierungsregeln zu gestalten sind, damit sie das normative Ziel der Entscheidungsnützlichkeit erreichen.[46] In dieser Arbeit wird von den bestehenden Rechnungslegungsregeln ausgegangen, so dass kein konkreter Verbesserungsbedarf für die Rechnungslegungsstandards diskutiert wird. Diskutiert wird aber, welche Anpassungen von einem Unternehmen vorzunehmen sind, um den Anforderungen des qualitativen Impairment-Tests gerecht zu werden. Spezielle Aussagen für einzelne Unternehmen erfolgen nicht.

1.4 Gang der Untersuchung

Im Anschluss an die Einleitung wird in den folgenden beiden Kapiteln das Untersuchungsobjekt dieser Arbeit schrittweise weiter eingegrenzt und ausführlich beschrieben (vgl. dazu und im Folgenden Abbildung 2). Im zweiten Kapitel soll zunächst geklärt werden, was unter immateriellen Gütern zu verstehen ist und welche Bedeutung diese für den unternehmerischen Wertschöpfungsprozess haben. Das Kapitel schließt mit der Darstellung von zwei alternativen Möglichkeiten, immaterielle Vermögenswerte zu kategorisieren.

---

43 Vgl. CHMIELEWICZ (1994), S. 14.
44 CHMIELEWICZ (1994), S. 277.
45 Vgl. CHMIELEWICZ (1994), S. 277.
46 Vgl. FÜLBIER (2004), S. 267 f.

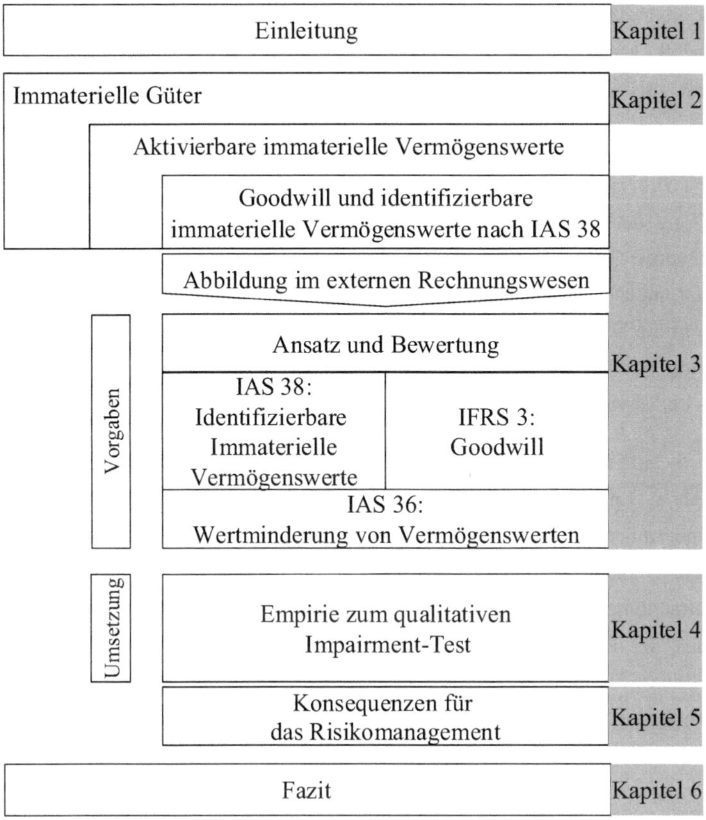

Abbildung 2: Gang der Untersuchung

Im dritten Kapitel wird anschließend nur diejenige Teilmenge des immateriellen Vermögens, die nach IAS 38 und IFRS 3 zu aktivieren ist, weiter untersucht und die Abbildung im externen Rechnungswesen besprochen. Die Vorschriften für Ansatz, Bewertung und Ausweis immaterieller Vermögenswerte werden vorgestellt. Aufgrund der abweichenden Bilanzierung des derivativen Geschäfts- oder Firmenwertes bzw. Goodwills als eines besonderen immateriellen Vermögenswertes wird dessen bilanzielle Abbildung aus der Darstellung herausgelöst und separat erläutert. Im letzten Abschnitt wird der Ablauf des Impairment-Tests nach IAS 36 für immaterielle Vermögenswerte ausführlich beschrieben. Dabei wird zwischen dem qualitativen und dem quantitativen Impairment-Test differenziert. Während der quantitative Test zum Ziel hat, die Höhe einer außerplanmäßigen Abschreibung zu bestimmen, steht in dieser Arbeit der qualitative Impairment-Test im Vordergrund, mit dem (vorgelagert) zunächst mögliche Bedrohungen für die Werthaltigkeit eines immateriellen Vermögenswertes erkannt werden sollen.

Die Umsetzung der beschriebenen Rechnungslegungsregeln in der unternehmerischen Praxis ist Thema des vierten Kapitels. Dazu sollen ausgewählte empirische Studien zur Behandlung der immateriellen Vermögenswerte im externen Rechnungswesen vorgestellt werden. Aus den Erkenntnissen früherer Untersuchungen ergibt sich der Bedarf einer neuen Erhebung zu Wertminderungen im immateriellen Vermögen. Im Anschluss an die Darstellung der Zielsetzung und Methodik der hier durchgeführten Untersuchung werden die zentralen Ergebnisse der deskriptiven Auswertung von Geschäfts- und Zwischenberichten präsentiert.

Kapitel 5 untersucht den Zusammenhang zwischen Impairment-Test und Risikomanagement. Im Mittelpunkt der Betrachtung steht dabei das Verhältnis der aus dem Wertminderungstest resultierenden Anforderungen zu anderen Vorschriften für das Risikomanagement (z. B. KonTraG) und betriebswirtschaftlichen Zweckmäßigkeiten. Die Betrachtung wird ergänzt um empirische Erkenntnisse zur faktischen Ausgestaltung des Risikomanagements. Unter Berücksichtigung der im vierten Kapitel gewonnenen Befunde soll dabei die Frage geklärt werden, inwiefern der Impairment-Test Anpassungen im Risikomanagement notwendig macht und es sollen mögliche Probleme bei der Implementierung aufgezeigt werden.

Die Arbeit endet mit dem sechsten Kapitel, welches die wesentlichen Erkenntnisse zusammenfasst und einen Ausblick auf den zukünftigen Forschungsbedarf gibt.

2 Immaterielle Güter

2.1 Definition

Während Güter eindeutig definiert sind als all das, was einen Nutzen stiftet,[47] herrscht weder in Deutschland noch international Einigkeit darüber, was unter *immateriellen* Gütern zu verstehen ist.[48] Hinzu kommt neben einer unklaren Begriffsdefinition auch eine Vielfalt an Nomenklaturen. Begriffe wie Intangibles, Intangible Capital, Intellectual Capital, Intellectual Property, immaterielle Werte und einige weitere existieren zum Teil inhaltsgleich nebeneinander.[49] Für den Zweck dieser Arbeit sollen diese Begriffe mit dem des immateriellen Gutes, der im Folgenden genauer zu bestimmen ist, gleichgesetzt werden. Im weiteren Verlauf der Arbeit wird die Betrachtung insofern eingeschränkt, dass nur eine Teilmenge der immateriellen Güter weiter betrachtet werden soll. Diese Teilmenge besteht aus den nach IFRS aktivierbaren Gütern, die in Abgrenzung vom gesamten immateriellen Vermögen als *immaterielle Vermögenswerte* bezeichnet werden sollen. Die Regelungen der internationalen Rechnungslegung werden in Kapitel 3 genauer dargestellt.

In der Literatur nähert man sich dem Begriff des immateriellen Gutes häufig semantisch und grenzt das Immaterielle über seine Unkörperlichkeit vom Materiellen ab.[50] Der Ansatz, ein immaterielles Gut allein über seine Unkörperlichkeit zu definieren, muss allerdings aus zwei Gründen abgelehnt werden.[51] Zum einen stößt eine solche Begriffsabgrenzung auf das Problem, dass dann auch finanzielle Werte (z. B. Forderungen) unter einer solchen Begriffsdefinition zu subsumieren wären. Daher reicht eine bloße Zweiteilung aller Güter in materiell und immateriell nicht aus. Vielmehr bedarf es einer Dreiteilung in materielle, immaterielle und finanzielle Güter.[52] Zum anderen wird aber auch eine solche Dreiteilung einer ausreichend präzisen Abgrenzung unterschiedlicher Güter nicht gerecht, denn viele Güter enthalten sowohl mate-

[47] Vgl. SCHUMANN/MEYER/STRÖBELE (2007), S. 4.

[48] Vgl. hier und folgend ARBEITSKREIS "IMMATERIELLE WERTE IM RECHNUNGSWESEN" DER SCHMALENBACH-GESELLSCHAFT FÜR BETRIEBSWIRTSCHAFT E.V. (2005), S. 67.

[49] Vgl. zu einem Überblick über national und international verwendete Begriffe und Definitionen für das immaterielle Vermögen KAUFMANN/SCHNEIDER (2006), S. 28-32.

[50] Vgl. z.B. LUTZ-INGOLD (2005), S. 7; HEPERS (2005), S. 29; KÄHLERT/LANGE (1993), S. 614; HEYD/LUTZ-INGOLD (2005a), S. 1; VON KEITZ (1997), S. 5.

[51] Vgl. hier und folgend KÄHLERT/LANGE (1993), S. 614.

[52] Vgl. PFEIFFER (1984), S. 334.

rielle als auch immaterielle Bestandteile.[53] Zu denken ist bspw. an auf einem Datenträger gespeicherte Software.[54]

Neben den „rein“ materiellen Gütern (z. B. Rohstoffe) und den „rein“ immateriellen Gütern (z. B. nicht aufgeschriebenes Rezept) ist zwischen Verbundgütern und materialisierten immateriellen Gütern zu unterscheiden.[55] Verbundgüter enthalten neben einer körperlichen Komponente auch ein bestimmtes Wissen (z. B. ein Produkt, in das nicht nur natürliche Rohstoffe, sondern auch technisches Know-how eingehen) und werden zu den materiellen Gütern gezählt. Hingegen dient bei materialisierten immateriellen Gütern, die eine Teilmenge der immateriellen Güter bilden, das Materielle lediglich dem Zweck, das immaterielle Gut zu tragen (z. B. Speichern eines Rezeptes auf einer CD). Abbildung 3 zeigt die relevante Unterteilung der materiellen und immateriellen Güter aufgrund des gerade besprochenen Kriteriums der physischen Substanz.[56]

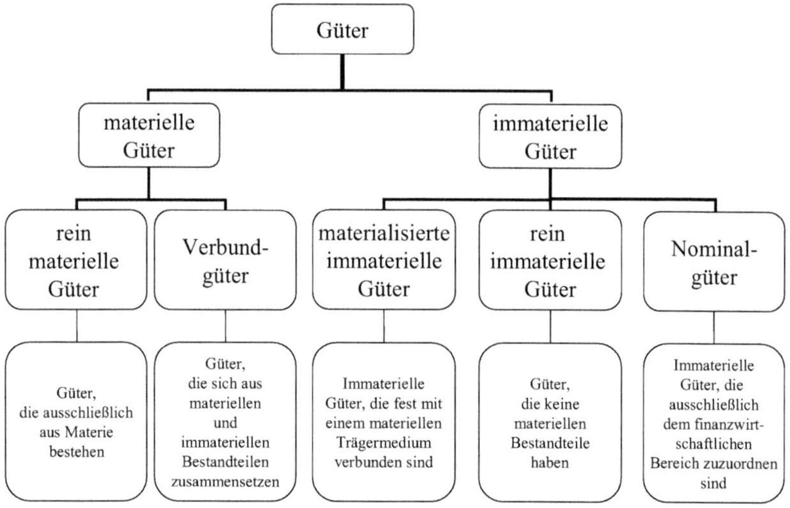

Abbildung 3: Abgrenzungsschema für materielle und immaterielle Güter nach dem Kriterium der physischen Substanz

Quelle: HEYD/LUTZ-INGOLD (2005a), S. 2.

53 Vgl. KÄHLERT/LANGE (1993), S. 614.
54 Vgl. LUTZ-INGOLD (2005), S. 7 f.
55 Vgl. LUTZ-INGOLD (2005), S. 7 f.
56 Vgl. HEYD/LUTZ-INGOLD (2005a), S. 2.

Um zu bestimmen, ob ein aus materiellen und immateriellen Bestandteilen bestehendes Gut nun der einen oder der anderen Gruppe zuzuordnen ist, werden vier unterschiedliche Abgrenzungsmöglichkeiten aufgrund der Funktion der körperlichen Komponente, des wirtschaftlichen Interesses, der Wertrelation und der Vervielfältigung des Gutes diskutiert.[57] Diese Ansätze werden im Folgenden genauer beschrieben.

Besteht die *Funktion der körperlichen Komponente* darin, das immaterielle Gut lediglich zu tragen, dann handelt es sich, wie oben beschrieben, um ein materialisiertes immaterielles Gut.[58] Hat die körperliche Komponente eine eigenständige Bedeutung, liegt ein Verbund- und somit ein materielles Gut vor.[59]

Dieser Abgrenzungsmöglichkeit ähnelt die Unterscheidung materieller und immaterieller Güte nach dem *wirtschaftlichen Interesse.* Nach dieser Abgrenzungsmethode wird auch eine Unterscheidung danach vorgenommen, welche Bedeutung die einzelnen Komponenten haben, d. h. welchen „das Interesse im Wirtschaftsleben hauptsächlich“[60] gilt. Ein Unterschied zur Differenzierung nach der *Funktion der körperlichen Komponente* ergibt sich dann, wenn die materielle Komponente eine eigenständige, aber untergeordnete Bedeutung hat.[61] Ein Beispiel dafür sind die vor dem Start einer Massenproduktion erzeugten Prototypen. Nach der Funktion der körperlichen Komponente handelt es sich um ein materielles Gut, da der Körper nicht nur eine Trägeraufgabe innehat. Urteilt man nach dem wirtschaftlichen Interesse, steht allerdings deutlich der immaterielle Nutzen im Vordergrund.[62] Die Unterscheidung nach dem wirtschaftlichen Interesse stößt bei der Operationalisierung häufig auf Schwierigkeiten.[63]

Auf den ersten Blick scheint die Beurteilung der *Wertrelation* eine leichter umsetzbare Differenzierung zwischen immateriellen und materiellen Gütern zu ermöglichen als die zuvor genannten Konzepte, da ein (im-) materielles Gut schon dann vorliegt, wenn der Wert der (im-) materiellen Komponenten überwiegt.[64] Daher wird dieses Kriterium

---

57 Vgl. WALTER (1982), S. 145; sowie erläuternd KÄHLERT/LANGE (1993), S. 614-618.
58 Vgl. WALTER (1982), S. 145.
59 Vgl. FG Berlin, Urteil vom 27. 10. 1982, II 138/80, S. 1705.
60 KÄHLERT/LANGE (1993), S. 616.
61 Vgl. hier und folgend KÄHLERT/LANGE (1993), S. 616.
62 Auch die IFRS klassifizieren Prototypen als immaterielle Vermögenswerte (IAS 38.119).
63 Vgl. FG Berlin, Urteil vom 8. 7. 1981, II 154/80, S. 60.
64 Vgl. KÄHLERT/LANGE (1993), S. 616 f.

in der Rechnungslegungstheorie bisweilen empfohlen.[65] Um die Relation zu bestimmen, wird der Wertanteil der immateriellen Komponenten am Gesamtwert eines Gutes ermittelt und geprüft, ob dieser Anteil bedeutsam ist.[66] Da eine Wertbestimmung für die materiellen Bestandteile i. d. R. leichter fällt, wird vorgeschlagen, den Wert der immateriellen Komponenten rekursiv als Restwert zu ermitteln. Aber auch dieses Abgrenzungskriterium ist problembehaftet. Sind die Kosten für die Herstellung der materiellen Bestandteile relativ niedrig, der Preis allerdings hoch, so könnte ein solches Produkt fälschlich als immateriell qualifiziert werden, da die Gewinnmarge vollständig den immateriellen Komponenten zugerechnet wird.

Nach dem Kriterium der *Vervielfältigung* wird ein immaterielles Gut durch Vervielfältigung in ein materielles Gut transformiert, da durch „die Häufigkeit der Materialisierung die immaterielle Eigenschaft untergeht“ [67]. Diesem Ansatz wird entgegengehalten, dass z. B. auch Lizenzen mehrfach vergeben werden, ohne dass deren Immaterialität dadurch unterginge.[68]

Da die Kriterien nicht in allen Fällen gleich gut für eine Abgrenzung zwischen materiellen und immateriellen Gütern geeignet sind, wird eine kombinierte Anwendung empfohlen.[69] Es lässt sich zusammenfassend festhalten, dass bei Gütern, die nicht „rein“ materiell bzw. immateriell sind, eine Einordnung nach der eigenständigen Bedeutung der immateriellen Bestandteile vorgenommen wird. Wie die Bedeutung tatsächlich gemessen werden kann, ist – wie obige Diskussion zeigt – strittig.

Der ARBEITSKREIS "IMMATERIELLE WERTE IM RECHNUNGSWESEN" DER SCHMALENBACH-GESELLSCHAFT FÜR BETRIEBSWIRTSCHAFT E.V. definiert immaterielle Werte über eine Negativabgrenzung als „nicht monetäre Werte ohne körperliche Substanz“[70]. In Anlehnung an die obigen Erläuterungen soll diese Definition für den Zweck dieser Arbeit erweitert werden. Danach werden unter immateriellen Gütern

---

65 Vgl. BAETGE/KIRSCH/THIELE (2007), S. 297.

66 Vgl. hier und folgend KÄHLERT/LANGE (1993), S. 616 f.

67 KÄHLERT/LANGE (1993), S. 617.

68 Vgl. SONTHEIMER (1983), S. 353; vgl. zustimmend KÄHLERT/LANGE (1993), S. 618; VON KEITZ (1997), S. 46.

69 Vgl. HEPERS (2005), S. 31; VON KEITZ (1997), S. 46.

70 ARBEITSKREIS "IMMATERIELLE WERTE IM RECHNUNGSWESEN" DER SCHMALENBACH-GESELLSCHAFT FÜR BETRIEBSWIRTSCHAFT E.V. (2001), S. 990. Eine Positivdefinition immaterieller Güter konnte sich bislang nicht durchsetzen. Vgl. ARBEITSKREIS "IMMATERIELLE WERTE IM RECHNUNGSWESEN" DER SCHMALENBACH-GESELLSCHAFT FÜR BETRIEBSWIRTSCHAFT E.V. (2001), S. 990.

nicht monetäre Werte verstanden, deren körperliche Substanz nicht wesentlich ist.[71] Die Probleme bei der Operationalisierung der Wesentlichkeit wurden oben beschrieben.

2.2 Bedeutung

Der viel zitierte Wandel von der Industrie- zur Dienstleistungs-, Technologie- und Wissensgesellschaft wird als einer der Gründe dafür angeführt, dass die Bedeutung immaterieller Werte in den letzten Jahrzehnten merklich gestiegen ist.[72] Zur Begründung wird darauf verwiesen, dass immaterielle Ressourcen wie die Qualifikation der Mitarbeiter, das Unternehmensbild in der Öffentlichkeit oder das Forschungs- und Entwicklungspotenzial zu den „entscheidenden Erfolgsfaktoren“[73] zählen.[74] Die Sicherung dieser Ressourcen wird als Schlüssel gesehen, um im zunehmenden Wettbewerb bestehen zu können.[75] Immaterielle Werte wie Know-how, Marken oder Lizenzen haben dabei vielfältige Wirkungsrichtungen.[76] Diese können z. B. über ein Preispremium die Erlös-, aber auch durch einen effizienteren Ressourceneinsatz die Kostenseite beeinflussen. Daher verwundert es wenig, dass bei Unternehmenstransaktionen immer wieder immaterielle Werte im Mittelpunkt stehen, wie z. B. eine erworbene Marke (z. B. Kauf von Rolls Royce durch BMW) oder erworbene Kundenbeziehungen (z. B. Kauf von Mannesmann durch Vodafone). Die Bedeutung materieller Einsatzfaktoren im Rahmen der unternehmerischen Wertschöpfung wird daher auch als rückläufig beurteilt.[77]

Empirische Studien bestätigen diesen Eindruck.[78] Von etwa 1985 bis 2003 ist der Anteil am Marktwert der Unternehmen des S & P 500, der durch immaterielle Werte er-

---

[71] Die genannte Definition weist eine große Ähnlichkeit zu der später besprochenen Charakterisierung immaterieller Vermögenswerte in IAS 38.4-5 und IAS 38.8 auf.

[72] Vgl. GRÜNER (2006), S. 13; HORNUNG (2002), S. 14; SCHMIDBAUER (2004), S. 1442; KÜTING/ULRICH (2001), S. 953; SCHMIDT (2008), S. 1; LUTZ-INGOLD (2005), S. 1; MÜLLER (2006), S. 4.

[73] BENTELE (2004), S. 1.

[74] Vgl. BENTELE (2004), S. 1. Vgl. ebenfalls ARBEITSKREIS "IMMATERIELLE WERTE IM RECHNUNGSWESEN" DER SCHMALENBACH-GESELLSCHAFT FÜR BETRIEBSWIRTSCHAFT E.V. (2005), S. 65.

[75] Vgl. SCHMIDT (2008), S. 1.

[76] Vgl. hier und folgend GRÜNER (2006), S. 14.

[77] Vgl. JANSSEN (2007), S. 38.

[78] Vgl. z.B. zu einem Überblick über einige Studien GRÜNER (2006), S. 15.

klärbar ist, kontinuierlich von ca. 20 % auf über 75 % angestiegen.[79] Diese Differenz wird auch als Buchwert-Marktwert-Lücke beschrieben.[80] Befragungen von Führungskräften legen nahe, dass ein Großteil dieser Wertlücke durch nicht aktivierte Marken erklärt werden kann, da geschätzt wird, dass ca. zwei Drittel des Unternehmenswertes auf Marken entfallen.[81] Bereits im Rahmen der Einleitung wurde darauf hingewiesen, dass stille Reserven in (nicht bilanzierten) immateriellen Vermögenswerten die Unternehmenswertvolatilität erhöhen können, da die Gefahr besteht, dass diese innerhalb kürzester Zeit (vollständig) an Wert verlieren können.[82]

Als ein weiterer Indikator für die wachsende Bedeutung des immateriellen Vermögens werden auch die Investitionen in Forschung und Entwicklung gesehen, die zugleich die Innovationsstärke eines Unternehmens zum Ausdruck bringen.[83] Diese haben sich in Deutschland von 1990 bis 2002 um über 65 % erhöht.[84] Auch Befragungen des Managements bestätigen die hohe Relevanz vieler immaterieller Werte wie Human- oder Innovationskapital.[85] Auch der deutsche Gesetzgeber hat auf die gewachsene Bedeutung selbst erstellter immaterieller Vermögensgegenstände mit dem Bilanzrechtsmodernisierungsgesetz reagiert und lässt nun teilweise eine Aktivierung zu.[86]

2.3 Kategorisierung

2.3.1 Managementorientierte Kategorisierung

Um das immaterielle Vermögen als Untersuchungsgegenstand dieser Arbeit genauer zu beschreiben, ist es zweckmäßig, dieses durch eine Kategorisierung zu konkretisieren. In der Literatur existieren für eine solche Einteilung zahlreiche Vorschläge.[87] Einige dieser Vorschläge sind eher managementorientiert, während andere dem externen Rechnungswesen entlehnt sind.[88] In den nachfolgenden zwei Abschnitten sollen zwei Systematisierungsansätze detailliert dargestellt werden, die beide zu den extern orien-

[79] Vgl. LEV (2003), S. 17.
[80] Vgl. DAUM (2005), S. 6.
[81] Vgl. PRICEWATERHOUSECOOPERS et al. (2006), S. 8.
[82] Vgl. hierzu die Erläuterungen zum Beispiel Enron in Abschnitt 1.1.
[83] Vgl. JANSSEN (2007), S. 38.
[84] Vgl. ESSER/HACKENBERGER (2004), S. 403.
[85] Vgl. PRICEWATERHOUSECOOPERS/GÜNTHER/BEYER (2003), S. 16.
[86] Vgl. ZÜLCH/HOFFMANN (2009), S. 745.
[87] Vgl. KAUFMANN/SCHNEIDER (2006), S. 32; KAUFMANN/SCHNEIDER (2004), S. 375-378; DAWO (2003), S. 20.
[88] Vgl. KAUFMANN/SCHNEIDER (2006), S. 32.

tierten Ansätzen zählen. Die Fokussierung auf aus dem externen Rechnungswesen stammende Kategorisierungen hat zwei Gründe. Zum einen sind sie eine unverzichtbare Grundlage für die in Abschnitt 4.3 beschriebene empirische Untersuchung. Zum anderen sollen in Kapitel 5 Konsequenzen im Risikomanagement zur Erfüllung der Anforderungen nach IFRS betrachtet werden, so dass auch hier wieder externe Vorgaben die entscheidenden Determinanten sind. Im Folgenden sollen die managementorientierten Ansätze daher nur überblicksartig dargestellt werden, während in Abschnitt 2.3.2 dann Ansätze des externen Rechnungswesens betrachtet werden.

Eine der einflussreichsten Arbeiten zur Unterteilung des immateriellen Vermögens stammt nach herrschender Meinung von SVEIBY.[89] SVEIBY unterscheidet zwischen den drei Klassen interne Struktur, externe Struktur und Mitarbeiterkompetenz.[90] Zur internen Struktur zählt er bspw. Patente, Modelle oder andere von Mitarbeitern geschaffene Werte. Die externe Struktur wird vor allem durch Beziehungen zu Kunden und Lieferanten sowie durch Marken und Reputation geschaffen. Eine besondere Stellung nimmt die Mitarbeiterkompetenz ein. Darunter sind alle Beiträge der Mitarbeiter in unterschiedlichen Situationen zu verstehen, die letztendlich für die Entstehung des gesamten (materiellen und immateriellen) Vermögens verantwortlich sind. Ähnliche Kategorisierungsmodelle immaterieller Werte finden sich bei zahlreichen anderen Autoren, die sich nur geringfügig unterscheiden.[91]

Eine weitere ebenfalls grundlegende Arbeit auf dem Gebiet der managementorientierten Kategorisierung immaterieller Werte stammt von EDVINSSON.[92] Edvinsson unterteilt das immaterielle Vermögen in Human- und Strukturkapital.[93] Unter Humankapital werden dabei alle „Fähigkeiten und Erfahrungen der Mitarbeiter und Manager eines Unternehmens“[94] gefasst, während Strukturkapital der „Verkörperung, Ertüchtigung und infrastrukturelle[n] Unterstützung des Humankapitals“[95] dient. Bei-

89 Vgl. z.B. SCHMIDT (2008), S. 4; GÜNTHER/KRIEGBAUM-KLING (2001), 264; GERPOTT/THOMAS (2006), S. 443; KAUFMANN/SCHNEIDER (2006), S. 32; MÜLLER (2006), S. 12; BECKER (2005), S. 41; WEIßENBERGER/FÜLBIER/MAGES (2008), S. 60; ROOS et al. (1997), S. 32.

90 Vgl. hier und folgend SVEIBY (1998), o. S.

91 Vgl. zu dieser Aussage und einem Überblick über die verschiedenen Kategorisierungsmodelle KAUFMANN/SCHNEIDER (2004), S. 376 f.

92 Vgl. KAUFMANN/SCHNEIDER (2006), S. 32; EDVINSSON/BRÜNIG (2000), S. 22.

93 EDVINSSON (1997), S. 368;

94 EDVINSSON/BRÜNIG (2000), S. 28.

95 EDVINSSON/BRÜNIG (2000), S. 29. EDVINSSON unterteilt das Strukturkapital weiter in Kunden- und Organisationskapital. Das Kundenkapital besteht aus der Kundenbasis, der Kundenbeziehung und dem Kundenpotenzial. Beim Organisationskapital kann weiter in Innovations- und Prozesskapital unterschieden werden. Vgl. EDVINSSON/BRÜNIG (2000), S. 44.

spiele für das etwas schwerer fassbare Strukturkapital sind bspw. Datenbanken oder das Firmenimage.[96]

Die Schwachpunkte der angesprochenen und ähnlicher Kategorisierungsmodelle bestehen darin, dass die Einteilung recht grob und nicht zwangläufig deckend ist.[97] Die Zuordnung von immateriellen Vermögenswerten zu den gebildeten Klassen ist nicht immer eindeutig möglich.[98] Unabhängig von Bilanzierungsfragen hat der ARBEITSKREIS "IMMATERIELLE WERTE IM RECHNUNGSWESEN" DER SCHMALENBACH-GESELLSCHAFT FÜR BETRIEBSWIRTSCHAFT E. V. daher einen eigenen Vorschlag entwickelt.[99] Dieser unterscheidet die immateriellen Werte deutlich differenzierter in die sieben Gruppen Innovation Capital, Human Capital, Customer Capital, Supplier Capital, Investor Capital, Process Capital und Location Capital. Zum Innovation Capital zählen alle Arten der Produkt-, Dienstleistungs- und Verfahrensinnovationen. Das Human Capital beinhaltet immaterielle Werte des Personalwesens wie Wissen und Kompetenz, das Customer Capital wiederum solche aus dem Kundenbereich (z. B. Kundenlisten) und das Supplier Capital Werte aus dem Beschaffungsbereich. Das Investor Capital betrifft den Finanzbereich eines Unternehmens und beinhaltet z. B. die positive Zinswirkung eines durchgeführten Ratings. Immaterielle Werte, die mit der Aufbau- oder Ablaufstruktur zusammenhängen, werden unter das Process Capital gefasst. Schließlich sind unter dem Location Capital alle standortbezogenen immateriellen Werte zu subsumieren. Trotz der Entwicklung einer genaueren Untergliederung des immateriellen Vermögens ist es dem ARBEITSKREIS "IMMATERIELLE WERTE IM RECHNUNGSWESEN" DER SCHMALENBACH-GESELLSCHAFT FÜR BETRIEBSWIRTSCHAFT E. V nicht gelungen, ein überschneidungsfreies System zu entwickeln.[100]

Der derivative Goodwill als Differenz von Kaufpreis und Nettosubstanzwert wird bisweilen nicht in das Kategoriensystem eingebunden, da er neben einem Konglomerat

---

96 Vgl. EDVINSSON/BRÜNIG (2000), S. 29.

97 Vgl. ARBEITSKREIS "IMMATERIELLE WERTE IM RECHNUNGSWESEN" DER SCHMALENBACH-GESELLSCHAFT FÜR BETRIEBSWIRTSCHAFT E.V. (2001), S. 990.

98 Vgl. hier und folgend KAUFMANN/SCHNEIDER (2006), S. 32.

99 Vgl. hier und folgend ARBEITSKREIS "IMMATERIELLE WERTE IM RECHNUNGSWESEN" DER SCHMALENBACH-GESELLSCHAFT FÜR BETRIEBSWIRTSCHAFT E.V. (2001), S. 990 f.

100 Ein Beispiel dafür ist das Vertriebssystem, dass sowohl zum Process Capital als auch zum Customer Capital gezählt werden könnte. Vgl. ARBEITSKREIS "IMMATERIELLE WERTE IM RECHNUNGSWESEN" DER SCHMALENBACH-GESELLSCHAFT FÜR BETRIEBSWIRTSCHAFT E.V. (2001), S. 991.

immaterieller Werte zum Beispiel auch auf Überzahlungen des Käufers eines Unternehmens beruht, denen kein immaterieller Wert gegenübersteht.[101]

2.3.2 Kategorisierungen im externen Rechnungswesen

2.3.2.1 Kategorisierung in der internationalen Rechnungslegung

Wie oben bereits angedeutet, existieren neben den managementorientierten Ansätzen auch Vorschläge der unterschiedlichen Standardsetter.[102] In den Standards zur internationalen Rechnungslegung finden sich an zwei Stellen Hinweise auf Möglichkeiten, das immaterielle Vermögen zu untergliedern.[103] Die erste Möglichkeit findet sich in IAS 38.119 und besteht darin, zwischen den folgenden Gruppen zu unterscheiden:

1. Markennamen,
2. Drucktitel und Verlagsrechte,
3. Computersoftware,
4. Lizenzen und Franchiseverträge,
5. Urheberrechte, Patente und sonstige gewerbliche Schutzrechte, Nutzungs- und Betriebskonzessionen,
6. Rezepte, Geheimverfahren, Modelle, Entwürfe und Prototypen sowie
7. immaterielle Vermögenswerte in der Entwicklung.[104]

Im Gegensatz zu den oben dargestellten managementorientierten Systemen ist diese Unterteilung zwar sehr konkret und nimmt Bezug auf einzelne Vermögenswerte, die hinsichtlich ihrer Art und ihres Einsatzes im Unternehmen ähnlich sind.[105] Die Auf-

---

[101] Vgl. ARBEITSKREIS "IMMATERIELLE WERTE IM RECHNUNGSWESEN" DER SCHMALENBACH-GESELLSCHAFT FÜR BETRIEBSWIRTSCHAFT E.V. (2001), S. 991. Vgl. dazu auch Abschnitt 2.3.2.2.

[102] Vgl. auch KAUFMANN/SCHNEIDER (2006), S. 32. Der Begriff „Standardsetter“ bezeichnet Rechnungslegungsgremien bzw. Standardsetzungsorganisationen wie das Financial Accounting Standards Board (FASB) in den USA oder international das International Accounting Standards Board (IASB). Vgl. PELLENS et al. (2008), S. 25, 57, 89.

[103] Wie tief die Untergliederung sein muss, ist davon abhängig, inwiefern dies für das Verständnis notwendig ist. Vgl. SCHEINPFLUG (2006), Rn. 91.

[104] Es ist erlaubt, diese Positionen noch weiter aufzugliedern, aber auch zusammenzufassen (IAS 38.119).

[105] Die Ähnlichkeit in Art und Verwendung wird in IAS 38.119 explizit genannt.

zählung konkreter immaterieller Vermögenswerte enthält allerdings keine Anzeichen auf ein dahinterstehendes, übergeordnetes Ordnungssystem.[106]

In IFRS 3 ist eine umfassendere Kategorisierung immaterieller Vermögenswerte zu finden, die die zuvor genannten Positionen als Teilmenge enthält.[107] Der Vorzug dieser Einteilung ist u. a. darin zu sehen, dass systematisch zwischen fünf Obergruppen unterschieden wird (vgl. Tabelle 1).

	Kategorie	Beispiele
Immaterielle Vermögenswerte nach IFRS 3	marketingbezogene	Marken, Aufmachung/Design, Zeitschriftentitel, Internet-Adressen, Wettbewerbsunterlassungsvereinbarungen
	kundenbezogene	Kundenlisten, Auftragsbestände, Kundenverträge und vertragliche Kundenbeziehungen, nicht-vertragliche Kundenbeziehungen
	kunstbezogene	Theaterstücke, Ballettinszenierungen, Opern, Bücher, Zeitschriften, Zeitungen Kompositionen, Liedtexte, Werbemelodien, Bilder, Filme, Musikvideos, Fernsehprogramme
	vertragsbezogene	Lizenzen, Tantiemen und Stillhalteabkommen, Werbe-, Konstruktions-, Management-, Service oder Lieferverträge, Leasingverträge, Baugenehmigungen, Franchisevereinbarungen, Betriebs- und Sendeerlaubnisse, Schuldenbedienungsrechte, aus Unternehmenssicht vorteilhafte Anstellungsverträge, Nutzungsrechte (z. B. Bohrrechte, Wassernutzungsrechte, Luftrechte etc.)
	technologiebezogene	patentierte und unpatentierte Technologien, Computer-Software, Datenbanken, Geschäftsgeheimnisse

Tabelle 1: Kategorien immaterieller Vermögenswerte nach IFRS 3

Quelle: In Anlehnung an Kunath (2005), S. 112; Baetge/Hayn/Ströher (2006), Rn. 135; Bieker/Esser (2003), S. 76; IDW S 5, Tz. 13.

Diese Obergruppen werden vom IASB durch konkrete immaterielle Vermögenswerte beispielhaft charakterisiert, ohne dass der Anspruch erhoben wird, sämtliche Vermögenswerte in der Aufzählung zu erfassen.[108] Hintergrund der Entwicklung dieses Beispielkataloges ist es, Unternehmen nach einer Akquisition zu helfen, die im-

106 Vgl. dazu den Wortlaut von IAS 38.73 und IAS 38.119.

107 Vgl. hier und folgend IFRS 3.IE16-44.

108 Vgl. IFRS 3.IE16-44.

materiellen Vermögenswerte des übernommenen Unternehmens zu identifizieren.[109] Die Kategorisierung orientiert sich an der des amerikanischen Standardsetters.[110] Nach Meinung der amerikanischen Börsenaufsicht SEC sind die beispielhaft genannten immateriellen Vermögenswerte keine willkürliche Zusammenstellung, sondern ihnen haftet die (widerlegbare) Vermutung an, dass jedes Unternehmen über diese verfügt.[111] Daher erscheint die Systematisierung nicht willkürlich zu sein, sondern die wichtigsten immateriellen Vermögenswerte zu erfassen.

Die erste Gruppe beinhaltet alle Vermögenswerte, die sich vor allem auf das Marketing und die Verkaufsförderung beziehen.[112] Darunter fallen vor allem Marken. Der IASB versteht den Markenbegriff hier ähnlich umfassend wie das deutsche Markenrecht in § 3 Abs. 1 MarkenG, so dass darunter alle Wörter, Namen, Symbole etc. gefasst werden, die dem Zweck dienen, die Produkte oder auch die Dienstleistungen (Dienstleistungsmarke) eines Unternehmens von denen anderer Anbieter zu unterscheiden.[113] Explizit werden auch Kollektivmarken[114] und die Produktaufmachung bzw. das Produktdesign erwähnt.[115] Daneben fallen in diese Kategorie Zeitschriftentitel, Websites und Wettbewerbsunterlassungsvereinbarungen.

Die zweite Kategorie bilden kundenbezogene immaterielle Vermögenswerte.[116] Kundenbeziehungen sind alle geschäftlichen Verbindungen, die zwischen einem Unternehmen und den vorhandenen bzw. zukünftigen Käufern bestehen.[117] Dabei sind Kundenwerte, die aus vertraglichen und nicht-vertraglichen Beziehungen resultieren, zu unterscheiden.[118] Die höchste Konkretisierung der Kundenbeziehung liegt vor, wenn eine Bestellung abgegeben wurde und zum Teil des Auftragsbestands eines Unternehmens wird.[119] Ähnlich sind auch Verträge mit Dauerkunden (z. B. Abonnementkunden) Teil des immateriellen Unternehmensvermögens.[120] Auch dann, wenn ein Kunde keine Bestellung vornimmt, aber regelmäßig Kaufverträge mit einem Un-

---

109 Vgl. BIEKER/ESSER (2004), S. 449. Vgl. dazu genauer Abschnitt 3.2.1.2.2.

110 Vgl. SFAS 141.A29-A56.

111 Vgl. RICHTER (2004), S. 85.

112 Vgl. hier und folgend IFRS 3.IE16-44.

113 Vgl. IFRS 3.IE19.

114 Kollektivmarken werden von einer Gruppe, d.h. mehreren Mitgliedern eines Markeninhabers, analog zu einer Individualmarke genutzt. Vgl. IFRS 3.IE19. Vgl. auch FEZER (2001), § 97, Rn. 1.

115 Vgl. hier und folgend IFRS 3.IE18-21; KUNATH (2005), S. 112.

116 Vgl. LÜDENBACH (2008), Rn. 74.

117 Vgl. KAJÜTER (2003), S. 566.

118 Vgl. LÜDENBACH (2008), Rn. 74.

119 Vgl. IFRS 3.IE25.

120 Vgl. LÜDENBACH (2008), Rn. 75.

ternehmen schließt, ist das Kaufpotenzial nach den Vorgaben des IASB als vertragsbasierter Kundenwert zu behandeln.[121] Von diesen Vermögenswerten sind die nicht vertraglichen Kundenbeziehungen zu unterscheiden.[122] Darunter fällt das „noch nicht mobilisierte Kundenpotenzial"[123]. Liegt einem Unternehmen eine Liste mit Informationen über die Kunden, wie z. B. deren Namen, Adressen oder Kundenhistorie, vor, so ist diese Kundenliste ebenfalls den nicht-vertraglichen Kundenbeziehungen zuzuordnen.[124]

Die dritte Kategorie immaterieller Vermögenswerte umfasst künstlerische Werte, die vertraglich oder urheberrechtlich geschützt sind.[125] Darunter fallen Theaterstücke, Ballettinszenierungen und Opern genauso wie literarische Werke (Bücher, Zeitschriften, Zeitungen etc.), musikalische Werke (Kompositionen, Liedtexte oder Werbemelodien), Bilder und (audio-)visuelles Material (Filme, Musikvideos oder Fernsehprogramme).

Zu den vertragsbezogenen immateriellen Vermögenswerten zählen alle Rechte, die das Ergebnis vertraglicher Regelungen sind.[126] Die Kategorie bildet einen Auffangtatbestand für all diejenigen vertraglichen Werte, die sich keiner anderen Gruppe zuordnen lassen.[127] Daraus folgt auch, dass die Anzahl und Vielfalt der dieser Kategorien zuzuordnenden immateriellen Vermögenswerte recht groß ist. Die vertragsbezogenen Werte umfassen vor allem die folgenden:

- Lizenzen, Tantiemen und Stillhalteabkommen,
- Werbe-, Konstruktions-, Management-, Service- oder Lieferverträge,

---

121 Vgl. IFRS 3.IE28.

122 Vgl. LÜDENBACH (2008), Rn. 72.

123 LÜDENBACH (2008), Rn. 79. LÜDENBACH sieht die Aktivierung dieses Kundenpotenzials äußerst kritisch. Er schlägt daher vor, die unter den vertraglichen Kundenbeziehungen subsumierte (faktische) Stammkundschaft als nicht-vertragliche Kundenbeziehung zu klassifizieren. Vgl. LÜDENBACH (2008), Rn. 79. Dieser Ansicht wird im Weiteren gefolgt.

124 Vgl. LÜDENBACH (2008), Rn. 78.

125 Vgl. hier und folgend IFRS 3.IE32-33; BAETGE/HAYN/STRÖHER (2006), Rn. 135.

126 Vgl. IFRS 3.IE34.

127 Dies ist daran zu erkennen, dass bspw. die vertraglichen Wettbewerbsunterlassungsvereinbarungen in die Gruppe der marketingbezogenen immateriellen Vermögenswerte aufgenommen werden und die Kundenverträge unter den kundenbezogenen Werten subsumiert werden. Vgl. IFRS 3.IE 18.

- Leasingverträge,[128]
- Baugenehmigungen,
- Franchisevereinbarungen,
- Betriebs- und Sendeerlaubnisse,
- Schuldenbedienungsrechte,[129]
- aus Unternehmenssicht vorteilhafte Anstellungsverträge,[130]
- Nutzungsrechte (z. B. Bohrrechte, Wassernutzungsrechte, Luftrechte, etc.).[131]

Die letzte Gruppe immaterieller Vermögenswerte bilden die technologiebezogenen Werte.[132] Darunter fasst der IASB patentierte und unpatentierte Technologien, Computer-Software, Datenbanken und Geschäftsgeheimnisse.[133] Letzteres umfasst bspw. geheime Formeln, Rezepte, Prozesse und ähnliche Werte, die in der Gegenwart oder Zukunft dem Unternehmen einen wirtschaftlichen Vorteil gegenüber anderen verschaffen, die nicht über dieses Wissen verfügen.

2.3.2.2 Kategorisierung im deutschen Handelsrecht

WULF stellt in einer empirischen Untersuchung von 122 IFRS-Konzernabschlüssen deutscher Unternehmen fest, dass eine große Anzahl nicht das Kategoriensystem der IFRS, sondern das Gliederungsschema des HGB nutzt.[134] Das deutsche Handelsrecht unterteilt in § 266 Abs. 2 HGB das immaterielle Anlagevermögen in:

1. Konzessionen, gewerbliche Schutzrechte und ähnliche Rechte und Werte sowie Lizenzen an solchen Rechten und Werten,
2. Geschäfts- oder Firmenwerte und
3. geleistete Anzahlungen.

[128] Dies kann zum Beispiel dann der Fall sein, wenn ein Unternehmen akquiriert wird, dass einen im Vergleich zu marktüblichen Konditionen besonders vorteilhaften Leasingvertrag abgeschlossen hat. Vgl. BEYHS/WAGNER (2008), S. 75.

[129] Vgl. hierzu genauer IFRS 3.IE36.

[130] Ein Arbeitsvertrag ist dann aus Sicht des Unternehmens vorteilhaft, wenn die finanzielle Belastung des Unternehmens aus dem Vertrag geringer ist als bei marktüblicher Vergütung. Vgl. IFRS 3.IE37.

[131] Vgl. IFRS 3.IE34. Vgl. auch z.B. BAETGE/HAYN/STRÖHER (2006), Rn. 135.

[132] Vgl. IFRS 3.IE39.

[133] Vgl. IFRS 3 IE44.

[134] Vgl. WULF (2008), S. 131; ähnlich auch VON KEITZ (2005), S. 37 f.

Unter Konzessionen sind „befristete behördliche Genehmigungen zur Ausübung eines bestimmten Gewerbes bzw. Handels oder zur Nutzung einer öffentlichen Sache“[135] zu verstehen. Diese können an eine Sache (Realkonzession), wie z. B. ein Abbaurecht für Kohle an ein Grundstück oder aber an eine Person (Personalkonzession) gebunden sein, wie z. B. Schankkonzessionen.[136] Beispiele für weitere Konzessionen sind Taxi-Konzessionen, Wege- oder Wassernutzungsrechte, Güterfernverkehrsgenehmigungen, Energieversorgungsrechte, UMTS-Lizenzen, Mineralgewinnungsrechte, Bergbaurechte und Emissionsrechte[137].[138] Gewerbliche Schutzrechte bieten einen Rechtsschutz für gewerblich verwertbare geistige Leistungen.[139] Darunter fallen z. B. Patente[140], Gebrauchsmuster[141], Geschmacksmuster[142], Markenrechte[143] und Sortenschutzrechte[144].[145] Abzugrenzen von den Konzessionen und gewerblichen Schutzrechten sind die ähnlichen Rechte und Werte. Dazu zählen z. B. Künstlerverträge, Verlagsrechte, Domainnamen, Software, „Zuteilungsrechte, Brenn- und Braurechte, Belieferungsrechte, Rechte zur Berichterstattung und Übertragung von Sportereignissen, Arzneimittelzulassungen, (…) ungeschützte Erfindungen, Rezepte, Know-how, Kundenkarteien, Film- und Tonaufzeichnungen und andere faktische Positionen von wirtschaftlichem Wert“[146].[147] Mit privatrechtlichen Lizenzverträgen können Konzessionen, gewerbliche Schutzrechte und ähnliche Rechte und Werte an einen Dritten übertragen werden.[148]

---

135 REINEN/HAUßER (2008), Rn. 22; vgl. ähnlich ADLER/DÜRING/SCHMALTZ (1997), § 266, Rn. 28.

136 Vgl. VON KEITZ (1997), S. 59-64.

137 Diese sind gemäß REINEN/HAUßER (2008), Rn. 28 nicht im Anlagevermögen auszuweisen.

138 Vgl. BAETGE/KIRSCH/THIELE (2007), S. 295; REINEN/HAUßER (2008), Rn. 28.

139 Vgl. VON KEITZ (1997), S. 65; BAETGE/KIRSCH/THIELE (2007), S. 296; REINEN/HAUßER (2008), Rn. 22.

140 Bei Patenten handelt es sich um Erfindungen, die territorial, sachlich und zeitlich begrenzt geschützt sind. Vgl. MENNINGER/KUNOWSKI (2003), S. 1181.

141 Im Vergleich zu Patenten beziehen sich Gebrauchsmuster nur auf Gegenstände und nicht auf Verfahren. Weitere Unterschiede bestehen bezüglich der Schutzvoraussetzungen, Entstehung und Schutzdauer. Vgl. VON KEITZ (1997), S. 65.

142 Geschmacksmuster schützen eine ästhetische Leistung wie z. B. ein Tapetenmuster. Vgl. FUCHS (2007), Rn. 128.

143 Markenrechte sind Ausschließlichkeitsrechte, die alle Zeichen schützen, die ein Unternehmen nutzt, um seine Güter von denen anderer zu unterscheiden (§ 3 Abs. 1 MarkenG). Dazu zählen Name, Logo, Melodien etc.

144 Sortenschutzrechte schützen gewerbliche Pflanzenzüchtungen. Vgl. dazu FUCHS (2007), Rn. 131.

145 Vgl. hier und folgend REINEN/HAUßER (2008), Rn. 22.

146 REINEN/HAUßER (2008), Rn. 22.

147 Vgl. RÜTTE/HOENES (1995), S. 40; REINEN/HAUßER (2008), Rn. 22. Wirtschaftliche Werte unterscheiden sich von den Rechten dadurch, dass sie nicht durch eine Rechtsposition geschützt sind. Vgl. BAETGE/KIRSCH/THIELE (2007), S. 296.

148 Vgl. KESSLER/SUCHAN (2004), Rn. 18.

Die Definition des Geschäfts- oder Firmenwertes ist abhängig von dem zugrunde liegenden Rechnungslegungssystem.[149] Grundsätzlich wird zwischen einem originären und derivativen Geschäfts- oder Firmenwert unterschieden.[150] Ökonomisch ist der originäre Firmenwert als die Differenz zwischen dem Unternehmenswert, der finanzmathematisch durch Abzinsung zukünftiger Überschüsse ermittelt wird, und dem Substanzwert[151] eines Unternehmens zu verstehen und umfasst damit nicht aktivierte immaterielle Werttreiber wie Managementqualitäten, Standortvorteile oder Kundenbeziehungen.[152] Während für den originären Firmenwert ein Aktivierungsverbot besteht, gilt dies nicht für den derivativen Goodwill, der sich bei Unternehmenskäufen als Residualgröße ergibt.[153]

Die letzte Kategorie bilden gemäß § 266 Abs. 2 HGB die für immaterielle Vermögenswerte gezahlten Anzahlungen, bei denen es sich eigentlich um Forderungen handelt.[154]

Die große Vielfalt der angesprochenen immateriellen Vermögenswerte macht deutlich, dass die im Handelsrecht unternommene Dreiteilung recht grob ist. Sämtliche immateriellen Vermögenswerte werden mit Ausnahme des Goodwills (und der Anzahlungen) in einer Bilanzposition aggregiert.

Zusammenfassend kann festgehalten werden, dass die dargestellten Kategorisierungsansätze nach Handelsrecht wie auch nach IFRS sich insbesondere hinsichtlich ihres Differenzierungsgrades unterscheiden. In Kapitel 4 wird im Rahmen der durchgeführten empirischen Erhebung später auf diese Ansätze zurückgegriffen. Dabei wird auch ein Zusammenhang zwischen diesen beiden hergestellt. Zunächst soll die Betrachtung im folgenden Kapitel indes um eine Darstellung der relevanten Rechnungslegungsregeln für immaterielle Vermögenswerte ergänzt werden.

---

149 Vgl. zur sich im Zeitablauf leicht geänderten Definition in der internationalen Rechnungslegung Abschnitt 3.3. Vgl. zum Verständnis nach HGB BAETGE/KIRSCH/THIELE (2007), S. 296.

150 Vgl. statt vieler KÜTING/KOCH (2003), S. 49.

151 Unter dem Substanzwert ist hier die Differenz des zu Reproduktionswerten bewerteten Vermögens abzüglich der Schulden zu verstehen. Vgl. MANDL/RABEL (2005), S. 80.

152 Vgl. KAHLE (2002), S. 849; ADLER/DÜRING/SCHMALTZ (1995), § 255, Rn. 257.

153 Vgl. KÜTING/KOCH (2003), S. 49; vgl. zur Entstehung des Goodwills Abschnitt 3.3.1. Aus den Ausführungen in Kapitel 3 wird sich ergeben, dass der Teil der immateriellen Werte, der nach HGB zum Teil im originären Firmenwert aufgeht, gemäß IFRS separat angesetzt werden darf. In Anlehnung an HOMMEL/WÜSTEMANN (2006), S. 54.

154 Vgl. BAETGE/KIRSCH/THIELE (2007), S. 297.

3 Bilanzierung immaterieller Vermögenswerte nach IFRS

3.1 Überblick

Die Zielsetzung dieser Arbeit, Konsequenzen der IFRS-Rechnungslegung für die Früherkennung von Wertminderungen im immateriellen Vermögen aufzuzeigen, macht eine Fokussierung auf eben den Teil des immateriellen Vermögens notwendig, der nach IFRS aktivierbar ist.

Im dritten Kapitel werden daher Ansatz, Bewertung und Ausweis von immateriellen Vermögenswerten nach IFRS dargestellt. Im Wesentlichen orientieren sich die Ausführungen an den Standards *IAS 38: Immaterielle Vermögenswerte*, *IFRS 3: Unternehmenszusammenschlüsse* und *IAS 36: Wertminderung von Vermögenswerten.*

IAS 38 regelt die Bilanzierung immaterieller Vermögenswerte[155], gilt allerdings nur subsidiär, d. h. nur sofern kein anderer Standard speziellere Vorschriften enthält (IAS 38.2 (a)). Dennoch ist er „der zentrale Standard für die Bilanzierung von immateriellen Vermögenswerten“[156]. Nicht anzuwenden ist IAS 38 u. a. auf immaterielle Vermögenswerte des Umlaufvermögens, latente Steueransprüche, Leasingverhältnisse, Vermögenswerte, die aus Leistungen an Arbeitnehmer resultieren, finanzielle Vermögenswerte, zur Veräußerung gehaltene immaterielle Vermögenswerte, immaterielle Vermögenswerte aus Versicherungsverträgen und Ausgaben für die Exploration von Mineralvorkommen (IAS 38.2-3).

Ebenso wenig unter die Vorgaben von IAS 38 fällt die Bilanzierung des Geschäfts- oder Firmenwertes bzw. Goodwills, die IFRS 3 regelt (IAS 38.3 (f)). Der Goodwill ist der einzige nicht in IAS 38 enthaltene Vermögenswert, der aufgrund seiner hohen Bedeutung[157] neben den immateriellen Vermögenswerten des IAS 38 in dieser Arbeit intensiv betrachtet wird. Abbildung 4 grenzt die in dieser Arbeit untersuchten immateriellen Vermögenswerte (grau) von den insgesamt nach IFRS aktivierbaren immateriellen Vermögenswerten und den immateriellen Gütern ab.[158]

---

155 Vgl. zur Definition Abschnitt 3.2.1.1.

156 PELLENS et al. (2008), S. 280.

157 Vgl. zur Bedeutung des Goodwills statt vieler PELLENS et al. (2005), S. 11 sowie der Ergebnisse der Studien in Abschnitt 4.2.1.2.

158 Vgl. zur Bezeichnung des Goodwills als immaterieller Vermögenswert BAETGE/VON KEITZ (2006), Rn. 8.

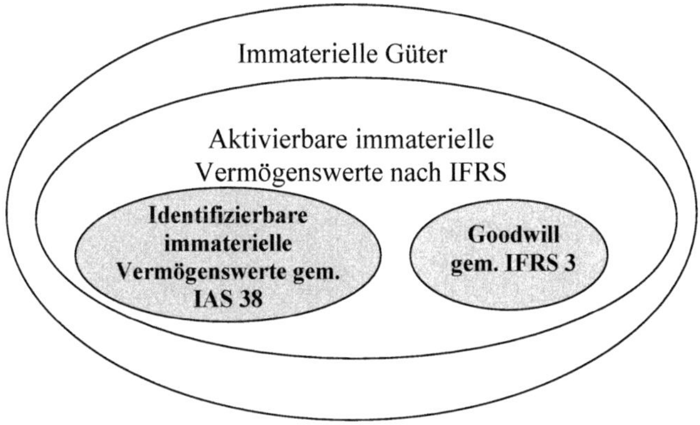

Abbildung 4: Abgrenzung immaterielle Güter, aktivierbare immaterielle Vermögenswerte, nach IAS 38 identifizierbare immaterielle Vermögenswerte und Goodwill

Für die Folgebewertung aller immateriellen Vermögenswerte ist IAS 36 relevant,[159] der zum Abschluss des dritten Kapitels behandelt wird. Diese Regelungen bilden einen zentralen Anknüpfungspunkt für die Anpassungen im Risikomanagement, die in Kapitel 5 besprochen werden.

Durch eine Überarbeitung von IFRS 3 im Rahmen des Projekts „Business Combinations Phase II" haben sich einige Veränderungen in der Rechnungslegung ergeben, die zu Unterschieden in den Abschlüssen vor und nach der Überarbeitung 2008 führen.[160] Im weiteren Verlauf dieser Arbeit sollen die Ergebnisse einer empirischen Untersuchung vorgestellt werden, die sich auf die IFRS-Abschlüsse 2005 und 2006 von Unternehmen des Prime Standards der deutschen Börse beziehen.[161] Auch wenn die Überarbeitung von IFRS 3 bislang noch nicht von der EU für verbindlich erklärt („endorsed") wurde,[162] soll der neue Standard insbesondere bei der Frage, welche Anpassungen im Risikomanagement notwendig sind, berücksichtigt werden. Aus diesem Grund werden sowohl die IFRS vor als auch nach der Überarbeitung 2008 dargestellt. An einigen Stellen muss der Zeitbezug der Regelungen daher explizit deutlich ge-

159 Vgl. BAETGE/VON KEITZ (2006), Rn. 141.

160 Vgl. zu den Änderungen des IFRS 3 z. B. BEYHS/WAGNER (2008), S. 73-83 und zu den Auswirkungen auf IAS 38 insbesondere IAS 38.130C.

161 Vgl. zu einer ausführlichen Erläuterung und Begründung der Samplezusammensetzung Abschnitt 4.3.2.2.2.

162 Vgl. EUROPEAN FINANCIAL REPORTING ADVISORY GROUP (2008). Das Anerkennungsverfahren der EU für neu entwickelte Rechnungslegungsstandards wird als Endorsement- oder Komitologie-Verfahren bezeichnet. Vgl. dazu grundlegend PELLENS et al. (2008), S. 96-100.

macht werden. Geschieht dies nicht, so bestehen keine inhaltlichen Unterschiede in den Vorschriften vor und nach der Überarbeitung.

3.2 Identifizierbare immaterielle Vermögenswerte

3.2.1 Ansatzvorschriften

3.2.1.1 Allgemeine Definitions- und Ansatzkriterien

Die Berücksichtigung eines immateriellen Vermögenswertes in der IFRS-Bilanz setzt voraus, dass bestimmte Definitions- und Ansatzkriterien erfüllt sind (IAS 38.18). Sobald nur eine Voraussetzung nicht erfüllt ist, darf kein Ansatz erfolgen und die Ausgaben sind als Aufwand zu erfassen (IAS 38.68).

Die IFRS verlangen, dass sämtliche Vermögenswerte – und somit auch alle immateriellen – zu aktivieren sind, sofern kein explizites Ansatzverbot besteht.[163] Die grundsätzliche Aktivierungskonzeption findet sich im Framework (Rahmenkonzept). Dort werden allgemeine Definitions- und Ansatzkriterien genannt. Spezielle Regelungen anderer Standards, wie die des IAS 38, gehen allerdings dem Rahmenkonzept vor.[164]

IAS 38.8 definiert einen immateriellen Vermögenswert als

(I)	identifizierbaren,	Definitionskriterien
(II)	nicht-monetären	
(III)	Vermögenswert	
(IV)	ohne physische Substanz.	

Dieser ist gemäß IAS 38.21 in der Bilanz anzusetzen, wenn

163 Vgl. hier und folgend BIEG et al. (2006), S. 79-81.

164 Vgl. HEUSER/THEILE (2007), Rn. 308. Ein Vergleich des Rahmenkonzeptes mit IAS 38 zeigt, dass sich kaum Unterschiede zwischen beiden Konzeptionen finden lassen. Vgl. BAETGE/VON KEITZ (2006), Rn. 39.

(V)	dem Unternehmen daraus wahrscheinlich ein wirtschaftlicher Nutzen zufließt und	Ansatzkriterien
(VI)	die Anschaffungs- oder Herstellungskosten verlässlich bewertbar sind.	

Aus den Definitionskriterien ergibt sich, dass zunächst zu prüfen ist, ob überhaupt ein Vermögenswert vorliegt, bevor die konkretisierenden Voraussetzungen für immaterielle Vermögenswerte und anschließend die Ansatzkriterien untersucht werden (IAS 38.8). Da IAS 38 eine Vermögenswertdefinition enthält, die auch der des Frameworks entspricht, ist kein Rückgriff auf letzteres notwendig.[165] Ein Vermögenswert ist gemäß IAS 38.8

(III.a) eine Ressource,

(III.b) die aufgrund von Ereignissen der Vergangenheit

(III.c) von einem Unternehmen kontrolliert wird und

(III.d) von der der Zufluss eines wirtschaftlichen Nutzens erwartet wird.

Die Kriterien III.a und III.d werden als „tautologisch"[166] gesehen, da eine Ressource definitionsgemäß einen wirtschaftlichen Nutzen stifte. Dieser Nutzen kann darin bestehen, dass der Vermögenswert den Zufluss von Cashflows fördert, deren Abfluss mindert oder selbst in Zahlungsmittel umgewandelt werden kann.[167] Für immaterielle Vermögenswerte, die in der Produktion eingesetzt werden, hält es der internationale Standardsetter für wahrscheinlicher, dass ihre Verwendung zu Kosteneinsparungen führt, als dass sie selbst zu Erlössteigerungen führen und so Cashflows produzieren (IAS 38.17). Unerheblich ist es, ob der Nutzen allein oder nur mit anderen Vermögenswerten zusammen erreicht werden kann.[168]

Der Hinweis darauf, dass der Vermögenswert das Ergebnis vergangener Ereignisse ist, wird bisweilen als redundant bewertet, da kaum ein Sachverhalt vorstellbar ist, bei

[165] In Anlehnung an BAETGE/VON KEITZ (2006), Rn. 38. Vgl. auch die Vermögenswertdefinition in IAS 38.8 und im Rahmenkonzept F.39a.

[166] LÜDENBACH/HOFFMANN (2008), Rn. 88.

[167] Vgl. hier und folgend F.53 f.

[168] Vgl. F.55.

dem das Unternehmen wirtschaftlichen Nutzen aus einem Vermögenswert zieht, über den es erst in der Zukunft verfügt.[169]

Die letzte Voraussetzung (III.c) für das Vorliegen eines Vermögenswertes verlangt, dass das Unternehmen diesen kontrolliert (IAS 38.8). Dies setzt zum einen voraus, dass das Unternehmen den wirtschaftlichen Nutzen der Ressource verwerten kann und zum anderen, dass Dritte von der Nutzung ausgeschlossen werden können (IAS 38.13-16).[170] Um dieses Kriterium zu erfüllen, muss nicht unbedingt ein juristisch durchsetzbares Recht, wie z. B. ein Urheber- oder Patentrecht, bestehen, da nicht die juristische, sondern die wirtschaftliche Betrachtungsweise relevant ist.[171] IAS 38.14 nennt beispielhaft, dass das durch Verschwiegenheitsvereinbarungen der Mitarbeiter geschützte technische Wissen vom Unternehmen kontrolliert wird. Betrachtet man nicht die Vermögenswerteigenschaften des Wissens, sondern die besonderen Fähigkeiten der Mitarbeiter, so ist ein Ansatz zwar nicht völlig ausgeschlossen, allerdings an strenge Vorgaben geknüpft (IAS 38.15).[172] Selbst wenn die Mitarbeiter ihre Fähigkeiten aufgrund von Arbeitsverträgen dem Unternehmen zur Verfügung stellen und ein Nutzen für das Unternehmen zu erwarten ist, kann meist nicht von einer Beherrschung ausgegangen werden. Vielmehr muss der tatsächliche Nutzenzufluss durch Rechtsansprüche gesichert sein. Diese – etwas unklare – Differenzierung wird bisweilen z. B. für Spielerverträge im Profisport als erfüllt angesehen.[173] IAS 38.16 erläutert, dass das Kontrollkriterium z. B. auch für den Kundenstamm oder Marktanteile erfüllt sein kann. Bestehen keine Rechtsansprüche zum Schutz des Kundenstammes, so wird dieser dennoch vom Unternehmen kontrolliert, wenn er das Objekt von separaten, also von Unternehmenszusammenschlüssen unabhängigen, Tauschtransaktionen sein kann (IAS 38.16), d. h. wenn für ihn ein Markt existiert.[174] Besteht ein solcher Markt, wird nicht nur angenommen, dass das Unternehmen die Ressource beherrscht, sondern auch, dass sie vom Unternehmen separierbar ist, was im Rahmen des unten zu erläuternden Kriteriums der Identifizierbarkeit relevant wird.[175]

Sind die genannten Voraussetzungen (III.a-d) allesamt erfüllt, liegt ein Vermögenswert vor. Ob dieser in den Anwendungsbereich des IAS 38 fällt, hängt gemäß IAS

---

169 Vgl. LÜDENBACH/HOFFMANN (2008), Rn. 88.
170 Vgl. hier und folgend erläuternd BAETGE/VON KEITZ (2006), Rn. 21 f.
171 Vgl. BAETGE/VON KEITZ (2006), Rn. 21.
172 Vgl. hier und folgend BAETGE/VON KEITZ (2006), Rn. 22; HEUSER/THEILE (2007), Rn. 1014.
173 Vgl. HOMBERG/ELTER/ROTHENBURGER (2004), S. 253 f.
174 Vgl. BAETGE/VON KEITZ (2006), Rn. 22.
175 Vgl. auch IAS 38.BC12-14.

38.8 weiter davon ab, ob es ein „identifizierbarer, nicht monetärer Vermögenswert ohne physische Substanz" ist.

Im nächsten Schritt ist somit zu klären, ob der Vermögenswert identifizierbar (I) – also vom Geschäfts- oder Firmenwert[176] zu unterscheiden – ist (IAS 38.11). Diese Voraussetzung kann auf zwei Arten erfüllt werden (IAS 38.12 (a) und IAS 38.12 (b)). Zum einen kann ein Vermögenswert separierbar sein. Darunter ist die Möglichkeit zu verstehen, den Vermögenswert vom Unternehmen durch Verkauf, Übertragung auf Dritte, Lizenzierung, Vermietung oder Tausch zu „separieren" (IAS 38.12 (a)). Es ist nicht notwendig, dass der Vermögenswert dabei allein vom Unternehmen abgetrennt wird. Dies kann auch gemeinsam mit anderen Vermögenswerten, einer Schuld oder in Verbindung mit einem Vertrag geschehen.[177] Allerdings sind Situationen denkbar, in denen eine Trennung vom Unternehmen nicht möglich ist.[178] Dies ist zum Beispiel dann der Fall, wenn die einem Unternehmen übertragene Lizenz rechtlich an das Unternehmen gebunden ist. Eine Übertragung der Lizenz wäre dann nur im Rahmen der vollständigen Unternehmensveräußerung denkbar. Um auch diesen Fall unter der Identifizierbarkeit subsumieren zu können, enthält IAS 38 das so genannte „Contractual-Legal"-Kriterium.[179] Demnach ist ein Vermögenswert auch dann identifizierbar, wenn er durch vertragliche oder andere Rechte entstanden ist (IAS 38.12 (b)). Eine Separierbarkeit ist nicht verlangt (IAS 38.12), da der Vermögenswert auch schon so vom Goodwill abgrenzbar ist.[180] LÜDENBACH nennt als Beispiel für einen nicht identifizierbaren immateriellen Vermögenswert, für den also keine der beiden genannten Möglichkeiten existiert, Standortvorteile, da diese weder rechtlich begründet noch vom Unternehmen zu trennen sind.[181]

Im nächsten Schritt gilt es zu prüfen, ob ein identifizierbarer Vermögenswert vorliegt, der keine physische Substanz hat (IV) und nicht monetär (II) ist.[182] Bereits in Abschnitt 2.1 wurden die rein immateriellen und rein materiellen Vermögenswerte von denjenigen abgegrenzt, die als Mischformen sowohl aus unkörperlichen als auch körperlichen Bestandteilen zusammengesetzt sind (materialisierte immaterielle Güter und

176 Vgl. zur Bilanzierung des Geschäfts- oder Firmenwertes ausführlich Abschnitt 3.3.
177 Hierbei handelt es sich um eine Ausweitung im Vergleich zu IAS 38 (1998). Vgl. LUTZ-INGOLD (2005), S. 165.
178 Vgl. hier und folgend IAS 38.BC10.
179 Vgl. LUTZ-INGOLD (2005), S. 165.
180 Vgl. DAWO (2003), S. 195.
181 Vgl. LÜDENBACH (2008), S. 83.
182 Vgl. hierzu auch Abschnitt 2.1.

Verbundgüter). Als Beispiel für Mischformen führt IAS 38.4 unterschiedliche Softwareprogramme an: Handelt es sich um das Steuerungsprogramm einer Maschine, das für den Betrieb notwendig ist, so erfolgt die Bilanzierung zusammen mit dieser als Sachanlage. Handelt es sich hingegen um auf einem Datenträger gespeicherte Software, wird diese als immaterieller Vermögenswert klassifiziert. Folglich wird nach der Wesentlichkeit der einzelnen Bestandteile entschieden, ob ein immaterieller oder materieller Vermögenswert vorliegt. BAETGE/VON KEITZ folgern daraus, dass grundsätzlich eine Beurteilung anhand der „Funktion der Bestandteile"[183] zu erfolgen hat. Kann dies nur sehr subjektiv beurteilt werden, sollten im Zweifelsfall auch die weiteren in Abschnitt 2.1 erläuterten Kriterien herangezogen werden.[184]

Monetäre Vermögenswerte erfüllen ebenfalls das Kriterium der Unkörperlichkeit.[185] Somit ist, wie bereits in Abschnitt 2.1 diskutiert, eine Abgrenzung von den immateriellen Vermögenswerten erforderlich. Monetäre Vermögenswerte sind nach IAS 38.8 sowohl Zahlungsmittel als auch Vermögenswerte, für die das Unternehmen einen bekannten Geldbetrag erhält. Fraglich ist bei dieser Abgrenzung zum Beispiel die Einordnung von Aktien, deren Kurs Schwankungen unterliegt.[186] Bei einer engen Auslegung des Begriffs der monetären Vermögenswerte wären sie nicht enthalten und könnten eventuell zu den immateriellen Vermögenswerten zählen. BAETGE/VON KEITZ klären diese Frage mit dem Verweis darauf, dass die finanziellen Vermögenswerte gemäß IAS 38.2 von dem Standard per se ausgenommen sind.[187]

Sind alle genannten Kriterien erfüllt, liegt ein immaterieller Vermögenswert vor. Ob dieser auch in der Bilanz anzusetzen ist, wird schließlich durch die beiden oben genannten Ansatzkriterien, wahrscheinlicher Nutzenzufluss (V) und verlässliche Bewertbarkeit (VI), weiter bestimmt. Das erste Kriterium betont, dass die bloße Möglichkeit, einen wirtschaftlichen Nutzen mit dem Vermögenswert zu erreichen, für eine Aktivierung nicht ausreichend ist. Vielmehr muss der Nutzenzufluss auch wahrscheinlich sein (IAS 38.21 (a)). Für eine Operationalisierung dieses Kriteriums wäre zum einen zu klären, wie die Wahrscheinlichkeit zu bestimmen ist, und zum anderen, wie wahrscheinlich der Nutzenzufluss sein muss, damit dem Kriterium entsprochen wird. Beide

183 BAETGE/VON KEITZ (2006), Rn. 20.
184 In Anlehnung an HEPERS (2005), S. 31.
185 Vgl. hier und folgend Abschnitt 2.1.
186 Vgl. hier und folgend BAETGE/VON KEITZ (2006), Rn. 20; HEYD/LUTZ-INGOLD (2005a), S. 35.
187 Vgl. BAETGE/VON KEITZ (2006), Rn. 19.

Fragen beantwortet der Standard nur vage bzw. überhaupt nicht.[188] Zudem sind die beiden Voraussetzungen indirekt miteinander verbunden, denn würde der Standardsetter das Überschreiten einer konkreten Wahrscheinlichkeit für den Nutzenzufluss (z. B. 50 %) fordern, dann müsste er notwendigerweise auch Angaben dazu machen, wie diese zu ermitteln wäre.[189] Stattdessen werden bei der Abschätzung der Wahrscheinlichkeit (lediglich) plausible Annahmen für die zukünftige Entwicklung auf Basis der besten Schätzung des Managements verlangt (IAS 38.22). Dabei soll der Prognosezeitraum der Schätzung die gesamte Nutzungsdauer des Vermögenswertes umfassen (IAS 38.22). Die einzig konkrete Einschränkung ist die Forderung, externen Informationsquellen mehr Gewicht beizumessen als internen.[190] Für die Höhe der notwendigen Wahrscheinlichkeit wird in der Literatur ein Schwellenwert von 50 % diskutiert.[191]

Als letztes Kriterium ist die verlässliche Bewertbarkeit der Anschaffungs- bzw. Herstellungskosten zu überprüfen (IAS 38.21 (b)).[192] Zwar enthält der Standard keine weiteren Angaben dazu, wie dies geschehen soll, allerdings ist die „Verlässlichkeit“, als so genannte qualitative Anforderung, im Framework genauer beschrieben.[193] Demnach muss ein Sachverhalt glaubwürdig abgebildet werden,[194] d. h. möglichst realitätsnah.[195] Zudem ist erneut der wirtschaftlichen Betrachtungsweise der Vorzug vor der juristischen zu geben.[196] Während die Auswirkung dieses Kriteriums bei der Verlässlichkeit der Bewertung eher weniger relevant ist, ist die Vorgabe, willkürfreie und neutrale Schätzungen, also weder zu positive noch zu negative, vorzunehmen, einschlägig, um einen möglichst wenig verzerrten Wert auszuweisen.[197] Um insbesondere zu hohe Wertansätze zu vermeiden,[198] ist ferner der Grundsatz der Vorsicht zu beachten, der im Gegensatz zum deutschen Handelsrecht anderen Grundsätzen nicht über-

---

188 Vgl. zu einer ähnlichen Einschätzung LUTZ-INGOLD (2005), S. 167.

189 In Anlehnung an BIEG et al. (2006), S. 80, die dieses vor dem Hintergrund der allgemeinen Ansatzkriterien im Rahmenkonzept diskutieren.

190 Diese Forderung wird zum Teil als selbstverständlich gesehen. Vgl. HOFFMANN (2008c), Rn. 14.

191 Vgl. z.B. WAGENHOFER (2009), S. 146 f. und zustimmend PELLENS et al. (2008), S. 124. Vgl. zu weiteren Nachweisen BIEG et al. (2006), S. 231.

192 Im Einklang mit der deutschen Übersetzung der IFRS wird in dieser Arbeit von Anschaffungs- und Herstellungskosten gesprochen, auch wenn der Kostenbegriff in Deutschland aufgrund seines Bezugs zum internen Rechnungswesen eine andere Bedeutung erfahren hat. Vgl. HOFFMANN (2008a), Rn. 11; ADLER/DÜRING/SCHMALTZ (1995), § 255, Rn. 5.

193 Vgl. z.B. KPMG (2007), S. 11 f.; VON KEITZ (1997), S. 185-187.

194 Vgl. F.31.

195 Vgl. KPMG (2007), S. 12; VON KEITZ (1997), S. 185.

196 Vgl. F.35.

197 Vgl. KPMG (2007), S. 12; F.36.

198 Vgl. VON KEITZ (1997), S. 186.

geordnet ist.[199] Als letztes ist der Grundsatz der Vollständigkeit zu berücksichtigen,[200] der für die Bemessung der Anschaffungs- und Herstellungskosten insbesondere bedingt, dass alle aktivierbaren Anschaffungs- und Herstellungskostenbestandteile zu berücksichtigen sind.[201] Werden alle genannten Grundsätze eingehalten, ist der immaterielle Vermögenswert verlässlich bewertbar.

Sind sämtliche Definitions- und Ansatzkriterien für einen immateriellen Vermögenswert im Sinne des IAS 38 erfüllt, kann grundsätzlich ein Ansatz erfolgen.[202] Abhängig von der Art des Zugangs (separater Erwerb, Erwerb im Rahmen eines Unternehmenszusammenschlusses oder Eigenerstellung) gilt es, darüber hinaus einige Besonderheiten zu beachten, die in den folgenden Abschnitten besprochen werden.

3.2.1.2 Besonderheiten bei bestimmten immateriellen Vermögenswerten

3.2.1.2.1 Separat angeschaffte immaterielle Vermögenswerte

Die separate, d. h. von einem Unternehmenszusammenschluss unabhängige, Anschaffung eines immateriellen Vermögenswertes kann grundsätzlich auf zwei Arten erfolgen, nämlich durch monetären Erwerb oder durch Tausch.[203]

Im Falle des monetären Erwerbs erhält der Erwerber den immateriellen Vermögenswert durch Hingabe von Zahlungsmitteln (IAS 38.25). Dies führt zu Erleichterungen bei der Prüfung der beiden Ansatzkriterien.[204] Da der Erwerber bereit ist, einen bestimmten Preis für den Vermögenswert zu zahlen, wird angenommen, dass auch ein Nutzenzufluss aus Erwerbersicht erwartet wird und wahrscheinlich ist (IAS 38.25).[205] Eine separate Prüfung des Ansatzkriteriums ist nicht erforderlich. Auch die verlässliche Bewertbarkeit wird bei einem monetären Erwerb gemäß IAS 38.26 normalerweise als erfüllt angesehen, da eine Objektivierung durch den gezahlten Kaufpreis vorliegt.[206]

---

199 Vgl. KPMG (2007), S. 12.
200 Vgl. F.38.
201 Vgl. dazu Abschnitt 3.2.2.1.
202 Vgl. HOFFMANN (2008b), Rn. 13.
203 Vgl. PELLENS et al. (2008), S. 285 f.
204 Vgl. BAETGE/VON KEITZ (2006), Rn. 42 f.
205 Vgl. hier und folgend auch BAETGE/VON KEITZ (2006), Rn. 42; IAS 38.BC27.
206 IAS 38.27-32 enthalten genauere Bestimmungen zur Ermittlung der Anschaffungskosten.

Im Fall eines Tausches ist der Nachweis der verlässlichen Bewertbarkeit schwieriger zu führen.[207] Grundsätzlich wird der Wert des erhaltenen Vermögenswertes mit dem beizulegenden Zeitwert[208] bestimmt. Sind hierfür keine Anschaffungskosten aus Markttransaktionen ermittelbar, so gilt eine Schätzung des Zeitwertes noch immer als zuverlässig, sofern die Schätzungen des Zeitwertes nicht zu stark schwanken und die Wahrscheinlichkeiten für den Eintritt der Schätzung vernünftig ermittelbar sind. Ist der Zeitwert des hingegebenen Vermögenswertes indes verlässlicher bestimmbar als der des erhaltenen, so ist dieser Wert zu Grunde zu legen. Nur im Ausnahmefall ist der Buchwert des hingegebenen Vermögenswertes zu verwenden. Da der Buchwert bekannt ist, ist das Kriterium der verlässlichen Bewertbarkeit beim separaten Erwerb eines immateriellen Vermögensgegenstandes grundsätzlich erfüllt. Daraus ergibt sich, dass die Definitionskriterien die eigentliche Aktivierungshürde bilden.

3.2.1.2.2 Im Rahmen von Unternehmenszusammenschlüssen erworbene immaterielle Vermögenswerte

Im Rahmen von Unternehmenszusammenschlüssen[209] werden meist sowohl immaterielle Vermögenswerte erworben, die das akquirierte Unternehmen bereits selbst aktiviert hat, als auch solche, die bis zu diesem Zeitpunkt nicht angesetzt wurden (IAS 38.34). Der letzte Fall kann dadurch eintreten, dass durch den Zusammenschluss bislang nicht zutreffende Aktivierungsvoraussetzungen erfüllt werden.[210] Ein prominentes Beispiel sind selbst erstellte Marken,[211] für die beim erworbenen Unternehmen ein Ansatzverbot besteht, oder Forschungs- und Entwicklungsausgaben, für die das erworbene Unternehmen nicht die Erfüllung der in IAS 38 genannten Kriterien nachweisen konnte.[212] Erfolgt nach dem Unternehmenszusammenschluss ein separater Ansatz von

---

[207] Vgl. hier und folgend BAETGE/VON KEITZ (2006), Rn. 44, 96; IAS 38.47. Vgl. auch Abschnitt 3.2.2.1.2.

[208] Gemäß IAS 38.8 ist unter dem beizulegenden Zeitwert der Betrag zu verstehen, „zu dem zwischen sachverständigen, vertragswilligen und voneinander unabhängigen Geschäftspartnern ein Vermögenswert getauscht werden könnte."

[209] Vgl. ausführlich zu Unternehmenszusammenschlüssen Abschnitt 3.3.1.

[210] Vgl. BAETGE/VON KEITZ (2006), Rn. 47.

[211] Vgl. GERPOTT/THOMAS (2004), S. 2487.

[212] Vgl. LÜDENBACH/PRUSACZYK (2004a), S. 416 f. Vgl. zum Ansatz von Forschungs- und Entwicklungsausgaben Abschnitt 3.2.1.2.3.

bisher nicht bilanzierten immateriellen Vermögenswerten, reduziert sich der Goodwill als Residualgröße.[213]

Analog zum Vorgehen bei separat angeschafften immateriellen Vermögenswerten wird auch hier vom IASB angenommen, dass die Wahrscheinlichkeit eines Nutzenzuflusses von im Rahmen des Zusammenschlusses erworbenen Vermögenswerten (z. B. Marken) stets gegeben ist (IAS 38.33). Dabei wird implizit unterstellt, dass ein Teil des Kaufpreises auf die immateriellen Vermögenswerte entfällt.[214] Die Unsicherheit der zukünftigen Entwicklung steht dem Ansatz nicht entgegen, sondern wirkt sich (nur) auf den Wertansatz aus (IAS 38.35). Das Kriterium der verlässlichen Bewertbarkeit galt bis zur Überarbeitung des Standards im Rahmen des „Business Combinations Projects" nicht immer, aber normalerweise als erfüllt.[215] Der Standard ging bei immateriellen Vermögenswerten mit bestimmter Nutzungsdauer von der widerlegbaren Vermutung aus, dass sich im Regelfall ein verlässlicher Zeitwert ermitteln lässt. Den seltenen Ausnahmefall bildeten im Rahmen des Zusammenschlusses übernommene Rechte, die entweder nicht separierbar oder aber zwar separierbar waren, für die aber keine vergangenen Tauschtransaktionen bekannt waren und der Zeitwert von unbestimmbaren Variablen abhing.[216] Mit der Überarbeitung 2008 ist diese Einschränkung aus IAS 38 entfernt worden, so dass nun auch für alle separierbaren, gesetzlichen und vertraglichen Rechte immer von einer verlässlichen Ermittelbarkeit der Anschaffungskosten ausgegangen wird (IAS 38.33). Sind immaterielle Vermögenswerte nur in Verbindung mit anderen Vermögenswerten separierbar, wird diese Gruppe als ein Vermögenswert angesetzt (IAS 38.36). Es zeigt sich, dass ähnlich zu dem im vorigen Abschnitt dargestellten separaten Erwerb auch hier die kritischen Voraussetzungen in den Definitionskriterien liegen.

3.2.1.2.3 Selbst erstellte immaterielle Vermögenswerte

Die in Abschnitt 3.2.1.1 dargestellten Definitions- und Ansatzkriterien gelten grundsätzlich auch für alle selbst erstellten immateriellen Vermögenswerte.[217] Allerdings ist für diese meist schwieriger festzustellen, ob und wann solche Vermögenswerte vorlie-

213 Vgl. PELLENS/SELLHORN (2001), S. 715; SCHRUFF/HAAKER (2008), Rn. 34. Vgl. dazu auch die Erläuterungen zur Kaufpreisallokation in Abschnitt 3.3.1.

214 Vgl. BAETGE/VON KEITZ (2006), Rn. 48.

215 Vgl. zu dieser Abgrenzung und folgend auch BAETGE/VON KEITZ (2006), Rn. 49.

216 Vgl. BAETGE/VON KEITZ (2006), Rn. 49.

217 Vgl. BURGER/ULBRICH/KNOBLAUCH (2006), S. 729; BAETGE/VON KEITZ (2006), Rn. 54.

gen und ob das Nutzenkriterium[218] erfüllt ist (IAS 38.51 (a)). Auch die verlässliche Ermittlung der Herstellungskosten kann problematisch sein (IAS 38.51 (b)). Daher konkretisiert der Standard die allgemeinen Regelungen weiter, allerdings nur für immaterielle Vermögenswerte aus einem Entwicklungsprozess.[219] IAS 38.8 definiert hierzu Entwicklung als die „Anwendung von Forschungsergebnissen oder von anderem Wissen auf einen Plan oder einen Entwurf für die Produktion von neuen oder beträchtlich verbesserten Materialien, Vorrichtungen, Produkten, Verfahren, Systemen oder Dienstleistungen." Klarstellend ergänzt IAS 38.8, dass „die Entwicklung (..) dabei vor Beginn der kommerziellen Produktion oder Nutzung" stattfindet. In Abgrenzung zur Entwicklung ist gemäß IAS 38.8 unter Forschung „die eigenständige und planmäßige Suche mit der Aussicht, zu neuen wissenschaftlichen oder technischen Erkenntnissen zu gelangen", zu verstehen.

Die Konkretisierungen der Ansatzvorschriften für selbst erstellte immaterielle Vermögenswerte beziehen sich deswegen ausschließlich auf Entwicklungen, da nach Meinung des IASB für Forschungsergebnisse der zukünftige Nutzen nicht nachgewiesen werden kann und somit für diese ein Ansatzverbot besteht (IAS 38.54, IAS 38.55). Gelingt es dem Unternehmen nicht, Forschung und Entwicklung zu trennen, sind die Ausgaben der Forschungsphase zuzuordnen und unterliegen somit dem strengen Aktivierungsverbot (IAS 38.53). Die geforderte Trennung zwischen den beiden Phasen ist insbesondere bei der Abgrenzung von Entwicklung und angewandter Forschung[220] problematisch.[221]

Da nicht nur Produkte und Verfahren „entwickelt" werden können,[222] sondern auch z. B. Marken und Kundenlisten, für welche dann allerdings ein Ansatzverbot besteht (IAS 38.63), fordert IAS 38.52 zu einer weiten (produkt- und verfahrensübergreifenden) Auslegung der Begriffe Forschungs- und Entwicklungsphase auf.[223]

---

218 Vgl. Abschnitt 3.2.1.1.

219 Vgl. BAETGE/VON KEITZ (2006), Rn. 54. LUTZ-INGOLD kritisiert, dass die Konkretisierung nicht im Zusammenhang mit den allgemeinen Definitions- und Ansatzregeln erfolgt. Vgl. LUTZ-INGOLD (2005), S. 171.

220 Unter angewandter Forschung ist die „Suche, Bewertung und Auswahl von Forschungsergebnissen" zu verstehen. WULF (2008), S. 35.

221 Vgl. BURGER/ULBRICH/KNOBLAUCH (2006), S. 732 f. Vgl. auch ZIESEMER (2002), S. 62; DELLMANN (1982), S. 560.

222 Vgl. LUTZ-INGOLD (2005), S. 178 f.

223 Vgl. auch KPMG (2007), S. 46. IAS 38.56 und IAS 38.59 nennen einige Beispiele für Forschungs- bzw. Entwicklungstätigkeiten.

Im Einzelnen knüpft IAS 38.57 die Aktivierung von Entwicklungsausgaben daran, dass das Unternehmen die folgenden Nachweise erbringen kann:

„(a) Die Fertigstellung des immateriellen Vermögenswerts kann technisch soweit realisiert werden, dass er genutzt oder verkauft werden kann.

(b) Das Unternehmen beabsichtigt, den immateriellen Vermögenswert fertig zu stellen und ihn zu nutzen oder zu verkaufen;

(c) Das Unternehmen ist fähig, den immateriellen Vermögenswert zu nutzen oder zu verkaufen;

(d) Die Art und Weise, wie der immaterielle Vermögenswert voraussichtlich einen künftigen wirtschaftlichen Nutzen erzielen wird; das Unternehmen kann u. a. die Existenz eines Markts für die Produkte des immateriellen Vermögenswertes oder für den immateriellen Vermögenswert an sich oder, falls er intern genutzt werden soll, den Nutzen des immateriellen Vermögenswerts nachweisen.

(e) Adäquate technische, finanzielle und sonstige Ressourcen sind verfügbar, so dass die Entwicklung abgeschlossen und der immaterielle Vermögenswert genutzt oder verkauft werden kann.

(f) Das Unternehmen ist fähig, die dem immateriellen Vermögenswert während seiner Entwicklung zurechenbaren Ausgaben verlässlich zu bewerten.“

Wie oben bereits dargestellt, sind die genannten Voraussetzungen für eine Aktivierungsfähigkeit von Entwicklungsausgaben Konkretisierungen der allgemeinen Vorschriften des IAS 38. Insofern beziehen sich die Kriterien (a) bis (e) auf den wahrscheinlichen Nutzenzufluss und (f) auf die verlässliche Ermittlung der Herstellungskosten.[224]

Das Kriterium der technischen Realisierbarkeit trifft nicht auf alle Entwicklungsprojekte zu.[225] So kann z. B. bei Aufwendungen für die Bildung einer Marke oder für den Ausbau der Kundenliste eine technische Realisierung in keinem Fall nachgewiesen werden, was in der Natur des Vermögenswertes begründet liegt. In anderen Fällen, z. B. bei der Entwicklung eines neuen Produktes, ist das Kriterium durchaus sinnvoll

---

224 Vgl. LUTZ-INGOLD (2005), S. 170 f.; BAETGE/VON KEITZ (2006), Rn. 61.

225 Vgl. hier und folgend BAETGE/VON KEITZ (2006), Rn. 65.

und kann bspw. durch die Existenz eines Prototypen erfüllt werden. Um mit einem späteren Nutzenzufluss rechnen zu können, muss das Unternehmen natürlich auch die Absicht haben, das Entwicklungsprojekt fertigzustellen. BAETGE/VON KEITZ sehen diese Absicht bereits dann als gegeben an, wenn das Unternehmen die Entwicklung bis zur Aufstellung des Abschlusses (wertaufhellende Information)[226] nicht abgebrochen hat, da ein rationaler Unternehmer nicht weitere Ausgaben für die Entwicklung leisten würde, wenn er beabsichtigt, die Entwicklung nicht fertigzustellen.[227] Auch aus der jedem Unternehmen unterstellten Rationalität wird abgeleitet, dass nur dann in die Entwicklung investiert wird, wenn das Unternehmen die Möglichkeit hat, den Vermögenswert entsprechend zu nutzen.[228] Wie genau diese Verwertung erfolgen soll, intern oder über den Markt, ist in einem weiteren Schritt nachzuweisen. Hierbei können bspw. Marktstudien helfen, zu belegen, dass ein Absatzmarkt tatsächlich besteht.[229] Soll der immaterielle Vermögenswert intern genutzt werden, dürfte die Aktivierungshürde entsprechend niedriger sein, da die Nachweise vom Unternehmen selbst generiert werden können.[230] Zum Nachweis des Nutzens muss in beiden Fällen darüber hinaus eine Barwertberechnung entsprechend den noch zu erläuternden Vorgaben des IAS 36 erfolgen (IAS 38.60).[231]

Das Fehlen notwendiger technischer, finanzieller oder sonstiger Ressourcen steht einer erfolgreichen Entwicklung entgegen (IAS 38.57 (e)). Um nachzuweisen, dass eine solche Beschränkung nicht besteht, reicht gemäß IAS 38.61 ein Business-Plan aus. Ist die Beschaffung von Fremdkapital für die erfolgreiche Entwicklung eingeplant, so kann dies über Absichtserklärungen nachgewiesen werden (IAS 38.61).

Die letzte Aktivierungsvoraussetzung verlangt, dass die Ausgaben dem Entwicklungsprojekt verlässlich zugerechnet werden können. Dazu ist es notwendig, dass ein entsprechendes Kostenrechnungssystem vorhanden ist (IAS 38.62), dessen Wertansätze

---

226 Vgl. LUTZ-INGOLD (2005), S. 172. Wertaufhellende Informationen beziehen sich auf Ereignisse, die nach dem Bilanzstichtag aber vor der Veröffentlichung des Abschlusses eingetreten sind und Hinweise auf Sachverhalte liefern, die vor dem Stichtag bereits vorlagen (IAS 10.3). Vgl. auch MOXTER (2003), S. 2559.

227 Vgl. BAETGE/VON KEITZ (2006), Rn. 66.

228 Vgl. LUTZ-INGOLD (2005), S. 172. LUTZ-INGOLD weist darauf hin, dass dieses Kriterium in Ausnahmefällen allerdings auch nicht erfüllt sein kann, z.B. wenn behördliche Genehmigungen nicht erteilt werden.

229 Vgl. BAETGE/VON KEITZ (2006), Rn. 67.

230 Vgl. HEYD/LUTZ-INGOLD (2005a), S. 45.

231 Die Bewertungsmaßstäbe des IAS 36 werden in Abschnitt 3.4.3.1 erläutert.

durch geeignete Transformationen in Daten des externen Rechnungswesens überführt werden.[232]

Bevor ein Ansatz erfolgen kann, sind abschließend noch die Aktivierungsverbote zu prüfen.[233] Diese können in drei Gruppen eingeteilt werden.[234] Die erste Gruppe bilden die bereits oben besprochenen Ausgaben für Forschung, die aufgrund des unmöglichen Nutzennachweises mit einem Aktivierungsverbot belegt sind. Daneben enthält IAS 38.63 noch einige andere explizite Ansatzverbote für „selbst geschaffene Markennamen, Drucktitel, Verlagsrechte, Kundenlisten" und ähnliche Werte. Die dritte Gruppe umfasst Werte, die die allgemeinen Definitions- und Ansatzkriterien nicht erfüllen, hat also nur einen deklaratorischen Charakter. Darunter fallen z. B. Gründungsausgaben, Weiterbildungsausgaben, Werbeausgaben und Reorganisationsausgaben (IAS 38.69). Außerdem besteht ein Ansatzverbot für den selbst erstellten Geschäfts- oder Firmenwert, welcher ebenfalls der letzten Gruppe zuzuordnen ist, da dieser Vermögenswert das Kriterium der Identifizierbarkeit per definitionem nicht erfüllen kann.[235]

Sind alle sechs Voraussetzungen erfüllt und liegt kein Ansatzverbot vor, muss der Vermögenswert grundsätzlich aktiviert werden.[236] Andernfalls besteht ein Aktivierungsverbot. Dieses bleibt für geleistete Ausgaben auch dann bestehen, wenn die Aktivierungsvoraussetzungen zu einem späteren Zeitpunkt erfüllt werden (IAS 38.71). Da der Nachweis der Erfüllung der genannten Kriterien diverse Spielräume enthält, wird bei der Aktivierung selbst erstellter immaterieller Vermögenswerte auch von einem faktischen Wahlrecht gesprochen.[237]

232 Vgl. BAETGE/VON KEITZ (2006), Rn. 64.

233 Vgl. HEPERS (2005), S. 168-170.

234 Hier und folgend in Anlehnung an HEPERS (2005), S. 168-170.

235 Vgl. BAETGE/VON KEITZ (2006), Rn. 71.

236 Vgl. hier und folgend SCHRUFF/HAAKER (2008), Rn. 54.

237 Vgl. z.B. ENGEL-CIRIC (2002), S. 781; BURGER/ULBRICH/KNOBLAUCH (2006), S. 729; BUCHHOLZ (2007), S. 72; BAETGE/HOLLMANN (2004), S. 356. Vgl. auch mit weiteren Nachweisen KIRSCH (2007), S. 58.

3.2.2 Bewertungsvorschriften

3.2.2.1 Zugangsbewertung

3.2.2.1.1 Überblick

Nachdem in Abschnitt 3.2.1 die Ansatzfähigkeit identifizierbarer immaterieller Vermögenswerte geklärt wurde, gilt es nun, den Wert beim erstmaligen Bilanzansatz zu bestimmen. Die Ermittlung dieses Wertes ist dabei nicht erst im Rahmen der Zugangsbewertung relevant, sondern knüpft direkt an das oben beschriebene allgemeine Ansatzkriterium der verlässlichen Bewertbarkeit des Vermögenswertes an.[238] Da nur dann ein Ansatz erfolgt, wenn auch dieses Kriterium erfüllt ist, ist die Ermittlung des Zugangswertes somit zugleich ein Prüfungspunkt im Rahmen der Aktivierungsfähigkeit.

Die Klärung des Zugangswertes ist im Kontext dieser Arbeit relevant, da abhängig davon, ob der Ansatz zum Zeitwert oder zu historischen Kosten erfolgt, unterschiedlich hohe stille Reserven entstehen. Werden relativ hohe stille Reserven gebildet, entsteht ein „Abschreibungspuffer", der die Notwendigkeit möglicher außerplanmäßiger Abschreibungen entsprechend reduziert.

IAS 38.24 bestimmt, dass der Zugang eines immateriellen Vermögenswertes grundsätzlich in Höhe der Anschaffungs- oder Herstellungskosten zu erfolgen hat. Während die Herstellungskosten eindeutig definiert sind, kommen im Rahmen der Ermittlung der Anschaffungskosten mehrere Wertmaßstäbe in Betracht.[239] Es gilt zwischen dem *separaten Zugang*, dem *Erwerb im Rahmen eines Unternehmenszusammenschlusses* und der *eigenen Herstellung* zu unterscheiden. Beim separaten Erwerb müssen anders als in Abschnitt 3.2.1.2.1 im Folgenden nicht nur monetärer Erwerb und Tausch, sondern zusätzlich auch der Erwerb durch eine Zuwendung der öffentlichen Hand differenziert betrachtet werden. Die folgenden Abschnitte orientieren sich an den genannten drei Zugangsformen und konkretisieren die verschiedenen Wertmaßstäbe.

---

238 Vgl. hier und folgend HEPERS (2005), S. 206 f.

239 Vgl. hier und folgend HEPERS (2005), S. 207.

3.2.2.1.2 Separat angeschaffte immaterielle Vermögenswerte

Ähnlich wie die Prüfung der Ansatzfähigkeit ist auch die Bestimmung des Zugangwertes von monetär erworbenen immateriellen Vermögenswerten unproblematisch.[240] Die Anschaffungskosten, zu denen die Zugangsbewertung erfolgt (IAS 38.24), bestehen aus dem um Anschaffungsnebenkosten, Anschaffungspreisminderungen und (unter bestimmten Voraussetzungen) Fremdkapitalzinsen korrigierten Kaufpreis (IAS 38.27).[241]

Bei der Bestimmung des Kaufpreises sind ggf. zwei Sonderfälle zu beachten, die vorliegen, wenn die Bezahlung in einer Fremdwährung und gegen Hingabe von Unternehmensanteilen erfolgt.[242] Im ersten Fall hat zum Erwerbszeitpunkt eine Umrechnung zum Kassakurs zu erfolgen (IAS 21.21).[243] Im zweiten Fall erfolgt eine Bewertung zum Zeitwert der erhaltenen immateriellen Vermögenswerte oder – sofern dieser nicht verlässlich bestimmt werden kann – unter Bezugnahme auf den Zeitwert der Unternehmensanteile (IFRS 2.10).

Der Kaufpreis kann sich unter Umständen noch um die Höhe der Anschaffungsnebenkosten erhöhen (IAS 38.27). Diese umfassen neben z. B. Importzöllen und nicht zu erstattenden Umsatzsteuern alle Kosten, die dem immateriellen Vermögenswert direkt zugerechnet werden können, und die notwendig sind, um ihn in den beabsichtigten Zustand zu versetzen (IAS 38.27). Kosten, die nach Erreichen dieses Zustands anfallen, erhöhen den Wertansatz nicht (IAS 38.30). IAS 38.28 nennt einige Beispiele für die Anschaffungsnebenkosten. Explizit ausgeschlossen werden Produkteinführungs-, Schulungs- und Verwaltungskosten sowie Anfangsverluste (IAS 38.29, IAS 38.30).

Schließlich sind noch die Anschaffungspreisminderungen abzuziehen. Zu diesen zählen Rabatte, Boni und Skonti (IAS 38.27 (a)). Rabatte stellen eine Art des Preisnachlasses dar und stehen in direktem Bezug zur Anschaffung des Vermögenswertes.[244] Die Gewährung eines Bonus erfolgt, sofern (meist bis zum Jahresende) ein gewisser Mindestumsatz oder Mindestabsatz überschritten wurde. Ein Skonto wird dann gewährt, wenn eine Barzahlung erfolgt. Obwohl das Skonto auch Zinscharakter hat, wird es als Anschaffungskostenminderung behandelt. Im Gegensatz zu einer frühzeitigen

---

240 Vgl. KÜTING/ULRICH (2001), S. 959.

241 Vgl. auch PELLENS et al. (2008), S. 285.

242 Vgl. BAETGE/VON KEITZ (2006), Rn. 80.

243 Vgl. auch BAETGE/VON KEITZ (2006), Rn. 80.

244 Vgl. hier und folgend ausführlich ELLROTT/BRENDT (2006), S. 61-64. Vgl. auch BAETGE/VON KEITZ (2006), Rn. 82.

Zahlung des Kaufpreises ist es auch denkbar, dass die Bezahlung erst nach Ablauf des normalen Zahlungszieles erfolgt (IAS 38.32). In diesem Fall entsprechen die Anschaffungskosten dem Barpreisäquivalent, das durch Diskontierung mit einem entsprechenden Kreditzins bestimmt wird.[245] Die Zinsen können in diesem Fall über das Zahlungsziel verteilt werden, außer sie müssen nach IAS 23 aktiviert werden (IAS 38.32).[246]

Ein anderer Wertmaßstab ist für die Anschaffungskosten anzusetzen, wenn das Unternehmen den immateriellen Vermögenswert im Rahmen eines Tauschgeschäftes erhält (IAS 38.45). Wie oben bereits kurz erwähnt, ist in diesen Fällen der Zugang grundsätzlich mit dem Zeitwert des hingegebenen Vermögenswertes zu bewerten.[247] Ausnahmsweise erfolgt eine Bewertung zum Buchwert, wenn die Tauschtransaktion entweder keine wirtschaftliche Substanz hat oder weder der Zeitwert des hingegebenen noch des erhaltenen Vermögenswertes verlässlich bestimmt werden kann.[248] Einem Tausch mangelt es genau dann an wirtschaftlicher Substanz, wenn der Tausch keinen Einfluss auf den Zahlungsfluss hat.[249] Dies ist gemäß IAS 38.46 der Fall, wenn

- Risiko, Zeitpunkt und Höhe der Cashflows des hingegebenen und des erhaltenen Vermögenswertes nicht verschieden sind, oder
- der Barwert der Nach-Steuer-Cashflows des Unternehmensteils, der vom Tausch betroffen ist, sich nicht ändert
- und die Veränderung der Cashflows bzw. des Barwertes im Vergleich zum Zeitwert des Tauschobjektes nicht wesentlich ist.[250]

Der Fall, dass der Zeitwert eines immateriellen Vermögenswertes nicht verlässlich bestimmbar ist, liegt dann vor, wenn die Schätzungen für den Zeitwert sich wesentlich unterscheiden oder die Wahrscheinlichkeiten für den Eintritt der unterschiedlichen Zeitwerte nicht verlässlich geschätzt werden können (IAS 38.47).

---

245 Vgl. BAETGE/VON KEITZ (2006), Rn. 82.

246 Vgl. zur bis Ende 2008 gültigen Regelung, nach der ein Aktivierungswahlrecht bestand, HEPERS (2005), S. 208.

247 Vgl. Abschnitt 3.2.1.2.1.

248 Ist der Zeitwert des erhaltenen Vermögenswertes als einziger bestimmbar oder ist er verlässlicher ermittelt worden, z.B. weil für ihn ein Markt besteht, so ist dieser Wert anzusetzen. Vgl. HOFFMANN (2008d), Rn. 14.

249 Vgl. HOFFMANN (2008d), Rn. 13.

250 Eine detaillierte Berechnung des Barwertes ist nicht verlangt (IAS 38.46).

Neben monetärem Erwerb und Tausch ist der Erwerb durch Zuwendung der öffentlichen Hand die dritte Möglichkeit, einen immateriellen Vermögenswert separat anzuschaffen.[251] Die Zuwendung erfolgt entweder kostenlos oder zu einem symbolischen Wert.[252] Dabei kann es sich z. B. um die Zuteilung von CO_2-Emissionsrechten handeln.[253] Bei der Bilanzierung des Zugangs besteht einerseits die Möglichkeit, sowohl die Zuwendung (als Passivposten) als auch den immateriellen Vermögenswert zum Zeitwert[254] oder andererseits zu einem symbolischen Wert samt allen zurechenbaren Kosten anzusetzen (IAS 38.44).

3.2.2.1.3 Im Rahmen von Unternehmenszusammenschlüssen erworbene immaterielle Vermögenswerte

Alle im Rahmen eines Unternehmenszusammenschlusses erworbenen immateriellen Vermögenswerte, die die Definitions- und Ansatzkriterien erfüllen, sind zum beizulegenden Zeitwert zu bewerten (IAS 38.33). IAS 38.8 definiert, was darunter zu verstehen ist: „Der beizulegende Zeitwert ist der Betrag, zu dem zwischen sachverständigen, vertragswilligen und voneinander unabhängigen Geschäftspartnern ein Vermögenswert getauscht werden könnte."

Um diesen Wert zu ermitteln, werden mehrere Möglichkeiten genannt, die in einer bestimmten Reihenfolge (Fair Value-Hierarchie[255] oder Stufenkonzept[256]) auf ihre Anwendbarkeit zu prüfen und ggf. einzusetzen sind.[257] Die Ermessensspielräume nehmen von der obersten zur untersten Stufe zu.[258] Daher muss die Hierarchie, die in Abbildung 5 veranschaulicht wird, von oben nach unten durchlaufen werden, um möglichst objektivierte Werte zu erhalten.

Die gemäß IAS 38.39 „verlässlichste Schätzgrundlage" für den Fair Value sind die auf aktiven Märkten[259] beobachtbaren aktuellen Preise.[260] Liegen diese aktuell nicht vor,

---

251 Vgl. HEYD/LUTZ-INGOLD (2005a), S. 60 f.
252 Vgl. BAETGE/VON KEITZ (2006), Rn. 94.
253 Vgl. BAETGE/VON KEITZ (2006), Rn. 94 und ausführlich HOFFMANN/LÜDENBACH (2006), S. 57-62.
254 Vgl. zur Bestimmung von Zeitwerten den nachfolgenden Abschnitt.
255 Vgl. ESSER/HACKENBERGER (2005), S. 710.
256 Vgl. HEPERS (2005), S. 211 f.; BAETGE/ZÜLCH (2001a), S. 547.
257 Vgl. HEIDEMANN (2005), S. 175-182.
258 Vgl. hier und folgend KIRCHNER (2006), S. 69.
259 Ein aktiver Markt liegt nur dann vor, wenn homogene Produkte gehandelt werden, für die es zumeist Anbieter und Nachfrager gibt und die Preise öffentlich bekannt sind (IAS 38.8). Das Vor-

kann auch auf kürzlich durchgeführte Transaktionen zurückgegriffen werden (IAS 38.39).[261] Diese Bewertungsmethodik, auch als „mark to market"- Methode bezeichnet, ist vorrangig vor allen anderen Ermittlungsverfahren anzuwenden und findet sich daher auf der *ersten Stufe* der Fair Value-Hierarchie.[262] Allerdings ist das Bestehen eines aktiven Marktes für immaterielle Vermögenswerte eher die Ausnahme als die Regel.[263] Für viele Vermögenswerte, wie z. B. Markennamen oder Patente, gibt es aufgrund ihrer Einzigartigkeit keinen aktiven Markt, daher scheidet eine Ermittlung des Zeitwertes auf dieser Hierarchiestufe häufig aus (IAS 38.78).

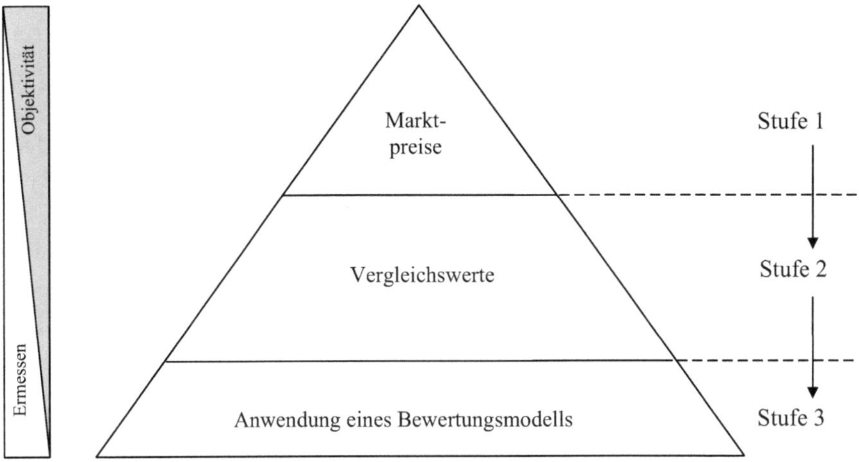

Abbildung 5: Fair Value-Hierarchie

Quelle: In Anlehnung an BAETGE (2009), S. 16; BAETGE/ZÜLCH (2001a), S. 548; WAGENHOFER (2009), S. 171 f.; HEIDEMANN (2005), S. 181; ZÜLCH (2003), 187; BECK (2004), S. 500; HITZ (2005), S. 1015 f.

---

liegen eines aktiven Marktes wird für immaterielle Vermögenswerte als besonders strenges Kriterium gesehen, da homogene immaterielle Vermögenswerte aufgrund deren Einzigartigkeit nur selten vorkommen. Weiter verschärfend ist die Voraussetzung, dass so gut wie immer Transaktionen auf diesem Markt abgeschlossen werden müssen und sporadische Transaktionen das Kriterium eines aktiven Marktes nicht erfüllen. Vgl. WAGENHOFER (2009), S. 368.

260 Auch Marktwerte können Verzerrungen unterworfen sein. Vgl. hierzu BAETGE (2009), S. 16 f.

261 Vgl. auch ESSER/HACKENBERGER (2005), S. 710.

262 Vgl. WAGENHOFER (2009), S. 171 f.

263 Vgl. ESSER/HACKENBERGER (2005), S. 710.

Auf der *zweiten Hierarchieebene* wird der Marktpreis aufgrund eines beobachtbaren Marktpreises vergleichbarer immaterieller Vermögenswerte geschätzt (IAS 38.40).[264] Zu denken ist bspw. an Fälle, bei denen das Unternehmen in der Vergangenheit einen ähnlichen immateriellen Vermögenswert separat erworben hat. Dabei ist eine Modifikation in zweierlei Hinsicht vorzunehmen. Zum einen ist zu berücksichtigen, dass es sich „lediglich" um einen ähnlichen Vermögenswert handelt und zum anderen, dass die Marktpreisbestimmung in der Vergangenheit durchgeführt wurde.

Ist eine Marktpreisermittlung weder für gleiche noch ähnliche immaterielle Vermögenswerte möglich, muss auf der *dritten Stufe* auf ein Bewertungsverfahren zurückgegriffen werden.[265] Diese Möglichkeit wird auch als „mark to model" bezeichnet und darf nur von solchen Unternehmen eingesetzt werden, die häufiger Transaktionen einzigartiger immaterieller Vermögenswerte durchführen (IAS 38.41). Der IASB vermutet, dass diese Unternehmen die Befähigung haben, die Bewertungsverfahren verlässlich anzuwenden.[266] In IAS 38.41 werden hierfür beispielhaft das Multiplikatorverfahren[267] und das DCF-Verfahren[268] genannt. Die Multiplikatormethode wird weiter konkretisiert. Demnach kommen insbesondere Erlösgrößen und Nutzungsentgelte aus Lizenzen als Bezugsgrößen für die Multiplikatoren in Frage (IAS 38.41 (a)). Andere Schätzverfahren dürfen gemäß IAS 38.41 (a) genutzt werden, sofern sie darauf zielen, beizulegende Zeitwerte zu ermitteln und die „Praktiken der entsprechenden Branche widerspiegeln".

Probleme bei der Anwendung von Bewertungsverfahren entstehen insbesondere dann, wenn eine Einzelbewertung nicht möglich ist, da wie z. B. beim Warenzeichen eines Mineralwassers und der zugehörigen Quelle (IAS 38.36), mehrere Vermögenswerte nur gemeinsam vom Geschäfts- oder Firmenwert getrennt werden können.[269] In diesen Fällen erfolgt eine Gruppenbewertung (IAS 38.37).

---

264 Vgl. hier und folgend BAETGE/VON KEITZ (2006), Rn. 86.

265 Vgl. hier und folgend WAGENHOFER (2009), S. 172.

266 Vgl. LUTZ-INGOLD (2005), S. 203.

267 Bei diesem Verfahren werden Marktpreis und eine zu wählende Referenzgröße eines vergleichbaren Vermögenswertes in Relation zu einander gesetzt, um den Multiplikator zu bestimmen. Dieser Multiplikator wird anschließend auf die entsprechende Bezugsgröße des zu bewertenden immateriellen Vermögenswertes angewandt. Vgl. MOSER/GODDAR (2007), S. 596. Vgl. zu Beispielen der Anwendung LUTZ-INGOLD (2005), S. 203 f.

268 Bei der Bewertung mit der DCF-Methode werden die dem immateriellen Vermögenswert zurechenbaren Zahlungsflüsse auf den Bewertungszeitpunkt diskontiert (IAS 38.41 (b)). Vgl. zu Beispielen der Anwendung LUTZ-INGOLD (2005), S. 203 f.

269 Vgl. LUTZ-INGOLD (2005), S. 204.

3.2.2.1.4 Selbst erstellte immaterielle Vermögenswerte

Während die Fair Value-Hierarchie, insbesondere auf den unteren beiden Stufen, aufgrund zahlreicher Ermessensspielräume Raum für die Bilanzgestaltung lässt,[270] sind die Regelungen für selbst erstellte immaterielle Vermögenswerte deutlich strikter.[271]

Die Zugangsbewertung selbst erstellter immaterieller Vermögenswerte erfolgt zu Herstellungskosten (IAS 38.24, IAS 38.65). Darunter fallen gemäß IAS 38.66. „alle direkt zurechenbaren Kosten, die erforderlich sind, den Vermögenswert zu entwerfen, herzustellen und so vorzubereiten, dass er für den vom Management beabsichtigten Gebrauch betriebsbereit ist“[272]. Allerdings sind nur solche Aufwendungen zu berücksichtigen, die nach dem Zeitpunkt der erstmaligen Erfüllung sämtlicher Definitions- und Ansatzkriterien und vor dem Ende des Herstellungszeitraums anfallen (IAS 38.65 und IAS 38.71).[273] Anders als der Wortlaut zur Definition der Herstellungskosten vermuten lässt, sind hierunter nicht nur die Einzel-, sondern auch alle zurechenbaren Gemeinkosten zu verstehen.[274]

Als explizite Herstellungskostenbestandteile werden Material-, Dienstleistungs- und Personalkosten sowie Registrierungsgebühren (z. B. für die Eintragung eines Patents)[275] und Abschreibungen auf Patente und Lizenzen genannt (IAS 38.66). Außerdem besteht für nach dem 01. 01. 2009 beginnende Geschäftsjahre künftig nicht mehr ein Wahlrecht, sondern eine Pflicht, angefallene Fremdkapitalzinsen bei bestimmten Vermögenswerten zu aktivieren.[276] Nicht zu berücksichtigen sind die nicht direkt zurechenbaren Verwaltungs- und Vertriebskosten sowie Betriebsverluste und Kosten, die aus Ineffizienzen zu Beginn des Nutzungszeitraumes entstehen (IAS 38.67). Daneben besteht auch für Schulungskosten ein explizites Einbeziehungsverbot (IAS 38.67).

---

270 Vgl. BAETGE/VON KEITZ (2006), Rn. 89. Vgl. auch SIEGRIST/STUCKER (2007), S. 248 f.

271 Vgl. HEPERS (2005), S. 218.

272 Für zuvor angefallene Kosten besteht gem. IAS 38.65 ein Nachaktivierungsverbot.

273 Vgl. auch PETERSEN/BANSBACH/DORNBACH (2008), S. 151.

274 Vgl. PETERSEN/BANSBACH/DORNBACH (2008), S. 151; BAETGE/VON KEITZ (2006), Rn. 91. Dies ergibt sich im Umkehrschluss aus IAS 38.67 (a). Hingegen sieht HOFFMANN nur unechte Gemeinkosten als aktivierbar. Vgl. HOFFMANN (2008d), Rn. 11.

275 Vgl. BAETGE/VON KEITZ (2006), Rn. 90.

276 Vgl. PETERSEN/BANSBACH/DORNBACH (2008), S. 151.

3.2.2.2 Folgebewertung

3.2.2.2.1 Überblick

Die Ausführungen zur Folgebewertung werden nicht nach der Zugangsart untergliedert, wie dies bisher geschah, da die Folgebewertungsvorschriften ander als die Ansatz- und Erstbewertungsvorgaben nicht an die Zugangsart anknüpfen.[277] Vielmehr entscheiden die erwartete Nutzungsdauer und das Bestehen eines aktiven Marktes darüber, wie die Folgebewertung durchzuführen ist.

IAS 38.72 enthält ein „eingeschränktes Bewertungsmethodenwahlrecht"[278]. Demnach kann der Bilanzierende identifizierbare immaterielle Vermögenswerte entweder nach dem so genannten Anschaffungskostenmodell oder nach dem Neubewertungsmodell folgebewerten (IAS 38.74, IAS 38.75). Das Wahlrecht ist insofern eingeschränkt, als dass die Neubewertungsmethode nur dann gewählt werden kann, wenn ein aktiver Markt[279] besteht (IAS 38.75).[280] Der grundsätzliche Unterschied zwischen beiden Methoden besteht darin, dass beim Anschaffungskostenmodell von historischen Kosten ausgegangen wird, wohingegen beim Neubewertungsmodell eine Folgebewertung mit dem regelmäßig aktualisierten Fair Value erfolgt.[281]

Unabhängig davon, welche der beiden Methoden angewendet wird, sind von den Anschaffungs-/Herstellungskosten bzw. vom Neubewertungsbetrag die kumulierten planmäßigen und außerplanmäßigen Abschreibungen abzuziehen, um den Buchwert am Bilanzstichtag zu bestimmen.[282] Planmäßige Abschreibungen sind allerdings nur dann zu verrechnen, wenn die Nutzungsdauer bestimmbar ist.[283] Ist dies nicht möglich, d. h. steht der Vermögenswert für unbestimmte Zeit zur Verfügung, erfolgen keine planmäßigen Abschreibungen, sondern der Vermögenswert wird ausschließlich außerplanmäßig abgeschrieben (Impairment only-Approach). Die Unterscheidung zwischen bestimmter und unbestimmter Nutzungsdauer ist für die Folgebewertung und den weiteren Gang der Arbeit von zentraler Bedeutung und wird daher in Abschnitt 3.2.2.2.3 genauer besprochen. Klarstellend sei darauf hingewiesen, dass sich die Unterschei-

---

277 Hier und folgend in Anlehnung an HEPERS (2005), S. 219-221.
278 HEYD/LUTZ-INGOLD (2005b), S. 100.
279 Vgl. zu dieser Voraussetzung insbesondere S. 44 dieser Arbeit.
280 Vgl. PELLENS et al. (2008), S. 295.
281 Vgl. PELLENS et al. (2008), S. 295.
282 Vgl. IAS 38.BC50, 73. Vgl. auch HEYD/LUTZ-INGOLD (2005b), S. 100. Der Betrag ist ggf. noch um Zuschreibungen zu korrigieren.
283 Vgl. hier und folgend PELLENS et al. (2008), S. 292 f.

dung nach der Nutzungsdauer nicht darauf auswirkt, welches Folgebewertungsmodell (Anschaffungskostenmethode versus Neubewertungsmethode) zu wählen ist, sondern allein darauf, ob planmäßige Abschreibungen verrechnet werden oder nicht.[284]

Wird ein immaterieller Vermögenswert nur außerplanmäßig abgeschrieben, hängt die Aussagekraft der Bilanzwerte und damit die Entscheidungsnützlichkeit des Abschlusses, also des zentralen Ziels des IFRS-Abschlusses,[285] letztlich vor allem davon ab, ob außerplanmäßiger Wertberichtigungsbedarf vom Unternehmen verlässlich erkannt wird.[286] Insofern spielt Abschnitt 3.2.2.2.3 eine entscheidende Rolle für die Problemstellung dieser Arbeit.

Abbildung 6 vermittelt einen Überblick über die Folgebewertung immaterieller Vermögenswerte und nennt die zugehörigen Abschnitte dieser Arbeit.

284 Vgl. IAS 38.BC50, 73.

285 Vgl. F.12.

286 Vgl. HEPERS (2005), S. 388.

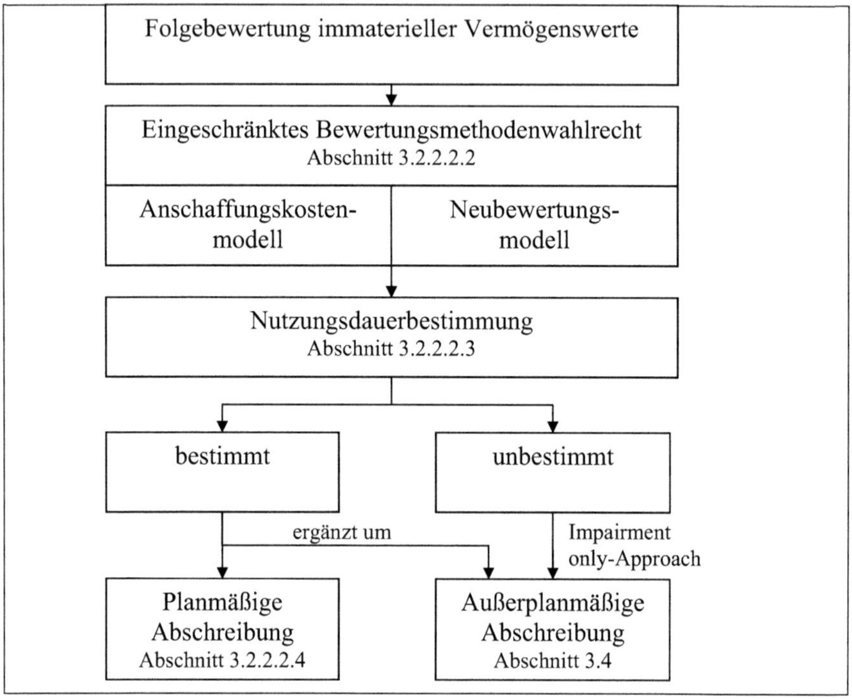

Abbildung 6: Überblick über die Folgebewertung immaterieller Vermögenswerte

Quelle: In Anlehnung an HEPERS (2005), S. 221.

3.2.2.2.2 Anschaffungskosten- und Neubewertungsmodell

Die Anschaffungskostenmethode ist im Vergleich zur Neubewertungsmethode in Deutschland bedeutend weiter verbreitet.[287] Dies mag daran liegen, dass im Gegensatz zu letzterer bei der Anwendung der Anschaffungskostenmethode keine weiteren Voraussetzungen, wie das Vorliegen eines aktiven Marktes,[288] zu erfüllen sind.[289]

Den Ausgangspunkt bei der Bestimmung des Buchwertes des identifizierbaren immateriellen Vermögenswertes bilden bei der Anschaffungskostenmethode die histori-

287 Vgl. VON KEITZ (2005), S. 43; KÜTING/DAWO (2002), S. 1206; SCHRUFF/HAAKER (2008), Rn. 79 f.

288 Vgl. zum aktiven Markt S. 44. Auch der IASB sieht das Vorliegen eines aktiven Marktes und damit die grundlegende Voraussetzung für die Anwendung der Neubewertungsmethode als Ausnahmefall (IAS 38.78).

289 Vgl. z.B. FISCHER/KLÖPFER (2005), S. 713 f.

schen „Kosten“, zu denen der Vermögenswert angeschafft bzw. hergestellt wurde (IAS 38.74). Die Komponenten der Anschaffungs-/ Herstellungskosten wurden bereits in Abschnitt 3.2.2.1 beschrieben, so dass auf diese Ausführungen verwiesen werden kann. Der Ausgangswert ist im Rahmen der Folgebewertung um planmäßige und außerplanmäßige Abschreibungen zu mindern (IAS 38.74, IAS 38.75). Da sich die Bestimmung der Abschreibungen im Vergleich zur Neubewertungsmethode nicht unterscheidet, wird das Vorgehen für beide Methoden gemeinsam in 3.2.2.2.4 behandelt.

Ob die Fortführung historischer Kosten insbesondere bei immateriellen Vermögenswerten, die stärkeren Wertschwankungen als abnutzbare Sachanlagen unterliegen können, für den Bilanzleser informativ ist, wird zum Teil kritisch gesehen.[290] Die Neubewertungsmethode ermöglicht daher nach dem erstmaligen Ansatz[291] die regelmäßige Bewertung eines Vermögenswertes mit dem beizulegenden Zeitwert (IAS 38.75). Dieser ist – analog zum Anschaffungskostenmodell – um planmäßige und außerplanmäßige Abschreibungen zu vermindern (IAS 38.75). Die regelmäßige Neubewertung kann dazu führen, dass eine Bilanzierung oberhalb der Anschaffungs-/Herstellungskosten erfolgt.[292]

Im Rahmen der Ausführungen zur Zugangsbewertung wurde bereits darauf hingewiesen, dass eine nachträgliche Aufwandsaktivierung bei der Erstellung eines immateriellen Vermögenswertes nicht erfolgen darf (IAS 38.71). Wird allerdings ein immaterieller Vermögenswert zum Zeitwert neu bewertet, so kann dies zur Folge haben, dass indirekt eine Aktivierung dieses Aufwands dennoch erfolgt.[293]

Wie der beizulegende Zeitwert zu bestimmen ist, ist für die Neubewertungsmethode in IAS 38 nicht konkret geregelt.[294] Da diese Methode allerdings nur bei Existenz eines aktiven Marktes eingesetzt werden darf, muss ein Marktpreis vorhanden sein, der dann auch für die Neubewertung verwendet werden kann. Um eine starke Divergenz von Buchwert und Zeitwert zu vermeiden, hat die Neubewertung regelmäßig zu erfolgen (IAS 38.75). Folglich determiniert die Volatilität des Marktpreises eines immateriellen Vermögenswertes die Festlegung der Neubewertungsintervalle (IAS 38.79). Während einige Autoren die jährliche Neubewertung empfehlen, enthält der Standard hierzu

---

290 Vgl. z.B. PELLENS et al. (2008), S. 294

291 Die Anwendung der Neubewertungsmethode auf Zugänge ist untersagt (IAS 38.76 (b)).

292 Vgl. LUTZ-INGOLD (2005), S. 209.

293 Vgl. HEYD/LUTZ-INGOLD (2005a), S. 79.

294 Vgl. BAETGE/VON KEITZ (2006), Rn. 115.

selbst keine Vorgaben.[295] Erfolgt eine Neubewertung eines immateriellen Vermögenswertes, so sind alle anderen immateriellen Vermögenswerte einer hinsichtlich Art und Verwendung ähnlichen Gruppe ebenfalls neu zu bewerten (IAS 38.72). Dabei sind zwei Besonderheiten zu berücksichtigen. Besteht in einer Gruppe für einen immateriellen Vermögenswert von vornherein *kein* aktiver Markt, so ist dieser mit seinen fortgeführten Anschaffungs-/Herstellungskosten zu bewerten (IAS 38.81). Existiert für einen in der Vergangenheit der Neubewertung unterworfenen immateriellen Vermögenswert kein aktiver Markt *mehr*, so wird der zuletzt ermittelte Fair Value fortgeführt (IAS 38.82).[296]

Findet eine Neubewertung zum Zeitwert statt, sind zwei Fälle zu unterscheiden:[297] Falls der Zeitwert den Buchwert übersteigt, ist die Differenz grundsätzlich erfolgsneutral in die Neubewertungsrücklage einzustellen (IAS 38.85). Im anderen Fall wird der Aufwand erfolgswirksam erfasst (IAS 38.86). Wurde zunächst eine erfolgswirksame Buchung durchgeführt, ist eine Erhöhung des Buchwertes in dieser Höhe ebenfalls erfolgswirksam zu erfassen und erst ein darüber liegender Wertzuwachs erfolgsneutral (IAS 38.85). Erfolgt anderseits zunächst eine erfolgsneutrale Erhöhung des Buchwertes zugunsten der Neubewertungsrücklage, ist eine folgende Wertminderung bis zu diesem Betrag ebenfalls erfolgsneutral und erst der überschießende Betrag erfolgswirksam zu verbuchen (IAS 38.85). Die Neubewertungsrücklage kann entweder bei Realisierung, d. h. Stilllegung oder Abgang, in die Gewinnrücklagen umgebucht werden oder zumindest teilweise ratierlich in Höhe der jährlichen Abschreibungsdifferenz zwischen altem und angepasstem Buchwert zu Gunsten der Gewinnrücklagen aufgelöst werden (IAS 38.87). In keinem Fall darf die Auflösung der Neubewertungsrücklage erfolgswirksam verbucht werden (IAS 38.87).

Nach dem Abgang eines immateriellen Vermögenswertes oder zu dem Zeitpunkt, zu dem kein Nutzen mehr erwartet wird, ist dieser Vermögenswert auszubuchen und eventuell ein Gewinn oder Verlust aus der Veräußerung grundsätzlich erfolgswirksam zu erfassen (IAS 38.112, IAS 38.113).

---

[295] Vgl. BAETGE/VON KEITZ (2006), Rn. 116; LUTZ-INGOLD (2005), S. 212; HEYD/LUTZ-INGOLD (2005a), S. 80.

[296] Existiert kein aktiver Markt mehr, kann dies eine außerplanmäßige Abschreibung auslösen (IAS 38.83).

[297] Vgl. zu einem Beispiel SCHRUFF/HAAKER (2008), Rn. 87 und PELLENS et al. (2008), S. 296-299.

3.2.2.2.3 Bestimmung der Nutzungsdauer

Die Nutzungsdauer eines immateriellen Vermögenswertes bringt zum Ausdruck, wie lange mit positiven Cashflows aus der Nutzung der Ressource zu rechnen ist.[298] Ist dieser Zeitraum nicht ermittelbar, liegt ein immaterieller Vermögenswert mit unbestimmter, andernfalls mit bestimmter Nutzungsdauer vor. Ist die Nutzungsdauer nicht bestimmbar, so impliziert dies nicht, dass sie zugleich auch endlos ist (IAS 38.91).[299] Auch ist nicht bereits dann von einer unbestimmten Nutzungsdauer auszugehen, wenn eine Unsicherheit bezüglich ihrer Festlegung besteht.[300] Kann z. B. eine Kundenliste zwischen ein und drei Jahren genutzt werden, bedeutet dies nicht, dass die Nutzungsdauer nicht bestimmt werden kann.[301] Vielmehr ist von der besten Schätzung des Managements auszugehen. Wird von einer unbestimmten Nutzungsdauer ausgegangen, so ist jährlich zu überprüfen, ob diese Einschätzung weiterhin gerechtfertigt ist (IAS 38.109).

Um die Nutzungsdauer zu ermitteln, sind zahlreiche Einflussfaktoren zu berücksichtigen.[302] Dazu zählen die Erwartungen des Managements, die Veralterung des Vermögenswertes, das Verhalten der Wettbewerber usw.[303] Gibt es einen Unterschied zwischen der wirtschaftlichen und der rechtlichen Nutzungsdauer, so ist die kürzere von beiden maßgeblich (IAS 38.95).[304] Für den Fall, dass vertragliche oder gesetzliche Rechte einer weiteren Nutzung des immateriellen Vermögenswertes entgegenstehen, ist zu prüfen, ob die Nutzungsdauer zu geringen Kosten verlängert werden kann (IAS 38.94). Dies ist bei der Nutzungsdauerbestimmung zu berücksichtigen, sofern das Management von dieser Möglichkeit Gebrauch machen würde. Von einer verlängerten Nutzung ist insbesondere dann auszugehen, wenn sie erfahrungsgemäß gewährt wird, notwendige Voraussetzungen erfüllt und die Verlängerungskosten im Vergleich zum zusätzlich Nutzen gering sind. Indes wird die Nutzungsdauer nicht verlängert, wenn hierzu große Investitionen notwendig sind, die weit über die Ausgaben hinausgehen,

---

[298] Vgl. hier und folgend LUTZ-INGOLD (2005), S. 206.

[299] Daher ist die Übersetzung der englischen Begriffe „finite" und „indefinite" mit „begrenzt" und „unbegrenzt" im Amtsblatt der europäischen Union unglücklich gewählt. Vgl. PELLENS et al. (2008), S. 292. In dieser Arbeit wird stattdessen das Begriffspaar „bestimmt" und „unbestimmt" verwendet.

[300] Vgl. BAETGE/VON KEITZ (2006), Rn. 130.

[301] Vgl. hier und folgend IAS 38.IE Beispiel 1.

[302] Vgl. BAETGE/VON KEITZ (2006), Rn. 128.

[303] Vgl. zu den im Standard explizit – aber nicht abschließend – aufgezählten Faktoren IAS 38.90.

[304] Vgl. zu einem Beispiel BAETGE/VON KEITZ (2006), Rn. 131.

die notwendig wären, um den Vermögenswert auf dem Ertragsniveau zum Zeitpunkt der Nutzungsdauerbestimmung konstant zu halten (IAS 38.91).

Die Illustrative Examples zu IAS 38 enthalten zahlreiche Beispiele zur Bestimmung der Nutzungsdauer.[305] Diese zeigen deutlich, dass nicht die Art eines immateriellen Vermögenswertes darüber entscheidet, ob dieser eine bestimmte oder eine unbestimmte Nutzungsdauer hat. So kann z. B. das eine Warenzeichen eine unbestimmte und das andere eine bestimmte Nutzungsdauer haben. Ist mit positiven Cashflows bis zu einem unbestimmten Zeitpunkt zu rechnen, ist ersteres der Fall, beabsichtigt das Management hingegen, die Produktion der mit dem Warenzeichen verbundenen Produkte in z. B. fünf Jahren einzustellen, letzteres.[306]

Zur Festlegung der konkreten Nutzungsdauer enthält der Standard nur relativ wenige Angaben. Eine Ausnahme stellt Computer-Software dar, für die explizit eine kurze Nutzungsdauer unterstellt wird, auch wenn die Anzahl der Jahre nicht weiter quantifiziert wird (IAS 38.92).

3.2.2.2.4 Bestimmung der Abschreibung

Unabhängig davon, ob die Folgebewertung dem Anschaffungskosten- oder dem Neubewertungsmodell folgt, wird die planmäßige Abschreibung nach den gleichen Grundprinzipien durchgeführt (IAS 38.97-106). Wie bereits oben ausführlich erläutert, betrifft die planmäßige Abschreibung nur immaterielle Vermögenswerte mit bestimmter Nutzungsdauer.[307]

Der Abschreibungsausgangsbetrag, der sich aus dem Zugangswert[308] abzüglich eines Restwertes ergibt, wird dazu planmäßig über den Nutzungszeitraum[309] verteilt (IAS 38.97 i.V.m. IAS 38.101). Im Regelfall ist von einem Restwert von null auszugehen. Lediglich dann, wenn der Restwert auf einem aktiven Markt, der wahrscheinlich auch noch zum Ende der Nutzung besteht, ermittelt werden kann oder ein Dritter sich zum Erwerb verpflichtet hat, darf von einem positiven Restwert ausgegangen werden (IAS 38.100). Der Restwert ist jährlich zu überprüfen und in dem Fall, dass dieser den

---

305 Vgl. hier und folgend IAS 38.IE Beispiele 1-9.

306 Vgl. zu einem Beispiel bei Mobilfunklizenzen SCHMACHTENBERG/MEIXNER/SCHÄFER (2005), S. 521-523.

307 Vgl. Abschnitt 3.2.2.2.1.

308 Vgl. zur Bestimmung des Zugangswertes Abschnitt 3.2.2.1.

309 Vgl. zur Ermittlung der Nutzungsdauer Abschnitt 3.2.2.2.3.

Buchwert übersteigt, ist die Abschreibung auszusetzen (IAS 38.102, IAS 38.103). Auch die ansonsten stetig anzuwendende Abschreibungsmethode und die Nutzungsdauer sind in diesem Rhythmus zu überprüfen (IAS 38.98, IAS 38.104). Als Abschreibungsmethoden werden in IAS 38.98 explizit die lineare, degressive und leistungsabhängige Methode genannt,[310] aber auch andere Verfahren dürfen genutzt werden.[311] Entscheidend ist, dass die gewählte Methode dem Werteverzehr gerecht wird (IAS 38.98). In Zweifelsfällen ist auf die lineare Methode zurückzugreifen.[312]

Die planmäßige Abschreibung beginnt gemäß IAS 38.97, wenn sich der immaterielle Vermögenswert „in dem vom Management beabsichtigten betriebsbereiten Zustand befindet". Sie endet spätestens bei Ausbuchung des Vermögenswertes bzw. gemäß IFRS 5 schon dann, wenn der Vermögenswert als zur Veräußerung klassifiziert wurde (IAS 38.97). Neben den planmäßigen sind ggf. außerplanmäßige Abschreibungen zu berücksichtigen (IAS 38.75). Hierzu verweist IAS 38.111 auf den in IAS 36 geregelten Impairment-Test. Da neben diesen auch die außerplanmäßigen Abschreibungen des Geschäfts- oder Firmenwertes im Rahmen des Impairment-Tests ermittelt werden (IFRS 3.55), sollen diese Vorschriften gemeinsam in Abschnitt 3.4 besprochen werden.

3.2.3 Angabepflichten im Anhang

IAS 38 enthält diverse Angabepflichten für identifizierbare immaterielle Vermögenswerte.[313] Da diese im Rahmen der empirischen Studien in Kapitel 4 zusammen mit den noch darzustellenden Offenlegungen zum Goodwill und zum Impairment-Test eine besondere Relevanz haben, sollen die wichtigsten knapp dargestellt werden.[314]

Die verlangten Angaben sind nicht für jeden einzelnen immateriellen Vermögenswert zu machen, sondern haben gruppenweise erfolgen (IAS 38.118). Eine mögliche, vom Standardsetter explizit genannte, Einteilung in Gruppen wurde bereits zu Beginn von Abschnitt 2.3.2.1 vorgestellt. Von diesem Schema darf abgewichen und eine weitere

---

310 Vgl. zu einem Überblick über die genannten Abschreibungsmethoden grundlegend WÖHE/DÖRING (2008), S. 755-758.

311 Vgl. HEYD/LUTZ-INGOLD (2005a), S. 83.

312 Vgl. HEYD/LUTZ-INGOLD (2005a), S. 83; BAETGE/VON KEITZ (2006), Rn. 137; IAS 38.98.

313 Vgl. BAETGE/VON KEITZ (2006), Rn. 150.

314 Vgl. zu einer umfassenden und übersichtlichen Darstellung z.B. HOFFMANN (2008c), Rn. 77 f.

(Dis-) Aggregation der Gruppen vorgenommen werden, wenn dies der Relevanz der Informationen besser entspricht (IAS 38.119).

Insbesondere haben Angaben zu den Nutzungsdauern der Vermögenswerte, den eingesetzten Abschreibungsmethoden, zu den Auswirkungen der Abschreibung auf die Gewinn- und Verlustrechnung und eine detaillierte Überleitung der Bilanzwerte vom Anfang zum Ende des Geschäftsjahres in einer Art Anlagespiegel zu erfolgen.[315] In diesem Zusammenhang sind auch die außerplanmäßigen Abschreibungen offenzulegen (IAS 38.118 (e) (iv)). Daneben müssen detailliertere Angaben zu immateriellen Vermögenswerten erfolgen, die besonders wesentlich sind, eine unbestimmte Nutzungsdauer haben, im Rahmen einer Zuwendung der öffentlichen Hand erworben wurden, mit einem beschränkten Eigentumsrecht verbunden sind oder auf die die Neubewertungsmethode angewendet wird (IAS 38.122-124). Auch die Forschungs- und Entwicklungsaufwendungen sind gemäß IAS 38.126 offenzulegen.

3.3 Goodwill als nicht identifizierbarer immaterieller Vermögenswert

3.3.1 Entstehung, Ansatz und Zugangsbewertung

Nachdem bislang ausschließlich die Bilanzierung identifizierbarer immaterieller Vermögenswerte, also solcher, die vom Goodwill unterschieden werden können (IAS 38.11), behandelt wurde, steht nun letzterer im Fokus. Dabei handelt es sich zwar ebenfalls um einen Vermögenswert, dieser kann allerdings nicht vom Unternehmen getrennt werden (IAS 38.11). IFRS 3 definiert den Goodwill als Vermögenswert, der den zukünftigen wirtschaftlichen Nutzen repräsentiert, der von Vermögenswerten gestiftet wird, die im Rahmen eines Unternehmenszusammenschlusses erworben wurden, aber nicht einzeln identifizierbar bzw. separierbar sind (IFRS 3.A).[316] Im Gegensatz zu den bisher besprochenen immateriellen Vermögenswerten sind für den Geschäfts- oder Firmenwert keine Definitions- und Ansatzkriterien zu prüfen, vielmehr ergibt sich dieser als Residuum im Rahmen eines Unternehmenszusammenschlusses.[317]

---

[315] Vgl. auch PELLENS et al. (2008), S. 301.

[316] Vgl. zum Charakter des Goodwills BAETGE/HAYN/STRÖHER (2006), Rn. 169 f. Vgl. auch IFRS 3.BC313-318.

[317] Vgl. PELLENS et al. (2008), S. 693.

Die Neuregelung der Bilanzierung von Unternehmenszusammenschlüssen Anfang 2008 hat deutliche Veränderungen für die Bilanzierung des Firmenwertes mit sich gebracht.[318] Diese Neuerungen können für nach dem 30. 6. 2007 und müssen für nach dem 1. 7. 2009 beginnende Geschäftsjahre angewendet werden (IFRS 3.64), sofern der überarbeitete Standard von der EU im Rahmen des Komitologieprozesses akzeptiert wird.[319] Auf bereits vor Einführung des IFRS 3 (2008) aktivierte Firmenwerte sind weiterhin die bislang gültigen Vorschriften des IFRS 3 (2004) anzuwenden (IFRS 3.65).

Grundvoraussetzung für das Entstehen eines Goodwills ist ein Unternehmenszusammenschluss.[320] Daraus folgt, dass ein originärer, also selbst geschaffener Geschäft- oder Firmenwert nicht angesetzt werden darf (IAS 38.48). Die Definition von Unternehmenszusammenschlüssen hat sich durch die Überarbeitung von IFRS 3 leicht verändert.[321] Bislang war gemäß IFRS 3.4 (2004) darunter „die Zusammenführung von separaten Unternehmen oder Geschäftsbetrieben zu einem berichtenden Unternehmen" zu verstehen, was fast immer zu einem Kontroll- oder Beherrschungsverhältnis führte. Im überarbeiteten IFRS 3 wird der Kontrollaspekt stärker betont und ein Unternehmenszusammenschluss dann angenommen, wenn ein Unternehmen die Kontrolle über mindestens einen weiteren Geschäftsbetrieb[322] erlangt.[323] Diese Beherrschung ist gegeben, wenn der Erwerber die operativen und finanziellen Aktivitäten des erworbenen Unternehmens bestimmen kann.[324]

Die Ausgestaltung des Unternehmenszusammenschlusses kann unterschiedlich sein.[325] Unter anderem wird zwischen dem Anteilserwerb (Share Deal), dem Reinvermögenserwerb (Asset Deal) und der Verschmelzung unterschieden (IFRS 3.B5-B6). Sofern ein solcher Unternehmenszusammenschluss vorliegt, bestimmt IFRS 3, wie der Firmenwert zu ermitteln ist.[326] Dabei wird im Grundsatz auf die im Folgenden genauer

[318] Vgl. KÜTING/WEBER/WIRTH (2008), S. 139.

[319] Vgl. dazu EUROPEAN FINANCIAL REPORTING ADVISORY GROUP (2008).

[320] Vgl. HEYD/LUTZ-INGOLD (2005a), S. 137.

[321] Vgl. SCHWEDLER (2008), S. 130.

[322] Gemäß IFRS 3.A ist ein Geschäftsbetrieb ein integriertes Set von Aktivitäten und Vermögen, das eine Rendite bzw. andere wirtschaftliche Vorteile für den Investor oder andere Stakeholder erbringen kann. Auch diese Definition hat sich im Vergleich zu IFRS 3 (2004) leicht verändert. Vgl. zu einer Darstellung der Unterschiede SCHWEDLER (2008), S. 130 f.

[323] Vgl. SCHWEDLER (2008), S. 130.

[324] Vgl. ausführlich BAETGE/HAYN/STRÖHER (2006), Rn. 47-49.

[325] Vgl. HEYD/LUTZ-INGOLD (2005a), S. 138.

[326] Vgl. PELLENS et al. (2008), S. 683. In IFRS 3.2 sind Joint Ventures sowie der Erwerb von Vermögen, das kein Geschäftsbetrieb ist, und Zusammenführungen von gemeinsam kontrollierten

erläuterte Erwerbs- bzw. Akquisitionsmethode zurückgegriffen.[327] Abbildung 7 stellt das Vorgehen nach IFRS 3 (2004) und IFRS 3 (2008) gegenüber, das im Folgenden erläutert wird.

IFRS 3 (2004): Erwerbsmethode	**IFRS 3 (2008): Akquisitionsmethode**
1. Identifizierung des Erwerbers. 2. Ermittlung der Anschaffungskosten des Unternehmenszusammenschlusses. 3. Verteilung der Anschaffungskosten des Unternehmenszusammenschlusses auf die erworbenen Vermögenswerte sowie die übernommenen Schulden und Eventualschulden zum Erwerbszeitpunkt.	1. Identifizierung des Erwerbers. 2. Bestimmung des Erwerbszeitpunktes. 3. Ansatz und Bewertung der identifizierbaren Vermögenswerte, Schulden und der Anteile nicht kontrollierender Gesellschafter. 4. Ansatz und Bewertung des Goodwill bzw. eines Gewinns, welcher aus dem günstigen Kauf resultiert.

Abbildung 7: Überblick über den Ablauf von Erwerbs- und Akquisitionsmethode nach IFRS 3 (2004) bzw. IFRS 3 (2008)

Quelle: In Anlehnung an SCHWEDLER (2008), S. 128. Vgl. auch IFRS 3.5 (2008) und IFRS 3.16 (2004).

In einem ersten Schritt muss in beiden Fällen der Erwerber bestimmt werden, d. h. dasjenige Unternehmen, das die Kontrolle erlangt.[328] Es wird somit unterstellt, dass dieser bei jedem Unternehmenszusammenschluss eindeutig identifizierbar ist.[329] Die Akquisitionsmethode aus IFRS 3 (2008) verlangt im nächsten Schritt, den Erwerbszeitpunkt zu bestimmen (IFRS 3.5 (b)), also den Zeitpunkt, zu dem der Erwerber die Kontrolle über das akquirierte Unternehmen erhält.[330] Zu diesem Zeitpunkt hat das erwerbende Unternehmen grundsätzlich die identifizierbaren Vermögenswerte, Schul-

---

Unternehmen von diesem Standard ausgeschlossen. Damit wurde der Anwendungsbereich im Vergleich zu IFRS 3 (2004) leicht ausgedehnt. Vgl. BEYHS/WAGNER (2008), S. 73 f.

327 Vgl. BEYHS/WAGNER (2008), S. 74. Während IFRS 3 (2008) den englischen Begriff „acquisition method" benutzt, um deutlich zu machen, dass ein Unternehmenszusammenschluss nicht notwendigerweise einen Kaufvertrag verlangt, wird in IFRS 3 (2004) der Begriff „purchase method" benutzt. Eine offizielle deutsche Übersetzung existiert bislang nicht. Im Folgenden bezieht sich die Akquisitionsmethode auf IFRS 3 (2008) und der Begriff Erwerbsmethode auf IFRS 3 (2004).

328 Vgl. IFRS 3.5 (a) (2008) und IFRS 3.16 (a) (2004).

329 Vgl. zu einer ausführlichen Diskussion zur Bestimmung des Erwerbers BAETGE/HAYN/STRÖHER (2006), Rn. 76-91. Vgl. auch KÜTING/WEBER/WIRTH (2008), S. 140.

330 Vgl. ausführlich zur Bestimmung des Zeitpunktes und zu den Besonderheiten BAETGE/HAYN/STRÖHER (2006), Rn. 92-98.

den und Eventualschulden[331] sowie ggf. den Goodwill in der Konzernbilanz anzusetzen.[332]

Die Ermittlung des derivativen Firmenwertes erfolgt im nächsten Schritt sowohl nach IFRS 3 (2004) als auch nach IFRS 3 (2008) als Residualgröße.[333] Allerdings ergeben sich zwischen diesen beiden Unterschiede bei der Ermittlung der Wertansätze. Im Ergebnis unterscheiden sich daher auch die Folgeschritte in der Erwerbs-/Akquisitionsmethode. Abbildung 8 stellt die beiden Ermittlungsschemata für den Goodwill gegenüber.

	IFRS 3 (2004): Erwerbsmethode
	Anschaffungskosten des Unternehmenszusammenschlusses
./.	anteiliger Netto-Betrag, der für die übernommenen Vermögenswerte und Schulden angesetzt wird
=	Goodwill/negativer Unterschiedsbetrag

	IFRS 3 (2008): Akquisitionsmethode
	Betrag der übertragenen Gegenleistung
+	Betrag, der für die nicht-beherrschenden Anteile angesetzt wird
./.	Netto-Betrag, der für die übernommenen Vermögenswerte und Schulden angesetzt wird
=	Goodwill/negativer Unterschiedsbetrag

Abbildung 8: Ermittlungsschema für den Goodwill

Quelle: In Anlehnung an BEYHS/WAGNER (2008), S. 82 und HEYD/LUTZ-INGOLD (2005a), S. 164.

Ausgangspunkt der Goodwillermittlung nach *IFRS 3 (2004)* sind die Anschaffungskosten für den Unternehmenszusammenschluss (IFRS 3.24 (2004)). Diese ergeben sich gemäß IFRS 3.24 (2004) aus „(a) den zum Tauschzeitpunkt gültigen beizulegenden Zeitwerten der entrichteten Vermögenswerte, der eingegangenen oder übernommenen Schulden und der von dem Erwerber emittierten Eigenkapitalinstrumente im Austausch gegen die Beherrschung des erworbenen Unternehmens; zuzüglich (b) aller dem Unternehmenszusammenschluss direkt zurechenbaren Kosten."[334] Zu den direkt

331 Eine Eventualschuld liegt zum einen dann vor, wenn eine mögliche aus der Vergangenheit resultierende Verpflichtung existiert, deren Bestehen von zukünftigen Entwicklungen abhängt, die das Unternehmen nicht alleine kontrolliert. Zum anderen besteht eine Eventualschuld auch dann, wenn gegenwärtige Verpflichtung vorliegt, die aus der Vergangenheit resultiert und deren Höhe entweder nicht verlässlich ermittelbar ist oder bei der ein Nutzenabfluss nicht wahrscheinlich ist (IAS 37.10).

332 Vgl. IFRS 3.10 (2008) und IFRS 3.37 (2004). Vgl. zum Unterschied bei der Bilanzierung von Eventualschulden nach beiden Standards BEYHS/WAGNER (2008), S. 76. Vgl. zu den besonderen Ansatzvorschriften bei einigen besonderen Vermögenswerten und Schulden BEYHS/WAGNER (2008), S. 75 f.

333 Vgl. hier und folgend BEYHS/WAGNER (2008), S. 82.

334 Vgl. ausführlich hierzu BAETGE/HAYN/STRÖHER (2006), Rn. 99-113.

zurechenbaren Kosten zählen bspw. Kosten für Berater, Wirtschaftsprüfer oder Gutachter (IFRS 3.29 (2004)).[335] Zur Ermittlung eines eventuellen positiven (Goodwill) oder negativen (Badwill) Unterschiedsbetrages sind die Anschaffungskosten um den anteiligen Netto-Betrag, der für die übernommenen Vermögenswerte und Schulden angesetzt wird, zu kürzen (IFRS 3.36 (2004)).[336] Dazu ist zunächst zu klären, welche Vermögenswerte und Schulden überhaupt anzusetzen sind.[337] Identifizierbare Vermögenswerte sind dann zu aktivieren, wenn ein wirtschaftlicher Nutzenzufluss wahrscheinlich und der Zeitwert verlässlich bestimmbar ist (IFRS 3.37 (a) (2004)). Analog sind Schulden dann zu berücksichtigen, wenn ein Nutzenabfluss wahrscheinlich und der Zeitwert verlässlich bestimmbar ist (IFRS 3.37 (b) (2004)). Die Voraussetzungen für die Bilanzierung von im Rahmen eines Unternehmenszusammenschlusses erworbenen immateriellen Vermögenswerten wurden bereits in Abschnitt 3.2.1.2.2 besprochen, auf den daher hier verwiesen wird. Für erworbene Eventualschulden, deren Fair Value verlässlich ermittelt werden kann, enthält IFRS 3.37 (c) (2004) grundsätzlich eine Passivierungspflicht.[338] Rückstellungen für Restrukturierungen dürfen nur dann angesetzt werden, wenn diese gemäß den Vorgaben von IAS 37 bereits im Abschluss des erworbenen Unternehmens passiviert wurden.[339]

Im nächsten Schritt sind die erworbenen und anzusetzenden Vermögenswerte und Schulden zu bewerten. Dabei ist grundsätzlich der beizulegende Zeitwert zu verwenden. Im Anhang B des IFRS 3 (2004) finden sich für diverse Aktiva und Passiva konkretisierende Vorschriften für die Ermittlung des Fair Values. Ausgenommen von der Zeitwertbewertung sind die gemäß IFRS 5 zur Veräußerung gehaltenen langfristigen Vermögenswerte oder Gruppen von Vermögenswerten, die zum Nettoveräußerungspreis anzusetzen sind (IFRS 3.36 (2004)). Der Wertansatz der übernommenen Vermögenswerte und Schulden in der Bilanz ist unabhängig von der Beteiligungsquote (IFRS 3.36 (2004)). Die Verteilung der Anschaffungskosten auf die Vermögenswerte und Schulden wird auch als Kaufpreisallokation bezeichnet.

---

335 Verfügt der Erwerber über eine Akquisitionsabteilung, die anstelle Dritter die Beratungsaufgaben übernimmt, so dürfen diese Kosten nicht im Rahmen der Anschaffungskosten berücksichtigt werden. Gleiches gilt für die Kosten zur Finanzierung des Zusammenschlusses (IFRS 3.30 f. (2004)).

336 Vgl. zur Berücksichtigung latenter Steuern LÜDENBACH (2008), Rn. 180-183.

337 Vgl. BAETGE/HAYN/STRÖHER (2006), Rn. 114.

338 Vgl. zu einer genaueren Darstellung und Ausnahmen BAETGE/HAYN/STRÖHER (2006), Rn. 140-142.

339 Dies regelt IFRS 3.41 (a) (2004).

Ein Goodwill entsteht, wenn die Anschaffungskosten den beteiligungsproportionalen (!) Wert der übernommenen Vermögenswerte und Schulden, also das neubewertete anteilige Eigenkapital, übersteigen.[340] Ein so entstandener positiver Unterschiedsbetrag ist zu aktivieren. Liegt hingegen ein negativer Unterschiedsbetrag vor, so sind die Anschaffungskosten des Unternehmenszusammenschlusses sowie Ansatz und Bewertung der Vermögenswerte und Schulden im Rahmen der Kaufpreisallokation noch einmal zu überprüfen und, falls ein negativer Unterschiedsbetrag verbleibt, ist dieser erfolgswirksam zu verbuchen.[341]

Auch die Ermittlungsvorschrift für den Unterschiedsbetrag nach *IFRS 3 (2008)* ist Abbildung 8 zu entnehmen. In diesem Fall sind der Ausgangspunkt der Berechnung nicht mehr die Anschaffungskosten, sondern der Zeitwert der Gegenleistung.[342] Der wesentliche Unterschied zwischen den beiden Regelungen besteht darin, dass Anschaffungsnebenkosten wie z. B. die oben erwähnten Honorare für Berater nicht in die Gegenleistung eingehen und den Unterschiedsbetrag somit auch nicht erhöhen, sondern direkt aufwandswirksam zu erfassen sind.

Während nach IFRS 3 (2008) von diesem Wert der beteiligungs*unabhängige* Netto-Wert der übernommenen Vermögenswerte und Schulden abzuziehen ist, wurde bislang der beteiligungs*proportionale* Nettowert in Abzug gebracht.[343] Dies würde c. p. bei Beteiligungen unter 100 % zu einem geringeren Unterschiedsbetrag führen. Allerdings ist der Wert der Gegenleistung nach IFRS 3 (2008) noch um den Betrag, der auf nicht-beherrschende Anteilseigner entfällt, zu erhöhen (IFRS 3.32 (a) (ii)). Für die Ermittlung dieses Betrages eröffnet der Standard zwei Möglichkeiten, die auch als „Purchased Goodwill Approach" und „Full Goodwill Approach" bezeichnet werden.[344] Im ersten Fall wird der Betrag als der auf die nicht-kontrollierenden Gesellschafter entfallende Anteil am neubewerteten Nettovermögen ermittelt. Im Ergebnis führt dies – ana-

---

340 Vgl. hier und folgend HEYD/LUTZ-INGOLD (2005a), S. 160. Klarstellend sei noch einmal darauf hingewiesen, dass Ansatz und Bewertung der übernommenen Aktiva und Passiva somit unabhängig, die Ermittlung des Goodwills hingegen abhängig von der Beteiligungshöhe ist.

341 Vgl. KÜTING/WIRTH (2006), S. 143-146.

342 Vgl. hier und folgend BEYHS/WAGNER (2008), S. 78. Die Gegenleistung umfasst wie nach IFRS 3 (2004) die Zeitwerte der geleisteten Vermögenswerte, übernommenen Schulden und übertragenen Eigenkapitalinstrumente. Eine Neubewertung zum Zeitwert entfällt, sofern die Vermögenswerte und Schulden auch nach dem Akquisitionszeitpunkt weiterhin vom Unternehmen kontrolliert werden (IFRS 3.38). Vgl. zu weiteren Besonderheiten bei der Ermittlung der Gegenleistung wie bedingten Leistungen oder sukzessivem Anteilserwerb grundlegend PELLENS et al. (2008), S. 713-715 und BEYHS/WAGNER (2008), S. 77-81.

343 Vgl. KÜTING/WEBER/WIRTH (2008), S. 143.

344 Vgl. KÜTING/WEBER/WIRTH (2008), S. 142; IFRS 3.19.

log zur alten Regelung – zum Ansatz eines beteiligungsproportionalen Goodwills, d. h. der aktivierte Goodwill entfällt vollständig auf den Erwerber.[345] Der Full Goodwill Approach bewirkt hingegen, dass auch der auf die nicht-kontrollierenden Gesellschafter entfallende Goodwill aktiviert wird. Dies geschieht, indem der anteilige Wert am Fair Value[346] (!) des akquirierten Unternehmens zur Gegenleistung hinzugerechnet wird und nicht etwa der auf die Minderheitsgesellschafter entfallende Anteil am neubewerteten Nettovermögen. Daher kann es zu Unterschieden in der Höhe des Goodwills kommen, was Abbildung 9 beispielhaft verdeutlicht. Liegt ein negativer Unterschiedsbetrag vor, der im überarbeiteten Standard als „bargain purchase" deklariert wird, so ist erneut die Bestimmung des Unterschiedsbetrages zu validieren, bevor dieser erfolgswirksam als Ertrag erfasst wird (IFRS 3.34-36).

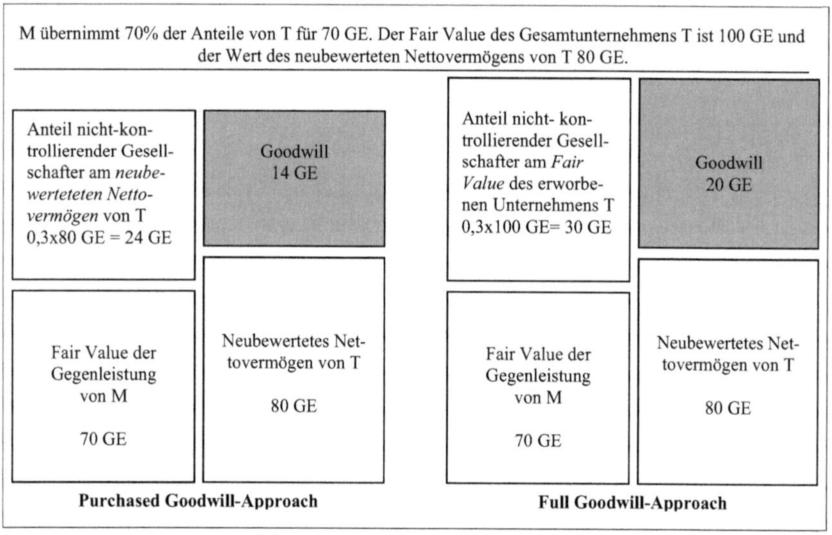

Abbildung 9: Beispiel zum Unterschied von Purchased und Full Goodwill-Approach

Quelle: In Anlehnung an ähnliche Beispiele bei KÜTING/WEBER/WIRTH (2008), S. 144; BEYHS/WAGNER (2008), S. 82; PELLENS/AMSHOFF/SELLHORN (2008), S. 603.

345 Vgl. hier und folgend KÜTING/WEBER/WIRTH (2008), S. 143.

346 Gegen eine beteiligungsproportionale Hochrechnung des Kaufpreises spricht, dass letzterer häufig eine Kontrollprämie enthält. Daher ist zur Fair Value-Bestimmung grundsätzlich der Börsenwert des erworbenen Unternehmen oder, falls dieser nicht verfügbar ist, ein mit Bewertungsverfahren ermittelter Wert zu verwenden (IFRS 3.B44-B45). Vgl. erläuternd GRÜNBERGER (2009), S. 354 f.

3.3.2 Folgebewertung

Nachdem der Goodwill ermittelt und als Vermögenswert aktiviert ist, muss die Behandlung in den auf die Akquisition folgenden Perioden geklärt werden.[347] Bereits in Abschnitt 3.2.2.2.1 ist auf die Unterscheidung immaterieller Vermögenswerte mit bestimmter und unbestimmter Nutzungsdauer hingewiesen worden. Dabei wurde erläutert, dass im letzteren Fall eine planmäßige Abschreibung unterbleibt und der Vermögenswert ausschließlich außerplanmäßig abzuschreiben ist.[348] Auch beim Goodwill handelt es sich um einen solchen Vermögenswert, der entsprechend den Vorschriften des IAS 36 ausschließlich außerplanmäßig abgeschrieben wird.[349] Da der Goodwill nur in Verbindung mit anderen Vermögenswerten (z. B. als Synergie) einen Nutzen erbringt, kann der Bedarf einer außerplanmäßigen Abschreibung auch nur in Verbindung mit anderen (von den Synergien profitierenden) Vermögenswerten bzw. Gruppen von Vermögenswerten beurteilt werden (IAS 36.81).[350] Der Zweck der Verteilung des Goodwills besteht also darin, den Goodwill durch das Zusammenwirken mit anderen Vermögenswerten messbar zu machen.[351] Bevor die Regeln für die Bestimmung des Abschreibungsbedarfs im nachfolgenden Abschnitt dargestellt werden, ist daher zunächst zu klären, wie der Firmenwert zum Erwerbszeitpunkt auf verschiedene Vermögenswerte bzw. Gruppen von Vermögenswerten zu verteilen ist (IAS 36.80-81).

Auch nach der Überarbeitung verweist IFRS 3 zur Folgebehandlung unverändert auf IAS 36.80.[352] Demnach ist der Goodwill auf zahlungsmittelgenerierende Einheiten (ZGE) oder Gruppen zahlungsmittelgenerierender Einheiten zu verteilen. Eine ZGE ist gemäß IAS 36.6 „die kleinste identifizierbare Gruppe von Vermögenswerten, die Mittelzuflüsse erzeugen, die weitestgehend unabhängig von den Mittelzuflüssen anderer Vermögenswerte oder anderer Gruppen von Vermögenswerten sind." Immer dann, wenn für die mit einem Vermögenswert oder einer Gruppe von Vermögenswerten erstellten Produkte und Dienstleistungen ein aktiver Markt besteht, sind diese als ZGE auch dann zu identifizieren, wenn die Produkte und Dienstleistungen nur intern verwendet werden (IAS 36.70). Beispiele für ZGE sind eine Produktlinie, ein Werk, eine

---

347 Vgl. PELLENS et al. (2008), S. 722. Vgl. zur Klarstellung, dass es sich beim Goodwill um einen Vermögenswert handelt IFRS 3.A.

348 Vgl. S. 48 dieser Arbeit.

349 Vgl. PELLENS et al. (2008), S. 723; IFRS 3.B63 (a); IAS 36.90.

350 Vgl. zur Erklärung des Goodwills hauptsächlich durch Synergien IAS 36.80. Sellhorn zerlegt den Goodwill neben Synergien weiter in einen Strategie-, einen Restrukturierung-, einen Going-Concern- und einen Flexibilitäts-Goodwill. Vgl. SELLHORN (2000), S. 890.

351 In Anlehnung an PELLENS et al. (2008), S. 718.

352 Vgl. KÜTING/WEBER/WIRTH (2008), S. 144.

Region oder eine Geschäftstätigkeit (IAS 36.130). Einer ZGE dürfen grundsätzlich keine Schulden zugerechnet werden (IAS 36.76 (b)).[353]

Da der Goodwill nach Meinung des IASB zu einem wesentlichen Teil aus Synergien besteht,[354] überrascht es nicht, dass der Firmenwert nicht auf alle ZGE eines Unternehmens zu verteilen ist, sondern nur auf solche, von denen erwartet wird, dass sie von den aus dem Unternehmenszusammenschluss erwarteten Synergien profitieren werden (firmenwerttragende ZGE).[355] Dabei ist es irrelevant, ob auch andere Vermögenswerte oder Schulden aus dem Zusammenschluss der ZGE zugewiesen werden. Der Goodwill ist auf der untersten Ebene einer ZGE zuzuordnen, auf der der Firmenwert vom Unternehmen überwacht wird. Damit dies nicht dazu führt, dass der Firmenwert einfach dem Unternehmen als Ganzes zugewiesen wird, enthält IAS 36.80 die Regelung, dass die höchste Ebene für die Goodwillzuweisung die identifizierten Geschäftssegmente[356] des Unternehmens sind. Kann eine Zuordnung zu einer einzelnen ZGE nur willkürlich erfolgen, ist stattdessen der Firmenwert mehreren ZGE gemeinsam zuzuordnen (IAS 36.81). Diese Möglichkeit dient auch dem Zweck, dass die Verteilung des Goodwills nicht eine Erweiterung des Berichtssystems erforderlich macht, sondern eine Ausrichtung an den bestehenden Reportingstrukturen ausreichend ist (IAS 36.82).[357] Folglich führt eine Reorganisation des Berichtswesens dann allerdings auch zu einer veränderten Goodwill-Allokation.

Um festzustellen, in welcher Höhe der Goodwill auf die Einheiten zu verteilen ist, kommt eine Zuweisung bspw. proportional zu den Cashflows, zum EBIT[358], zum

353 Vgl. zu einer Ausnahme von diesem Grundsatz IAS 36.78. Die Berücksichtigung von Schulden ist ausnahmsweise dann gestattet, wenn ein Käufer eine ZGE verpflichtet ist, auch die Schuld zu übernehmen.

354 Vgl. IFRS 3.BC313-316. Synergien sind ökonomische „Auswirkungen durch den Verbund von Unternehmen (…) im Absatz-, ebenso wie im Forschungs-, Beschaffungs-, Personal- und Produktionsbereich". BUSSE VON COLBE (1994), S. 602.

355 Vgl. hier und folgend WIRTH (2005), S. 198 f. Vgl. zu den Bilanzierungsspielräumen bei der Verteilung der Synergien POTTGIEßER/VELTE/WEBER (2005), S. 1750 f.; HAAKER (2005), S. 429-434.

356 IFRS 8 definiert ein Geschäftssegment als einen operativ tätigen Unternehmensbereich, auf den Erträge und Aufwendungen entfallen, für den Finanzdaten verfügbar sind und dessen Ergebnis vom Management im Rahmen der Ressourcenallokation überprüft wird (IFRS 8.5). Vgl. zu einem Überblick über die Segmentberichterstattung z. B. KAJÜTER/BARTH (2007), S. 428 f.; FINK/ULBRICH (2007), S. 981-985. Vgl. zur Segmentabgrenzung PELLENS et al. (2008), S. 878-880.

357 Vgl. hier und folgend HOFFMANN (2008b), Rn. 59.

358 Das EBIT (Earnings Before Interest and Taxes) bezeichnet das Ergebnis vor Zinsen und Steuern. Vgl. FLACKE/KRAFT/TRISKA (2008), S. 357.

EBITDA[359] oder zu den Zeitwerten der zugewiesenen immateriellen Vermögenswerte der Einheiten in Frage.[360] Eindeutige Vorgaben enthält IAS 36 nicht. Da der auf die Minderheitsgesellschafter entfallende Anteil am Goodwill des Unternehmens nach IFRS 3 (2004) nicht aktiviert wurde, musste dieser im Folgenden auch nicht auf ZGE verteilt werden.[361] Der Full Goodwill-Approach des überarbeiteten Standards ermöglicht hingegen auch die Aktivierung eines Minderheiten-Goodwills.[362] Daher stellt sich grundsätzlich die Frage, ob bei der Allokation des Firmenwertes zwischen kontrollierenden und nicht-kontrollierenden Gesellschaftern zu unterscheiden ist.[363] In der Konsequenz dürfte dann nur der auf das beherrschende Unternehmen entfallende Goodwill auf andere als das erworbene Unternehmen umfassende ZGE verteilt werden. Dies wird von den IFRS allerdings nicht verlangt. Es ist ausreichend, wenn der „Full Goodwill" als Ganzes auf die Einheiten verteilt wird. Nach der Verteilung des Goodwills auf ZGE kann auf dieser Ebene der Bedarf an außerplanmäßigen Abschreibungen bestimmt werden (IAS 36.80). Dies wird in Abschnitt 3.4 besprochen.

3.3.3 Angabepflichten im Anhang

Ebenso wie für andere Vermögenswerte sind auch im Fall des Goodwills zahlreiche Offenlegungspflichten zu erfüllen.[364] Diese resultieren aus Angabepflichten im Rahmen von Unternehmenszusammenschlüssen (IFRS 3) und zum Impairment-Test (IAS 36). Da sich die Überarbeitung von IFRS 3 nicht wesentlich auf die offenzulegenden Informationen ausgewirkt hat, wird im Folgenden nicht weiter zwischen den beiden Versionen des Standards differenziert.

Für den Firmenwert wird eine qualitative Beschreibung der Faktoren für seine Entstehung (z. B. Synergien) und der im Goodwill enthaltenen immateriellen Vermögenswerte verlangt (IFRS 3.B64 (e)). Außerdem muss die Buchwertentwicklung des Goodwills erläutert werden (IFRS 3.B67 (d)). Daher erfolgen insbesondere Angaben

359 Das EBITDA (Earnings Before Interest, Taxes, Depreciation and Amortization) beschreibt das Ergebnis vor Zinsen, Steuern und Abschreibungen auf materielle und immaterielle Aktiva. Vgl. FLACKE/KRAFT/TRISKA (2008), S. 357 f.

360 Vgl. hier und folgend HEYD/LUTZ-INGOLD (2005a), S. 168 f.

361 Vgl. BAETGE/HAYN/STRÖHER (2006), Rn. 209.

362 Vgl. HAAKER (2006c), S. 22. IFRS 3 (2008) verwendet im Vergleich zu seinem Vorgänger nicht mehr den Begriff der Minderheitsgesellschafter, sondern spricht stattdessen von nicht-kontrollierenden Gesellschaftern. Vgl. BEYHS/WAGNER (2008), S. 81.

363 Vgl. hier und folgend KÜTING/WEBER/WIRTH (2008), S. 145 f.

364 Vgl. PELLENS et al. (2008), S. 738.

zum Brutto-Goodwill, zu den kumulierten außerplanmäßigen und den auf die Periode entfallenden Abschreibungen, zu Firmenwertzugängen, zu latenten Steuern, zu auf Veräußerungsgruppen entfallende Geschäftswerte, zu Währungsdifferenzen und zu sonstigen Buchwertänderungen während der Berichtsperiode. Daneben müssen die außerplanmäßigen Abschreibungen gemäß IAS 36 weiter erläutert werden.[365] Da diese Berichtspflichten sich mit denen für außerplanmäßige Abschreibungen von identifizierten immateriellen Vermögenswerten decken, werden diese gemeinsam in Abschnitt 3.4.4 erläutert.

IFRS 3.B64 verlangt neben diesen Informationen weitere Angaben zum Unternehmenszusammenschluss wie bspw. das Erwerbsdatum, zu den zusammengeschlossenen Unternehmen, der Beteiligungshöhe, der Gegenleistung und den übernommenen Vermögenswerten und Schulden (IFRS 3.B64-68).

3.4 Impairment-Test

3.4.1 Überblick

Immer dann, „wenn das von einem Vermögenswert verkörperte Nutzenpotenzial hinter seinem Buchwert am Bilanzstichtag zurückbleibt“[366], also eine Wertminderung vorliegt, ist eine außerplanmäßige Abschreibung vorzunehmen.[367] Die Abschreibung hat in der Höhe zu erfolgen, in der der Buchwert das Nutzenpotenzial des Vermögenswertes, das als so genannter erzielbarer Betrag ermittelt wird, übersteigt.[368] Genauer ist unter dem erzielbaren Betrag gemäß IAS 36.6 das Maximum aus beizulegendem Zeitwert und einem mit Bewertungsverfahren ermittelten Nutzungswert zu verstehen. Beides sowie die Begründung für die Verwendung des höheren Betrages wird ausführlich in Abschnitt 3.4.3.1 erläutert.

Die wesentlichen Vorschriften für „das Erkennen, Messen und [die] bilanzielle Erfassung von Wertminderungen“[369] enthält IAS 36,[370] auf den sowohl IAS 38 als auch

365 Vgl. BAETGE/HAYN/STRÖHER (2006), Rn. 286.
366 PETERSEN/BANSBACH/DORNBACH (2008), S. 89.
367 Vgl. PETERSEN/BANSBACH/DORNBACH (2008), S. 89. Vgl. auch die entsprechenden Ausführungen in den Abschnitten 3.2.2.2.1, 3.2.2.2.4 und 3.3.2.
368 Vgl. WULF (2008), S. 77.
369 PELLENS et al. (2008), S. 256.
370 Vgl. PELLENS et al. (2008), S. 256 f.

IFRS 3 verweisen.[371] In Abschnitt 3.2.2.2.1 wurde erläutert, dass immaterielle Vermögenswerte mit *unbestimmter* Nutzungsdauer einschließlich des Goodwills nur außerplanmäßig abgeschrieben werden. Gleiches gilt für den Sonderfall immaterieller Vermögenswerte, die noch nicht genutzt werden können (IAS 36.10). Für all diese Vermögenswerte (unbestimmte Nutzungsdauer, noch nicht nutzungsbereit), die auch als *qualifizierte immaterielle Vermögenswerte* bezeichnet werden,[372] hängt die Verlässlichkeit des Bilanzwertes somit entscheidend von der korrekten Anwendung des IAS 36 ab. Für alle anderen immateriellen Vermögenswerte, die eine *bestimmte* Nutzungsdauer haben (*unqualifizierte immaterielle Vermögenswerte*), tritt die außerplanmäßige Abschreibung lediglich ergänzend neben die planmäßige Abschreibung.[373]

Unqualifizierte immaterielle Vermögenswerte sind jeweils am Bilanzstichtag daraufhin zu überprüfen, ob Anzeichen für eine Wertminderung (Abschnitt 3.4.2.1) vorliegen (IAS 36.9).[374] Dies gilt auch für die Stichtage von Zwischenberichten.[375] Nur wenn dies der Fall ist, hat eine quantitative Überprüfung der Wertminderung zu erfolgen, d. h., nur dann ist zu verifizieren, ob der Buchwert des Vermögenswertes tatsächlich den erzielbaren Betrag übersteigt und ggf. die Höhe der notwendigen Anpassung zu bestimmen. Für *qualifizierte* immaterielle Vermögenswerte gelten in dem Sinne strengere Vorschriften, als dass unabhängig davon, ob ein Wertminderungsanzeichen vorliegt oder nicht, jährlich die Höhe des Buchwertes mit dem erzielbaren Betrag verglichen werden muss (IAS 36.10). Diese Überprüfung hat nicht zwingend zum Bilanzstichtag zu erfolgen, sondern kann an einem beliebigen Tag, dann aber zeitlich konsistent, erfolgen (IAS 36.10). Auch ist der Test nicht für alle Vermögenswerte am selben Tag durchzuführen.

Die verpflichtende jährliche Durchführung des Impairment-Tests bei qualifizierten immateriellen Vermögenswerten wird ergänzt durch eine fallweise Überprüfung des Buchwertes: Unabhängig von Stichtagen ist schon immer dann, wenn bereits vor dem

---

[371] Die Verweise enthalten IAS 38.111 und IFRS 3.B63 (a).

[372] Vgl. HOFFMANN (2008b), Rn. 9. Wird in dieser Arbeit von qualifizierten immateriellen Vermögenswerten gesprochen, so sind darunter immer immaterielle Vermögenswerte mit unbestimmter Nutzungsdauer und noch nicht nutzungsbereite immaterielle Vermögenswerte zu verstehen. Somit besteht keine Identität zu den qualifizierten Vermögenswerten des IAS 23. Bei diesen handelt es sich um Vermögenswerte, für die ein langer Zeitraum notwendig ist, um sie in den beabsichtigten gebrauchs- bzw. verkaufsfähigen Zustand zu versetzen (IAS 23.4).

[373] Vgl. dazu die Erläuterungen insbesondere in Abschnitt 3.2.2.2.1. Vgl. auch HOFFMANN (2008b), Rn. 9.

[374] Vgl. hier und folgend HOFFMANN (2008b), Rn. 9.

[375] Vgl. IDW (HRSG.) (2006), N, Tz. 172. Vgl. dazu auch Abschnitt 4.3.3.2.3.

fixen Test-Tag Anzeichen für eine Wertminderung vorliegen, ist ein zusätzlicher Test anzustoßen.[376] Dazu müssten qualifizierte immaterielle Vermögenswerte kontinuierlich überwacht werden.[377] Diese Regelung soll verhindern, dass eine Wertminderung vom Management regelmäßig zu spät verbucht wird.[378] Eine entsprechende Vorschrift existiert für unqualifizierte Vermögenswerte grundsätzlich nicht.[379] Allerdings enthält IAS 34 für alle Unternehmen, die einen Zwischenbericht nach IFRS zu erstellen haben, die Anforderung, bei Vorliegen von Anzeichen wesentlicher Wertminderungen bei der Erstellung des Zwischenberichts die potenzielle außerplanmäßige Abschreibung zu berechnen (IAS 34.B36).[380]

Der Impairment-Test verlangt somit ein zweistufiges Vorgehen.[381] Auf der ersten Stufe ist für qualifizierte und unqualifizierte immaterielle Vermögenswerte qualitativ zu überprüfen, ob irgendwelche Anhaltspunkte, d. h. Hinweise, für eine Wertminderung bestehen (Abschnitt 3.4.2). Diese Hinweise können sich auch auf die ZGE beziehen, zu der der Vermögenswert gehört (IAS 36.7).[382] Auf der zweiten Stufe hat ein quantitativer Vergleich von Buchwert und erzielbarem Betrag des Vermögenswertes bzw. der ZGE zu erfolgen (Abschnitt 3.4.3). Daher wird zum Teil auch von einem *qualitativen* und einem *quantitativen* Impairment-Test gesprochen.[383] In dieser Arbeit wird insbesondere der qualitative Impairment-Test betrachtet, denn nur dann, wenn Wertminderungsanzeichen rechtzeitig erkannt werden, sind unqualifizierte immaterielle Vermögenswerte richtig und qualifizierte immaterielle Vermögenswerte nicht erst zum Bilanzstichtag, sondern bereits z. B. in unterjährigen Zwischenberichten richtig bewer-

376 Vgl. IAS 38.108, der dies für immaterielle Vermögenswerte mit unbestimmter Nutzungsdauer und IAS 36.90, der dies auch für den Goodwill vorschreibt. Obwohl nicht explizit in IAS 36 oder 38 genannt, wird dies auch für noch nicht nutzungsbereite immaterielle Vermögenswerte gefordert. Vgl. BAETGE/VON KEITZ (2006), Rn. 143.

377 Vgl. zur Aussage, dass kontinuierlich eine Überwachung der Anzeichen bei qualifizierten immateriellen Vermögenswerten durchzuführen ist, auch BRÜCKS/WIEDERHOLD (2003), S. 223; WIRTH (2004), S. 20; speziell für den Goodwill HOFFMANN (2008b), Rn. 49. Diese Forderung ist vor dem Hintergrund der praktischen Umsetzung allerdings kritisch zu sehen, was in Abschnitt 5.6 diskutiert werden soll. Vgl. auch BAETGE et al. (2008a), Rn. 166 f.

378 Vgl. IAS 36.BC122.

379 Dies folgt aus der Beschränkung von IAS 38.108 auf immaterielle Vermögenswerte mit unbestimmter Nutzungsdauer.

380 Vgl. dazu auch die weiteren Erläuterungen in Abschnitt 4.3.3.2.3. BAETGE et al. (2008) sehen es aus „Zeit- und Kostengründen“ als kritisch an, die in IAS 36.12 genannten Indikatoren explizit zu prüfen. Vgl. BAETGE et al. (2008a), Rn. 167.

381 Vgl. hier und folgend PETERSEN/BANSBACH/DORNBACH (2008), S. 90.

382 Vgl. auch IDW (HRSG.) (2006), N, Tz. 174 mit weiteren Nachweisen.

383 Vgl. HOFFMANN (2008b), Rn. 9.

tet.[384] Es verwundert daher, dass die Forschung dem qualitativen Impairment-Test bislang recht wenig Aufmerksamkeit geschenkt hat.[385] Abbildung 10 stellt den Impairment Test und das weitere Vorgehen in diesem Abschnitt dar.

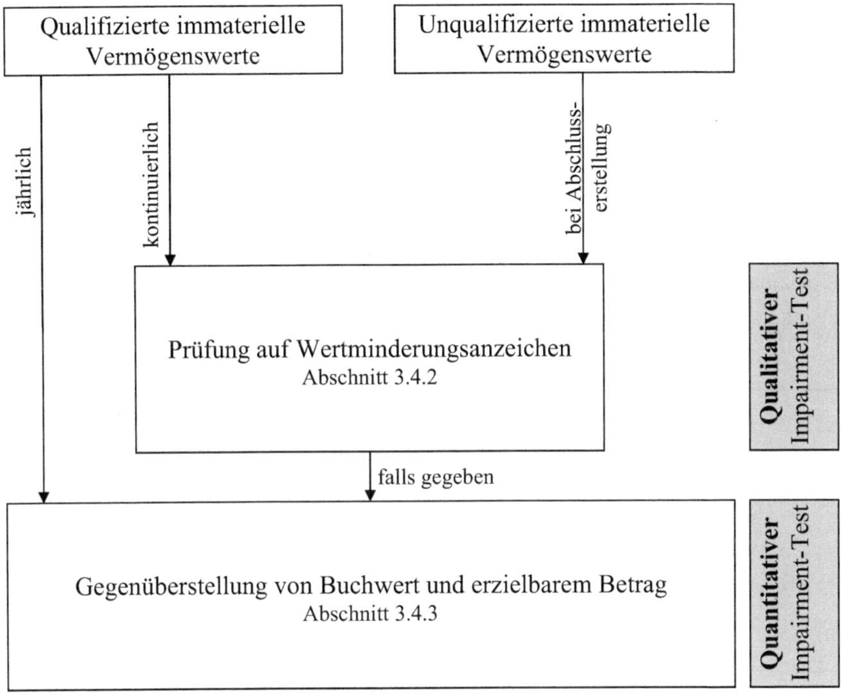

Abbildung 10: Überblick über den Ablauf des Impairment-Tests

Quelle: In Anlehnung an HOFFMANN (2008b), Rn. 10.

384 Vgl. HOFFMANN (2008c), Rn. 69. Vgl. zu Verpflichtung, Bedeutung und Inhalt der unterjährigen Berichterstattung PELLENS et al. (2008), S. 899-914.

385 In vielen Arbeiten wird das Erkennen von Impairment-Anzeichen meist nur knapp behandelt. Vgl. z.B. HEPERS (2005), S. 234 f., 362-364; BEYHS (2002), S. 80-86; WIRTH (2004), S. 20 f.; KROLAK (2000), S. 108-120. Auch die Kommentarliteratur setzt sich wenig mit den Besonderheiten der Impairment-Indikatoren für immaterielle Vermögenswerte auseinander. Vgl. z. B. SCHRUFF/HAAKER (2008), Rn. 106-111; HOFFMANN (2008c), Rn. 73; HEUSER/THEILE (2007), Rn. 1069,1545; SCHEINPFLUG (2006), Rn. 78.

3.4.2 Qualitativer Impairment-Test

3.4.2.1 Anzeichen für Wertminderungen

Der qualitative Impairment-Test soll gemäß IAS 36.9 Indikatoren[386] für eine Wertminderung identifizieren. Allgemein sind unter Indikatoren Anzeiger nicht direkt beobachtbarer Phänomene (Indikandum) zu verstehen.[387] Übertragen auf die Wertminderung immaterieller Vermögenswerte bedeutet dies, dass die Wertminderung selbst nicht direkt beobachtet werden, aber ein oder mehrere beobachtbare Indikatoren darauf hindeuten, dass eine solche eingetreten ist.[388]

In diesem Zusammenhang enthält der Standard eine nicht abschließende Liste von Indikatoren, die noch in interne und externe Informationsquellen unterteilt werden (vgl. Abbildung 11). In anderen Standards enthaltene Indikatoren werden im Folgenden ebenfalls in dieses Systematik eingeordnet.

Externe Indikatoren	**Interne Indikatoren**
- Marktwert gesunken - Negative externe Entwicklung - Zinssatzänderung - Marktwert-Buchwert-Relation	- Überalterung und physischer Schaden - Nutzungsänderung - Hinweise des internen Berichtswesens

Abbildung 11: Überblick über externe und interne Indikatoren für Wertminderungen gemäß IAS 36.12

Die Indikatoren beziehen sich gleichermaßen auf einzelne Vermögenswerte wie auch auf zahlungsmittelgenerierende Einheiten (IAS 36.7). Wie weiter unten genauer erläutert wird, kann das Nutzenpotenzial eines einzelnen Vermögenswertes nicht immer bestimmt werden, da der Vermögenswert nur gemeinsam mit anderen Vermögenswerten innerhalb einer ZGE einen Nutzen erbringt. IAS 36.67 nennt als Beispiel die Eisenbahn eines Bergbauunternehmens, die zwar im Bergwerk einen großen Nutzen hat,

386 Im Folgenden werden in Übereinstimmung mit den in der Literatur verwendeten Termini die Begriffe Anhaltspunkt, Anzeichen und Indikator für eine Wertminderung synonym verwendet.

387 Vgl. KRYSTEK/MÜLLER-STEWENS (1993), S. 76.

388 In Anlehnung an KRYSTEK/MÜLLER-STEWENS (1993), S. 76.

unabhängig von diesem allerdings nur einen Schrottwert besitzt. Eine sinkende Nachfrage nach den Produkten des Bergwerks kann sich genauso wie eine Beschädigung der Eisenbahn auf die Werthaltigkeit der ZGE und der Eisenbahn auswirken. Im ersten Fall bezieht sich das Wertminderungsanzeichen auf die ZGE als Ganzes und im zweiten Fall direkt auf die Eisenbahn. Diese Erläuterung verdeutlicht, dass ein Impairment-Indikator sich auch dann auf einen einzelnen Vermögenswert beziehen kann, wenn die Quantifizierung seines Nutzen (Abschnitt 3.4.3) nur auf Ebene einer zahlungsmittelgenerierenden Einheit erfolgen kann.[389] Auch der umgekehrte Fall ist möglich.

Die in Abbildung 11 genannten Wertminderungsanzeichen gelten für alle in den Anwendungsbereich von IAS 36 fallenden Vermögenswerte und somit neben den immateriellen Vermögenswerten bzw. den entsprechenden zahlungsmittelgenerierenden Einheiten auch für das Sachanlagevermögen, als Finanzinvestitionen gehaltene Immobilien und Beteiligungen im Einzelabschluss.[390] Folglich kann nicht unterstellt werden, dass alle Indikatoren für die genannten Gruppen gleichermaßen geeignet sind.[391] Im Folgenden sollen die im Standard genannten Impairment-Indikatoren genannt, besprochen und auf ihre Eignung für immaterielle Vermögenswerte geprüft werden.

Ein externes Anzeichen für eine Wertminderung ist nach IAS 36.12 gegeben, wenn:

1. der Marktpreis eines Vermögenswertes sich in der Periode erheblich stärker vermindert hat, als durch den zeitlichen Verlauf oder die übliche Nutzung erklärbar ist (*Marktwert gesunken*)

   oder

2. technische, marktbezogene, wirtschaftliche oder gesetzliche Entwicklungen in der Unternehmensumgebung oder auf dem Markt, auf den der Vermögenswert gerichtet ist, eingetreten sind oder zeitnah bevorstehen (*Negative externe Entwicklung*)

   oder

3. der diskontierte Nutzen des Vermögenswertes deutlich gesunken ist infolge eines gestiegenen Zinssatzes für die Abzinsung (*Zinssatzänderung*)

   oder

---

389 Vgl. inhaltlich ähnlich HEUSER/THEILE (2007), Rn. 1512 f., Abbildung 27.

390 Vgl. HOFFMANN (2008b), Rn. 4.

391 In Anlehnung an LUTZ-INGOLD (2005), S. 220, der dies für immaterielle Vermögenswerte exemplarisch herausstellt.

4. der Marktwert des Eigenkapitals seinen Buchwert unterschreitet (*Marktwert-Buchwert-Relation*).

Marktwert gesunken

Wie oben bereits erwähnt, findet auf der zweiten Stufe des Impairment-Tests eine Gegenüberstellung von Buchwert und erzielbarem Betrag statt.[392] Da der erzielbare Betrag auch vom Marktwert abhängt, wie weiter unten noch ausführlicher beschrieben wird, überrascht es nicht, dass bereits das erste Kriterium in IAS 36 auf diesen Bezug nimmt.[393] Die Formulierung macht deutlich, dass eine Abnutzung des Vermögenswertes, die zum Sinken des Marktwertes führt, nicht allein ausreichend für eine Wertminderung ist. Vielmehr muss der Marktwert stärker gesunken sein, als durch den Zeitverlauf und die Abnutzung erklärbar ist.[394] Dies impliziert, dass Gründe für das Sinken des Marktwertes vorliegen müssen, die nicht (ausreichend) in den (wenn überhaupt vorzunehmenden) planmäßigen Abschreibungen abgebildet werden, so dass zusätzlich eine außerplanmäßige Abschreibung vorzunehmen ist.[395]

Faktoren, die Einfluss auf die Werthaltigkeit eines Vermögenswertes haben, spielen auch schon bei der oben erläuterten Bestimmung der Nutzungsdauer eines immateriellen Vermögenswertes seine Rolle.[396] Beispielsweise ist die Nachfrage nach den mit Hilfe des Vermögenswertes erstellten Gütern zu beachten (IAS 38.90 (d)). Daraus folgt, dass mit einer geringeren Nachfrage als erwartet möglicherweise auch ein weiteres Absinken des Marktpreises des Vermögenswertes einhergeht.[397] Eine Schwäche dieses externen Wertminderungsanzeichens besteht darin, dass, anders als zum Beispiel für Maschinen, Marktpreise für immaterielle Vermögenswerte nur in wenigen Fällen bekannt sind (IAS 38.78).[398] Im Ergebnis erscheint der Indikator daher eher in Ausnahmefällen für die Identifikation von Wertminderungen immaterieller Vermögenswerte geeignet zu sein.

---

392 Vgl. Abschnitt 3.4.1.

393 Vgl. zur Ermittlung des erzielbaren Betrags Abschnitt 3.4.3.1.

394 Hier und folgend in Anlehnung an BAETGE et al. (2008b), Rn. 23 f.

395 Vgl. zu Wertminderungsursachen allgemein WÖHE/DÖRING (2008), S. 753.

396 Vgl. auch Abschnitt 3.2.2.2.3.

397 Sinkt zum Beispiel die Nachfrage nach bestimmten in Lizenz hergestellten Produkten, so ist auch mit einem Sinken des Lizenzpreises, sofern ein solcher existiert, zu rechnen.

398 IAS 38.83 stellt klar, dass in den Fällen, in denen in der Vergangenheit ein aktiver Markt bestand, der nun nicht mehr existiert, ebenfalls ein quantitativer Impairment-Test auszulösen ist.

Negative externe Entwicklung

An zweiter Stelle nennt IAS 36.12 (b) „signifikante Veränderungen mit nachteiligen Folgen für das Unternehmen im technischen, marktbezogenen, ökonomischen oder gesetzlichen Umfeld“ des Unternehmens bzw. des Vermögenswertes. Bedrohungen des Unternehmens aus verschiedenen Richtungen müssen somit erkannt werden.[399] Allerdings ist auch hier zu prüfen, inwiefern die einzelnen Betrachtungsperspektiven für immaterielle Vermögenswerte relevant sind. Unter den zuerst genannten technischen Veränderungen wird in der Regel der technische Fortschritt bei Sachanlagen verstanden.[400] Allerdings sind auch Auswirkungen auf immaterielle Vermögenswerte wie bspw. Patente denkbar.[401] Schützt ein Patent eine Technologie, die einem Unternehmen einen Wettbewerbsvorteil vermittelt, so kann der Wert des Patentes sinken, wenn die Technologie veraltet und schließlich ersetzt wird.

Des Weiteren werden marktliche Veränderungen genannt, die zu einer Abwertung führen können. Was darunter zu verstehen ist, wird nicht weiter ausgeführt. Ein Markt lässt sich aber grundsätzlich über die auf ihm agierenden Marktakteure genauer beschreiben.[402] Zu diesen zählen aktuelle und potenzielle Nachfrager, aktuelle und potenzielle Anbieter, Absatzmittler[403], Absatzhelfer[404] und Beeinflusser (Warentester, Internetportale etc.). Ist demnach in IAS 36 von negativen Marktentwicklungen die Rede, so kommen grundsätzlich alle der gerade genannten Marktakteure als Verursacher in Frage. Ist im Rahmen eines Unternehmenszusammenschlusses auch die Stammkundschaft als immaterieller Vermögenswert erfasst und aktiviert worden, so kann eine z. B. durch Warentester induzierte Änderung im Konsumverhalten dazu führen, dass eine Wertminderung des Vermögenswertes „Stammkundschaft“ eintritt.[405]

Schließlich werden noch ökonomische und gesetzliche Entwicklungen genannt, die sich negativ auf das Unternehmen bzw. die Vermögenswerte auswirken können. Da gesetzliche Änderungen nur insofern relevant sind, als dass sie wirtschaftliche Konse-

---

399 In Anlehnung an BEYHS (2002), S. 81, Fußnote 415.

400 Vgl. BAETGE et al. (2008b), Rn. 25.

401 Vgl. hier und folgend MOSER/GODDAR (2007), S. 600.

402 Vgl. hier und folgend zu den Marktakteuren STEFFENHAGEN (2008), S. 25-29; MEFFERT/BURMANN/KIRCHGEORG (2008), S. 46-49.

403 Ein Absatzmittler steht zwischen Hersteller und Anbieter und stellt indirekt einen Kontakt zwischen diesen her, wie z.B. Handelsunternehmen. Vgl. MEFFERT/BURMANN/KIRCHGEORG (2008), S. 48.

404 Absatzhelfer erbringen bestimmte Leistungen, die den Güteraustausch ermöglichen, z.B. Speditionen. Vgl. MEFFERT/BURMANN/KIRCHGEORG (2008), S. 48.

405 In Anlehnung an BAETGE et al. (2008b), Rn. 25.

quenzen haben, werden beide oft zusammengefasst.[406] Zu denken ist bspw. an Exportbeschränkungen, die zur Abwertung einer landesbezogenen Marke führen, da die Produkte nicht mehr in dem entsprechenden Land abgesetzt werden können.[407]

Grundsätzlich sind somit alle der in IAS 36.12 (b) genannten Wertminderungsanzeichen für immaterielle Vermögenswerte relevant, wie die genannten Beispiele deutlich machen. Zu betonen ist, dass die beschriebenen negativen Entwicklungen noch nicht zwangsläufig eingetreten und beobachtbar sein müssen, damit ein quantitativer Impairment-Test ausgelöst wird.[408] Vielmehr reicht bereits die Erwartung einer solchen Entwicklung aus.

Zinssatzänderung

Als dritte externe Informationsquelle für Wertminderung können Zinssatzentwicklungen dienen (IAS 36.12 (c)). Wird der Nutzen eines immateriellen Vermögenswertes, wie ausführlich im nächsten Abschnitt dargestellt wird, als Barwert der ihm zurechenbaren Cashflows ermittelt, so führt ein Zinsanstieg c. p. zu einem geringeren Barwert.

Marktwert-Buchwert-Relation

Als letztes Kriterium wird ein Auseinanderfallen von Marktkapitalisierung und Buchwert des Eigenkapitals angeführt (IAS 36.12 (d)). Übersteigt der Buchwert des Eigenkapitals seinen Marktwert deutlich, so bedeutet dies, dass der von den Aktionären erwartete Nutzen, der sich über den Aktienkurs in der Marktkapitalisierung niederschlägt, geringer ist, als der Buchwert des Reinvermögens impliziert.[409] Häufig ist ein umgekehrtes Verhältnis von Buchwert und Marktwert zu beobachten, da stille Reserven, wie bspw. immaterielle Vermögenswerte, die die Definitions- bzw. Ansatzkriterien nicht erfüllen, im Marktwert enthalten sind.[410]

Im Vergleich zu den drei zuvor genannten Indikatoren bezieht sich das letzte Kriterium offensichtlich weder auf einen einzelnen Vermögenswert, noch auf eine abgrenzbare Gruppe an Vermögenswerten, sondern auf das Unternehmen als Ganzes. Sinkt

---

406 Vgl. BAETGE et al. (2008b), Rn. 25.

407 In Anlehnung an BAETGE/KROLAK/THIELE (2002), Rn. 23. Dieser Hinweis ist in neueren Ergänzungslieferungen nicht enthalten.

408 Vgl. hier und folgend BAETGE et al. (2008b), Rn. 25; IAS 36.12 (b).

409 Vgl. BAETGE et al. (2008b), Rn. 27.

410 Vgl. KÜTING/WEBER/WIRTH (2002), S. 57.

der Aktienkurs, so sinkt c. p. auch die Marktkapitalisierung.[411] Da der Grund eines gesunkenen Aktienkurses nicht bekannt ist, kann auch keine Aussage darüber getroffen werden, welcher Vermögenswert bzw. welche ZGE einem quantitativen Impairment-Test unterworfen werden sollte, so dass die praktische Relevanz dieses Indikators recht eingeschränkt sein dürfte. Allenfalls erscheint es plausibel, dass besonders bedeutsame immaterielle Vermögenswerte in diesen Fällen einer Überprüfung unterzogen werden (z. B. Markenwert, Goodwill etc.). Daneben gilt es zu berücksichtigen, dass Aktienkursschwankungen nicht zwangsläufig auch ein Indikator für eine eingetretene Wertminderung sein müssen, da für solche Schwankungen diverse Gründe denkbar sind.[412]

Zusammenfassend lässt sich festhalten, dass von den in IAS 36.12 genannten externen Wertminderungsanzeichen in den meisten Fällen nur Veränderungen von Zinssätzen als auch im technischen, marktbezogenen, ökonomischen oder gesetzlichen Umfeld substanzielle Hinweise auf eine Wertminderung bei konkreten immateriellen Vermögenswerten liefern dürften.

Als unternehmensinterne Indikatoren für eine Wertminderung nennt IAS 36.12 die folgenden:

5. Substanzielle Anzeichen für eine Überalterung des Vermögenswertes oder eine physische Beschädigung (*Überalterung und physischer Schaden*)

oder

6. Wesentliche Änderungen in der Berichtsperiode oder in der nahen Zukunft mit nachteiliger Auswirkung auf das Ausmaß oder die Art und Weise der derzeitigen oder beabsichtigten Nutzung des Vermögenswertes (*Nutzungsänderung*)

oder

7. Substanzielle Hinweise aus dem internen Berichtswesen, die anzeigen, dass der Ertrag aus dem Vermögenswert geringer ist bzw. sein wird als erwartet (*Hinweise des internes Berichtswesens*).

---

411 In Anlehnung an WÖHE/DÖRING (2008), S. 904.

412 Vgl. BEYHS (2002), S. 83. Zu denken ist hier insbesondere auch an nicht rationale Kursentwicklungen, wie sie im Rahmen der Behavioral Finance-Forschung diskutiert werden. Vgl. z. B. BARBERIS/THALER (2005), S. 1; MÜLLER (2003), S. 91.

Überalterung und physischer Schaden

BAETGE ET AL. ordnen die unter Punkt 5 genannte Überalterung und den physischen Schaden den „verschleißbedingte[n] Wertminderungen“[413] zu. Allerdings differenzieren sie nicht zwischen materiellen und immateriellen Vermögenswerten.[414] Allein ein Verweis auf IAS 16 (Sachanlagen) lässt vermuten, dass hier insbesondere materielle Vermögenswerte im Vordergrund stehen. Im Folgenden soll für die beiden genannten Anzeichen (Überalterung, physischer Schaden) separat ihre Aussagekraft bezüglich Wertminderungen von immateriellen Vermögenswerten beurteilt werden.

Für einige immaterielle Vermögenswerte finden sich in der Literatur Anzeichen dafür, dass eine Überalterung für möglich gehalten wird.[415] Ein Beispiel hierfür mag das nicht patentierte Wissen der Mitarbeiter sein.[416] Eine Änderung im Fertigungsprozess kann dazu führen, dass bisher genutztes Wissen an Wert verliert. Um die Abgrenzung zu den oben besprochenen Indikatoren deutlich zu machen, soll explizit darauf hingewiesen werden, dass hier ausschließlich interne Umstellungen und nicht vom Markt induzierte Veränderungen gemeint sind.[417] Auch für Marken wird eine Überalterung diskutiert.[418] Allerdings ist fraglich, inwiefern eine solche Überalterung tatsächlich *intern* beobachtet werden kann.[419] Nichtsdestotrotz kann festgehalten werden, dass eine Überalterung grundsätzlich für immaterielle Vermögenswerte denkbar ist.

Das zweite der unter Punkt 5 genannten Anzeichen bezieht sich auf die physische Beschädigung. Die Definitionskriterien von immateriellen Vermögenswerten stellen klar, dass diese per definitionem über keine physische Substanz verfügen.[420] Im zweiten Kapitel wurde bereits zwischen rein immateriellen und materialisierten immateriellen Gütern unterschieden.[421] Die Vorstellung, dass ein immaterieller Vermögenswert einen physischen Schaden nimmt, erscheint insbesondere im letzten Fall plausibel. IAS 38.4

413 BAETGE et al. (2008b), Rn. 29.
414 Vgl. hier und folgend BAETGE et al. (2008b), Rn. 29.
415 Vgl. HEPERS (2005), S. 288.
416 Vgl. hierzu SCHMIDT (2008), S. 245 f. Die Aktivierbarkeit von Wissen wird im Folgenden nicht weiter erörtert.
417 Vgl. hierzu den Wortlaut von IAS 36.12 (b).
418 Vgl. SCHILLER/ERBEN/HEBEIS (2005), S. 159.
419 SCHILLER/ERBEN/HEBEIS nennen als Ursache für eine Überalterung der Marke bspw. ein Produktportfolio, dass nicht an die Bedürfnisse nachwachsender Kundengenerationen angepasst wird, was eher ein externes als ein internes Anzeichen darstellt. Vgl. SCHILLER/ERBEN/HEBEIS (2005), S. 159.
420 Vgl. Erläuterungen in Abschnitt 3.2.1.1.
421 Vgl. Abschnitt 2.1.

verdeutlicht, dass Daten, man denke bspw. an Kundenlisten, durch Speicherung auf einem Medium materialisiert werden. Eine Kundenliste umfasst u. a. demografische Daten und/oder Kundenpräferenzen.[422] Es ist offensichtlich, dass eine physische Beschädigung des Datenträgers, so wie in IAS 36.12 (e) formuliert, zu einer außerplanmäßigen Abschreibung der Kundenliste führt, wenn diese Beschädigung einen (teilweisen) Datenverlust zur Folge hat. Ein weiteres markenbezogenes Beispiel ist die (temporäre) Verseuchung einer Wasserquelle, die zusammen mit einer Mineralwassermarke aktiviert wurde.[423]

Handelt es sich um einen rein immateriellen Vermögenswert, so ist eine direkte physische Beschädigung dieses Vermögenswertes selbst ausgeschlossen.[424] Wird das Nutzenpotenzial eines immateriellen Vermögenswertes, z. B. einer Marke, durch Diskontierung von erwarteten Zahlungsströmen bestimmt, die durch den Verkauf der markierten Produkte erzielt werden, so kann sich zumindest eine nicht nur kurzfristige Einschränkung der Produktion durch die physische Beschädigung der materiellen Ressourcen auch auf den rein immateriellen Vermögenswert auswirken.[425] Klarstellend sei darauf hingewiesen, dass in diesem Fall keine physische Beschädigung des immateriellen Vermögenswertes eintritt. Allerdings führt die Beschädigung von Vermögenswerten, die zu derselben ZGE gehören, zur Abwertung der Marke.

Insgesamt mündet dies in der – auf den ersten Blick paradoxen – Erkenntnis, dass auch physische Beschädigung einen (indirekten) Anhaltspunkt für eine Wertminderung eines immateriellen Vermögenswertes bieten kann. Dies sollte aber eher ein Ausnahmefall sein.

Nutzungsänderung

Der nächste Indikator (6) bezieht sich auf Veränderungen mit negativen Konsequenzen für die Nutzung des Vermögenswertes. Dieses Wertminderungsanzeichen wird durch den IASB weiter konkretisiert. So sind hierunter gemäß IAS 36.12 (f) die folgenden vier Fälle zu subsumieren:

(a) Stilllegung des Vermögenswertes,

(b) für die Zukunft geplanter vorzeitiger Abgang des Vermögenswertes,

---

422 Vgl. LÜDENBACH (2008), Rn. 78.

423 Vgl. zu dem Ausgangsfall IAS 38.36.

424 Dies folgt unmittelbar aus der Definition des immateriellen Vermögenswertes.

425 Vgl. zur Ermittlung des Nutzenpotenzials durch Diskontierung von Cashflows Abschnitt 3.4.3.1.

(c) Einstellung des Unternehmensbereiches, dem der Vermögenswert zugeordnet wurde oder

(d) Restrukturierung des Unternehmensbereiches, dem der Vermögenswert zugeordnet wurde.

Während sich die ersten beiden Merkmale direkt auf einen Vermögenswert (bzw. die ZGE) beziehen, so resultieren die Konsequenzen für den Vermögenswert in den letzten beiden Fällen aus einer Veränderung des entsprechenden Unternehmensbereichs. Die Stilllegung des Vermögenswertes (a) bedeutet, dass für eine unbekannte und erhebliche Dauer der Vermögenswert nicht wirtschaftlich genutzt wird.[426] Im Gegensatz zu (b) verlässt der Vermögenswert allerdings das Unternehmen nicht.[427] Unabhängig davon, ob ein Vermögenswert stillgelegt wird oder das Unternehmen verlässt, sieht der IASB in beiden Fällen gravierende Auswirkungen auf die tatsächliche oder geplante Nutzung des Vermögenswertes.[428] Der IASB unterstellt, dass ein Unternehmen dem ökonomischen Prinzip folgt, hier in Form des Maximalprinzips, d. h. dass das Unternehmen einen bestimmten Vermögenswert nutzenmaximal einsetzen wird.[429] Daraus folgt, dass ein vorzeitiger Abgang des Vermögenswertes (b) ein Indiz dafür sein kann, dass der Verkauf einen höheren Nutzen bietet als die fortgesetzte Nutzung.[430] Ist davon auszugehen, dass der Verkaufspreis während der Laufzeit der Nutzung nicht angestiegen ist und zugleich die Abschreibung den Nutzenverzehr verlässlich abgebildet hat, so folgt daraus, dass der ursprünglich geplante Nutzen des Vermögenswertes aus Unternehmenssicht nicht realisiert werden kann. Allerdings ist es in dieser Situation auch denkbar, dass der Vermögenswert nicht sofort verkauft wird, sondern zunächst (für unbestimmte Zeit) stillgelegt wird (a), wenn z. B. der Verkaufspreis momentan außergewöhnlich niedrig ist oder zu einem späteren Zeitpunkt, z. B. nach weiteren Investitionen, die Nutzung wieder aufgenommen werden soll.[431] Zusammenfassend kann festgehalten werden, dass sowohl die Stilllegung als auch der Abgang Nutzungsänderungen darstellen, die nicht nur für materielle sondern auch für immaterielle Vermögenswerte einen Hinweis auf eine Wertminderung liefern können.[432]

---

426 In Anlehnung an HERGENRÖDER (2005), Rn. 161.
427 Dieses resultiert im Umkehrschluss aus IFRS 5.13.
428 Vgl. dazu den Wortlaut von IAS 36.12 (f).
429 Vgl. THOMMEN/ACHLEITNER (2006), S. 110. Vgl. auch IAS 36.BCZ23.
430 Hier und folgend in Anlehnung an IAS 36.BCZ9 (a) und IAS 36.12 (f).
431 Vgl. IAS 36.BCZ9 (b) (ii), (iii).
432 Vgl. z. B. für Marken BRÄUTIGAM (2004), S. 4.

Dies gilt auch für die anderen beiden Fälle (Einstellung eines Unternehmensbereichs und Restrukturierung). Analog zum Fall des Abgangs könnte nämlich auch bei der Einstellung eines Unternehmensbereichs argumentiert werden, dass der erwartete Nutzen der immateriellen Vermögenswerte dieses Bereichs aus Sicht des Managements nicht realisiert werden kann.[433] Weniger eindeutig erscheint der Fall der Restrukturierung. Unter einer solchen versteht IAS 37 ein Programm der Unternehmensführung, das entweder das bearbeitete Geschäftsfeld oder die Art und Weise, wie dieses Geschäftsfeld bearbeitet wird, deutlich modifiziert (IAS 37.10). Insbesondere für Marken wird eine Restrukturierung als schwierig angesehen, da die Markenidentität[434] leicht beschädigt werden kann.[435] IAS 36.79 stellt klar, dass der Verkauf eines Unternehmensbereichs im Rahmen einer Restrukturierung auch ein Wertminderungsanzeichen darstellt.

Hinweise des internes Berichtswesens

Der letzte zu besprechende interne Wertminderungsindikator ist das interne Berichtswesen. Liefert dieses Anhaltspunkte, dass die Ertragskraft des Vermögenswertes geschwächt ist, so ist grundsätzlich ein quantitativer Impairment-Test durchzuführen. Beispiele für solche Anhaltspunkte können gemäß IAS 36.14 sein:

(a) Höhere Zahlungen für den Erwerb oder Unterhalt eines Vermögenswertes als geplant,

(b) geringere Zahlungsmittelzuflüsse oder Gewinne bzw. größere Verluste aus dem Vermögenswert als erwartet,

(c) eine Verringerung der geplanten Nettozuflüsse, des geplanten Gewinns oder eine Erhöhung des geplanten Verlusts, der von einem Vermögenswert herrührt, oder

(d) Verluste bzw. Nettomittelabflüsse bei Zusammenfassung der Beträge der aktuellen und zukünftig geplanter Perioden.

---

433 Dies folgt wie oben unmittelbar aus IAS 36.12 (f).

434 „Die Markenidentität umfasst diejenigen raum-zeitlichen gleichartigen Merkmale der Marke, die aus Sicht der internen Zielgruppen in nachhaltiger Weise den Charakter der Marke prägen." MEFFERT/BURMANN/ KIRCHGEORG (2008), S. 361.

435 Vgl. MEFFERT (2005), S. 843.

Das interne Berichtswesen kann folglich auf drei Arten Hinweise auf eine Wertminderung liefern. Die Fälle (a) und (b) beziehen sich auf einen Plan-Ist-Vergleich geplanter und tatsächlicher Cashflows bzw. Erfolge.[436] Außerdem dient eine Veränderung der Planung als Anzeichen für eine Wertminderung. Dabei handelt es sich um einen Plan-Plan-Vergleich, bei dem geprüft wird, ob eine nachteilige Planrevision durchgeführt wurde. Einzig beim Indikator (d) handelt es sich um keinen Vergleich. Stattdessen wird hier untersucht, ob die gegenwärtigen zuzüglich der noch zu erwartenden Nettozahlungsströme bzw. Erfolgsbeiträge zu einem Zahlungsmittelabfluss bzw. einem Verlust führen werden.[437] In einem solchen Fall wäre die weitere Nutzung des Vermögenswertes – zumindest solange sie isoliert betrachtet wird – aufgrund des ökonomischen Prinzips weniger attraktiv als eine Veräußerung, sofern ein positiver Beitrag durch einen Verkauf erzielt werden kann.[438] Grundsätzlich erscheint auch dieser Indikator für die Überwachung immaterieller Vermögenswerte geeignet zu sein, sofern eine direkte Zurechenbarkeit von Cashflows bzw. Erfolgsbeiträgen zu den einzelnen Vermögenswerten gelingt. Dies wird an späterer Stelle weiter besprochen.

Grundsätzlich verpflichtet das Vorliegen eines oder mehrerer der genannten externen und internen Indikatoren ein Unternehmen zur Durchführung des Impairment-Tests (IAS 36.9).[439] Die im Rahmen der Wesentlichkeit gewährten Ausnahmen von diesem Grundsatz werden im nachfolgenden Abschnitt besprochen. Allerdings sei erneut darauf hingewiesen, dass die genannten Indikatoren lediglich eine Minimalliste darstellen und IAS 36.13 explizit klarstellt, dass weitere unternehmensindividuelle Anzeichen denkbar sind, die auch zur Auslösung eines quantitativen Impairment-Tests führen.[440]

3.4.2.2 Wesentlichkeit als ergänzende Voraussetzung für die Durchführung des quantitativen Impairment-Tests

Das Vorliegen eines oder mehrerer der zuvor genannten Indikatoren macht nicht in jedem Fall einen quantitativen Wertminderungstest notwendig.[441] Vielmehr ist der Grundsatz der Wesentlichkeit zu beachten, denn die Durchführung der Quantifizierung

[436] Vgl. hier und folgend zu den angesprochenen Vergleichstypen GÜNTHER (1997), S. 298.
[437] Vgl. hierzu den Wortlaut von IAS 36.14 (d). Vgl. auch IAS 37.65 und IAS 36.69.
[438] Vgl. dazu die obigen Erläuterungen zum ökonomischen Prinzip und die dort angegebenen Quellen.
[439] Vgl. BARTELHEIMER/KÜCKELHAUS/WOHLTHAT (2004), S. 18.
[440] Vgl. auch BIEKER/ESSER (2004), S. 451; STREIM/BIEKER/HACKENBERGER (2007), S. 18.
[441] Vgl. hier und folgend PELLENS et al. (2008), S. 259. Bei Vorliegen eines Indikators sind auch Restnutzungsdauer, Abschreibungsmethode und Restwert zu überprüfen (IAS 36.17).

kann zu nicht unerheblichen Kosten führen, die der IASB bewusst berücksichtigt.[442] Daher verlangt IAS 36, dass (nur) diejenigen Tatbestände berücksichtigt werden müssen, die die Entscheidung der Abschlussadressaten tatsächlich beeinflussen.[443]

Schon bei der Formulierung der Wertminderungsindikatoren wird deutlich, dass in (fast)[444] allen Fällen eine wesentliche oder signifikante Änderung eingetreten sein muss oder substanzielle Hinweise vorliegen müssen, damit ein Test ausgelöst wird.[445] Zusätzlich enthält IAS 36.15-16 weitere Einschränkungen, wann ein quantitativer Impairment-Test für qualifizierte immaterielle Vermögenswerte auch bei Vorliegen entsprechender Indikatoren unterbleiben darf. Eine Quantifizierung darf unterbleiben, wenn bei einer vorherigen Bewertung des immateriellen Vermögenswertes ein erheblicher „Puffer"[446] zwischen Buchwert und erzielbarem Betrag festgestellt wurde (IAS 36.15), d. h. der Buchwert deutlich unter dem erzielbaren Betrag lag. In diesem Fall muss dann gewährleistet sein, dass sich seit der letzten Quantifizierung das „wirtschaftliche Umfeld"[447] nicht wesentlich verändert hat.[448]

Für identifizierbare Vermögenswerte mit unbestimmter Nutzungsdauer wird dies in IAS 36.24 und für den Goodwill in IAS 36.99 jeweils durch die drei folgende Anforderungen weiter spezifiziert:[449] Sofern ein Vermögenswert (wie zwangsläufig der Goodwill) nur in Verbindung mit einer zahlungsmittelgenerierenden Einheit (ZGE) auf Werthaltigkeit überprüft werden kann, darf sich deren Zusammensetzung aus Vermögenswerten und Schulden nur unwesentlich verändert haben (IAS 36.24 (a), IAS 36.99 (a)). Außerdem muss der zuletzt ermittelte erzielbare Betrag so deutlich über dem Buchwert gelegen haben, dass unter Berücksichtigung der zwischenzeitlich eingetretenen Ereignisse die Wahrscheinlichkeit, dass diese Bewertungsreserve aufgebraucht wurde, sehr gering ist (IAS 36.24 (b)-(c), IAS 36.99 (b)-(c)). Eine Konkretisierung der Wahrscheinlichkeit enthält der Standard nicht. Weiterhin kann ein quantitativer Test auch dann verhindert werden, wenn zwar ein oder mehrere Indikatoren vorliegen, in der Vergangenheit aber festgestellt wurde, dass der Vermögenswert auf die-

442 Vgl. HOFFMANN (2008b), Rn. 15.
443 Vgl. F.30; WEIßENBERGER (2007), S. 133.
444 Allein beim Buchwert-Marktwert-Vergleich des Eigenkapitals ist nicht verlangt, dass der Buchwert wesentlich unter dem Marktwert liegen muss, damit ein quantitativer Wertminderungstest durchgeführt werden muss (IAS 36.12 (d)).
445 Dies ergibt sich direkt aus dem Wortlaut von IAS 36.12, 14.
446 PELLENS et al. (2008), S. 259.
447 BARTELS/JONAS (2006), Rn. 8.
448 Vgl. BARTELS/JONAS (2006), Rn. 8.
449 Vgl. BARTELS/JONAS (2006), Rn. 15.

se nicht sensibel regiert (IAS 36.15). Dies ist der Fall, wenn der Indikator entweder überhaupt keinen Einfluss auf den Wert des Vermögenswertes hat oder aber die durch sein Eintreten bewirkten negativen Effekte hinter den positiven zurückbleiben.[450] Zur Operationalisierung wird die Verwendung von Sensitivitätsanalysen empfohlen.

Liegt mindestens ein Impairment-Indikator vor, der auch als wesentlich zu beurteilen ist, so hat auf der zweiten Stufe des Impairment-Tests eine Quantifizierung des erzielbaren Betrags zu erfolgen.[451] Wie bereits erläutert, ist das Vorliegen eines solchen Indikators bei unqualifizierten immateriellen Vermögenswerten einmal pro Periode und bei qualifizierten kontinuierlich zu überprüfen. Im letzten Fall hat auch unabhängig vom Vorliegen eines solchen Anzeichens mindestens einmal im Jahr ein quantitativer Test zu erfolgen. Dies wird im nachfolgenden Abschnitt weiter erläutert.

3.4.3 Quantitativer Impairment-Test

3.4.3.1 Bestimmung des erzielbaren Betrages

Ausgangspunkt des quantitativen Impairment-Tests ist die Bestimmung des erzielbaren Betrags.[452] Dieser wurde bereits oben als das Nutzenpotenzial eines Vermögenswertes beschrieben, das dem Buchwert gegenübergestellt wird,[453] um den Bedarf und die Höhe einer außerplanmäßigen Abschreibung zu ermitteln (IAS 36.59). Je nachdem, was einen höheren Nutzen verspricht, kann der Vermögenswert entweder veräußert oder im Rahmen der Geschäftstätigkeit eines Unternehmens eingesetzt werden.[454] Daher entspricht der erzielbare Betrag gemäß IAS 36.6 grundsätzlich dem Maximum aus Nettoveräußerungs- und Nutzungswert. In Ausnahmefällen ist es ausreichend, einen der beiden Werte zu ermitteln.[455] Ein solcher Fall ist gegeben, wenn der zuerst ermittelte Wert über dem Buchwert liegt (IAS 36.19). In diesem Fall muss der andere Wert nicht berechnet werden. Ebenso kann auf die Bestimmung des Nettoveräußerungswertes verzichtet werden, wenn dieser sich nicht verlässlich ermitteln lässt (IAS 36.20). Der Nutzungswert muss hingegen dann nicht berechnet werden, wenn dieser

---

450 Vgl. hier und folgend BAETGE et al. (2008b), Rn. 33 f.

451 Vgl. hier und folgend HOFFMANN (2008b), Rn. 9 und die Ausführungen in Abschnitt 3.4.1.

452 Vgl. BAETGE et al. (2008b), Rn. 36.

453 Vgl. PETERSEN/BANSBACH/DORNBACH (2008), S. 89.

454 Vgl. IAS 36.BCZ9.

455 Vgl. BAETGE et al. (2008b), Rn. 39.

allem Anschein nach vermutlich nur geringfügig über dem Nettoveräußerungswert liegen wird (IAS 36.21).

Grundsätzlich hat die Bestimmung des erzielbaren Betrages isoliert für den Vermögenswert zu erfolgen (IAS 36.22). Werden die Zahlungsströme allerdings nur in Verbindung mit anderen Vermögenswerten erwirtschaftet, erfolgt die Bestimmung des erzielbaren Betrages auf Ebene der ZGE.[456] Ist auch eine Zurechnung auf eine einzelne ZGE z. B. beim Goodwill oder gemeinschaftlichen Vermögenswerten mehrerer ZGE nicht möglich, so erfolgt grundsätzlich eine anteilige Verrechnung (auch des Buchwerts) auf die zu bewertende ZGE.[457]

Im Folgenden soll zunächst der Nettoveräußerungswert genauer erläutert werden. Diesen definiert IAS 36.6 als den Betrag, „der durch den Verkauf eines Vermögenswertes oder einer zahlungsmittelgenerierenden Einheit in einer Transaktion zu Marktbedingungen zwischen sachverständigen, vertragswilligen Parteien nach Abzug der Veräußerungskosten erzielt werden könnte." Bei der Operationalisierung der Wertbestimmung wird erneut auf die Fair Value-Hierarchie verwiesen.[458] Daher ist ein verbindlicher Verkaufsvertrag die verlässlichste Methode den Nettoveräußerungswert zu bestimmen (IAS 36.25). Sollte ein solcher Vertrag nicht bestehen, kann auch auf Preise eines aktiven Marktes rekurriert werden (IAS 36.26). Liegen keine aktuelle Preise vor, kann bei einem stabilen Markt auch der Preis auf Basis der letzten Transaktion geschätzt werden (IAS 36.26). Ist auch dies nicht möglich, hat die Ermittlung gemäß IAS 36.27 „auf der Grundlage der besten verfügbaren Informationen" zu erfolgen, so dass auch Transaktionen innerhalb einer Branche für vergleichbare Vermögenswerte Berücksichtigung finden. IAS 36.28 erläutert weiter, welche Kosten als Veräußerungskosten bei der Wertermittlung in Abzug gebracht werden müssen. Nach „möglicherweise herrschende[r] Meinung"[459] können auch auf den Bewertungszeitpunkt abgezinste Cashflows (DCF-Werte) zur Wertbestimmung eingesetzt werden. Kritisch wird indes die Verwendung von Managementschätzungen für die Eingangsgrößen gesehen, da analog zur Nutzungswertbestimmung keine Marktobjektivierung stattfindet,

---

456 Auf eine Bestimmung auf Ebene der ZGE kann nur dann verzichtet werden, wenn der Nettoveräußerungswert über dem Buchwert des Vermögenswertes liegt oder der Nutzungswert nahe dem Nettoveräußerungswert liegt, der bestimmt werden kann. (IAS 36.22).

457 Vgl. hierzu und zu weiteren Anforderungen BAETGE et al. (2008b), Rn. 86-105.

458 Vgl. HEPERS (2005), S. 237 f. Vgl. auch die Erläuterungen in Abschnitt 3.2.2.1.3.

459 HOFFMANN (2008b), Rn. 19.

wie dies bei den anderen Methoden zur Bestimmung des Nettoveräußerungswerts geschieht.[460]

BARTELS/JONAS betonen explizit die Bedeutung von Bewertungsverfahren zur Ermittlung des beizulegenden Zeitwertes immaterieller Vermögenswerte.[461] Als besonders relevant werden die Lizenzpreisanalogie, die Residualwertmethode und die Mehrgewinnmethode identifiziert.[462] Im ersten Fall wird der beizulegende Wert bestimmt, indem dieser durch den Barwert von fiktiven Lizenzzahlungen approximiert wird, die für ein Unternehmen deswegen entfallen, weil es über einen entsprechenden immateriellen Vermögenswert verfügt. Bei der Residualwertmethode wird hingegen von den Überschüssen, die ein immaterieller Vermögenswert gemeinsam mit anderen Vermögenswerten erzielt, eine fiktive Leasingrate für letztere abgezogen und der Barwert der verbleibenden Überschüsse ermittelt. Im letzten Fall, bei der Mehrgewinnmethode, wird der Barwert der Differenz der Cashflows eines Unternehmens, welches über den zu bewertenden immateriellen Vermögenswert verfügt, und der Cashflows eines (hypothetischen) Vergleichsunternehmens, das keinen solchen Vermögenswert hat, gebildet.

Die beschriebenen Verfahren haben eine große Ähnlichkeit mit der Bestimmung des Nutzungswertes.[463] Dieser entspricht dem Barwert der aus der Nutzung des immateriellen Vermögenswertes resultierenden Cashflows (IAS 36.6). Im Gegensatz zu den zuvor dargestellten Barwertmethoden sind bei der Berechnung des Nutzungswertes allerdings umfangreiche Vorschriften bei der Cashflow- und Zinssatzbestimmung zu berücksichtigen,[464] um eine zu optimistische oder zu pessimistische Wertbestimmung zu vermeiden.[465] Die Cashflows sollen nach IAS 36.33 (a) der aktuellen auf „vernünftigen und vertretbaren Annahmen“ basierenden Geschäftsplanung entnommen werden und die beste Schätzung des Managements darstellen. Noch nicht verpflichtend beschlossene Restrukturierungsmaßnahmen dürfen dabei genauso wenig berücksichtigt

---

460 Vgl. HOFFMANN (2008b), Rn. 19. Statt einer umfassenden Diskussion zu diesem Thema soll hier lediglich auf die unterschiedlichen Standpunkte in der Literatur hingewiesen werden. Vgl. hierzu BRÜCKS/KERKHOFF/RICHTER (2005), S. 3 f.; HEPERS (2005), S. 238; BARTELS/JONAS (2006), Rn. 16-22.

461 Vgl. BARTELS/JONAS (2006), Rn. 32. Auch sie verweisen darauf, dass eine Abgrenzung der Verfahren von denjenigen zur Berechnung des Nutzungswertes schwierig ist. Vgl. BARTELS/JONAS (2006), Rn. 33.

462 Vgl. hier und folgend BARTELS/JONAS (2006), Rn. 34-36. Vgl. auch IDW RS HFA 16, Tz. 16 50, 53, 59.

463 Vgl. BARTELS/JONAS (2006), Rn. 33.

464 Vgl. PELLENS et al. (2008), S. 262

465 Vgl. IAS 36.BCZ24.

werden wie Erweiterungsinvestitionen.[466] Vielmehr soll der Nutzungswert des Vermögenswertes auf der Grundlage des aktuellen Zustands ermittelt werden. Der Nutzungszeitraum des Vermögenswertes wird in einen i. d. R. fünfjährigen Detailplanungszeitraum und eine Rentenphase unterteilt (IAS 36.33 (c)). Für die Rentenphase darf nur im Ausnahmefall von einer postiven Wachstumsrate ausgegangen werden, die üblicherweise eine durchschnittliche Wachstumsrate nicht übersteigt (IAS 36.33 (c)). Die Cashflows sind vor Steuern und Finanzierungsaufwendungen zu bestimmen (IAS 36.50).[467]

Die Cashflows sind anschließend mit einem Vorsteuerzins zu diskontieren.[468] Bei der Zinssatzbestimmung ist zu berücksichtigen, inwiefern Risiko und Inflation bereits in den Cashflows eingepreist sind. Der Zinssatz soll mit Marktrenditen ermittelt werden, die das Risiko des Vermögenswertes berücksichtigen (IAS 36.56).[469]

Generiert ein einzelner Vermögenswert keine von anderen Vermögenswerten unabhängigen Mittelzuflüsse und liegen Nutzungswert und Zeitwert weit auseinander, wird der erzielbare Betrag auf Ebene der ZGE bestimmt, zu der der Vermögenswert gehört (IAS 36.66, IAS 36.67). In diesem Fall gelten die Vorschriften zur Ermittlung des erzielbaren Betrags analog auch für ZGE (IAS 36.74). Bei einigen Vermögenswerten kann es unmöglich sein, diesen nur auf eine einzelne ZGE zu beziehen (IAS 36.100). Dann hat – sofern dies auf einer vernünftigen Basis möglich ist – eine Aufteilung des Vermögenswertes auf die entsprechenden ZGE zu erfolgen (IAS 36.102 (a)).

3.4.3.2 Wertminderung

Nachdem der erzielbare Betrag bekannt ist, kann eine mögliche Wertminderung quantifiziert werden, indem der Buchwert mit dem erzielbaren Betrag verglichen wird: Eine etwaige positive Differenz von Buchwert und erzielbarem Betrag ist als außerplanmäßige Abschreibung vom Buchwert abzuziehen und grundsätzlich erfolgswirksam im

---

466 Vgl. hier und folgend BARTELS/JONAS (2006), Rn. 40 f. Ausnahmsweise sind Erweiterungsinvestitionen für Anlagen im Bau zu berücksichtigen (IAS 36.42).

467 Vgl. zu einer detaillierten Darstellung der genannten und weiterer Vorschriften, wie z. B. zum Umgang mit Fremdwährungen, BARTELS/JONAS (2006), Rn. 37-84.

468 Vgl. hier und folgend PELLENS/AMSHOFF/SELLHORN (2008), S. 263; BARTELS/JONAS (2006), Rn. 49; IAS 36.55.

469 Vgl. ausführlich zur Ermittlung des Zinssatzes BARTELS/JONAS (2006), Rn. 49-59.

Periodenergebnis zu erfassen (IAS 36.59, IAS 36.60). Anschließend ist der Abschreibungsplan anzupassen (IAS 36.63).

Findet der Wertminderungstest auf der Ebene einer ZGE oder einer Gruppe von ZGE statt, da ihr ein Goodwill oder ein gemeinschaftlicher Vermögenswert zugeordnet wurde, so ist ein ermittelter Wertminderungsaufwand zunächst ergebniswirksam dem Goodwill und nur der eventuell verbleibende Betrag den einzelnen Vermögenswerten im Verhältnis ihrer Buchwerte zuzurechnen.[470] Der Buchwert eines Vermögenswertes darf bei der Zuweisung einer anteiligen Wertminderung allerdings nicht unter den erzielbaren Betrag bzw. Null sinken (IAS 36.105).[471] Kann der erzielbare Betrag *jedes* einzelnen Vermögenswertes nicht bestimmt werden, so wird gemäß IAS 36.106 der Wertminderungsaufwand diesen Vermögenswerten (bis auf den Goodwill) willkürlich zugeordnet.

Kann der erzielbare Betrag *eines* einzelnen immateriellen Vermögenswertes nicht ermittelt werden, wird kein Wertminderungsaufwand erfasst, wenn die entsprechende ZGE nicht wertgemindert ist (IAS 36.107 (b)). Dies gilt selbst dann, wenn der Nettoveräußerungswert den Buchwert übersteigt. Ein Wertminderungsaufwand ist für den Vermögenswert aber zu erfassen, wenn das Maximum aus Nettoveräußerungswert und dem Wert nach Verteilung des Wertminderungsaufwands (gemäß IAS 36.104, 36.105) den Buchwert übersteigt (IAS 36.107 (a)).

Wird bei der Bestimmung des Goodwills der Full Goodwill-Approach gewählt, so enthält dieser auch den auf die nicht-kontrollierenden Gesellschafter entfallenden Goodwill.[472] Um eine Wertminderung der ZGE zu ermitteln, wird der Buchwert der ZGE, der auch den zum Teil auf nicht-kontrollierende Gesellschafter entfallenden Goodwill enthält, mit dem insgesamt von der ZGE erzielbaren Betrag verglichen. Insofern ergeben sich keine Besonderheiten. Wird allerdings dem Purchased Goodwill-Approach nach IFRS 3 (2004) oder IFRS 3 (2008) gefolgt, so enthält der Buchwert der ZGE einen um nicht-kontrollierende Gesellschafter „bereinigten" Goodwill. Daher ist vor der Gegenüberstellung mit dem erzielbaren Betrag der auf nicht-kontrollierende Gesellschafter entfallende Goodwill zu ergänzen, um für den erzielbaren Betrag, der immer auf Basis einer 100 % -Beteiligung ermittelt wird,[473] eine konsistente Vergleichs-

470 Vgl. PELLENS et al. (2008), S. 269.

471 In diesem Fall ist der entsprechend verbleibende Wertminderungsaufwand auf die anderen Vermögenswerte zu verteilen (IAS 36.105).

472 Vgl. hier und folgend anschaulich IAS 36.IE62-68E.

473 Vgl. HEUSER/THEILE (2007), Rn. 1583.

grundlage zu verwenden (IAS 36.C4).[474] Ist ein aktivierter Goodwill außerplanmäßig abzuschreiben, so wird der Wertminderungsbetrag in dem Verhältnis auf den Teil der kontrollierenden und den der nicht-kontrollierenden Gesellschafter verteilt, in dem auch das Periodenergebnis verteilt wird.[475] Im Fall des Purchased Goodwill-Approach bedeutet dies, da kein Minderheiten-Goodwill ausgewiesen wird, dass auch keine Wertminderung in dieser Höhe zu verbuchen ist. Ist das akquirierte Unternehmen, an dem noch Minderheitsgesellschafter beteiligt sind, keine selbständige ZGE, sondern nur Teil einer ZGE, ist die Wertminderung zunächst im Verhältnis der Buchwerte der verschiedenen Goodwills zu verteilen.

Wenn zu dem Zeitpunkt, zu dem der Geschäfts- oder Firmenwert auf Werthaltigkeit getestet wird, Anzeichen dafür erkennbar sind, dass andere Vermögenswerte der goodwilltragenden ZGE wertgemindert sein könnten, oder müssen diese zur gleichen Zeit auf Wertminderung getestet werden, so hat der Impairment-Test für diese Vermögenswerte vor demjenigen für den Goodwill zu erfolgen (IAS 36.97, IAS 36.97).[476]

3.4.3.3 Wertaufholung

Entfällt der Grund für eine außerplanmäßige Abschreibung, hat grundsätzlich eine Zuschreibung zu erfolgen (IAS 36.110). Eine Ausnahme gilt für einen wertgeminderten Firmenwert, da die Vermutung besteht, dass nicht der Grund für die Abschreibung eines *derivativen* Firmenwertes entfallen ist, sondern in Höhe der Wertaufholung ein *originärer* Firmenwert erwachsen ist, für den wiederum ein Ansatzverbot besteht (IAS 36.124, IAS 36.125).

Analog zum Vorgehen beim qualitativen Impairment-Test ist auch bei der Wertaufholung ein Mindestkatalog von Indikatoren zu überprüfen (IAS 36.111). Diese Wertaufholungsanzeichen entsprechen weitestgehend den oben ausführlich besprochenen Wertminderungsanzeichen. Im Unterschied zu diesen wird allerdings eine über dem Buchwert liegende Marktkapitalisierung nicht als Anzeichen für eine Wertaufholung genannt.

---

474 Vgl. kritisch zu einer proportionalen Hochrechnung PELLENS et al. (2008), S. 726.

475 Vgl. hier und folgend PELLENS et al. (2008), S. 727 f.

476 Gleiches gilt für ZGE, die gemeinsam eine größere goodwilltragende ZGE bilden (IAS 36.97, IAS 36.97).

Liegt ein solches Anzeichen vor, ist „spiegelbildlich zur ursprünglichen Abwertung“[477] der erzielbare Betrag mit dem Buchwert eines Vermögenswertes oder einer ZGE zu überprüfen und festzustellen, ob sich die für die Wertminderung verantwortlichen Schätzgrundlagen geändert haben (IAS 36.114). Dabei darf eine Zuschreibung maximal bis zu dem Betrag erfolgen, der bilanziert worden wäre, wenn die Wertminderung nicht eingetreten wäre (IAS 36.117).[478] Eine Wertaufholung ist bei Bilanzierung zu fortgeführten Anschaffungs-/Herstellungskosten erfolgswirksam und bei Wahl der Neubewertungsmethode grundsätzlich erfolgsneutral und nur in der Höhe des die Neubewertungsrücklage[479] überschießenden Betrages erfolgswirksam zu verbuchen (IAS 36.119).

3.4.4 Angabepflichten im Anhang

In Ergänzung zu den oben bereits angesprochenen Offenlegungspflichten verlangt auch IAS 36 die Angabe einiger Informationen zu Wertminderungen und Wertaufholungen.[480]

Für nach Art und Verwendung ähnliche Vermögenswerte muss gruppenweise insbesondere angegeben werden, wie hoch die Wertminderungs- und Wertaufholungsbeträge der Periode sind und ob diese erfolgswirksam oder erfolgsneutral erfasst wurden (IAS 36.126). Für wesentliche Wertminderungen bzw. Wertaufholungen müssen neben der Höhe auch die auslösenden Ereignisse angegeben werden (IAS 36.130 (a), (b)). Außerdem ist der wertgeminderte Vermögenswert bzw. die wertgeminderte ZGE genau zu beschreiben und eine Änderung der Zusammensetzung der ZGE offenzulegen (IAS 36.130 (c), (d)). Ist der Vermögenswert oder die ZGE Teil eines berichtspflichtigen Segments nach IFRS 8, müssen noch weitere Angaben erfolgen. In Bezug auf den erzielbaren Betrag ist anzugeben, ob dieser auf dem Nettoveräußerungswert oder dem Nutzungswert basiert sowie im ersten Fall die Bewertungsgrundlage (z. B. aktiver Markt) und im zweiten Fall der Diskontierungszinssatz (IAS 36.130 (e)-(g)). Für die Summe der nicht wesentlichen Wertminderungen und Wertaufholungen sind

[477] PELLENS et al. (2008), S. 270.
[478] Vgl. HEUSER/THEILE (2007), Rn. 1586.
[479] Vgl. zur Neubewertungsrücklage Abschnitt 3.2.2.2.2.
[480] Vgl. PELLENS et al. (2008), S. 272. Vgl. zu den Anhangangaben umfassend BALLWIESER/PAARZ (2008), S. 44.

die wichtigsten betroffenen Vermögenswertgruppen sowie die entscheidenden Gründe für die Wertänderung anzugeben (IAS 36.131).

Für ZGE, auf die ein großer Anteil an den Buchwerten der gesamten immateriellen Vermögenswerte mit unbestimmter Nutzungsdauer und der Firmenwerte des Unternehmens entfällt, sind der Buchwert dieser Vermögenswerte und die Basis für die Bestimmung des erzielbaren Betrages offenzulegen (IAS 36.134). Darüber hinaus haben dann, wenn der erzielbare Betrag durch den Nutzungswert bestimmt wurde, Angaben zu den Annahmen für die Cashflow-Prognosen zu erfolgen (IAS 36.134). Ferner ist zu erklären, wie die entsprechenden Eingangsdaten bestimmt wurden. Des Weiteren sind der Zeitraum der Finanzplanung, die Wachstumsrate und der Diskontierungszinssatz zu nennen (IAS 36.134). Analog haben dann, wenn der Nettoveräußerungswert genutzt wird, Angaben zu den wichtigsten Annahmen zur Ermittlung dieses Wertes zu erfolgen (IAS 36.134). Falls bei entscheidenden Annahmen die Gefahr besteht, dass bei einer Abweichung von der Schätzung eine Wertminderung wahrscheinlich wird, müssen weitere Informationen offengelegt werden.[481]

Es kann vorkommen, dass immaterielle Vermögenswerte mit unbestimmter Nutzungsdauer genauso wie Firmenwerte auf mehrere ZGE verteilt werden und über diese Einheiten nach den bisherigen Ausführungen nicht zu berichten ist (IAS 36.135). In diesem Fall haben dennoch weitere Angaben zu erfolgen, wenn die erzielbaren Beträge von mehreren dieser Einheiten auf den gleichen wesentlichen Annahmen beruhen und die Summe der betreffenden anteiligen Firmenwerte oder der anteiligen immateriellen Vermögenswerte mit unbestimmter Nutzungsdauer wesentlich ist (IAS 36.135). Diese Angaben umfassen die Buchwerte der genannten immateriellen Vermögenswerte, die Bewertungsannahmen und die Ansätze, die das Management zur Bestimmung der Werte für die Bewertungsannahmen genutzt hat (IAS 36.135).

[481] Hierzu zählen die Höhe der möglichen Wertminderung, die in die Bewertung eingegangenen Werte und die Höhe der Veränderung der kritischen Annahme (IAS 36.134 (f)).

4 Immaterielle Vermögenswerte nach IFRS in der empirischen Forschung

4.1 Überblick

Nachdem in Kapitel 3 die Bilanzierung immaterieller Vermögenswerte nach IFRS dargestellt wurde, sollen in diesem Kapitel empirische Befunde zu immateriellen Vermögenswerten und vor allem deren Abbildung im Abschluss betrachtet werden. In einem ersten Schritt (Abschnitt 4.2) werden dazu ausgewählte frühere Studien anderer Autoren vorgestellt, die für diese Arbeit besonders relevant erscheinen. Diese sollen im Rahmen einer kritischen Diskussion (Abschnitt 4.2.2) insbesondere dahin gehend gewürdigt werden, inwiefern sie einen Beitrag zur empirischen Forschung bezüglich des qualitativen Impairment-Tests leisten und inwiefern sie auf Probleme beim frühzeitigen Erkennen von Wertminderungen hinweisen. Zum Ende der Diskussion wird der Bedarf einer neuen Untersuchung herausgearbeitet, die erstmals Angaben über Abwertungsgründe und die Berichterstattung in Zwischenberichten nutzen soll, um konkretere Hinweise auf mögliche Schwierigkeiten beim qualitativen Impairment-Test zu erhalten. Die Ergebnisse dieser Untersuchung werden in Abschnitt 4.3 vorgestellt. Darauf aufbauend kann in Kapitel 5 der notwendige Anpassungsbedarf im Risikomanagement weiter untersucht werden.

Bisherige empirische Studien sind relevant, sofern sie einen möglichst engen Bezug zum Thema dieser Arbeit haben. In Frage kommen daher nur Untersuchungen, die sich auf die unter IAS 38 und IFRS 3 fallenden immateriellen Vermögenswerte beziehen. Die in den folgenden Abschnitten knapp dargestellten Studien, die dieser Anforderung entsprechen, können dahingehend unterschieden werden, ob sie das gesamte immaterielle Vermögen betreffen oder ob sie sich auf bestimmte Arten immaterieller Vermögenswerte beschränken. Aufgrund der besonderen Bedeutung des Goodwills werden diesen betreffende Erhebungen in einem separaten Abschnitt behandelt. Die restlichen Untersuchungen werden abhängig von ihrem Fokus in den Abschnitten „Allgemeine Studien“ und „Studien zu anderen ausgewählten immateriellen Vermögenswerten“ behandelt.

4.2 Stand der bisherigen empirischen Forschung zu immateriellen Vermögenswerten

4.2.1 Darstellung ausgewählter empirischer Studien

4.2.1.1 Allgemeine Studien

4.2.1.1.1 HAGER/HITZ (2007)

HAGER/HITZ (2007) untersuchen in ihrer Studie die obligatorische und freiwillige Berichterstattung über immaterielle Vermögenswerte in Geschäftsberichten[482] des Jahres 2005, wobei hier nur der Teil zur obligatorischen Berichterstattung erörtert werden soll.[483] Die Stichprobe umfasst 93 Unternehmen, die im April 2006 im DAX, MDAX oder TecDAX notierten und einen IFRS-Abschluss publizierten.[484] Diese Unternehmen werden weiter unterteilt in 18 Branchen, wobei auf die Branchenzuordnung der Deutschen Börse zurückgegriffen wird. Die Branchen werden wiederum zu sieben Clustern verdichtet.[485] Alle weiteren Analysen finden auf der Ebene dieser branchenübergreifenden Cluster statt.

Die Autoren untersuchen im Rahmen der obligatorischen Berichterstattung insgesamt drei Fragestellungen.[486] In einem ersten Schritt befassen sie sich mit der Bedeutung des immateriellen Vermögens in der Bilanz. Anschließend werden die selbst erstellten immateriellen Vermögenswerte analysiert, bevor in einem letzten Schritt die laut IAS 38 verpflichtend offenzulegenden Anhangangaben untersucht werden.

Die Bedeutung des immateriellen Vermögens wird mit Hilfe einer Vermögensstrukturanalyse[487] geprüft.[488] Zunächst wird cluster- und indexweise der Anteil der immate-

---

482 Als Geschäftsbericht wird üblicherweise der veröffentlichte Bericht über das Geschäftsjahr von börsennotierten Aktiengesellschaften bezeichnet, der genutzt wird, um neben den zu veröffentlichenden Pflichtdokumenten auch freiwillige Angaben zu machen. Vgl. KLEIN/VOSS (2002), Sp. 899 f.

483 Vgl. hier und folgend HAGER/HITZ (2007), S. 206 f.

484 DAX, MDAX und TecDAX sind Auswahlindizes der Deutschen Börse. Im DAX sind die 30 (nach Marktkapitalisierung und Ordervolumen) größten Unternehmen des Prime Standards enthalten. Der MDAX beinhaltet die 50 nächstgrößten Unternehmen und der TecDAX die 30 größten Technologieunternehmen des Prime Standards. Beim Prime Standard handelt es sich um ein Marktsegment der Deutschen Börse mit besonders strengen Auflagen für die Unternehmenspublizität. Vgl. PRÄTSCH/SCHIKORRA/LUDWIG (2007), S. 72-76.

485 Die Clusterbildung erfolgt aufgrund von Kriterien wie z. B. ähnlichen Erzeugnissen der Unternehmen.

486 Vgl. hier und folgend HAGER/HITZ (2007), S. 207-212.

487 Mit der Vermögensstrukturanalyse werden Art und Aufteilung des Vermögens untersucht. Vgl. BAETGE/KIRSCH/THIELE (2004a), S. 191.

488 Vgl. hier und folgend HAGER/HITZ (2007), S. 208 f.

riellen Vermögenswerte an der Bilanzsumme gebildet. Dabei kann beobachtet werden, dass der Anteil des immateriellen Vermögens durchschnittlich 15,29 % des Gesamtvermögens ausmacht. Allerdings sind deutliche Unterschiede zwischen den einzelnen Clustern und weniger zwischen den einzelnen Indizes zu erkennen.[489] Während der Cluster aus Financial Services, Banks und Insurance den geringsten Anteil immaterieller Vermögenswerte an der Bilanzsumme aufweist (unter 5 %), entfallen auf die Branchen Media, Technology, Software und Telecommunication fast 40 % auf das immaterielle Vermögen. Eine ähnliche Divergenz zeigt sich bei der Analyse des Anteils des immateriellen Vermögens am Anlagevermögen. Durchschnittlich fast 30 % des langfristigen Vermögens entfallen auf immaterielle Vermögenswerte, wobei auch hier deutliche Unterschiede zwischen den einzelnen Branchenclustern bestehen.[490] Untersucht man die Zusammensetzung des immateriellen Vermögens weiter, so fällt auf, dass der Goodwill in den meisten Fällen mit durchschnittlich ca. 60 % die entscheidende Komponente des immateriellen Vermögens ist. Erworbene immaterielle Vermögenswerte machen nur etwa halb so viel und selbst erstellte nur ca. 8 % aus. Zwar unterscheidet sich die Aufteilung des Anlagevermögens zwischen den Clustern, allerdings ist die Anteilsreihenfolge der drei Gruppen (Goodwill, erworbene immaterielle Vermögenswerte, selbst erstellte immaterielle Vermögenswerte) bis auf die Branchen Media, Technology, Software und Telecommunication, bei der der Goodwill einen geringeren Anteil als die erworbenen immateriellen Vermögenswerte aufweist, immer gleich.

Der nächste Teil der Untersuchung widmet sich einer genaueren Analyse der selbst erstellten immateriellen Vermögenswerte, während die anderen Aktiva nicht weiter betrachtet werden.[491] Es fällt auf, dass ungefähr jedes zweite Unternehmen Entwicklungsausgaben aktiviert, wobei die Aktivierungsquote clusterweise zwischen 1,66 % (Chemicals, Pharma & Healthcare) und ca. 45 % (Media, Technology, Software & Telecommunication) variiert. Bezogen auf die untersuchten Indizes zeigt sich, dass die Aktivierungsquote von DAX-Unternehmen mit ca. 22 % am höchsten ist. Eine besondere Bedeutung im Rahmen der Aktivierung von Entwicklungsausgaben kommt selbst

489 In DAX und MDAX entfallen ca. 15 % und im TecDAX ca. 20 % der Bilanzsumme auf immaterielle Vermögenswerte.

490 Während in den Branchen Automobile und Transport & Logistics weniger als ein Fünftel auf immaterielle Vermögenswerte entfällt, ist es in den Branchen Media, Technology, Software und Telecommunication fast die Hälfte.

491 Vgl. hier und folgend HAGER/HITZ (2007), S. 208-210.

erstellter Software zu: Diese macht bspw. im Branchencluster Financial Services, Banks und Insurance 100 % der aktivierten Entwicklungsausgaben aus.

Im letzten Teil der Studie beschreiben HAGER/HITZ, ob die einzelnen von IAS 38 geforderten Anhangangaben erfüllt werden.[492] Der Umfang und der Inhalt der Berichterstattung werden nicht betrachtet. Es wird lediglich untersucht, ob eine verlangte Angabe erfolgt oder nicht. Deutlich erkennbar ist, dass quantitative Offenlegungspflichten bedeutend besser erfüllt werden als qualitative Offenlegungspflichten: So sind die Angaben zur Abschreibungsmethode und diejenigen im Anlagespiegel (z. B. Zugänge, Abgänge, planmäßige und außerplanmäßige Abschreibungen) recht vollständig. Hingegen werden kaum qualitative Informationen zum Impairment-Test offengelegt. Insbesondere ist die Berichterstattung über Wertminderungsgründe sehr dürftig. Knapp 60 % der Unternehmen nennen die Ursache für eine außerplanmäßige Abschreibung eines immateriellen Vermögenswertes nicht.

Die Auswertung von HAGER/HITZ erfolgt auf einem aggregierten Niveau, nämlich cluster- bzw. indexweise, so dass nicht erkennbar ist, ob die qualitativen Angaben für bestimmte immaterielle Vermögenswerte sorgfältiger erfolgen als für andere. Die angeführten Gründe für eine Wertminderung werden nicht untersucht.

4.2.1.1.2 WULF (2008)

WULF befasst sich ebenfalls mit der externen Berichterstattung über immaterielle Vermögenswerte im Geschäftsbericht. Anders als bei HAGER/HITZ wird nur die obligatorische externe Berichterstattung betrachtet.[493] Dabei werden Berichte für das Geschäftsjahr 2006 untersucht. Die Stichprobe besteht aus 122 Unternehmen, die im März 2007 im DAX (23), MDAX (49) oder SDAX (50) notierten und einen IFRS-Abschluss erstellten.[494] Ebenso wie in der vorgenannten Untersuchung werden auch bei WULF die Unternehmen den von der Deutschen Börse definierten 18 Branchen zugeordnet und diese analog zu HAGER/HITZ zu sieben Clustern zusammengefasst.

492 Vgl. hier und folgend HAGER/HITZ (2007), S. 210-212.
493 Vgl. hier und folgend WULF (2008), S. 121-123.
494 Der SDAX ist ebenfalls ein Auswahlindex der Deutschen Börse und enthält die 50 hinsichtlich der Marktkapitalisierung auf den MDAX folgenden Unternehmen der „klassischen“ Branchen des Prime Standards. Vgl. PRÄTSCH/SCHIKORRA/LUDWIG (2007), S. 76.

WULF untersucht das gesamte immaterielle Vermögen in vier Schritten empirisch.[495] In einem ersten wird die Bedeutung des immateriellen Vermögens in der Unternehmenspraxis beschrieben. Anschließend werden Ansatz und Ausweis selbst erstellter und erworbener immaterieller Vermögenswerte in den Geschäftsberichten betrachtet. Im dritten Schritt analysiert WULF die Bewertung immaterieller Vermögenswerte und im vierten die Bilanzierung des Goodwills im Sample.

Die Bedeutung des immateriellen Vermögens ergibt sich gemäß WULF zum einen aus der Differenz zwischen Marktkapitalisierung und Buchwert des Eigenkapitals, da eine positive Differenz auf nicht aktivierte immaterielle Ressourcen hindeutet.[496] Für die drei betrachteten Indizes kann festgestellt werden, dass die Marktkapitalisierung im Mittel das bilanzierte Eigenkapital um das 1,7-fache beim DAX, um das 2,48-fache beim MDAX und das 1,95-fache beim SDAX übersteigt, was WULF als Anzeichen für eine große Bedeutung nicht bilanzierter immaterieller Werte interpretiert. Allerdings stellt sie fest, dass die Streuung der Marktwert-Buchwert-Relationen sowohl innerhalb der Branchen als auch zwischen den Branchenclustern recht hoch ist. Als nächstes wird die Relevanz des aktivierten immateriellen Vermögens beurteilt, indem index- und clusterweise geprüft wird, welcher Anteil der Unternehmen des Samples immaterielle Vermögenswerte bilanziert. Dabei ist festzustellen, dass lediglich sechs Unternehmen, die allesamt dem Cluster Financial Services, Banks und Insurance zuzurechnen sind, keine immateriellen Vermögenswerte ausweisen. Weiterhin berechnet WULF, wie auch HAGER/HITZ, den Anteil des immateriellen Vermögens an der Bilanzsumme und kommt dabei zu ähnlichen Ergebnissen. Ergänzend wird der Quotient aus immateriellen Vermögenswerten und Eigenkapital berechnet, der clusterweise im Mittel zwischen 0,2 und 0,9 schwankt, aber auch innerhalb der Cluster eine recht hohe Streuung aufweist. Eine weitere Ähnlichkeit zu der oben beschriebenen Untersuchung besteht darin, dass auch die Bedeutung des Goodwills separat betrachtet wird. Dazu wird sein Verhältnis zum Eigenkapital berechnet. Für die genannten Indizes liegt dieser Wert durchschnittlich über 30 %.

Im zweiten Teil der Studie kritisiert WULF zunächst, dass in vielen Fällen im Ausweis keine Trennung von selbst erstellten und nicht selbst erstellten immateriellen Vermögenswerten stattfindet.[497] Statt eine Aussage über die Stichprobe insgesamt zu treffen, beschränkt sich WULF an dieser Stelle auf einige Fallbeispiele. Anschließend wird un-

---

[495] Vgl. hier und folgend WULF (2008), S. 123-152.

[496] Vgl. hier und folgend WULF (2008), S. 123-127.

[497] Vgl. hier und folgend WULF (2008), S. 127-131.

tersucht, wie differenziert über einige immaterielle Vermögenswerte berichtet wird.[498] Zunächst ergibt die Analyse, dass sich ein Großteil der Unternehmen am handelsrechtlichen Gliederungsschema orientiert und neben Anzahlungen und sonstigen immateriellen Werten über Patente, Lizenzen, Konzessionen und ähnliche Rechte entweder en bloc oder getrennt in Patente, Lizenzen und Rechte berichtet. Über Software wird entweder einzeln oder zusammengefasst mit anderen immateriellen Vermögenswerten und selten danach, ob sie selbst geschaffen oder erworben ist, berichtet. Auffällig ist, dass einzig im Cluster Media, Technology, Software und Telecommunication keine aktivierte Software ausgewiesen wird. Vereinzelt finden sich Belege für weitere – häufig erworbene – immaterielle Vermögenswerte wie Marken, Kundenbeziehungen, Warenzeichen, Know-how etc. Allerdings stellt WULF fest, dass auch hier in unterschiedlichen Aggregationsstufen und selten einzeln und quantitativ über diese Vermögenswerte Bericht erstattet wird. Selbst erstellte immaterielle Vermögenswerte werden zumeist in die Bereiche selbst erstellte Software und Entwicklungskosten aufgeteilt.[499] In einigen Fällen (6 von 47) wird en bloc berichtet. Analog zu HAGER/HITZ berechnet auch WULF die Aktivierungsquote, die in beiden Fällen für den Cluster Chemicals und Pharma & Healthcare sehr gering ausfällt (1,66 % (HAGER/HITZ) versus 0,99 % (WULF)).

Im dritten Untersuchungsteil liegt der Fokus auf der Bewertung und den zugehörigen Anhangangaben.[500] In diesem Teil der Analyse erfolgen keine statistischen Aussagen über die Stichprobe. Stattdessen wird mit Eindrücken aus der Untersuchung und mit Fallbeispielen argumentiert. So wird zunächst kritisiert, dass nur sehr selten das immaterielle Vermögen explizit in solches mit bestimmter und unbestimmter Nutzungsdauer quantitativ unterteilt wird. Neben einigen Beispielen zur – häufig recht allgemeinen – Berichterstattung über die Bestimmung der Nutzungsdauern und der Anschaffungs- und Herstellungskosten werden auch die Offenlegungen zu außerplanmäßigen Abschreibungen geprüft. Dabei wird festgestellt, dass der Detaillierungsgrad der Angaben zum Impairment-Test zwischen den Unternehmen recht unterschiedlich ist.

Zum Abschluss der Studie wird die Darstellung der Goodwill-Bilanzierung beschrieben. Auch in diesem Abschnitt wird hauptsächlich mit Fallbeispielen verdeutlicht, dass die Berichterstattung unterschiedlich differenziert erfolgt.[501] Während die Kaufpreisal-

[498] Vgl. hier und folgend WULF (2008), S. 131-137.
[499] Vgl. hier und folgend WULF (2008), S. 137-140.
[500] Vgl. hier und folgend WULF (2008), S. 141-152.
[501] Vgl. hier und folgend WULF (2008), S. 152-159.

lokation meist recht detailliert erläutert wird, variiert die Informationstiefe über den Impairment-Test für den Goodwill deutlich.

Die Studie von WULF ist detaillierter als die vorherige von HAGER/HITZ. Allerdings wird bei der Darstellung der Untersuchungsergebnisse häufig Fallbeispielen der Vorzug vor statistischen Angaben gegeben. Deutlich wird insbesondere die stark unterschiedliche Qualität der Berichterstattung der Unternehmen. Die variierende Zusammenfassung der einzelnen immateriellen Vermögenswerte zu Gruppen steht einem Unternehmensvergleich auf Basis der Abschlüsse entgegen. Die unterschiedlichen Ausgestaltungen der qualitativen Angaben werden von WULF nicht systematisch zusammengestellt.

4.2.1.2 Studien zum Goodwill

4.2.1.2.1 PELLENS ET AL. (2005)

PELLENS ET AL. führten Anfang 2005 eine fragebogenbasierte Auswertung zur Durchführung des Impairment-Tests für den Goodwill durch.[502] Die auswertbare Stichprobe umfasst 45 nach IFRS und 20 nach US-GAAP bilanzierende Unternehmen, die im September 2004 im Prime Standard notierten. Die Befragung ist in vier Blöcke geteilt. Zunächst wird die Goodwill-Allokation auf zahlungsmittelgenerierenden Einheiten (ZGE) betrachtet. Anschließend werden Zeitpunkt und Häufigkeit des Impairment-Tests und im dritten Teil das konkrete Vorgehen beim quantitativen Wertminderungstest erhoben. Abschließend werden die Konsequenzen für die wertorientierte Steuerung abgefragt, die im Folgenden aufgrund des abweichenden Fokus dieser Arbeit nicht dargestellt werden.

Ähnlich wie in den vorgenannten Studien leiten PELLENS ET AL. die Bedeutung des Goodwills aus dem hohen Anteil am gesamten Vermögen ab, welcher bei den IFRS-Anwendern ca. 10 % beträgt.[503] Mehr als die Hälfte (61 %) der Unternehmen wählt als

---

502 Vgl. hier und folgend PELLENS et al. (2005), S. 10 f. Die Studie wurde auch in einer Broschüre von Deloitte Consulting veröffentlicht. Vgl. zu einer Parallelveröffentlichung EPSTEIN/PELLENS/RUHWEDEL (2005).

503 Vgl. PELLENS et al. (2005), S. 11. Bei den US-GAAP-Anwendern ist der Anteil leicht höher. Die Bilanzierung des Goodwills nach IFRS und US-GAAP ist konzeptionell ähnlich, allerdings nicht deckungsgleich. FASB und IASB bemühten sich bei der Überarbeitung der Standards um eine Konvergenz der beiden Systeme. Vgl. HENSE/KLEINBIELEN/WITTHAUS (2005), S. 638. Die Bilanzierung nach US-GAAP ist allerdings nicht Gegenstand dieser Arbeit, so dass auf die Befunde der Studie zu US-GAAP nicht eingegangen wird. Vgl. zur Goodwill-Bilanzierung nach US-

goodwilltragende Einheiten die Segmente bzw. die Ebene direkt unterhalb dieser, was dazu führt, dass in etwa drei Viertel der Fälle der Goodwill auf bis zu zehn Einheiten verteilt wird.[504] Wie bereits oben erläutert, muss der Impairment-Test bei Vorliegen eines Indikators bzw. mindestens einmal jährlich durchgeführt werden.[505] Der jährliche Test wird von knapp 60 % der befragten Unternehmen zum Bilanzstichtag durchgeführt. Interessant ist, dass die Indikatoren nur von 22 % der befragten Unternehmen regelmäßig, von 31 % viermal jährlich und von 36 % nur halbjährlich überprüft werden.[506] Es überrascht daher, dass 77 % der Unternehmen angeben, die Identifikation von Wertminderungsanzeichen „sei gleichzeitig auch Bestandteil des Risikomanagements."[507] PELLENS ET AL. befragen die Unternehmen der Untersuchungsgruppe auch danach, für wie relevant sie Veränderungen im wirtschaftlichen Umfeld, Zinsniveauentwicklungen oder andere an IAS 36.12 angelehnte Indikatoren für das Erkennen von Wertminderungen einschätzen. Abbildung 12 fasst diese Ergebnisse grafisch zusammen.

GAAP im Vergleich zu IFRS z. B. HENSE/KLEINBIELEN/WITTHAUS (2005); BAUSCH/FRITZ (2006); ZELGER (2005); KÜHNBERGER (2005); HACHMEISTER (2005); BALLWIESER/BEYER/ZEIGER (2005).

504 Vgl. PELLENS/EPSTEIN/RUHWEDEL (2005), S. 5.

505 Vgl. Abschnitt 3.4.1.

506 Vgl. PELLENS/EPSTEIN/RUHWEDEL (2005), S. 7.

507 PELLENS/EPSTEIN/RUHWEDEL (2005), S. 7.

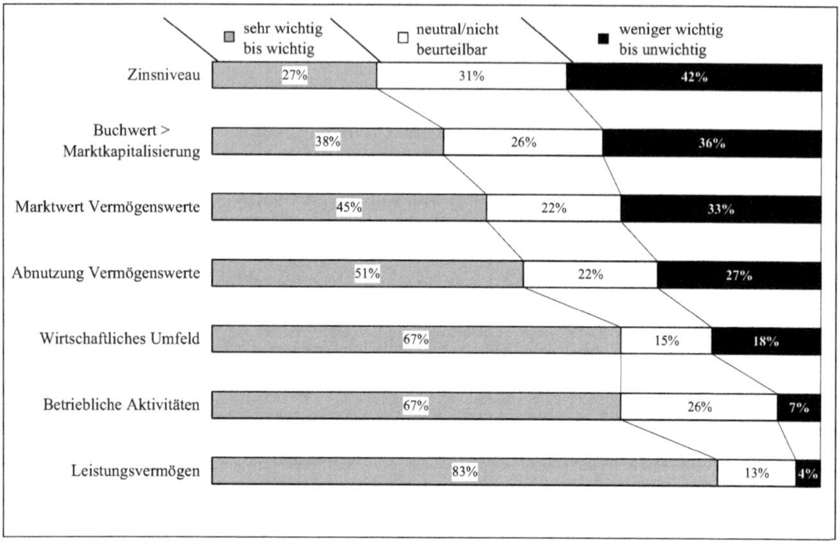

Abbildung 12: Einschätzung der Bedeutung der einen Impairment-Test auslösenden Indikatoren

Quelle: Leicht modifiziert übernommen von PELLENS/EPSTEIN/RUHWEDEL (2005), S. 7.

Bei der Durchführung des quantitativen Impairment-Tests muss grundsätzlich der erzielbare Betrag als Maximum aus Nettoveräußerungswert und Nutzungswert bestimmt werden.[508] Allerdings zeigt die Erhebung, dass nur 45 % der befragten Unternehmen beide Werte zur Festlegung des erzielbaren Betrages ermitteln, während 10 % ausschließlich den Nettoveräußerungswert und 45 % ausschließlich den Nutzungswert kalkulieren.[509] Bei der Berechnung der Werte kommen vor allem die DCF-Verfahren[510] zum Einsatz. Der Detailplanungszeitraum, der diesen Berechnungen zugrunde liegt, überschreitet nur in Ausnahmefällen (7 %) die in IAS 36.33 (b) genannten fünf Jahre.[511] Für die Zeit nach Ende des Detailplanungszeitraums unterstellt jedes zweite Unternehmen konstante Cashflows bei der Berechnung der ewigen Rente.[512] Die Cashflows werden überwiegend mit den gewogenen Kapitalkosten

508 Vgl. dazu die Erläuterungen in Abschnitt 3.4.3.1.
509 Vgl. PELLENS/EPSTEIN/RUHWEDEL (2005), S. 8 f.
510 Vgl. zu den DCF-Verfahren allgemein BAETGE/NIEMEYER/KÜMMEL (2005), S. 308-334.
511 Vgl. PELLENS et al. (2005), S. 16.
512 Vgl. PELLENS/EPSTEIN/RUHWEDEL (2005), S. 9.

(WACC)[513] diskontiert und die Eigenkapitalkosten unter Rückgriff auf den Kapitalmarkt bestimmt.[514] Zum Abschluss der Untersuchung erheben PELLENS ET AL. die organisatorische Verankerung des Tests und stellen fest, dass bei 60 % der befragten IFRS-Bilanzierer der Impairment-Test ganz oder teilweise vom Controlling durchgeführt wird.

Die vorgestellte Studie vermittelt einen guten Überblick über die konkrete Ausgestaltung des quantitativen Impairment-Tests, während der qualitative Impairment-Test nur am Rande behandelt wird. Überraschend ist die Feststellung von PELLENS ET AL., dass das Risikomanagement überwiegend dafür verantwortlich ist, Impairment-Anzeichen für den Goodwill zu erkennen, aber nur etwa die Hälfte der Unternehmen angibt, diese unterjährig zu überwachen.[515]

4.2.1.2.2 GLAUM/STREET/VOGEL (2007)

GLAUM/STREET/VOGEL haben die in Bezug auf die Samplegröße umfassendste Studie durchgeführt. Sie untersuchen 357 Berichte von börsennotierten, europäischen IFRS-Anwendern für das Geschäftsjahr 2005, die in diesem Jahr einen Unternehmenszusammenschluss durchgeführt haben oder einen Geschäfts- oder Firmenwert aus vorhergehenden Transaktionen in ihrer Bilanz ausweisen.[516] Die Auswertungen werden auf Branchen- bzw. Landesebene durchgeführt. Insgesamt sind 12 Branchen und 17 Länder in der Studie vertreten. Der Schwerpunkt der Untersuchung liegt auf den rechnungslegungsspezifischen Implikationen von Akquisitionen, daher wird in einem ersten Schritt die Transaktionsaktivität im Geschäftsjahr 2005 untersucht, bevor daran anknüpfend die Kaufpreisallokation und die Goodwill-Bilanzierung sowie der Impairment-Test für den Firmenwert betrachtet werden. Daneben werden weitere immaterielle Vermögenswerte, insbesondere solche mit unbestimmter Nutzungsdauer, evaluiert.[517]

---

513 Die WACC (Weighted Average Cost of Capital) ergeben sich als Summe der der mit Marktwerten gewichteten Eigenkapital- und den steuerkorrigierten Fremdkapitalkosten. Vgl. PEEMÖLLER (2005), S. 39.

514 Vgl. PELLENS et al. (2005), S. 16 f.

515 Vgl. PELLENS/EPSTEIN/RUHWEDEL (2005), S. 7.

516 Vgl. hier und folgend GLAUM/STREET/VOGEL (2007), S. 22-24.

517 Da der Goodwill den klaren Schwerpunkt der Untersuchung bildet, wird die Studie von GLAUM/STREET/VOGEL in diesem Abschnitt behandelt und nicht im Rahmen der allgemeinen Untersuchungen in Abschnitt 4.2.1.1.

Von den untersuchten Unternehmen führen 241 im Geschäftsjahr 2005 mindestens eine Akquisition durch.[518] Über die den Akquisitionen folgende Verteilung des Kaufpreises berichten die meisten Unternehmen angemessen, ein Viertel allerdings überhaupt nicht.[519] In vielen Fällen wird wenig detailliert über die erworbenen Klassen von immateriellen Vermögenswerten Bericht erstattet. Eventualschulden werden bei der Kaufpreisallokation so gut wie nicht berücksichtigt.[520] In den meisten Fällen entsteht als Ergebnis der Kaufpreisallokation ein Goodwill und lediglich 14-mal ein Badwill. Aus den Angaben zu den Akquisitionen ergibt sich, dass der Goodwill etwa die Hälfte des Kaufpreises ausmacht, was überrascht, wenn man bedenkt, dass die IFRS recht weit gefasste Ansatzregeln für immaterielle Vermögenswerte enthalten.[521] Einen Grund für die Entstehung des Goodwills führen die meisten Unternehmen nicht an.[522] GLAUM/STREET/VOGEL quantifizieren die durchschnittliche absolute und – gemessen am Eigenkapital – relative Bedeutung des Goodwills für alle Länder und Branchen. Je nachdem, welche Betrachtung (Land, Branche bzw. absolut, relativ) gewählt wird, erscheinen andere Länder und Branchen als goodwillintensiv. Bei einer relativen Betrachtung zeigt sich so beispielweise, dass niederländische Unternehmen mit 58 % am Eigenkapital die größten Firmenwerte bilanzieren. Allerdings stehen die Unternehmen der anderen betrachteten Länder diesen kaum nach. In 10 der 17 Länder ist das Verhältnis von Goodwill zu Eigenkapital mindestens ein zu drei. Am Rande der Untersuchung wird angemerkt, dass 74 Unternehmen neben dem Goodwill andere immaterielle Vermögenswerte mit unbestimmter Nutzungsdauer bilanzieren, die häufig Marken und Lizenzen umfassen.

Der Impairment-Test führt bei einem Drittel der Unternehmen zu einer außerplanmäßigen Abschreibung des Firmenwertes in Höhe von durchschnittlich 358 Millionen Euro.[523] Damit hatten die Geschäftswertabschreibungen einen deutlich stärkeren Ergebniseinfluss als Abschreibungen auf andere immaterielle Vermögenswerte. Wertminderungen auf immaterielle Vermögenswerte mit bestimmter Nutzungsdauer nehmen 112 Unternehmen mit im Schnitt 38 Millionen Euro vor. Immaterielle Vermö-

518 Vgl. GLAUM/STREET/VOGEL (2007), S. 26.

519 Vgl. hier und folgend GLAUM/STREET/VOGEL (2007), S. 32-36.

520 Nur in vier Fällen enthält der Geschäftsbericht Anzeichen dafür, dass Eventualschulden berücksichtigt wurden.

521 Vgl. hier und folgend GLAUM/STREET/VOGEL (2007), S. 36-42.

522 In der wissenschaftlichen Diskussion wird der Goodwill (teilweise in Übereinstimmung mit den Überlegungen des Board) in mehrere einzelne Bestandteile aufgeteilt, die nicht allesamt werthaltig sind und auch Überzahlungen enthalten. Vgl. Fußnote 350 und IFRS 3 (2004).BC313.

523 Vgl. hier und folgend GLAUM/STREET/VOGEL (2007), S. 44-46.

genswerte mit unbestimmter Nutzungsdauer werden in acht Fällen außerplanmäßig mit durchschnittlich 41 Millionen abgeschrieben. Obwohl in der Studie relative Angaben zu den Abschreibungen, um diese besser einschätzen zu können, fehlen, sei darauf verwiesen, dass die durchschnittliche Bilanzsumme 78,3 Milliarden Euro und der durchschnittliche Umsatz 13 Milliarden Euro betragen.[524]

Im letzten Teil der Studie behandeln GLAUM/STREET/VOGEL, ähnlich wie PELLENS ET AL., die konkrete Durchführung des Goodwill-Impairment-Tests.[525] Bei der Anzahl der ZGE, auf die der Goodwill verteilt wird, zeigt sich ein heterogenes Bild. Deutlich ähnlicher verhalten sich die Unternehmen allerdings bei der Festlegung des Zeitpunkts für die jährliche Durchführung des Impairment-Tests. Dies ist in über 80 % der Fälle der Stichtag bzw. wenige Tage zuvor. Bemerkenswert ist die Feststellung, dass zwar ein Drittel der Unternehmen eine Wertminderung zum Jahresende verbucht, aber keines angibt, bereits unterjährig aufgrund eines Impairment-Anzeichens einen Wertminderungstest ausgeführt zu haben. Im Rahmen der Auswertung der Angaben zur konkreten Durchführung des Impairment-Tests zeigen sich ähnliche Ergebnisse wie bei PELLENS ET AL. Auch GLAUM/STREET/VOGEL stellen fest, dass der Nutzungswert bei der Ermittlung des erzielbaren Betrages dominiert und nur selten der Detailplanungszeitraum über fünf Jahren liegt. Anders allerdings ist das Ergebnis bei Auswertung der verwendeten Wachstumsraten zur Berechnung der ewigen Rente. Hier gehen nur wenige Unternehmen von einem Nullwachstum aus, während am häufigsten eine Wachstumsrate von 2-3 % unterstellt wird. Über eine Sensitivitätsanalyse für die Bestimmung des Goodwills wird lediglich von zwölf Unternehmen berichtet.

Die Studie ermöglicht es, den (verbesserungswürdigen) Stand der Umsetzung des qualitativen Impairment-Tests einzuschätzen: Während PELLENS ET AL. feststellen, dass etwa die Hälfte der betrachteten Unternehmen auch unterjährig Wertminderungsanzeichen erfasst,[526] beobachten GLAUM/STREET/VOGEL, dass keines der in dieser Studie untersuchten Unternehmen unterjährig aufgrund des Vorliegens eines entsprechenden Indikators einen Impairment-Test durchführt.[527] Fraglich ist, inwiefern diese Ergebnis stabil wäre, wenn ein längerer Zeitraum beobachtet würde.

---

524 Vgl. GLAUM/STREET/VOGEL (2007), S. 24.
525 Vgl. hier und folgend GLAUM/STREET/VOGEL (2007), S. 47-61.
526 Vgl. PELLENS/EPSTEIN/RUHWEDEL (2005), S. 7.
527 Vgl. GLAUM/STREET/VOGEL (2007), S. 50 f.

4.2.1.2.3 PRICEWATERHOUSECOOPERS (2007)

In dieser Studie wurden 84 Konzerne zur Durchführung des Impairment-Tests für den Goodwill und andere Vermögenswerte befragt,[528] wobei im Folgenden lediglich die Befragungsergebnisse zum Goodwill dargestellt werden sollen.

Die Festlegung der zahlungsmittelgenerierenden Einheiten und die Verteilung des Goodwills auf diese erfolgt überwiegend durch den Konzern und nicht die Einzelgesellschaften.[529] Für die Bestimmung der testauslösenden Wertminderungsanzeichen ist bei 39 % der befragten Unternehmen das Konzernrechnungswesen, zu 27 % das Rechnungswesen der Einzelgesellschaften und in den restlichen Fällen vor allem das Controlling des Konzerns bzw. der Einzelgesellschaft zuständig. Während hierbei also der Konzern dominiert, so erfolgt die Identifikation der Wertminderungsanzeichen überwiegend auf Ebene der Einzelgesellschaften. Die Durchführung des quantitativen Tests obliegt im Regelfall dann wieder dem Konzern. Dabei wird vor allem auf das Konzernrechnungswesen und nachrangig auf das Controlling zurückgegriffen. Befragt man die Unternehmen nach der Funktionsfähigkeit der Schnittstellen bei der Durchführung des Tests, so werden sowohl das Konzernrechnungswesen als auch das Controlling als nur eingeschränkt funktionsfähig beurteilt.[530]

Im Weiteren kommt die Untersuchung zu dem Ergebnis, dass zu Beginn des quantitativen Impairment-Tests zunächst der Nutzungswert bestimmt wird, für den fast alle Unternehmen einen Zeitraum zwischen drei und fünf Jahren zugrunde legen.[531] Die Bestimmung der Cashflows beurteilen die meisten Unternehmen als recht problematisch. Nicht nur für die Nutzungswertberechnung, sondern auch für die Ermittlung des beizulegenden Zeitwertes abzüglich Veräußerungskosten wird dabei auf eine DCF-Berechnung zurückgegriffen. Der quantitative Impairment-Test wird vor allem zum Bilanzstichtag bzw. nach Abschluss der Mittelfristplanung durchgeführt.

---

528 Vgl. PRICEWATERHOUSECOOPERS (2007), S. 38.

529 Vgl. hier und folgend PRICEWATERHOUSECOOPERS (2007), S. 13 f.

530 Vgl. PRICEWATERHOUSECOOPERS (2007), S. 18.

531 Vgl. hier und folgend PRICEWATERHOUSECOOPERS (2007), S. 20-30.

4.2.1.2.4 KIRSCH/KOELEN/TINZ (2008)

KIRSCH/KOELEN/TINZ analysieren in ihrer Studie den Impairment-Test für den Goodwill.[532] Dazu werden die Berichte der Geschäftsjahre 2005 und 2006 aller 23 in diesen Jahren nach IFRS bilanzierenden Unternehmen des DAX-30 ausgewertet.[533] In einem ersten Schritt wird die Bedeutung der Firmenwertabschreibung ermittelt, indem sie ins Verhältnis zum aktivierten Goodwill gesetzt wird. Anschließend werden die einzelnen nach IAS 36 verlangten Offenlegungspflichten geprüft.

Im Geschäftsjahr 2005 (2006) nehmen von den untersuchten Unternehmen sieben (neun) eine außerplanmäßige Abschreibung auf den Goodwill vor, die durchschnittlich 3,4 % (5 %) des Buchwertes ausmacht, wobei in diesen Werten einige „Ausreißer" enthalten sind.[534] Im nächsten Schritt werden die gemäß IAS 36 verpflichtenden Angaben überprüft, die unabhängig von der Verbuchung einer Wertminderung zu erfolgen haben. Dabei wird, ähnlich wie bei PELLENS ET AL., beobachtet, dass die Unternehmen den Goodwill auf Segmentebene bzw. eine Ebene darunter zuordnen und über durchschnittlich zehn ZGE verteilen. Weitere Ähnlichkeiten zu den dargestellten Goodwill-Studien bestehen darin, dass erneut festgestellt werden kann, dass der mit DCF-Verfahren bestimmte Nutzungswert bei der Ermittlung des erzielbaren Betrages dominierend ist und i. d. R. ein Detailplanungszeitraum von bis zu fünf Jahren verwendet wird. Die Offenlegung der wesentlichen Annahmen und die Beschreibung, wie die Werte für diese Annahmen ermittelt wurden, erscheinen in beiden Geschäftsjahren verbesserungsbedürftig, da nicht einmal die Hälfte der Unternehmen dazu Stellung nimmt. Auch die Berichterstattung über die bei der Berechnung des Nutzungswertes unterstellte Wachstumsrate kann ausgebaut werden, da zum einen in 2006 noch gut ein Drittel der Unternehmen gar nicht darüber berichtet und der Rest relativ unspezifisch (Intervallangaben, Durchschnittswerte). Obwohl die Angaben zum Diskontierungszinssatz ebenfalls wenig spezifisch sind, nennen diesen zumindest deutlich mehr Unternehmen (2006 ca. 74 %).

Gemäß IAS 36.134 müssen nur dann detaillierte Angaben zum Impairment-Test gemacht werden, wenn der einer ZGE zugeordnete Firmenwert wesentlich ist. Da KIRSCH/KOELEN/TINZ feststellen, dass über den Impairment-Test unterschiedlich detailliert berichtet wird, vermuten sie als Ursache eine unterschiedliche Auslegung des

532 Vgl. KIRSCH/KOELEN/TINZ (2008), S. 88.
533 Vgl. hier und folgend KIRSCH/KOELEN/TINZ (2008), S. 91.
534 Vgl. hier und folgend KIRSCH/KOELEN/TINZ (2008), S. 91-95.

Wesentlichkeitskriteriums.[535] Um einen Eindruck von der unternehmensindividuellen Wesentlichkeitsschwelle zu bekommen, untersuchen sie, ob die Wesentlichkeit definiert wird durch:

- den Anteil des einer ZGE zugeordneten Goodwills am gesamten Goodwill,
- den Anteil des Goodwills an der Bilanzsumme,
- den Anteil des einer ZGE zugeordneten Goodwills an der Bilanzsumme oder
- den Anteil des einer ZGE zugeordneten Goodwills am bilanziellen Eigenkapital.

In allen Fällen zeigt sich ein sehr heterogenes Bild, so dass es den Autoren nicht gelingt, zu plausibilisieren, woran ein Unternehmen die Wesentlichkeit des einer ZGE zugeordneten Geschäfts- oder Firmenwertes misst.

Der erste Teil der Studie ist vergleichbar mit den beiden vorangegangenen Untersuchungen von PELLENS ET AL. und GLAUM/STREET/VOGEL. Der zweite Teil unterscheidet sich indes deutlich, da versucht wird, das Wesentlichkeitskriterium genauer zu bestimmen. In ihrer Untersuchung beschränken sich KIRSCH/KOELEN/TINZ darauf, zu klären, wann der einer ZGE zugewiesene Goodwill als wesentlich anzusehen ist (bzw. faktisch von den Unternehmen so gesehen wird). IAS 36.130 knüpft allerdings nicht nur erweiterte Offenlegungspflichten an einen wesentlichen Goodwill, sondern auch an einen wesentlichen Wertminderungsaufwand. Wann eine wesentliche Wertminderung vorliegt, wird indes in der Studie nicht thematisiert. Ebenfalls wird nicht betrachtet, wie über die eine außerplanmäßige Abschreibung auslösenden Ereignisse berichtet wird, die im Zentrum des qualitativen Impairment-Tests stehen.

4.2.1.2.5 KPMG (2009)

KPMG hat sich in einer Studie, ähnlich den bisher dargestellten, mit der Ausgestaltung des quantitativen Impairment-Tests beschäftigt und einen Schwerpunkt der Untersuchung auf die Bestimmung der Kapitalkosten gelegt.[536] Die Studie unterscheidet zwischen dem Goodwill und den übrigen Vermögenswerten. Dazu wurden im Jahr 2008 117 überwiegend börsennotierte Unternehmen mit einer Marktkapitalisierung über 100

[535] Vgl. hier und folgend KIRSCH/KOELEN/TINZ (2008), S. 188-191.

[536] Vgl. hier und folgend KPMG (2009), S. 9-11.

Millionen Euro aus Deutschland, Österreich, Schweiz, Großbritannien und den Niederlanden befragt. Die Auswertungen werden länder-, branchen- und indexspezifisch durchgeführt.

Die befragten Unternehmen führen den Impairment-Test meist nicht am Stichtag sondern ca. drei Monate zuvor durch.[537] Etwa die Hälfte der Unternehmen gibt an, den Goodwill auf weniger als zehn ZGE zu verteilen und nutzt dafür häufig die Segmente bzw. eine Ebene darunter. Ähnlich wie auch die anderen Studien stellt KPMG fest, dass der erzielbare Betrag relativ häufig (von 61 % der Unternehmen) ausschließlich über den Nutzungswert bestimmt wird und dabei die DCF-Verfahren eine hohe Bedeutung besitzen.[538] Die dabei zugrunde gelegten Cashflows stammen in 91 % der Fälle aus einer teilweise modifizierten Unternehmensplanung.[539] 9 % der Unternehmen nimmt für den Impairment-Test eine eigene Planung vor.

Im nächsten Teil der Untersuchung von KPMG steht vor allem die genaue Bestimmung der Kapitalkosten für den Impairment-Test im Vordergrund.[540] Fast alle befragten Unternehmen nutzen das Capital Asset Pricing Model (CAPM)[541] für die Bestimmung der Eigenkapitalkosten und 63 % berechnen ZGE-individuelle Diskontierungszinssätze. Die Mehrzahl nutzt positive Wachstumsraten bei der Bestimmung des Nutzungswertes und orientiert sich dabei vor allem am Umsatzwachstum der Produktgruppen und der Branchenumsätze. Während IAS 36.55 explizit den Einsatz von Vor-Steuer-Größen verlangt, weichen fast 80 % der Unternehmen von dieser Vorgabe ab.[542] Etwa 40 % der Unternehmen ermitteln die Marktrisikoprämie mit Hilfe der Vorgaben der Wirtschaftsprüferorganisationen (in Deutschland das IDW) und fast 90 % der Unternehmen setzen historische Betafaktoren bei der Bestimmung der Eigenkapitalkosten ein. Die genaue Operationalisierung der Berechnungen unterscheidet sich zum Teil recht deut-

537 Vgl. hier und folgend KPMG (2009), S. 14-19.

538 Die Studie unterscheidet nicht zwischen dem Impairment-Test für den Goodwill und andere Vermögenswerte, so dass bezogen auf den Firmenwert tendenziell noch von einer höheren Bedeutung des Nutzungswertes auszugehen ist.

539 Vgl. hier und folgend KPMG (2009), S. 24.

540 Vgl. hier und folgend KPMG (2009), S. 28-46.

541 Das CAPM ist ein kapitalmarkttheoretisches Modell zur Bestimmung der Eigenkapitalkosten eines Unternehmens. Vgl. PEEMÖLLER/KUNOWSKI (2005), Rn. 129. Vgl. grundlegend zum CAPM SHARPE (1964); LINTNER (1965); MOSSIN (1966).

542 Die theoretische Rechtfertigung dazu wird der Studie folgend in IAS 36.BCZ85 gesehen. Hier wird von einer Ergebnisäquivalenz gesprochen, wenn Nach-Steuer-Cashflows mit Nach-Steuer-Kapitalkosten und Vor-Steuer-Cashflows mit Vor-Steuer-Kapitalkosten diskontiert werden. Vgl. KPMG (2009), S. 29 f. Vgl. auch IDW RS HFA 16, Tz. 29.

lich zwischen den Unternehmen.[543] Die Fremdkapitalkostenbestimmung erfolgt bei den Unternehmen sowohl für den Nutzungswert als auch den Nettoveräußerungswert vor allem mit Kapitalmarktdaten und nur nachrangig mit den tatsächlichen Fremdkapitalkosten eines Unternehmens.[544] Überraschend ist die Feststellung, dass etwa 36 % der Unternehmen, die einen Nutzungswert bestimmen, die Kapitalstruktur zur Bestimmung der gewichteten Kapitalkosten mit Buchwerten statt mit Marktwerten berechen.

Die Untersuchung von KPMG befasst sich, ähnlich wie die anderen Studien, mit der Operationalisierung des quantitativen Impairment-Tests. Folglich wurden auch hier keine Daten zur Umsetzung des qualitativen Wertminderungstests erhoben.

4.2.1.3 Studien zu anderen ausgewählten immateriellen Vermögenswerten

4.2.1.3.1 PETERSEN/ZWIRNER (2008)

Auch wenn der Firmenwert, wie insbesondere die zuletzt vorgestellten Studien zeigen, eine besondere Bedeutung im Rahmen der immateriellen Vermögenswerte einnimmt, zeigt die Untersuchung von WULF, dass auch andere immaterielle Vermögenswerte in den Unternehmensbilanzen von Bedeutung sind.[545] Daher sollen im Folgenden solche empirischen Erhebungen präsentiert werden, deren Fokus auf einzelnen (goodwillungleichen) immateriellen Vermögenswerten liegt. Die folgenden beiden Untersuchungen werden allerdings nur knapp besprochen, da sie zwar zeigen, dass (branchenabhängig) auch andere Vermögenswerte als der Goodwill eine große Relevanz haben. Allerdings liefern sie kaum Berührungspunkte zum qualitativen Impairment-Test.

PETERSEN/ZWIRNER befassen sich mit dem Film- und Lizenzvermögen bei Medienunternehmen.[546] Dazu untersuchen sie die Geschäftsberichte von zehn Lizenzhändlern sowie Auftrags- und Eigenproduzenten des Prime Standards für das Geschäftsjahr 2006 und das erste Halbjahr 2007. Da die IFRS keine speziellen Branchenvorschriften enthalten, wird häufig auf die konkretisierenden amerikanischen Rechnungslegungsregeln für die Bilanzierung des Filmvermögens Bezug genommen. Nach einer kurzen

543 Vgl. KPMG (2009), S. 35.

544 Vgl. zum Einsatz von DCF-Kalkülen zur Bestimmung des Nettoveräußerungswertes Abschnitt 3.4.3.1.

545 Vgl. WULF (2008), S. 135.

546 Vgl. hier und folgend PETERSEN/ZWIRNER (2008), S. 401 und S. 405.

Darstellung der Marktentwicklung wird zunächst die Bedeutung des Film- und Lizenzvermögens bei den genannten Unternehmen quantifiziert.[547] Gemessen am immateriellen Vermögen macht dieses im Schnitt ca. 74 % und gemessen am Eigenkapital im ersten Halbjahr 2007 ca. 350 % aus. PETERSEN/ZWIRNER zeigen, dass für einige Unternehmen bereits eine außerplanmäßige Abschreibung von 10 % zu einem vollständigen Verzehr des Eigenkapitals führen könnte. Die Höhe der außerplanmäßigen Abschreibung steigt, wenn die planmäßige Abschreibung relativ gering ist. Die meisten der betrachteten Unternehmen nehmen eine verwertungsbedingte Abschreibung vor, bei der die Filmrechte entsprechend ihres jährlichen Umsatzvolumens am gesamten – subjektiv geschätzten – Umsatz eines Filmrechts über die Nutzungsdauer abgeschrieben werden. 90 % nehmen eine Abschreibung vor, die das Abschreibungsvolumen im Jahr 2006 im Durchschnitt um ca. 16 % ansteigen lässt.

Zwar untersuchen PETERSEN/ZWIRNER nur eine relativ kleine Stichprobe, allerdings macht die Untersuchung die große Relevanz außerplanmäßiger Abschreibungen in der Film- und Medienbranche deutlich. Eine rechtzeitige Erkennung von Wertminderungen des Filmvermögens scheint daher für diese Branche ganz besonders geboten zu sein. Im Unterschied zu den anderen Studien werden nicht die einzelnen Offenlegungspflichten nach IAS 36 bzw. IAS 38 geprüft.

4.2.1.3.2 LEIBFRIED/PFANZELT (2004)

LEIBFRIED/PFANZELT untersuchen die Bilanzierung von Forschungs- und Entwicklungskosten nach IFRS.[548] Dazu werden die Geschäftsberichte 2002 von 50 IFRS-Bilanzierern aus DAX, MDAX und TecDAX ausgewertet und jeweils über 50 Merkmale aus Bilanz, Gewinn- und Verlustrechnung, Anhang und Lagebericht erhoben.

In einem ersten Schritt werden die Investitionen in Forschung- und Entwicklung betrachtet und festgestellt, dass insbesondere in den Branchen Automobil und Industrie sowie Chemie, Pharma und Gesundheit eine besonders hohe F&E-Intensität zu verzeichnen ist. Durchschnittlich 27 % der angefallenen Entwicklungskosten werden von den untersuchten Unternehmen gemäß IAS 38 aktiviert. Dabei wird weiter danach unterschieden, ob ein Bezug zum Hauptgeschäftsfeld des Unternehmens vorliegt oder die Entwicklungskosten für unterstützende Prozesse (häufig Software) anfallen. Für die

547 Vgl. hier und folgend PETERSEN/ZWIRNER (2008), S. 405-409.
548 Vgl. hier und folgend LEIBFRIED/PFANZELT (2004).

Branchen Automobil und Industrie sowie Chemie, Pharma und Gesundheit wird festgestellt, dass dort die Aktivierungsquote geschäftsfeldbezogener Entwicklungskosten unterdurchschnittlich ist.

Die Studie betrachtet ausschließlich die Aktivierung von Entwicklungskosten. Außerplanmäßige Abschreibungen werden nicht behandelt, so dass der Studie bspw. auch nicht zu entnehmen ist, ob Entwicklungskosten (eventuell in bestimmten Branchen) häufiger als andere immaterielle Vermögenswerte einer Wertminderung unterliegen. Lediglich ist der Studie zu entnehmen, dass alle aktivierten Entwicklungskosten planmäßig abgeschrieben werden.

4.2.2 Zusammenfassende Würdigung bisheriger empirischer Studien und Schlussfolgerungen

Die betrachteten Studien bestätigen die große Relevanz des immateriellen Vermögens und die Bedeutung außerplanmäßiger Abschreibungen in den Unternehmensbilanzen.[549] Selten werden andere immaterielle Vermögenswerte als der Goodwill wie bspw. Entwicklungsprojekte oder Filmrechte aus der Gesamtmenge des immateriellen Vermögens herausgelöst und einzeln besprochen. Ebenfalls selten werden – wie bei WULF – sämtliche Bestandteile des immateriellen Vermögens identifiziert.[550] Die Untersuchungen zum Goodwill bilden einen deutlichen Schwerpunkt der empirischen Arbeiten.[551] Bei diesen Studien steht vor allem die konkrete Ausgestaltung des quantitativen Impairment-Tests im Vordergrund, während der qualitative Impairment-Test nur am Rande besprochen wird.

Insbesondere im Rahmen der Goodwill-Studien wird deutlich, dass die Bestimmung des erzielbaren Betrages überwiegend mit Bewertungsverfahren wie der DCF-Methode erfolgt.[552] Dies ist notwendig, da nur sehr selten Marktpreise für immaterielle Vermögenswerte zur Verfügung stehen.[553] Folglich findet kaum eine marktliche Objektivierung des erzielbaren Betrages statt. Irritierend ist in diesem Zusammenhang die Feststellung von PELLENS ET AL., dass über 40 % der befragten Unternehmen angeben,

549 Vgl. hierzu und folgend die Studien von PELLENS ET AL. (2005); PETERSEN/ZWIRNER (2008) und HAGER/HITZ (2007).

550 Vgl. WULF (2008b).

551 Vgl. hierzu und folgend Abschnitt 4.2.1.2.

552 Dies wird z.B. in den Studie von KPMG (2009); PRICEWATERHOUSECOOPERS (2007); PELLENS et al. (2005) und KIRSCH/KOELEN/TINZ (2008) relativ einheitlich festgestellt.

553 Vgl. IAS 36.BCZ18.

Marktpreise seien ein überdurchschnittlich relevanter Impairment-Indikator.[554] Da der verwendete Fragebogen nicht offengelegt wird, ist allerdings nicht klar, ob die Befragten hierunter tatsächlich den Marktpreis des zu überprüfenden immateriellen Vermögenswertes verstanden haben oder die Marktpreise anderer Vermögenswerte, wie bspw. der abgesetzten (Marken-) Produkte Die Untersuchungen zeigen weiter, dass diverse Möglichkeiten für die konkrete Berechnungsmethodik des DCF-Wertes genutzt werden, so z. B. für die Bestimmung des Betafaktors oder der Marktrisikoprämie.[555] Entscheidend ist hierbei, dass die Eingangsdaten aus der Unternehmensplanung die Verlässlichkeit der Darstellung der immateriellen Vermögenswerte im Abschluss bestimmen, da die marktliche Vergleichsgröße in den meisten Fällen fehlt. Nur dann, wenn die zukünftige Entwicklung des Unternehmens richtig eingeschätzt wird und insbesondere zukünftige negative Planabweichungen verlässlich erkannt werden, kann der Bilanzwert (und die damit zusammenhängende Berichterstattung) daher eine geeignete Entscheidungsgrundlage für die Abschlussadressaten sein.

GLAUM/STREET/VOGEL stellen fest, dass keines der untersuchten Unternehmen, die am Geschäftsjahresende eine außerplanmäßige Abschreibung eines immateriellen Vermögenswertes vornehmen, berichtet, bereits unterjährig durch ein Wertminderungsanzeichen auf eine drohende außerplanmäßige Abschreibung aufmerksam gemacht worden zu sein.[556] Ansonsten hätte schon vor dem üblichen Testtermin ein unterjähriger Impairment-Test durchgeführt werden müssen.[557] Erst bei der Quantifizierung des erzielbaren Betrages mittels DCF stellen die Unternehmen zumeist fest, dass eine Wertminderung eingetreten ist.

Grundsätzlich sind drei Erklärungsalternativen dafür denkbar, dass unterjährig kein Impairment-Test ausgelöst wird, am Jahresende allerdings eine außerplanmäßige Abschreibung verbucht wird:

1. Die Wertminderung ist erst kurz vor der jährlichen Durchführung des Impairment-Tests eingetreten, so dass vorher nicht berichtet werden muss. („Nicht-Müssen“)
2. Eine Wertminderung lag unterjährig vor und wurde auch erkannt, allerdings nicht vor der Erstellung des Abschlusses (z. B. in Quartalsberichten) kommu-

554 Vgl. PELLENS/EPSTEIN/RUHWEDEL (2005), S. 7.
555 Vgl. KPMG (2009), S. 31-44.
556 Vgl. GLAUM/STREET/VOGEL (2007), S. 50 f.
557 Vgl. Abschnitt 3.4.1.

niziert, weil das Management negative Konsequenzen verhindern möchte. („Nicht-Wollen")

3. Eine Wertminderung lag zwar schon unterjährig vor, wurde aber – mit dem bisher etablierten Risikomanagement – nicht vor der Quantifizierung des erzielbaren Betrages am Jahresende bemerkt, so dass auch erst relativ spät berichtet werden kann. („Nicht-Können")

Die erste Erklärungsalternative ist unproblematisch, da kein Verstoß gegen die IFRS-Vorgaben vorliegt. Eine Verifizierung dieses Erklärungsansatzes aus der Perspektive eines externen Beobachters ist allerdings unmöglich, da hierfür ein Zugriff auf die Unternehmensplanung bestehen müsste. Geht man – mangels anderer Informationen – davon aus, dass die Zeitpunkte des Eintritts einer Wertminderung über das Geschäftsjahr gleichverteilt sind, so erscheint die erste Erklärungsalternative vielfach unplausibel. Dies legt die Vermutung nahe, dass zumindest in einigen Fällen bereits unterjährig eine Wertminderung bestanden haben könnte.

Der zweite und der dritte Erklärungsansatz gehen von einer unterjährig eingetretenen Wertminderung aus, unterscheiden sich allerdings dahingehend, ob das Unternehmen absichtlich Informationen zurückhält („Nicht-Wollen") oder aber Probleme beim qualitativen Impairment-Test bestehen, so dass die Anzeichen nicht verlässlich erkannt werden („Nicht-Können"). Der zweite Erklärungsansatz war bereits das Thema einer umfangreichen Diskussion zum Earnings Management.[558] Earnings Management liegt vor, wenn das Management sein Ermessen bei der Abschlusserstellung und Sachverhaltsausgestaltung nutzt, um Abschlüsse mit dem Ziel zu beeinflussen, Stakeholder über die Leistungsfähigkeit des Unternehmens zu täuschen oder Vertragsbestandteile zu beeinflussen, die von den Abschlusszahlen abhängen.[559] Damit fällt auch das Ausnutzen bilanzpolitischer Ermessensspielräume unter diesen Begriff.[560] Insbesondere für außerplanmäßige Abschreibungen des Goodwills – als prominentestem immateriel-

---

[558] Vgl. z. B. die Studien zu diesem Thema bei KUSTER (2007), S. 77-84 und bei VELTE (2008), S. 281-303.

[559] Vgl. HEALY/WAHLEN (1999), S. 368. Vgl. zu einer ähnlichen Definition SCHIPPER (1989), S. 92. Vgl. zu einer umfassenden Diskussion der Definition von Earnings Management z. B. KUSTER (2007), S. 77-84.

[560] Vgl. HEALY/WAHLEN (1999), S. 368.

lem Vermögenswert – besteht eine große Anzahl von Bilanzierungsspielräumen.[561] Daher verwundert es nicht, dass für diesen zahlreiche empirische Untersuchungen zum Nachweis von Earnings Management durchgeführt wurden.[562] Überraschend ist die Beobachtung, dass diese Studien zu recht unterschiedlichen Ergebnissen gelangen und einige der Untersuchungen signifikante Anzeichen für ein Earnings Management mit Hilfe von Goodwill-Impairments finden, andere indes nicht.[563] Eine potenzielle Schwäche dieser Arbeiten besteht darin, dass durch bisweilen kritische Annahmen zwischen willkürlichen und notwendigen Abschreibungen unterschieden wird.[564] Mit Verweis auf die bestehenden Untersuchungen und die diesen inhärenten Schwierigkeiten soll kein weiterer Versuch unternommen werden, ein Earnings Management mit Hilfe von Impairments nachzuweisen.

Nicht ganz trennscharf von dieser Erklärungsvariante zu trennen ist das „Nicht-Können" (Erklärungsansatz 3). PELLENS ET AL. stellen fest, dass selbst für den (besonders wichtigen) Goodwill kaum die Hälfte der Unternehmen unterjährig Wertminderungsanzeichen systematisch überwacht.[565] Werden Anzeichen für eine Wertminderung nur zufällig und nicht systematisch erkannt, ließe dies den Schluss zu, dass Wertminderungen erst recht spät verbucht werden. Eine mögliche Erklärung hierfür ist eine Nachlässigkeit des Managements (also eine Form des „Nicht-Wollens"). Eine andere Erklärung ist, dass sich die Unternehmensleitung trotz der Herausforderungen durch den (qualitativen) Impairment-Test auf das bisher etablierte Risikomanagement[566] verlässt, dieses allerdings die neuen Anforderungen im Rahmen der Überwachung immaterieller Vermögenswerte aufgrund seiner bisherigen Konstitution nicht zufriedenstellend erfüllen kann („Nicht-Können"). Bevor diese Frage in Kapitel 5 umfassend erörtert wird, soll eine neue Untersuchung durchgeführt werden, die weitere Anhaltspunkte dafür liefert, dass Impairment-Anzeichen recht spät erkannt werden. Erstmalig soll dazu insbesondere die unterjährige Berichterstattung wie auch die Beschreibung der Gründe, die zu einem Impairment geführt haben, untersucht werden, da so weitere Rückschlüsse auf die Konstitution des Risikomanagements möglich sind.

---

[561] Vgl. z. B. POTTGIEßER/VELTE/WEBER (2005), S. 1748-1752; KÜTING (2000), S. 97-106; SELLHORN (2004), S. 163-204; BAETGE/HOLLMANN (2004), S. 360; BAETGE/MARESCH/SCHULZ (2008), S. 419 f.

[562] Vgl. z.B. RIEDL (2003); BEATTY/WEBER (2006); CLARK/JORDAN (2004); KUSTER (2007); SELLHORN (2004).

[563] Vgl. zu einem Überblick über verschiedenen Studien KUSTER (2007), S. 77-84.

[564] Vgl. KUSTER (2007), S. 81.

[565] Vgl. PELLENS/EPSTEIN/RUHWEDEL (2005), S. 7.

[566] Vgl. zum Begriff Abschnitt 5.2.

4.3 Wertminderungen immaterieller Vermögenswerte im Prime Standard der Deutschen Börse

4.3.1 Zielsetzung der empirischen Untersuchung

In den Ausführungen zur Bilanzierung des immateriellen Vermögens wurde die hohe Bedeutung des qualitativen Impairment-Tests betont,[567] die sich – wie oben erläutert wurde – allerdings nicht in der empirischen Forschung niederschlägt. Dieses Defizit soll mit der folgenden Untersuchung von Geschäftsberichten behoben werden, die sich auf den qualitativen Impairment-Test beschränkt. Da der qualitative Impairment-Test keine direkte Abbildung im Abschluss findet, muss auf indirekte Beobachtungen zurückgegriffen werden. Diese (indirekten) Beobachtungen helfen, vor allem zwei – in Abschnitt 4.3.2.2.1 weiter operationalisierte – Ziele zu erreichen:

Das erste Ziel der Untersuchung besteht darin, einen Eindruck davon zu gewinnen, inwiefern die von IFRS-Bilanzierern erstellten Geschäftsberichte Anzeichen auf Probleme beim qualitativen Impairment-Test erkennen lassen. Im Unterschied zur Studie von GLAUM/STREET/VOGEL sollen dazu u. a. erstmals die unterjährig zu erstellenden Zwischenberichte daraufhin untersucht werden, ob und wie über einen immateriellen Vermögenswert berichtet wird, der am Jahresende außerplanmäßig abgeschrieben wird. Die Auswertung der Zwischenberichte ist eine zentrale Voraussetzung für die sich im nachfolgenden Kapitel anschließenden Überlegungen zu notwendigen Anpassungen im Risikomanagement. Kann beobachtet werden, dass sich in den Zwischenberichten Hinweise auf bereits unterjährig verbuchte Impairments finden oder zumindest deutlich negativ über die erwartete Wertentwicklung berichtet wird, so kann nicht auf ein Defizit bei der Identifikation von Wertminderungsanzeichen im Risikomanagement geschlossen werden.

Das zweite Ziel besteht darin, ein besseres Verständnis derjenigen Anforderungen zu erlangen, die die Durchführung des qualitativen Impairment-Tests an ein Unternehmen stellt. Dazu sollen erstmals die Gründe identifiziert werden, aus denen eine Abwertung eines immateriellen Vermögenswertes vorgenommen wird. Wie weiter unten genauer dargestellt wird, lassen die angegebenen Wertminderungsgründe auch Rückschlüsse auf die im vorherigen Absatz diskutierte Frage zu, wie rechtzeitig Wertminderungsanzeichen erkannt werden.

[567] Vgl. Abschnitte 3.4.1.

Neben den für die Erreichung dieser beiden Ziele zu erhebenden Daten sollen weitere allgemeine Informationen über die Struktur des immateriellen Vermögens gewonnen werden. Im nachfolgenden Abschnitt 4.3.2 wird erläutert, wie die Bestandsaufnahme der Berichterstattung über den qualitativen Impairment-Test durchzuführen ist. In diesem Zusammenhang wird auch die Zielsetzung der Untersuchung durch Leitfragen weiter konkretisiert. Daran anknüpfend werden die Ergebnisse der deskriptiven Auswertung zunächst dargestellt (Abschnitt 4.3.3) und anschließend diskutiert (Abschnitt 4.4).

4.3.2 Untersuchungsmethodik

4.3.2.1 Überblick über die Inhaltsanalyse

Um die genannten Untersuchungsziele zu erreichen, soll die Berichterstattung über ausgewählte Aspekte des qualitativen Impairment-Tests in Geschäftsberichten untersucht werden. Hierzu wird eine inhaltsanalytische Auswertung durchgeführt.[568]

Unter einer Inhaltsanalyse versteht man „eine empirische Methode zur systematischen, intersubjektiv nachvollziehbaren Beschreibung inhaltlicher und formaler Merkmale von Mitteilungen"[569]. Diese Merkmale werden klassifiziert, bewertet oder gezählt (z. B. für Häufigkeitsanalysen[570]).[571] Die Analyse kann sich – wie in dieser Arbeit – auf eine Beschreibung des Untersuchungsobjekts beschränken oder das Ziel verfolgen, Inferenzschlüsse zu ziehen.[572]

Die Analyse wird oft in eine Planungs-, eine Entwicklungs-, eine Test- und eine Anwendungsphase unterteilt (Abbildung 13).[573] Bevor diese Phasen vor dem Hintergrund

568 Vgl. zur breiten Verwendung der Inhaltsanalye z. B. zum Einsatz von Grafiken in Geschäftsberichten BERENS/DARIUS/SCHMITTING (1997); zur Risikoberichterstattung KAJÜTER (2004) und KAJÜTER (2007) oder zum Zusammenhang von Innovation und Unternehmenserfolg SPAHR (1999).

569 FRÜH (2007), S. 27. Vgl. zu einer Erläuterung dieser Definition FRÜH (2007), S. 27-41. Vgl. zu einem Überblick über andere Definitionsvorschläge der Inhaltsanalyse MAYRING (2008), S. 11 f.

570 Vgl. MAYRING (2008), S. 13. Vgl. zu weiteren Analysen wie Valenz- und Intensitätsanalysen sowie Kontingenzanalysen MAYRING (2008), S. 15.

571 Vgl. SCHNELL/HILL/ESSER (2008), S. 408.

572 Vgl. RÖSSLER (2005), S. 24-33.

573 Vgl. hier und folgend zur Darstellung der Phasen FRÜH (2007), S. 147-206. Vgl. zu einem weiter verfeinerten inhaltsanalytischen Ablaufmodell MAYRING (2008), S. 54 und RÖSSLER (2005), S. 35. Vgl. zur konkreten Ausgestaltung der Phasen den folgenden Abschnitt.

der durchgeführten Untersuchung ausführlich beschrieben werden, soll zunächst überblickartig der grundsätzliche Ablauf einer Inhaltsanalyse dargestellt werden.

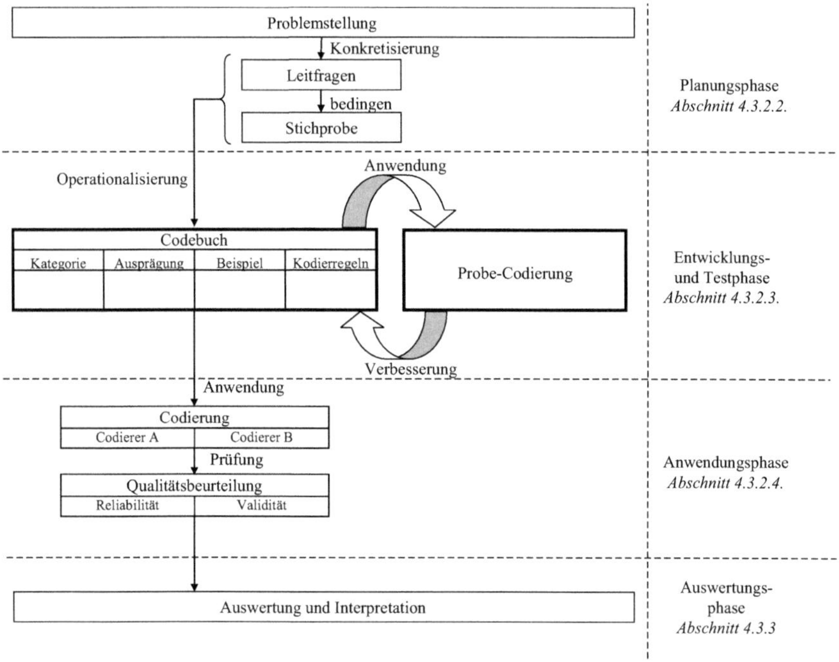

Abbildung 13: Überblick über den Ablauf einer Inhaltsanalyse
Quelle: In Anlehnung an FRÜH (2007), S. 96.

Die Inhaltsanalyse beginnt mit der Planungsphase, in der die zu untersuchende Problemstellung festzulegen und durch Hypothesen oder Leitfragen zu konkretisieren ist.[574] Außerdem muss das Untersuchungsobjekt genauer bestimmt werden. Da die Leitfragen im weiteren Verlauf der Analyse mit dem ausgewählten Untersuchungsmaterial beantwortet werden sollen, bedingen die Leitfragen auch die Auswahl der Stichprobe. Das Ziel der sich anschließenden Entwicklungs- und Testphase ist die Erstellung eines Codebuches. Dieses wird später von den Codierern genutzt, um die Leitfragen syste-

574 Vgl. hier und folgend zur Darstellung der Phasen FRÜH (2007), S. 147-206. Vgl. zu einem weiter verfeinerten inhaltsanalytischen Ablaufmodell MAYRING (2008), S. 54 und RÖSSLER (2005), S. 35.

matisch zu beantworten. Für jede einzelne Leitfrage wird hierzu zunächst festgelegt anhand welcher Variable (sogenannte Kategorie) sie gemessen wird. Dies könnte bspw. die Nutzungsdauer eines immateriellen Vermögenswertes sein. Für jede Variable sind im nächsten Schritt die möglichen Ausprägungen festzulegen. Für die Nutzungsdauer könnten dies „bestimmte Nutzungsdauer“ und „unbestimmte Nutzungsdauer“ sein. Damit alle Codierer ein einheitliches Verständnis von den Bedeutungen der einzelnen Ausprägungen haben, muss jede dieser Ausprägungen im Codebuch definiert werden. Im Beispiel zu den Nutzungsdauern könnte die Nutzungsdauer als bestimmt definiert werden, wenn ein endlicher Zeitraum für die Nutzung des Vermögenswertes vom Unternehmen genannt wird. Sind alle Ausprägungen definiert, ist es hilfreich, diese durch Beispiele zu veranschaulichen. Ein Beispiel für eine bestimmte Nutzungsdauer wäre z. B. die Formulierung „die Lizenz wird fünf Jahre genutzt“. In einigen Fällen kann es sinnvoll sein, weitere Vorgaben für die Codierung zu machen. Diese Vorgaben werden dann als sogenannte Codierregeln in das Codebuch aufgenommen. Eine mögliche Codierregel für das Nutzungsdauerbeispiel wäre der Hinweis, dass ein Goodwill per definitionem eine unbestimmte Nutzungsdauer hat. Nachdem für jede Kategorie alle Ausprägungen genannt, definiert, durch Beispiele illustriert und gegebenenfalls durch Codierregeln präzisiert sind, erfolgt eine Test-Codierung ausgewählter Untersuchungsmaterialien, um das Codebuch weiter zu verbessern und Unklarheiten zu beseitigen.

Anschließend ist die eigentliche Datenerhebung, d. h. die Codierung der Stichprobe, durchzuführen. Codierung beschreibt den Vorgang der Zuordnung der einzelnen Daten zu den unterschiedlichen Ausprägungen der untersuchten Kategorien. Bevor die erhobenen Daten ausgewertet werden können, ist abschließend noch die Güte der Inhaltsanalyse argumentativ und durch entsprechende Kennzahlen zu belegen. In den folgenden Abschnitten wird die durchzuführende Untersuchung anhand der einzelnen Phasen genauer beschrieben.

4.3.2.2 Planungsphase

4.3.2.2.1 Leitfragen

Zu Beginn der Planungsphase muss das Forschungsinteresse bzw. die in Abschnitt 4.3.1 umrissene Zielsetzung weiter konkretisiert werden.[575] Dazu sollen im Folgenden

---

[575] Vgl. KRIPPENDORFF (2004), S. 31 f.

Forschungsfragen hergeleitet und formuliert werden, die die Berichterstattung über den qualitativen Impairment-Test betreffen. Die Kategorienbildung für die einzelnen Fragen wird anschließend in Abschnitt 4.3.2.3 besprochen.

Zunächst soll der Anwendungsbereich des qualitativen Impairment-Tests konkretisiert werden, d. h., es soll untersucht werden, welche immateriellen Vermögenswerte (z. B. Firmenwerte, Patente, Marken) aufgrund der Häufigkeit ihres Auftretens in der Praxis die Hauptanwendungsfälle für den (qualitativen) Impairment-Test darstellen.[576] Auch wenn die Studie von WULF ein anderes Ziel verfolgt, ist sie dieser Untersuchung in der Hinsicht ähnlich, dass ein Überblick über die Vielfalt aktivierter immaterieller Vermögenswerte gewonnen wird.[577]

Bereits in Abschnitt 3.4.1 wurde der Zusammenhang zwischen Nutzungsdauer, Impairment-Test und der Entscheidungsnützlichkeit der Bilanzwerte erläutert.[578] Dabei wurde beschrieben, dass immaterielle Vermögenswerte mit unbestimmter Nutzungsdauer ausschließlich außerplanmäßig abgeschrieben werden und somit die Verlässlichkeit des Bilanzwertes besonders stark von der Qualität des Impairment-Tests abhängt. In dieser Arbeit wird die Ansicht vertreten, dass die Qualität des Impairment-Tests insbesondere von der Verlässlichkeit des meist mit DCF-Kalkülen ermittelten erzielbaren Betrages bedingt wird. Die für den qualitativen Impairment-Test notwendige Fähigkeit eines Unternehmens, Entwicklungen früh zu erkennen, hat wiederum einen bedeutenden Einfluss auf die Eingangsparameter des Bewertungskalküls. Dieser Zusammenhang bedarf einer ausführlicheren Erläuterung.

Betrachtet man den qualitativen Impairment-Test abstrakt, so verlangt er vom Unternehmen einen Vergleich anzustellen. Komparationsbasis ist die vom Unternehmen in der Vergangenheit angestellte Planung. Komparandum ist die (geänderte) Realität. Beim quantitativen Impairment-Test ist dieser festgestellte Unterschied dann gegebenenfalls zu beziffern. Mithin setzt das Quantifizieren ein Erkennen voraus. Diese letzte Feststellung hat eine doppelte Bedeutung. Zum einen verweist sie abstrakt darauf, dass nur eine erkannte Veränderung auch quantifiziert werden kann. Zum anderen meint sie auch die konkrete Bestimmung von IAS 36, dass – abgesehen von der verpflichtenden jährlichen Durchführung des quantitativen Impairment-Tests bei qualifizierten immateriellen Vermögenswerten – der qualitative Impairment Test den quantitativen aus-

---

576 Vgl. zum Anwendungsbereich des Impairment-Tests grundlegend Abschnitt 3.4.1.

577 Vgl. WULF (2008), S. 135.

578 Vgl. hier und folgend Abschnitt 3.4.1.

löst.[579] Es ist unmittelbar einleuchtend, dass ein Unternehmen, welches z. B. wesentliche Änderungen der Marktentwicklung nicht rechtzeitig erkennt, im Rahmen des qualitativen Impairment-Tests unter Umständen keine Wertminderungsanzeichen identifiziert und anschließend auch von falschen Annahmen beim quantitativen Impairment-Test ausgeht.[580]

Da, wie erläutert, die Konsequenzen einer unzureichenden Fähigkeit, zukünftige Entwicklungen abzuschätzen, in besonderer Weise Vermögenswerte mit unbestimmter Nutzungsdauer treffen, sollen die erfassten Vermögenswerte dahingehend differenziert werden, ob ihre Nutzungsdauer bestimmt oder unbestimmt ist. Außerdem soll die Höhe des Restbuchwertes am Geschäftsjahresende festgehalten werden, um darauf aufbauend die Bedeutung des Vermögenswertes zu messen. Zusammenfassend ergeben sich somit die folgenden drei Forschungsfragen:

1. Welcher Natur sind die von deutschen Unternehmen bilanzierten immateriellen Vermögenswerte?
2. Ist die Nutzungsdauer dieser Vermögenswerte bestimmt oder unbestimmt?
3. Wie hoch ist der Restbuchwert am Jahresende in Relation zum gesamten immateriellen Vermögen?

Im Folgenden gilt es, Fragen hinsichtlich des zweiten Frageblocks zu formulieren. Dieser dient in erster Line der Erreichung des zweiten Forschungsziels (Konkretisierung der Anforderungen an die Überwachung der Werthaltigkeit der Vermögenswerte).[581] IAS 36.130 (a) verlangt, dass für wesentliche außerplanmäßige Abschreibungen die Gründe, die zu der Wertminderung geführt haben, offenzulegen sind.[582] Die Aufgabe des qualitativen Impairment-Tests ist es, Wertminderungsanzeichen rechtzeitig zu erkennen. Daher soll die Bedeutung der einzelnen in IAS 36.12 genannten Indikatoren durch eine Zuordnung der berichteten Wertminderungsursachen zu den externen und internen Indikatoren überprüft werden.[583] Dies geschieht auch mit der Zielsetzung, die Anforderungen an die Durchführung des qualitativen Impairment-Tests (z. B. Berücksichtigung der besonderen Bedeutung eines bestimmten Indikators) zu konkreti-

579 Vgl. hierzu ebenfalls Abschnitt 3.4.1.
580 Vgl. zum Zusammenhang von Marktentwicklung und Barwertkalkül KÜMMEL (2002), S. 171.
581 Vgl. zu den Forschungszielen Abschnitt 4.3.1.
582 Vgl. auch Abschnitt 3.4.4.
583 Vgl. zur Besprechung der Wertminderungsanzeichen aus IAS 36.12 Abschnitt 3.4.2.1.

sieren. Um zu prüfen, wie vorausschauend Wertminderungsanzeichen erkannt werden, sollen die Begründungen der Wertminderungen daraufhin überprüft werden, ob eine außerplanmäßige Abschreibung in der Erwartung einer noch bevorstehenden negativen Entwicklung oder als Reaktion auf eine bereits zum Zeitpunkt der Abschlusserstellung eingetretene und für die Zukunft andauernde Entwicklung verbucht wird. Hieraus resultieren die folgenden Forschungsfragen:

4. Werden im Geschäftsbericht genannte immaterielle Vermögenswerte außerplanmäßig abgeschrieben?
5. Wie wird die Wertminderung vom Unternehmen begründet?
6. Welchen Zeitbezug hat die Wertminderungsursache?

Der sich unten anschließende dritte Fragenblock zielt auf das erste Forschungsinteresse (Anzeichen für Probleme beim unterjährigen qualitativen Impairment-Test).[584] GLAUM/STREET/VOGEL stellen in ihrer Studie zu Goodwill-Impairments fest, dass in der untersuchten Stichprobe kein Unternehmen berichtet, bereits vor der obligatorischen Durchführung des Impairment-Tests Wertminderungsanzeichen erkannt zu haben.[585] Um zu überprüfen, ob tatsächlich unterjährig keine Wertminderungen verzeichnet werden und um ggf. mögliche Gründe hierfür zu identifizieren, soll die Berichterstattung im Zwischenbericht inhaltsanalytisch untersucht werden.[586] Zunächst ist zu prüfen, ob immaterielle Vermögenswerte, die zum Geschäftsjahresende außerplanmäßig abgeschrieben werden, im Zwischenbericht genannt werden. Für die im Zwischenbericht genannten ist anschließend zu überprüfen, ob und ggf. in welcher Höhe ein Impairment berichtet wird. Unabhängig davon soll die qualitative und quantitative Berichterstattung über diese immateriellen Vermögenswerte daraufhin überprüft werden, ob die Werthaltigkeit dieser Vermögenswerte positiv, neutral oder negativ beschrieben wird. Mit der Analyse der Zwischenberichterstattung kann die Beobachtung von GLAUM/STREET/VOGEL, dass unterjährig keine außerplanmäßigen Abschreibungen aufgrund des Vorliegens eines Wertminderungsindikators vorgenommen werden,[587] somit validiert werden. Ist festzustellen, dass unterjährig bereits negativ

[584] Vgl. zu den Forschungszielen Abschnitt 4.3.1.
[585] Vgl. GLAUM/STREET/VOGEL (2007), S. 50 f.
[586] Die Untersuchung wurde auf den letzten vor dem Bilanzstichtag erstellten Zwischenabschluss beschränkt. Dieses Vorgehen lässt sich damit begründen, dass alle wesentlichen Impairments seit Geschäftsjahresbeginn zu erläutern sind. Vgl. HEBESTREIT (2006), Rn. 23.
[587] Vgl. GLAUM/STREET/VOGEL (2007), S. 50 f.

über einen zum Jahresende wertberichtigten immateriellen Vermögenswert berichtet wird, aber keine Wertminderung verbucht wird, so kann dies ein Indiz dafür sein, dass Wertminderungsanzeichen unterjährig erkannt werden. Allerdings ist dann fraglich, warum der quantitative Impairment-Test nicht angestoßen wurde oder keinen Wertminderungsbedarf ergab, obwohl im Zwischenbericht von einer negativen Entwicklung berichtet wurde. Eine positive Berichterstattung im Zwischenbericht könnte wiederum ein Anzeichen dafür sein, dass Impairment-Indikatoren nicht erkannt wurden. Die Forschungsfragen 7 bis 10 lauten daher:

7. Wird der wertberichtigte Vermögenswert in einem vorangehenden Zwischenbericht genannt?
8. Wird in einem Zwischenbericht schon von einer Wertminderung berichtet?
9. Wird die Höhe der Wertminderung offengelegt?
10. Ist die Berichterstattung im Zwischenbericht positiv, neutral oder negativ?

4.3.2.2.2 Stichprobe

Im Rahmen der Planungsphase ist weiterhin zu klären, anhand welcher Stichprobe die Leitfragen beantwortet werden sollen.[588] Bei der Auswahl der zu analysierenden Unternehmen sind dabei einige Nebenbedingungen zu berücksichtigen. In Frage kommen aufgrund der Ausrichtung der Arbeit auf die internationalen Rechnungslegungsstandards ausschließlich nach IFRS erstellte Abschlüsse.[589] Da eine Bilanzierung nach IFRS erst für nach dem 31.12.2004 beginnende Geschäftsjahre verbindlich ist, wird die Untersuchung zeitlich auf nach diesem Stichtag beginnende Geschäftsjahre eingeschränkt und die Berichterstattung in den Geschäftsjahren 2005 und 2006 betrachtet.[590] Zum Zeitpunkt der Durchführung der Untersuchung lagen kaum Geschäftsberichte des Geschäftsjahres 2007 vor, so dass eine Ausweitung der Studie auf einen größeren Zeitraum nicht möglich war. Im Folgenden wird ein Geschäftsbericht dem Geschäftsjahr

[588] Vgl. FRÜH (2007), S. 149-153.

[589] Die IFRS-Vorschriften zur Bilanzierung des immateriellen Vermögens ähneln grundsätzlich den US-GAAP-Regelungen, allerdings gewährleistet die Beschränkungen auf IFRS-Bilanzierer die Einheitlichkeit der Untersuchung. Vgl. ESSER/HACKENBERGER (2004).

[590] Vgl. Artikel 4 der Verordnung (EG) Nr. 1606/2002 vom 19.07.2002 zur verbindlichen Anwendung der IFRS.

2005 (2006) zugeordnet, wenn der erste Tag des Geschäftsjahres im Kalenderjahr 2005 (2006) liegt.[591]

Da untersucht werden soll, wann Unternehmen darüber berichten, einen Abwertungsbedarf erkannt zu haben, ist eine Beschränkung der Untersuchung auf die jährlichen Geschäftsberichte nicht möglich. Daher können nur solche Unternehmen Teil der Untersuchungsgruppe sein, die regelmäßig einen Zwischenbericht erstellen. Den strengsten Anforderungen an die Zwischenberichterstattung unterliegen in Deutschland die Unternehmen des Prime Standards der Deutschen Börse, die zu einer quartalsweisen Berichterstattung verpflichtet sind.[592]

Die Verwendung von Quartalsberichten genießt im Vergleich zu Halbjahresberichten für diese Untersuchung den Vorteil, dass mit dem dritten Quartalsbericht ein Zwischenbericht mit geringerem zeitlichen Abstand zum Bilanzstichtag vorliegt. Geht man erneut von der bereits oben angesprochenen Annahme aus, dass die Zeitpunkte, zu denen eine Wertminderung eintritt, über die vier Quartale gleich verteilt sind, dann müssten bis zum Ende des dritten Quartals bereits etwa 75 % der Wertminderungen eingetreten sein.[593]

Zu Beginn des Jahres 2005 gehörten 349 Unternehmen dem Prime Standard an.[594] Dies ist auch die Ausgangsgröße für die Festlegung der Stichprobe.[595] Unter diesen Unternehmen sind allerdings 39 Unternehmen, deren Sitz nicht in Deutschland ist.[596] Da in Kapitel 5 vor dem Hintergrund der regulatorischen Vorgaben für deutsche Unternehmen argumentiert werden soll, werden diese 39 Unternehmen aus der Stichprobe ausgeschlossen, so dass 310 Unternehmen verbleiben. Von diesen sind weitere zehn Unternehmen zu eliminieren, die keinen Abschluss nach IFRS erstellen.[597] Um in den beiden Geschäftsjahren 2005 und 2006 eine identische Zusammensetzung der Unter-

---

591 Die Dauer des Geschäftsjahres regelt IAS 1.49.

592 Vgl. BUSSE VON COLBE et al. (2006), S. 663 f.

593 Zum Ende des ersten Halbjahres wären dies annahmegemäß nur 50 % der Wertminderungen.

594 Die Daten wurden auf Anfrage von der Deutschen Börse zur Verfügung gestellt und beziehen sich auf den ersten Handelstag im Jahr 2005.

595 Es wurden die Unternehmen ausgewählt, die zu Jahresbeginn im Prime Standard notierten, da Unternehmen, die erst im Verlauf des Geschäftsjahres in den Prime Standard aufgenommen wurden, vorher nicht aufgrund der Vorschriften des Prime Standards zur Erstellung von Quartalsberichten verpflichtet waren.

596 Die Unternehmen stammen aus den Ländern Österreich (acht Unternehmen), Schweiz (fünf Unternehmen), Frankreich (ein Unternehmen), Großbritannien (ein Unternehmen) Irland (ein Unternehmen), Israel (acht Unternehmen), Luxemburg (ein Unternehmen), den Niederlanden (acht Unternehmen) und den USA (sechs Unternehmen).

597 Vgl. Artikel 9 der Verordnung (EG) Nr. 1606/2002 vom 19.07.2002.

suchungsgruppe zu realisieren, werden weitere 33 Unternehmen nicht in die Stichprobe aufgenommen.[598] Weitere acht Unternehmen werden aus anderen Gründen ausgeschlossen,[599] so dass die endgültige Untersuchungsgruppe 259 Unternehmen im Jahr 2005 und ebenfalls im Jahr 2006 umfasst.[600]

Die Deutsche Börse teilt Unternehmen allgemein in neun Super-Sektoren, 18 Sektoren bzw. Branchen und 63 Subsektoren bzw. Industriegruppen ein.[601] Tabelle 2 zeigt die Zusammensetzung der Untersuchungsgruppe.

Super-Sektor	Anzahl	%	Sektor/Branche	Anzahl	%
Basic Materials	11	4%	Energie & Rohstoffe	4	2%
			Chemie	7	3%
Consumer Goods	24	9%	Automobilbranche	8	3%
			Konsumgüter	15	6%
			Nahrungsmittel	1	0%
Consumer Services	31	12%	Handel	16	6%
			Medien	15	6%
Finance, Insurance, Real Estate	26	10%	Banken	6	2%
			Finanzdienstleistungen	16	6%
			Versicherungen	4	2%
Industrials	68	26%	Bauindustrie	4	2%
			Industrie	57	22%
			Transport & Logistik	7	3%
Information Technology	64	25%	Software	46	18%
			Technologie	18	7%
Pharma & Healthcare	27	10%	Pharma & Gesundheit	27	10%
Telecommunication	6	2%	Telekommunikation	6	2%
Utilities	2	1%	Versorger	2	1%
Gesamt	**259**	**100%**	**Gesamt**	**259**	**100%**

Tabelle 2: Branchenbetrachtung der Untersuchungsgruppe

Quelle: In Anlehnung an die Einteilung bei DEUTSCHE BÖRSE (2009), S. 43-45.

598 Diese Unternehmen waren zum Bilanzstichtag 2006 aus unterschiedlichen Gründen (z.B. Insolvenz, andere Notierung, Übernahme) nicht mehr im Prime Standard notiert.

599 Diese Gründe sind bspw., dass die Geschäftsberichte nicht online verfügbar sind, kein Konzernabschluss aufgestellt wurde, das Unternehmen zum Jahresende insolvent war oder eine Fusion stattgefunden hat.

600 Anhang 1 enthält eine Liste aller in der Stichprobe enthaltenen Unternehmen.

601 Vgl. DEUTSCHE BÖRSE (2009), S. 43-45; DEUTSCHE BÖRSE (o. J.). Die Zuordnung eines Unternehmens zu einer Industriegruppe richtet sich nach dem Umsatzschwerpunkt. Mehrere artähnliche Industriegruppen werden zu Sektoren, und mehrere artähnliche Sektoren zu Super-Sektoren zusammengefasst.

Alle 9 Super-Sektoren sind – wenn auch mit unterschiedlicher Gewichtung – im Sample vorhanden. Einder der größten Super-Sektoren ist beispielsweise „Information Technology“ mit 64 Unternehmen, der 25 % der Unternehmen der Stichprobe ausmacht. Dieser Super-Sektor besteht wiederum aus den Sektoren „Software“ und „Technologie“, die 46 Unternehmen (18 % der Stichprobe) bzw. 18 Unternehmen (7 %) umfassen. Die einzelnen Sektoren bestehen grundsätzlich aus zwei bis sieben Subsektoren/Industriegruppen. Beispielsweise besteht der Sektor „Software“ aus den Industriegruppen „Internet“, „IT-Dienstleistungen“ und „Software“.[602]

4.3.2.3 Entwicklungs- und Testphase

Das Ziel der Entwicklungs- und Testphase ist die Erstellung eines Codebuches, mit dessen Hilfe die Geschäftsberichtsinformationen später codiert werden können.[603] Um die Eignung des Codebuches sicherzustellen bzw. zu verbessern, erfolgt eine Test-Codierung von ca. 10 % der untersuchten Stichprobe.[604] Das finale Codebuch enthält für jede aus einer Leitfrage gewonnene Variable bzw. Kategorie die möglichen Ausprägungen, Definitionen für diese, illustrierende Ankerbeispiele und ggf. noch weitere Codierungsregeln.[605] Anhang 3 zeigt das Codebuch, das dieser Untersuchung zugrunde liegt.[606]

Für die Kategorien gilt, dass diese möglichst vollständig und disjunkt sein müssen, sowie nur relevante Informationen erfassen dürfen.[607] Vollständigkeit ist gegeben, wenn die Kategorien jeweils zur Beantwortung der entsprechenden Leitfrage ausreichend sind. Überschneidungen zwischen den Kategorien selbst sollten nicht bestehen. Schließlich sollten auch solche Daten, die keinen Bezug zu den Leitfragen haben, nicht erfasst werden. Die Kategorienbildung hat – soweit möglich – nicht nur theoretisch fundiert zu erfolgen, sondern sollte auch empirische Erkenntnisse integrieren.[608]

Für die Kategorisierung der immateriellen Vermögenswerte wird auf die Ausführungen in Abschnitt 2.3 zurückgegriffen. Ein Blick in die Geschäftsberichte zeigt, dass die

602 Anhang 2 enthält eine Beschreibung aller Industriegruppen und zeigt, wie sich das Sample auf die Industriegruppen verteilt.

603 Vgl. hierzu auch die einleitenden Erläuterungen in Abschnitt 4.3.2.1.

604 Vgl. FRÜH (2007), S. 153-164.

605 Vgl. MAYRING (2008), S. 98.

606 Der Aufbau des Codebuches folgt dem Schema bei MAYRING (2008), S. 98.

607 Vgl. hier und folgend RÖSSLER (2005), S. 93.

608 Vgl. FRÜH (2007), S. 156.

Informationen zu den tatsächlich vorhandenen Vermögenswerten an verschiedenen Stellen im Anhang genannt bzw. dort unterschiedlich detailliert aufgegriffen werden. Die Linde AG unterscheidet in ihrer Konzernbilanz 2006 bspw. das immaterielle Vermögen in „Geschäfts- und Firmenwerte“ und „übrige immaterielle Vermögenswerte“.[609] Im Konzernanhang werden im Rahmen der Erläuterungen zu den immateriellen Vermögenswerten „Aktivierte Entwicklungskosten“ von der Gruppe „übrige immaterielle Vermögenswerte“ abgespalten und separat von dieser und dem Goodwill ausgewiesen.[610] Weiter wird im Anhang darauf verwiesen, dass bei einem Unternehmenszusammenschluss auch Kundenbeziehungen, Markennamen, Technologien und weitere immaterielle Vermögenswerte übernommen wurden.[611] Für die Inhaltsanalyse bedeutet der Anspruch einer detaillierten Erfassung der immateriellen Vermögenswerte, dass neben den Informationen in der Bilanz insbesondere die Erläuterungen im Anhang zu immateriellen Vermögenswerten und zu Unternehmenszusammenschlüssen zu untersuchen sind.[612]

Um die Vermögenswerte zu kategorisieren, kommen insbesondere die beiden in Abschnitt 2.3 vorgestellten Kategorisierungsmodelle nach IFRS 3 und Handelsrecht in Frage. Die Studie von WULF belegt, dass die handelsrechtliche Unterteilung des immateriellen Vermögens bei IFRS-Anwendern weiterhin von großer Bedeutung ist.[613] Folglich sollten die Ausprägungen des handelsrechtlichen Gliederungsschemas berücksichtigt werden, um die Vermögenswerte in der Stichprobe zu erfassen. Daneben belegt die Studie auch, dass die viel detailliertere Einteilung der Vermögenswerte nach dem in Abschnitt 2.3.2.1 (IFRS 3.IE 16-44) vorgestellten Schema nützlich sein kann, wenn einige immaterielle Vermögenswerte wie z. B. Entwicklungskosten ergänzt werden.[614] Um die Vermögenswerte in der Stichprobe vollständig zu erfassen, wird das Schema im Rahmen einer stichprobenhaften Analyse der Geschäftsberichte daher weiter ergänzt. Schließlich wird jeder der in IFRS 3.IE 16-44 genannten Gruppen (marketingbezogene, kundenbezogene, kunstbezogene, vertragsbezogene, technologiebezo-

---

[609] Vgl. Linde AG Geschäftsbericht (2006), S. 84.

[610] Vgl. Linde AG Geschäftsbericht (2006), S. 120.

[611] Vgl. Linde AG Geschäftsbericht (2006), S. 95.

[612] Zu den Anhanginformationen zu immateriellen Vermögenswerten zählt auch der Anlagespiegel. Dazu wurde der gesamte Geschäftsbericht nach Begriffen wie Firmenwert, Goodwill, immateriell, Unternehmenszusammenschluss, IAS 38, IFRS 3 und weiteren durchsucht.

[613] Vgl. WULF (2008), S. 131.

[614] Vgl. dazu die Ausführungen bei WULF (2008), S. 123-139.

gene immaterielle Vermögenswerte) zusätzlich um die Ausprägung „Sonstige“ erweitert.[615]

Abbildung 14 zeigt einen Ausschnitt aus dem Konzern-Anlagespiegel der curasan AG und macht deutlich, dass es zu Überlagerungen der beiden Kategorisierungsmodelle kommen kann. Die curasan AG ergänzt die Gliederung des immateriellen Anlagevermögens nach § 266 Abs. 2 HGB um den Posten Software (IFRS 3. IE 40).

I. Immaterielle Vermögensgegenstände	Anschaffungs-/Herstellkosten	
	Vortrag 01.01.2005	Zugang/Zuschreibung
1. Konzessionen und gewerbliche Schutzrechte und ähnliche Rechte und Werte sowie Lizenzen an solchen Rechten und Werten		
2. Software		
3. Firmenwert		
4. Geleistete Anzahlungen		

Abbildung 14: Immaterielle Vermögenswerte im Anlagespiegel der curasan AG 2005[616]
Quelle: Geschäftsbericht curasan AG (2005), S. 36.

Offensichtlich kommt es zu einer Vermischung des handelsrechtlichen Gliederungsschemas mit dem in IFRS 3 genannten. So wird in der handelsrechtlichen Bilanz Software üblicherweise unter den „ähnlichen Rechten“ ausgewiesen.[617] Für die inhaltsanalytische Auswertung wäre es wenig sinnvoll, die aktivierte Software unter der handelsrechtlichen Position „ähnliche Rechte“ zu erfassen, da so Informationen verloren gingen. Werden andererseits die „Konzessionen und gewerbliche Schutzrechte und ähnliche Rechte und Werte sowie Lizenzen an solchen Rechten und Werten“ sowie auch „Software“ als einzelne Ausprägungen der Kategorie „Immaterielle Vermögenswerte“ in der Inhaltsanalyse erfasst, so sind diese nicht mehr überschneidungsfrei. Daher muss eine Codierregel ergänzt werden, die besagt, dass eine Zuordnung eines Vermögenswertes zu einer spezifischen Ausprägung (z. B. „Software“) der Zuordnung zu einer unspezifischeren („ähnliche Rechte“) vorzuziehen ist.

615 Vgl. zu einem ähnlichen Vorgehen GÜNTHER/OTT (2008), S. 922-924.

616 Die Bezeichnung „Herstellkosten“ statt „Herstellungskosten“ wurde aus dem Geschäftsbericht übernommen. Auch die Bezeichnung „immaterielle Vermögensgegenstände“ statt des hier verwendeten Begriffs „immaterielle Vermögenswerte“ wurde übernommen.

617 Vgl. ADLER/DÜRING/SCHMALTZ (1997), § 266, Rn 28.

Abbildung 15 enthält als Aggregation aus handelsrechtlichem Gliederungsschema und dem Katalog aus IFRS 3 die Ausprägungen der Variable „Art des Vermögenswertes", wie sie im Codebuch enthalten sind.

Kategorie	Beispiele
Marketingbezogene immaterielle Vermögenswerte	Marken, Internet-Domains, Trade-Dress, Zeitschriften-/ Zeitungstitel, Vermarktungsrechte, Wettbewerbsverbote, sonstige marketing-bezogene immaterielle Vermögenswerte.
Kundenbezogene immaterielle Vermögenswerte	Kundenlisten, Auftragsbestände, Kundenverträge und vertragliche Kundenbeziehungen, nicht-vertragliche Kundenbeziehungen, sonstige kundenbezogene immaterielle Vermögenswerte.
Kunstbezogene immaterielle Vermögenswerte	Bühnenaufführungen, Literaturrechte, Musikrechte, Bilder und Fotos, (audio-)visuelles Material, sonstige kunstbezogene immaterielle Vermögenswerte.
Vertragsbezogene immaterielle Vermögenswerte	Lizenzen, Emissionsrechte, Leasingverträge, Baugenehmigungen, Franchisevereinbarungen, Betriebs- und Sendeerlaubnisse, vorteilhafte Anstellungsverträge, sonstige Verträge.
Technologiebezogene immaterielle Vermögenswerte	Patente, Computer-Software, Software-Entwicklungskosten, unpatentierte Technologie/Geschäftsgeheimnisse, Datenbanken, sonstige technologiebezogene immaterielle Vermögenswerte.
Weitere immaterielle Vermögenswerte	Forschungs- und Entwicklungskosten, gewerbliche Schutzrechte, Konzessionen, Goodwill, sonstige immaterielle Vermögenswerte.

Abbildung 15: Mögliche Ausprägungen der Kategorie „Art des immateriellen Vermögenswerts" im Codebuch

Quelle: In Anlehnung an IFRS3.IE 16-44.

Die zweite Leitfrage bezieht sich auf die Nutzungsdauer des immateriellen Vermögens. Aus IAS 38.88 folgt zunächst die Notwendigkeit der Unterscheidung in unbestimmte und bestimmte Nutzungsdauer. Um alle denkbaren Fälle abzudecken, sollen außerdem die Ausprägung „keine Angaben zur Nutzungsdauer" sowie die Ausprägung „gemischt" für solche Fälle, in denen nur von einer Gruppe von immateriellen Vermögenswerten berichtet wird, die teilweise eine bestimmte und teilweise eine unbestimmte Nutzungsdauer haben, allerdings nicht zu erkennen ist, welche Vermögenswerte welche Nutzungsdauer haben, ergänzt werden. Es wird darauf verzichtet, für immaterielle Vermögenswerte mit bestimmter Nutzungsdauer die Dauer der beabsichtigen Nutzung in Jahren zu erfassen, da für diese meist eine recht große Bandbreite, nicht aber die mittlere Nutzungsdauer angegeben wird. Abbildung 16 verdeutlicht dieses Problem beispielhaft am Konzernabschluss der Merck KGaA:

„Die Nutzungsdauer beträgt für Konzessionen, Schutzrechte, Lizenzen, Patente, Markennamen, Warenzeichen und Software mit bestimmbarer Nutzungsdauer zwischen 3 und 15 Jahren.“

Abbildung 16: Angabe zur Nutzungsdauer im Konzernabschluss 2006 der Merck KGaA
Quelle: Merck KGaA Geschäftsbericht (2006), S. 96.

Die dritte Forschungsfrage dient dem Zweck festzuhalten, ob eine außerplanmäßige Abschreibung im immateriellen Vermögen vorgenommen wurde und aus dem Geschäftsbericht erkennbar ist. Daher wird zwischen den Ausprägungen „außerplanmäßige Abschreibung wird berichtet“ und „außerplanmäßige Abschreibung wird nicht berichtet“ unterschieden.

Die Ausprägungen der nächsten Leitfrage (Wie wird die Wertminderung begründet?) wurden bislang empirisch nicht untersucht. Um eine Systematisierung vorzunehmen, soll daher auf die Einteilung von Wertminderungsanzeichen in IAS 36.12 zurückgegriffen werden. Diese wurden bereits in Abschnitt 3.4.2.1 ausführlich vorgestellt. Die Einteilung von Abwertungsgründen in verschiedene Klassen geht mit einem Informationsverlust einher, ermöglicht aber eine systematische Betrachtung aller untersuchten Fälle. Weiterhin ist kritisch anzumerken, dass per se keine Identität zwischen einem Wertminderungsanzeichen und einem Abwertungsgrund bestehen muss. Es ist möglich, dass eine Wertminderung aus einem anderen Grund erfasst werden muss, als der den Test auslösende Indikator impliziert. Wird im Folgenden der Indikator-Katalog aus IAS 36.12 verwendet, um Abwertungsgründe zu erfassen, so bedeutet dies nicht die Gleichsetzung von Indikator und Ursache. Es kann allerdings argumentiert werden, dass in einer Idealsituation das Unternehmen ausschließlich denjenigen Indikator erkennen muss, der für eine Wertminderung verantwortlich ist. Vor diesem Hintergrund erscheint es plausibel, dass die Gründe, aus denen tatsächlich eine Abwertung erfolgt, auch im Indikatorkatalog enthalten sein müssten.

Die folgende Auflistung zeigt, wie die genannten Indikatoren zerlegt werden und welche Ausprägungen für die Inhaltsanalyse genutzt werden:

- überraschender Marktpreisverfall
- negative technische Entwicklungen
- negative marktbezogene Entwicklungen
- negative ökonomische Entwicklungen
- negative gesetzliche Entwicklungen

- Zinssatzänderung
- positive Buchwert-Marktwert-Differenz
- Überalterung/physischer Schaden
- Nutzungsänderung
- Hinweise des internen Berichtswesens
- Sonstiges
- keine Angabe

Die Ausprägungen „Sonstiges" und „keine Angabe" wurden ergänzt, um alle denkbaren Fälle zuordnen zu können. Das Codebuch enthält eine Definition und Ankerbeispiele aller möglichen Ausprägungen, die sich an den Erläuterungen in Abschnitt 3.4.2.1 und einer stichprobenartigen Codierung der Berichte orientieren. Da in wenigen Fällen zwei Wertminderungsgründe angegeben werden, werden bis zu zwei Abwertungsursachen für jedes Impairment erfasst. Dies ist zum Beispiel bei der Wavelight AG der Fall, die im Geschäftsjahr 2005 Vertriebsrechte außerplanmäßig wertberichtigt hat. Abbildung 17 zeigt den zugehörigen Auszug aus dem Konzernabschluss.

> „Um im neuen Geschäftsjahr 2006/2007 wieder profitabel arbeiten zu können, wurden bereits im Laufe der letzten Monate wirksame Gegenmaßnahmen eingeleitet. So haben wir unsere Vertriebs-, Service- und Marketing-Strategie für den USA-Markt den dortigen, sich rasch verändernden Marktgegebenheiten angepasst. (…) Im Hinblick auf die zurückliegende Reorganisation und die externen Markterfordernisse bezüglich der US-Aktivitäten wurden die Vertriebsrechte für den US-amerikanischen Markt in voller Höhe (T€ 814) außerplanmäßig abgeschrieben."

Abbildung 17: Auszug aus dem Konzernabschluss 2005 der Wavelight AG

Quelle: Wavelight AG Geschäftsbericht (2005), S. 7 und 103.

Das Beispiel verdeutlicht, dass in einigen Fällen mehr als eine Begründung für ein Impairment genannt wird. Im Fall der Wavelight AG werden daher zum einen die Reorganisation, die unter dem Stichwort Nutzungsänderung subsumiert wird, und marktliche Veränderungen als Abwertungsgründe codiert. Fraglich ist, ob die marktliche Veränderungen nicht auch Auslöser der Reorganisation ist und somit letztlich auch ein externer Indikator. Da diese Frage aufgrund der Geschäftsberichte kaum beantwortbar ist, soll an der Einteilung gemäß IAS 36. 12 festgehalten werden, die Reorganisationen als Unterfall der Nutzungsänderung und somit als internes Wertminderungsanzeichen interpretiert.

Die nächste Forschungsfrage untersucht den Zeitbezug der angeführten Wertminderungsursache. Dabei wird danach unterschieden, ob bei Erstellung des Abschlusses bereits ein Ereignis mit negativen Konsequenzen für die Werthaltigkeit eingetreten ist bzw. eine negative Entwicklung bereits begonnen hat, auf die das Unternehmen mit einem Impairment reagiert, oder ob ein negatives Ereignis bzw. eine negative Entwicklung erst für die Zukunft erwartet wird. In den Fällen, in denen keine Zuordnung zu einer der beiden Ausprägungen möglich ist, wird der Zeitbezug mit „unklar" codiert. Im obigen Beispiel der Wavelight AG wurde im abgelaufenen Geschäftsjahr eine Reorganisation vorgenommen, um sich einem veränderten Marktumfeld in den USA anzupassen. Daher werden die beiden Abwertungsgründe (Nutzungsänderung und negative marktbezogene Entwicklungen) mit der zeitlichen Ausprägung „negative(s) Ereignis/Entwicklung hat begonnen/stattgefunden" belegt.

Die anschließenden Forschungsfragen beziehen sich allesamt auf den Zwischenbericht.[618] Immer dann, wenn zum Geschäftsjahresende ein immaterieller Vermögenswert außerplanmäßig abgeschrieben wird, wird der Zwischenbericht des dritten Quartals auf eine Berichterstattung über den abgewerteten Vermögenswert untersucht, da dieser Zwischenbericht den geringsten zeitlichen Abstand zum Geschäftsbericht am Jahresende hat. Im Übrigen handelt es sich bei einem Zwischenbericht um einen seit Beginn des Geschäftsjahres fortgeschriebenen Bericht, so dass die Erläuterungen wesentlicher Wertminderungen, die in vorhergehenden Zwischenberichten erläutert wurden, auch im dritten Quartalsbericht zu nennen sind.[619]

Zunächst wird erhoben, ob der Vermögenswert im Zwischenbericht genannt wird oder nicht. Erfolgt eine Nennung, wird geprüft, ob auch ein Wertminderungsbetrag offengelegt wird. Abschließend wird analysiert, ob die Berichterstattung eher positiv, eher negativ bzw. neutral/ambivalent ist. Wird von einem Impairment berichtet, wird dies grundsätzlich als „eher negative Berichterstattung" gewertet. Allerdings wird auch die verbale Berichterstattung untersucht.

Abbildung 18 zeigt einen Auszug aus dem dritten Quartalsbericht der TV-Loonland AG.

[618] Vgl. dazu die Forschungsfragen sechs bis neun in Abschnitt 4.3.2.2.1.
[619] Vgl. BAETGE et al. (2008a), Rn. 11d; HEBESTREIT (2006), Rn. 23.

„Mit ihrem stabilen Geschäftsverlauf hat Metrodome auch im dritten Quartal wesentlich zum Wachstum des Konzerns beigetragen. TV-Loonland geht davon aus, dass die neu gegründete Verleih- und Vertriebsgesellschaft Loonland Pictures, die künftig Eigenprogramme und ausgewählte Fremdproduktionen im deutschsprachigen Raum vermarkten wird, an den Erfolg der britischen Metrodome anknüpfen kann.“

Abbildung 18: Auszug aus dem dritten Quartalsbericht 2005 der TV-Loonland AG

Quelle: TV-Loonland AG, 3. Quartalsbericht (2005), S. 3.

In diesem Fall wurde die Berichterstattung im Zwischenbericht als „eher positiv“ codiert, obwohl der Firmenwert der Metrodome Group zum Geschäftsjahresende vollständig wertberichtigt wurde.[620] Fraglich ist, ob ein solcher „Widerspruch“ auf einen Anpassungsbedarf im Risikomanagement schließen lässt. Diese Frage steht im Mittelpunkt der Überlegungen in Kapitel 5.

4.3.2.4 Anwendungsphase und Gütebeurteilung

Bevor die Informationen der Geschäfts- und Zwischenberichte codiert werden können, ist es notwendig, die relevanten Informationen aus den Berichten zu extrahieren. Daher wird ein zweistufiges Verfahren angewandt.[621] In einem ersten Schritt werden die für die Beantwortung der Leitfragen relevanten Informationen aus den Geschäfts- und Zwischenberichten (uncodiert) in eine Datenbank kopiert.[622] Erst in einem zweiten Schritt werden die übertragenen Informationen codiert. Dieses gestufte Vorgehen ermöglicht es zum einen, ausgewählte Daten zu archivieren, und zum anderen, die Verlässlichkeit der Codierung getrennt von der Verlässlichkeit der Übertragung zu beurteilen. Um die Qualität der Übertragung sicherzustellen, werden 10 % der gesamten Stichprobe ein zweites Mal vom Forscher und zusätzlich von einer zweiten Person in die Datenbank übertragen. Dabei ergaben sich in der vorliegenden Untersuchung keine

[620] Vgl. zur außerplanmäßigen Abschreibung den Geschäftsbericht der TV-Loonland AG (2005), S. 71.

[621] Vgl. zu diesem Vorgehen RÖSSLER (2005), S. 189.

[622] Dies betrifft die Bezeichnung der immateriellen Vermögenswerte, den Restbuchwert am Jahresende, die Höhe der außerplanmäßigen Abschreibung, die verbale Begründung der Wertminderung, die Impairmenthöhe im Zwischenbericht sowie die verbale Berichterstattung im Zwischenbericht.

Auffälligkeiten.[623] Im Folgenden soll daher die Güte der sich anschließenden Codierung detailliert besprochen werden.

Die Güte einer Inhaltsanalyse wird üblicherweise durch die Reliabilität und Validität des Vorgehens konkretisiert.[624] Unter Reliabilität versteht man die Verlässlichkeit der Messung, d. h., eine Wiederholung der Messung darf nicht zu anderen Ergebnissen führen.[625] Unter Validität ist hingegen die Gültigkeit der Messung zu verstehen, d. h. dass das gemessen wird, was beabsichtigt ist. Beide Kriterien lassen sich weiter unterteilen, wie Abbildung 19 veranschaulicht.

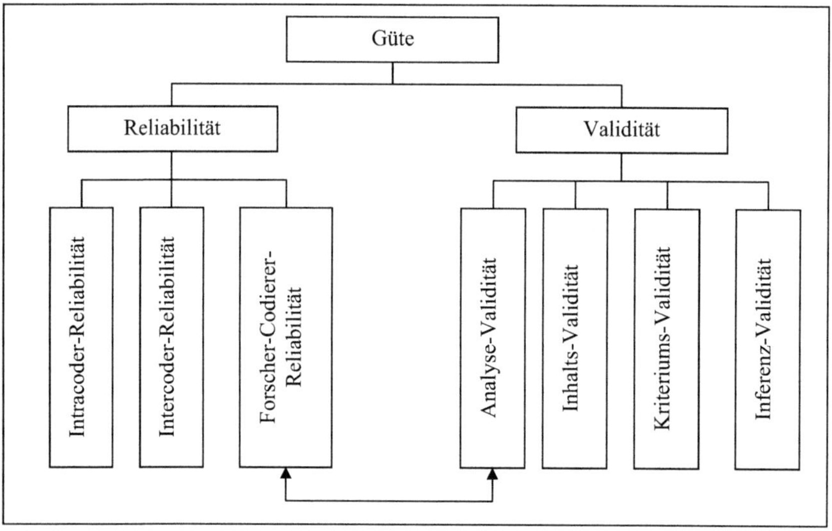

Abbildung 19: Gütekriterien der Inhaltsanalyse

Quelle: In Anlehnung an KRIPPENDORFF (2004), S. 215 und 319; RÖSSLER (2005), S. 185-194.

Das erste Sub-Kriterium der Reliabilität ist das Stabilitäts-Kriterium bzw. die Intracoder-Reliabilität.[626] Darunter versteht man die Zeitstabilität der Codierung, d. h. dieselbe Person wiederholt die Codierung nach einer gewissen Zeit. Anschließend wird der

623 Abbildung 19 enthält auch die entsprechenden Reliabilitätsmaße für die übertragenden Daten.

624 Vgl. RÖSSLER (2005), S. 183.

625 Vgl. hier und folgend BROSIUS/KOSCHEL/HAAS (2008), S. 63.

626 Vgl. hier und folgend KRIPPENDORFF (2004), S. 215.

Grad der Übereinstimmung zwischen den beiden Durchgängen überprüft. Die Reproduzierbarkeit oder Intercoder-Reliabilität bezeichnet den Grad der Übereinstimmung zwischen verschiedenen Codierern. Die Forscher-Codierer-Reliabilität entspricht der Analysevalidität und misst die Übereinstimmung der Codierungsergebnisse des Forschers mit anderen Codierern, sofern dies noch nicht im Rahmen der Intercoder-Reliabilität erfasst wurde.[627] Obwohl eine große Anzahl von Maßen zur Messung der Übereinstimmung existiert, gehört das Übereinstimmungsmaß nach HOLSTI zu den verbreitetsten.[628] Dieses ist wie folgt definiert:[629]

$$C_R = \frac{2 * C_{\ddot{U}}}{C_A + C_B} \quad (1)$$

C_R = Reliabilitätskoeffizient

$C_{\ddot{U}}$ = Zahl der Übereinstimmungen

C_A = Zahl der Codierungen von Codierer A

C_B = Zahl der Codierungen von Codierer B

An der Codierung der Geschäfts- und Zwischenberichte der Unternehmen des Prime-Standards haben zwei Personen mitgewirkt. Dies sind zum einen der Forscher selbst und zum anderen eine zweite inhaltsanalytisch erfahrene Person. Um die Inter- und Intracoder-Reliabilität zu messen, wird die kategorienweise Anwendung des HOLSTI-Maßes empfohlen.[630] Es wird empfohlen, den Reliabilitätstest auf Basis einer Stichprobe durchzuführen, für die jede Kategorie mindestens 30-mal codiert wird.[631] KRIPPENDORFF gibt zu bedenken, dass dieses Vorgehen nicht in jedem Fall geeignet ist.[632] Vielmehr ist auch der Schwierigkeitsgrad der Codierung zu berücksichtigen.[633] Bei der vorliegenden Untersuchung erscheint insbesondere die Codierung der Vermögenswerte durch die relativ große Anzahl unterschiedlicher Ausprägungen sowie die Codierung der Abwertungsbegründung, des Zeitbezugs der Wertminderung und des

627 Vgl. RÖSSLER (2005), S. 186 und S. 194.

628 Vgl. RÖSSLER (2005), S. 188. Vgl. zu einer Diskussion unterschiedlicher Maße MILNE/ADLER (1998), S. 247-252.

629 Vgl. RÖSSLER (2005), S. 188; HOLSTI (1969), S. 140.

630 Vgl. RÖSSLER (2005), S. 190. Die separate Messung der Forscher-Codierer-Reliabilität entfällt, da der Forscher den kompletten Datensatz auch selbst codiert hat und somit diese im Rahmen der Intercoder-Reliabilität bereits gemessen wird.

631 Vgl. FRÜH (2007), S. 189; RÖSSLER (2005), S. 189.

632 KRIPPENDORFF (2004), S. 239.

633 Vgl. RÖSSLER (2005), S. 189.

Berichterstattungsurteils bedeutend anspruchsvoller als die übrigen Codierungen. Dies liegt insbesondere darin begründet, dass hier zum Teil wertende Einschätzungen des Codierers notwendig sind.[634] Daher werden diese Daten nicht stichprobenhaft, sondern vollständig sowohl vom Forscher als auch von der zweiten Person codiert. Tabelle 3 zeigt die Reliabilitätskoeffizienten der einzelnen Kategorien.

Leitfrage	Kategorie	Intracoder-Reliabilität	Intercoder-Reliabilität
1	Art des Vermögenswertes	0,95	0,96
2	Nutzungsdauer	1,00*)	1,00*)
3	Restbuchwert	1,00*)	1,00*)
4	Außerplanmäßige Abschreibung	1,00*)	1,00*)
5	Begründung des Impairments	0,88	0,95
6	Zeitbezug der Wertminderung	0,97	0,90
7	Nennung des wertgeminderten Vermögenswertes im Zwischenbericht	0,99*)	0,97*)
8	Wertminderung im Zwischenbericht	0,98*)	1,00*)
9	Höhe der Wertminderung im Zwischenbericht	0,99*)	1,00*)
10	Berichterstattungsurteil im Zwischenbericht	0,92	0,90

Tabelle 3: Reliabilitätskoeffizienten der Inhaltsanalyse[635]

In der Literatur wird ein Mindest-Reliabilitätskoeffizient von 0,8 bzw. 80 % genannt,[636] so dass die gewonnenen Ergebnisse der vorliegenden Untersuchung als hinreichend reliabel eingestuft werden können.

634 Vgl. hierzu RÖSSLER (2005), S. 145.

635 Die mit * gekennzeichneten Koeffizienten wurden bereits im Rahmen der Überprüfung der korrekten Übertragung der Daten gemessen, da kein anschließender Codiervorgang notwendig war. Nach Bestimmung der Intracoder-Reliabilität wurden Zweifelsfälle geklärt, so dass der zweite Codierer die Codierung nach der entsprechenden Korrektur vorgenommen hat. Insofern kann es auch zu Verbesserungen bei der Bestimmung der Intercoder-Reliabilität im Vergleich zur Intracoder-Reliabilität kommen.

Während die Analyse-Validität bereits oben besprochen und hier als erfüllt angesehen wurde, verbleiben noch drei weitere Validitätskriterien, die allerdings nicht objektiv messbar sind.[637] Die Inhalts-Validität bezieht sich darauf, dass die Kategorien in Bezug auf die Forschungsfragen angemessen gebildet wurden. Hier kann insbesondere die Berücksichtigung externer Quellen hilfreich sein. Die Inhalts-Validität wird für die Untersuchung mit Verweis auf die ausführliche Diskussion der Leitfragen und die Entwicklung der Kategorien in den Abschnitten 4.3.2.2.1 und 4.3.2.3 sowie die Verweise auf empirische Arbeiten als erfüllt angesehen. Die Kriteriums-Validität ist sichergestellt, wenn andere Studien oder die bisherige Forschung zu ähnlichen Ergebnissen kommen bzw. Abweichungen schlüssig erklärt werden können. Eine Übereinstimmung mit anderen Studien ist aufgrund der abweichenden Forschungsfragen nur bedingt möglich. Allerdings erscheinen die Ergebnisse der Untersuchung im Hinblick auf die Studien von WULF sowie von GLAUM/STREET/VOGEL zumindest plausibel, wie im Rahmen der Ergebnisdarstellung im folgenden Abschnitt weiter ausgeführt wird. Das letzte Validitätskriterium betrifft die Inferenz-Validität und ist sehr eng mit der Kriteriums-Validität verbunden. Inferenz-Validität liegt vor, wenn auf Basis der Inhaltsanalyse insbesondere induktive Schlüsse gezogen werden können. Erneut wird für diesen Nachweis die Bedeutung anderer Studien betont. Auch wenn diese, wie bereits erwähnt, für die vorliegende Untersuchung zu ähnlichen Ergebnissen kommen, soll die Auswertung im folgenden Abschnitt deskriptiv bleiben.

Insgesamt bleibt festzuhalten, dass die inhaltsanalytisch gewonnenen Daten für die beabsichtigten Auswertungszwecke als reliabel und valide angenommen werden können. Im nachfolgenden Abschnitt sollen die empirischen Ergebnisse der Untersuchung vorgestellt werden. Zum Ende des vierten Kapitels werden die Ergebnisse dann zusammenfassend gewürdigt (Abschnitt 4.4) und im Rahmen der Diskussion zum Risikomanagement in Kapitel 5 wieder aufgegriffen.

---

[636] Vgl. KRIPPENDORFF (2004), S. 241; FRÜH (2007), S. 192.

[637] Vgl. hier und folgend zur Validität RÖSSLER (2005), S. 193-196; MAYRING (2008), S. 111 f.; KRIPPENDORFF (2004), S. 318-338; FRÜH (2007), S. 196-198.

4.3.3 Ergebnisse der empirischen Untersuchung

4.3.3.1 Konkretisierung der Betrachtungsobjekte des qualitativen Impairment-Tests

4.3.3.1.1 Arten immaterieller Vermögenswerte

Zu Beginn der Untersuchung sollen in Übereinstimmung mit der ersten Leitfrage zunächst die immateriellen Vermögenswerte identifiziert werden, die von den Unternehmen des Prime Standards bilanziert werden und daher dem (qualitativen) Impairment-Test zu unterwerfen sind.[638] WULF stellt in ihrer empirischen Untersuchung von deutschen IFRS-Konzernabschlüssen fest, dass der Ausweis der immateriellen Vermögenswerte oft nur wenig differenziert erfolgt.[639] Nur selten wird das immaterielle Anlagevermögen auf Ebene der einzelnen Bestandteile bezüglich des Restbuchwerts quantifiziert. Dies lässt sich damit begründen, dass die IFRS lediglich eine gruppenweise Berichterstattung verlangen (IAS 38.118).[640] Die Überprüfung der Relevanz der einzelnen immateriellen Vermögenswerte als Untersuchungsobjekt des Impairment-Tests kann daher kaum vollständig anhand von Buchwerten der einzelnen Komponenten erfolgen. Auch der Versuch, übergeordnete Gruppen gemeinsam genannter Vermögenswerte zu bilden und deren Buchwerte zu bestimmen, scheitert, wie ein Beispiel zeigt: Jenoptik nennt im Abschluss 2005 für Warenzeichen, Stammkunden, Patente und Software *einen* aggregierten Gesamtbuchwert. Daher könnte zumindest der Buchwert einer Gruppe, bestehend aus diesen vier Vermögenswerten, erfasst werden.[641] Allerdings erfolgt die Gruppenbildung unternehmensindividuell. BASF gruppiert bspw. im gleichen Jahr Warenzeichen mit Produktrechten und Lizenzen.[642] Würde eine gemeinsame Gruppe aus den sechs genannten Vermögenswerttypen gebildet (Warenzeichen, Stammkunden, Patenten, Software, Produktrechte und Lizenzen), müsste dieser Cluster immer wieder erweitert werden, da andere Unternehmen (z. B. Metro) Software, Konzessionen und gewerbliche Schutzrechte gruppieren.[643] Diese Kette ließe sich fast beliebig fortsetzen, so dass letztlich – wenn überhaupt – nur recht große Gruppen von Vermögenswerten gebildet und deren Buchwerte erfasst werden könnten. Da die IFRS dem Bilanzierenden bezüglich des Aggregationsgrades der Berichterstattung deutliche Freiheiten gewähren, soll im Folgenden ein anderer Weg be-

---

638 Vgl. zu den Leitfragen Abschnitt 4.3.2.2.1.
639 Vgl. hier und folgend WULF (2008), S. 130-137.
640 Vgl. auch Abschnitt 3.2.3 .
641 Vgl. Geschäftsbericht Jenoptik (2005), S. 102.
642 Vgl. Geschäftsbericht BASF (2005), S. 125.
643 Vgl. Geschäftsbericht Metro (2005), S. 115.

schritten werden: Zunächst wird lediglich die Nennung eines bestimmten aktivierten immateriellen Vermögenswertes (unabhängig von dessen Buchwert) in den Geschäftsberichten untersucht.[644] In einem weiteren Schritt werden dann die Fälle analysiert, in denen der Buchwert eines einzelnen Vermögenswertes feststellbar ist.

Die nachfolgende Tabelle 4 zeigt für die beiden untersuchten Geschäftsjahre 2005 und 2006, wie viele Unternehmen berichten, einen bestimmten immateriellen Vermögenswert aktiviert zu haben.[645] Gleichzeitig zeigt die Tabelle auch den Anteil derjenigen Unternehmen der Stichprobe, die über einen solchen Vermögenswert verfügen.[646]

644 Wird im Folgenden davon gesprochen, dass ein Vermögenswert eine hohe Bedeutung hat oder eine entscheidende Rolle spielt, so bezieht sich diese Aussage zunächst nur auf die Anzahl der Nennungen der einzelnen Vermögenswerte. Die Dimension „Buchwert“ wird erst zu einem späteren Zeitpunkt berücksichtigt.

645 Für den Fall, dass ein Unternehmen über mehrere Vermögenswerte eines Typs (z.B. mehrere Firmenwerte aus verschiedenen Unternehmenszusammenschlüssen) verfügt, wird dies lediglich als eine Nennung gewertet, um verschiedene Darstellungsalternativen vergleichbar zu machen.

646 Die Summenzeilen zeigen, wie viele Unternehmen einen Vermögenswert der entsprechenden Kategorie (z.B. kundenbezogene immaterielle Vermögenswerte) bilanzieren. Verfügt ein Unternehmen über mehrere Vermögenswerte dieser Kategorie, so ist es dennoch nur einmal in der Summenzeile enthalten. Daher lassen sich die Summenzeilen nicht als Summe der darüber liegenden Zellen einer Kategorie berechnen.

		2005		2006	
		absolut	in Prozent	absolut	in Prozent
Kunde	Kundenlisten	2	1%	3	1%
	Auftragsbestände	4	2%	8	3%
	Kundenverträge und vertragliche Kundenbeziehungen	3	1%	6	2%
	Nicht vertragliche Kundenbeziehungen	35	14%	47	18%
	Sonstige kundenbezogene Werte	1	0%	0	0%
SUMME		**40**	**15%**	**56**	**22%**
Kunst	Musikrechte	1	0%	1	0%
	(audio-)visuelles Material	6	2%	6	2%
	Sonstige kunstbezogene Werte	1	0%	2	1%
SUMME		**7**	**3%**	**8**	**3%**
Marketing	Marken	42	16%	54	21%
	Internet-Domains	6	2%	5	2%
	Wettbewerbsverbote	1	0%	3	1%
	Vermarktungsrechte	7	3%	7	3%
SUMME		**51**	**20%**	**60**	**23%**
Technologie	Patente	41	16%	42	16%
	Computer-Software	160	62%	167	64%
	Unpatentierte Technologie, Geschäftsgeheimnisse	16	6%	20	8%
	Datenbanken	1	0%	1	0%
	Software-Entwicklungskosten	45	17%	46	18%
	Sonstige technologiebezogene Werte	2	1%	1	0%
SUMME		**195**	**75%**	**195**	**75%**
Vertrag	Lizenzen	114	44%	109	42%
	Sonstige Verträge	6	2%	12	5%
	Leasingverträge	9	3%	10	4%
	Franchisevereinbarungen	3	1%	2	1%
	Betriebs- und Sendeerlaubnisse	1	0%	1	0%
	Nutzungsrechte	5	2%	7	3%
	Emissionsrechte	3	1%	3	1%
SUMME		**126**	**49%**	**125**	**48%**
Weitere immaterielle Vermögens-werte	Sonstige Vermögenswerte	137	53%	132	51%
	Goodwill	227	88%	224	86%
	Entwicklungskosten	75	29%	79	31%
	Gewerbliche Schutzrechte	96	37%	89	34%
	Konzessionen	80	31%	77	30%

Tabelle 4: Nennung aktivierter immaterieller Vermögenswerte in den Geschäftsberichten 2005 und 2006 der Stichprobe (n = 259)

Geht man zunächst von der in IFRS 3 vorgegebenen Fünfteilung der immateriellen Vermögenswerte in kunden-, kunst-, marketing-, technologie- und vertragsbezogene immaterielle Vermögenswerte aus, zeigt sich die besonders große Bedeutung technologischer immaterieller Vermögenswerte. 2005 und 2006 bilanzieren jeweils 75 % der

Unternehmen solche Vermögenswerte. Besondere Bedeutung innerhalb der Gruppe haben Software (2005: 62 % und 2006: 64 %) und aktivierte Software-Entwicklungskosten (2005: 17 % und 2006: 18 %). Erst nachrangig sind Patente mit jeweils 16 % in beiden Jahren von Bedeutung.

Vertragsbezogene immaterielle Vermögenswerte werden in der Untersuchungsgruppe am zweithäufigsten genannt. Etwa jedes zweite Unternehmen bilanziert Vermögenswerte dieser Kategorie. Auffällig ist, dass die Bedeutung der Gruppe fast ausschließlich durch Lizenzen (2005: 44 % und 2006: 42 %) getrieben wird.

Von untergeordneter Bedeutung sind marketing- und kundenbezogene immaterielle Vermögenswerte mit 20 % (2006: 23 %) bzw. 15 % (2006: 22 %). In beiden Fällen lässt sich erneut beobachten, dass die Bedeutung der jeweiligen Gruppe entscheidend von jeweils nur einem einzigen Vermögenswert abhängt. Im Fall der marketingbezogenen immateriellen Vermögenswerte betrifft dies die Marke und bei den kundenbezogenen Vermögenswerten die nicht vertraglichen Kundenbeziehungen.[647] Kunstbezogene immaterielle Vermögenswerte spielen – zumindest in einer branchenübergreifenden[648] Betrachtung – fast keine Rolle.

Die folgenden beiden Tabellen (Tabelle 5 und Tabelle 6) dienen dem Zweck, branchenbezogene Besonderheiten der Relevanz immaterieller Vermögenswerte zu identifizieren.[649] Die Prozentwerte in den Tabellen beziffern daher den relativen Anteil der Unternehmen einer Branche, die einen bestimmten Vermögenswert aktivieren. Die Anzahl der Unternehmen einer Branche findet sich im jeweiligen Spaltenkopf. Die Summenzellen beziehen sich wiederum auf diejenigen Unternehmen, die Vermögenswerte einer Gruppe aktiviert haben.

---

647 Vgl. zum Aktivierungsverbot selbst erstellter Marken IAS 38.63.

648 Die Begriffe Super-Sektor und Branche werden im Folgenden synonym verwendet.

649 Die Branchenzuordnung basiert auf der Zuordnung durch die Deutsche Börse zu sogenannten Super-Sektoren. Vgl. DEUTSCHE BÖRSE (2009), S. 43-45; DEUTSCHE BÖRSE (o.J.).

		Basic Materials (11)		Consumer Goods (24)		Consumer Services (31)		Finance, Insurance, Real Estate (26)		Industrials (68)		Information Technology (64)		Pharma & Healthcare (27)		Tele-communi-cation (6)		Utilities (2)	
		abs.	%	abs.	%	abs.	%	abs.	%	abs.	%	abs.	%	abs.	%	abs.	%	abs.	%
Kunde	Kundenlisten					2	6 %												
	Auftragsbestände									1	1 %	3	5 %						
	Kundenverträge und vertragliche Kundenbeziehungen					1	3 %					1	2 %	1	4 %				
	Nicht vertragliche Kundenbeziehungen	1	9 %	1	4 %	4	13 %	1	4 %	7	10 %	12	19 %	5	19 %	3	50 %	1	50 %
	Sonstige kundenbezogene Werte													1	4 %				
SUMME		**1**	**9 %**	**1**	**4 %**	**6**	**19 %**	**1**	**4 %**	**7**	**10 %**	**13**	**20 %**	**7**	**26 %**	**3**	**50 %**	**1**	**50 %**
Kunst	Musikrechte					1	3 %												
	(audio-)visuelles Material					6	19 %												
	Sonstige kunstbezogene Werte					1	3 %												
SUMME						**7**	**23 %**												
Marketing	Marken	3	27 %	8	33 %	5	16 %	1	4 %	9	13 %	8	13 %	7	26 %	1	17 %		
	Internet-Domains									1	1 %	4	6 %			1	17 %		
	Wettbewerbsverbote													1	4 %				
	Vermarktungsrechte	2	18 %			1	3 %			1	1 %	1	2 %	2	7 %				
SUMME		**3**	**27 %**	**8**	**33 %**	**6**	**19 %**	**1**	**4 %**	**10**	**15 %**	**11**	**17 %**	**10**	**37 %**	**2**	**33 %**		
Technologie	Patente	3	27 %	6	25 %	1	3 %			13	19 %	4	6 %	14	52 %				
	Computer-Software	5	45 %	13	54 %	20	65 %	18	69 %	34	50 %	46	72 %	19	70 %	4	67 %	1	50 %
	Unpatentierte Technologie, Geschäftsgeheimnisse	1	9 %							3	4 %	6	9 %	6	22 %				
	Datenbanken															1	17 %		
	Software-Entwicklungskosten	1	9 %	4	17 %	2	6 %	8	31 %	8	12 %	19	30 %	1	4 %	2	33 %		
	Sonstige technologiebezogene Werte									2	3 %								
SUMME		**7**	**64 %**	**16**	**67 %**	**20**	**65 %**	**20**	**77 %**	**44**	**65 %**	**58**	**91 %**	**24**	**89 %**	**5**	**83 %**	**1**	**50 %**
Vertrag	Lizenzen	7	64 %	9	38 %	12	39 %	3	12 %	37	54 %	23	36 %	19	70 %	3	50 %	1	50 %
	Sonstige Verträge			1	4 %	1	3 %			2	3 %	2	3 %						
	Leasingverträge					3	10 %			3	4 %	1	2 %	2	7 %				
	Franchisevereinbarungen	1	9 %	1	4 %							1	2 %						
	Betriebs- und Sendeerlaubnisse															1	17 %		
	Nutzungsrechte					1	3 %			3	4 %			1	4 %				
	Emissionsrechte	1	9 %							2	3 %								
SUMME		**8**	**73 %**	**10**	**42 %**	**14**	**45 %**	**3**	**12 %**	**43**	**63 %**	**24**	**38 %**	**19**	**70 %**	**4**	**67 %**	**1**	**50 %**
Weitere immaterielle Vermögens-werte	Sonstige Vermögenswerte	8	73 %	15	63 %	20	65 %	14	54 %	40	59 %	21	33 %	13	48 %	4	67 %	2	100 %
	Goodwill	11	100 %	19	79 %	28	90 %	21	81 %	62	91 %	54	84 %	24	89 %	6	100 %	2	100 %
	Entwicklungskosten	4	36 %	8	33 %	3	10 %	1	4 %	35	51 %	15	23 %	8	30 %			1	50 %
	Gewerbliche Schutzrechte	6	55 %	9	38 %	12	39 %	4	15 %	36	53 %	19	30 %	7	26 %	1	17 %	2	100 %
	Konzessionen	7	64 %	8	33 %	10	32 %	6	23 %	23	34 %	14	22 %	8	30 %	2	33 %	2	100 %

Tabelle 5: Nennung aktivierter immaterieller Vermögenswerte in den Geschäftsberichten 2005 der Stichprobe (n = 259) getrennt nach Super-Sektoren

Betrachtet man auf aggregierter Ebene die Gruppen immaterieller Vermögenswerte nach IFRS 3, so ist bei den technologiebezogenen immateriellen Vermögenswerten festzustellen, dass diese in allen Branchen von der bereits oben genannten Software und den Software-Entwicklungskosten getrieben werden. Es ist beobachtbar, dass – wie zu erwarten – Unternehmen des Super-Sektors „Information Technology" in besonderem Maße (2005: 91 % und 2006: 89 %) Vermögenswerte dieser Kategorie aktiviert haben. Eine ähnlich hohe Bedeutung weisen technologiebezogene immaterielle Vermögenswerte nur in den Bereichen „Telecommunication" sowie „Pharma & Healthcare" auf. Während aktivierte Patente in den meisten Super-Sektoren in ihrer Bedeutung deutlich hinter die zuvor genannten immateriellen Vermögenswerte zurücktreten, so gilt dies nur eingeschränkt für den Super-Sektor „Pharma & Healthcare", in dem aktivierte Patente von jedem zweiten Unternehmen genannt werden.

Die Bedeutung der vertragsbezogenen immateriellen Werte wird auf Ebene der Super-Sektoren ebenso von aktivierten Lizenzen bestimmt wie in der aggregierten Betrachtung. Allerdings zeigen sich deutliche Unterschiede zwischen den Branchen bei der Anzahl der Nennungen vertragsbezogene Werte insgesamt: Berichten z. B. im Super-Sektor „Basic Materials" über 70 % der Unternehmen im Geschäftsjahr 2005 von aktivierten Verträgen, so scheinen diese im Super-Sektor „Finance, Insurance, Real Estate" mit etwas über 10 % weniger relevant zu sein.

Innerhalb der marketingbezogenen immateriellen Vermögenswerte sind in Übereinstimmung mit den obigen Beobachtungen vor allem aktivierte Marken entscheidend. Weiterhin kann beobachtet werden, dass Marken in den Abschlüssen des Geschäftsjahres 2006 etwas häufiger vertreten sind als im Vorjahr. Da grundsätzlich für selbst erstellte Marken ein Aktivierungsverbot besteht, ist zu vermuten, dass eine größere Zahl von Unternehmen 2006 Akquisitionen getätigt hat, in deren Rahmen Marken separat vom Goodwill angesetzt wurden.[650]

Für die Aktivierung kundenbezogener immaterieller Vermögenswerte spielen in den untersuchten Branchen ausnahmslos die nicht vertraglichen Kundenbeziehungen die entscheidende Rolle.[651] Die insgesamt nur wenig relevanten kunstbezogenen Werte entfallen ausschließlich auf wenige Unternehmen der Subsektoren „Film & Unterhal-

[650] Vgl. zum Aktivierungsverbot selbst erstellter Marken IAS 38. 63.

[651] Vgl. Tabelle 4.

tung“ sowie „Rundfunk & Fernsehen“.[652] Damit lässt sich festhalten, dass die bereits bei branchenunspezifischer Betrachtung festgestellte Rangordnung zwischen den Gruppen immaterieller Vermögenswerte grundsätzlich auch branchenbezogen besteht.

[652] Im Geschäftsjahr 2005 bilanzieren sieben und im Geschäftsjahr 2006 acht Unternehmen kunstbezogene immaterielle Vermögenswerte.

		Basic Materials (11)		Consumer Goods (24)		Consumer Services (31)		Finance, Insurance, Real Estate (26)		Industrials (68)		Information Technology (64)		Pharma & Healthcare (27)		Tele-communi-cation (6)		Utilities (2)	
		abs.	%	abs.	%	abs.	%	abs.	%	abs.	%	abs.	%	abs.	%	abs.	%	abs.	%
Kunde	Kundenlisten					2	6 %					1	2 %						
	Auftragsbestände					2	6 %			2	3 %	3	5 %	1	4 %				
	Kundenverträge und vertragliche Kundenbeziehungen					1	3 %			1	1 %	2	3 %	1	4 %	1	17 %		
	Nicht vertragliche Kundenbeziehungen	3	27 %	1	4 %	6	19 %	5	19 %	11	16 %	12	19 %	5	19 %	3	50 %	1	50 %
SUMME		**3**	**27 %**	**1**	**4 %**	**9**	**29 %**	**5**	**19 %**	**11**	**16 %**	**15**	**23 %**	**7**	**26 %**	**4**	**67 %**	**1**	**50 %**
Kunst	Musikrechte					1	3 %												
	(audio-)visuelles Material					6	19 %												
	Sonstige kunstbezogene Werte					2	6 %												
SUMME						**8**	**26 %**												
Marketing	Marken	4	36 %	8	33 %	11	35 %	4	15 %	10	15 %	9	14 %	7	26 %	1	17 %		
	Internet-Domains									1	1 %	3	5 %			1	17 %		
	Wettbewerbsverbote					1	3 %							2	7 %				
	Vermarktungsrechte	2	18 %			1	3 %			1	1 %	1	2 %	2	7 %				
SUMME		**4**	**36 %**	**8**	**33 %**	**12**	**39 %**	**4**	**15 %**	**11**	**16 %**	**9**	**14 %**	**10**	**37 %**	**2**	**33 %**		
Technologie	Patente	5	45 %	6	25 %	1	3 %			13	19 %	3	5 %	14	52 %				
	Computer-Software	5	45 %	13	54 %	22	71 %	18	69 %	34	50 %	50	78 %	19	70 %	5	83 %	1	50 %
	Unpatentierte Technologie, Geschäftsgeheimnisse	2	18 %					1	4 %	6	9 %	6	9 %	5	19 %				
	Datenbanken											1	2 %						
	Software-Entwicklungskosten	2	18 %	4	17 %	2	6 %	8	31 %	9	13 %	19	30 %			2	33 %		
	Sonstige technologiebezogene Werte									1	1 %								
SUMME		**8**	**73 %**	**16**	**67 %**	**22**	**71 %**	**20**	**77 %**	**44**	**65 %**	**57**	**89 %**	**22**	**81 %**	**5**	**83 %**	**1**	**50 %**
Vertrag	Lizenzen	6	55 %	9	38 %	13	42 %	4	15 %	36	53 %	19	30 %	18	67 %	3	50 %	1	50 %
	Sonstige Verträge	2	18 %	1	4 %	1	3 %	1	4 %	4	6 %	2	3 %					1	50 %
	Leasingverträge					4	13 %			3	4 %	1	2 %	2	7 %				
	Franchisevereinbarungen	1	9 %									1	2 %						
	Betriebs- und Sendeerlaubnisse															1	17 %		
	Nutzungsrechte	1	9 %			2	6 %			3	4 %			1	4 %				
	Emissionsrechte	1	9 %							2	3 %								
SUMME		**8**	**73 %**	**10**	**42 %**	**15**	**48 %**	**5**	**19 %**	**42**	**62 %**	**21**	**33 %**	**18**	**67 %**	**4**	**67 %**	**2**	**100 %**
Weitere immaterielle Vermögens-werte	Sonstige Vermögenswerte	9	82 %	13	54 %	18	58 %	13	50 %	37	54 %	22	34 %	14	52 %	4	67 %	2	100 %
	Goodwill	11	100 %	18	75 %	27	87 %	20	77 %	62	91 %	55	86 %	23	85 %	6	100 %	2	100 %
	Entwicklungskosten	6	55 %	7	29 %	3	10 %	1	4 %	37	54 %	15	23 %	9	33 %			1	50 %
	Gewerbliche Schutzrechte	5	45 %	9	38 %	12	39 %	3	12 %	35	51 %	18	28 %	5	19 %	1	17 %	1	50 %
	Konzessionen	6	55 %	8	33 %	9	29 %	5	19 %	23	34 %	13	20 %	9	33 %	2	33 %	2	100 %

Tabelle 6: Nennung aktivierter immaterieller Vermögenswerte in den Geschäftsberichten 2006 der Stichprobe (n = 259) getrennt nach Super-Sektoren

Neben den genannten Vermögenswerten weisen die untersuchten Unternehmen weitere immaterielle Werte aus, bei denen eine Zuordnung zu einer der fünf Vermögenswertkategorien nicht gelingt. Dies betrifft neben dem Goodwill auch Entwicklungskosten, gewerbliche Schutzrechte, Konzessionen und sonstige immaterielle Werte. Von diesen (wie auch insgesamt) kommt dem derivativen Firmenwert die entscheidende Bedeutung bei, da ein solcher in 2005 von 87 % der betrachteten Unternehmen (2006: 85 %) bilanziert wird. In drei Super-Sektoren (Basic Materials, Telecommunication und Utilities) weisen sogar sämtliche Unternehmen einen Goodwill in der Bilanz aus. Von nachgeordneter, aber ebenfalls recht hoher Bedeutung sind gewerbliche Schutzrechte und Konzessionen, über die in beiden Jahren jeweils ca. jedes dritte Unternehmen verfügt.

Bereits oben wurde darauf hingewiesen, dass häufig nur für unternehmensindividuell gebildete Gruppen von Vermögenswerten Buchwerte berichtet werden und es daher nur eingeschränkt möglich ist, die Relevanz der einzelnen immateriellen Vermögenswerte anhand des Buchwertes zu bestimmen. Nur in geringer Zahl lassen sich die Buchwerte einzelner immaterieller Vermögenswerte bestimmen. Tabelle 7 verdeutlicht dieses Problem und zeigt, wie viel Prozent der Unternehmen, die über einen bestimmten Vermögenswert berichten (vgl. Tabelle 4), auch dessen Buchwert offenlegen. Offensichtlich ergeben sich für die Buchwertangabe zwischen den einzelnen Vermögenswerten und Vermögenswertgruppen deutliche Unterschiede. Die besonders häufig genannten Vermögenswertgruppen zeichnen sich nicht zusätzlich dadurch aus, dass auch ihr Buchwert offengelegt wird. Eindeutige Anzeichen dafür, dass die Buchwertangabe in 2006 häufiger erfolgt als im Vorjahr, enthält die Tabelle nicht.

		2005		2006	
		Buchwert genannt	in Prozent	Buchwert genannt	in Prozent
Kunde	Kundenlisten	1	50 %	2	67 %
	Auftragsbestände	2	50 %	5	63 %
	Kundenverträge und vertragliche Kundenbeziehungen	2	67 %	2	33 %
	Nicht vertragliche Kundenbeziehungen	25	71 %	30	64 %
	Sonstige kundenbezogene Werte	0	0 %	0	0 %
SUMME		**27**	**68 %**	**37**	**66 %**
Kunst	Musikrechte	1	100 %	1	100 %
	(audio-)visuelles Material	5	83 %	5	83 %
	Sonstige kunstbezogene Werte	1	100 %	2	100 %
SUMME		**6**	**86 %**	**7**	**88 %**
Marketing	Marken	18	43 %	28	52 %
	Internet-Domains	3	50 %	3	60 %
	Wettbewerbsverbote	1	100 %	3	100 %
	Vermarktungsrechte	5	71 %	4	57 %
SUMME		**24**	**47 %**	**56**	**93 %**
Technologie	Patente	3	7 %	5	12 %
	Computer-Software	80	50 %	85	51 %
	Unpatentierte Technologie, Geschäftsgeheimnisse	12	75 %	13	65 %
	Datenbanken	1	100 %	1	100 %
	Software-Entwicklungskosten	35	78 %	34	74 %
	Sonstige technologiebezogene Werte	2	100 %	1	100 %
SUMME		**112**	**57 %**	**111**	**57 %**
Vertrag	Lizenzen	17	15 %	19	17 %
	Sonstige Verträge	3	50 %	6	50 %
	Leasingverträge	6	67 %	6	60 %
	Franchisevereinbarungen	0	0 %	0	0 %
	Betriebs- und Sendeerlaubnisse	1	100 %	1	100 %
	Nutzungsrechte	2	40 %	3	43 %
	Emissionsrechte	1	33 %	1	33 %
SUMME		**30**	**24 %**	**34**	**27 %**
Weitere immaterielle Vermögens-werte	Sonstige Vermögenswerte	117	85 %	113	86 %
	Goodwill	227	100 %	224	100 %
	Entwicklungskosten	69	92 %	72	91 %
	Gewerbliche Schutzrechte	10	10 %	6	7 %
	Konzessionen	6	8 %	6	8 %

Tabelle 7: Anzahl und Anteil der Unternehmen der Stichprobe, die in den Geschäftsberichten 2005 und 2006 die Buchwerte einzelner aktivierter immaterieller Vermögenswerte offenlegen (in Relation zu Tabelle 4)

Für diejenigen Vermögenswerte, deren Buchwert genannt wird, lässt sich die Relevanz innerhalb des immateriellen Vermögens über die Restbuchwerte zum Jahresende bestimmen. Tabelle 8 (Seite 146) und Tabelle 9 (Seite 147) zeigt für alle Vermögenswerte und Branchen jeweils untereinander die Anzahl der Unternehmen, die den Buchwert des Vermögenswertes angeben sowie das arithmetische Mittel und den Median des Anteils am gesamten immateriellen Vermögen.[653] Die Summenzeilen enthalten die entsprechenden Angaben auf Gruppenebene.[654]

Ergab sich aufgrund der Nennungen der Vermögenswertgruppen in den untersuchten Geschäftsberichten die Rangfolge technologie-, vertrags-, marketing-, kunden- und kunstbezogene immaterielle Vermögenswerte, so verändert sich diese Reihenfolge, wenn die Bedeutung der Gruppen über deren Anteil am immateriellen Vermögen definiert wird. Mit einem Anteil von 82 % kommt nun den kunstbezogenen immateriellen Vermögenswerten auf den ersten Blick die höchste Bedeutung zu, was insofern fehlleitet, als dass lediglich sechs Unternehmen den Buchwert offenlegen.

Die anderen Vermögenswertgruppen machen im Geschäftsjahr 2005 zwischen 5 % bei den marketingbezogenen Werten und 13 % bei den vertragsbezogenen Werten aus. Bei den technologiebezogenen Vermögenswerten konnte bereits oben festgestellt werden, dass diese vor allem von den Vermögenswerten Software und Software-Entwicklungskosten getrieben werden. Betrachtet man nun die Buchwerte, bestätigt sich dieser Eindruck.[655] Bei den vertragsbezogenen Werten sind vor allem Lizenzen relevant, die 2005 durchschnittlich 15 % des immateriellen Vermögens ausmachen. Zwar ist der Buchwertanteil von Betriebs- und Sendeerlaubnissen mit ca. 59 % deutlich höher, allerdings gehen hier ähnlich wie bei den kunstbezogenen Werten nur wenige (hier ein) Unternehmen in die Berechnung ein. Bei den marketingbezogenen immateriellen Vermögenswerten wird 2005 (absolut) am häufigsten der Markenwert offengelegt, der ca. 5 % des immateriellen Vermögens ausmacht. Im Rahmen der kundenbezogenen Werte entfallen in diesem Jahr 8 % des immateriellen Vermögens auf nicht vertragliche Beziehungen.[656]

---

[653] Der Vorzug des Medians besteht darin, dass er bei Vorliegen von Ausreißern sehr robust ist. Vgl. MOSLER/SCHMID (2005), S. 38. Die im Folgenden genannten Anteilswerte beziehen sich daher auf den Median.

[654] Die Summenzeilen entsprechen nicht der Summe der darüberliegenden Zellen, da mehrere Vermögenswerte einer Gruppe bei einem Unternehmen zu einer Nennung aggregiert werden. Außerdem kann es vorkommen, dass ein Unternehmen nur den Buchwert z.B. der marketingbezogenen immateriellen Vermögenswerte berichtet, aber nicht die Buchwerte der einzelnen Vermögenswerte. In diesem Fall findet sich ein Eintrag in der Summenzeile, obwohl die darüber liegenden Zellen leer sind.

[655] Auch Patente haben einen recht hohen Anteil am immateriellen Vermögen. Allerdings beruht diese Aussage auf den Angaben von nur drei Unternehmen.

[656] Auch hier haben andere immaterielle Vermögenswerte einen deutlich höheren Anteil, allerdings ist dieser erneut nur für sehr wenige Unternehmen berechenbar.

Unter den immateriellen Vermögenswerten, die sich keiner Gruppe direkt zuordnen lassen, wird der Wert des Goodwills von allen Unternehmen einzeln offengelegt und erklärt im Geschäftsjahr 2005 ca. 73 % des immateriellen Vermögens. Die Entwicklungskosten sind ebenfalls von recht hoher Bedeutung. Ca. 17 % des immateriellen Vermögens ist durch sie gebunden. Die Auffangkategorie „Sonstiges", deren Buchwert 2005 von 117 Unternehmen offengelegt wird, betrifft nur einen geringen Teil des immateriellen Vermögens (2005: 2 %). Die – gemessen am Buchwert – geringe Bedeutung der Auffangkategorie ist ein Anzeichen dafür, dass die Ausprägungen der Kategorie „Art des Vermögenswertes" angemessen festgelegt wurden, so dass nur ein sehr geringer Teil des immateriellen Vermögens der Auffanggruppe „Sonstiges" zugeordnet werden musste. Da die Befunde für das Geschäftsjahr 2006 kaum neue Erkenntnisse im Vergleich zum Vorjahr enthalten, sollen sie hier nicht detailliert besprochen werden. Die entsprechenden Tabellen enthält Anhang 4.

			Basic Materials (11)	Consumer Goods (24)	Consumer Services (31)	Finance, Insurance, Real Estate (26)	Industrials (68)	Information Technology (64)	Pharma & Healthcare (27)	Tele-communication (6)	Utilities (2)	Gesamt-ergebnis (159)
Kunde	Kundenlisten	Anzahl offengelegter Buchwerte			1							1
		Anteil am immateriellen Vermögen (Mittelwert)			1 %							1 %
		Anteil am immateriellen Vermögen (Median)			1 %							1 %
	Auftragsbestände	Anzahl offengelegter Buchwerte					1	1				2
		Anteil am immateriellen Vermögen (Mittelwert)					0 %	0 %				0 %
		Anteil am immateriellen Vermögen (Median)					0 %	0 %				0 %
	Nicht vertragliche Kundenbeziehungen	Anzahl offengelegter Buchwerte			3	1	5	9	4	2	1	25
		Anteil am immateriellen Vermögen (Mittelwert)			2 %	8 %	9 %	22 %	24 %	35 %	12 %	17 %
		Anteil am immateriellen Vermögen (Median)			2 %	8 %	5 %	10 %	12 %	35 %	12 %	8 %
Summe		**Anzahl offengelegter Buchwerte**			**4**	**1**	**5**	**9**	**5**	**2**	**1**	**27**
		Anteil am immateriellen Vermögen (Mittelwert)			**1 %**	**8 %**	**9 %**	**22 %**	**36 %**	**35 %**	**12 %**	**19 %**
		Anteil am immateriellen Vermögen (Median)			**1 %**	**8 %**	**5 %**	**10 %**	**14 %**	**35 %**	**12 %**	**8 %**
Kunst	Musikrechte	Anzahl offengelegter Buchwerte			1							1
		Anteil am immateriellen Vermögen (Mittelwert)			41 %							41 %
		Anteil am immateriellen Vermögen (Median)			41 %							41 %
	(audio-)visuelles Material	Anzahl offengelegter Buchwerte			5							5
		Anteil am immateriellen Vermögen (Mittelwert)			80 %							80 %
		Anteil am immateriellen Vermögen (Median)			76 %							76 %
	Sonstige kunstbezogene Werte	Anzahl offengelegter Buchwerte			1							1
		Anteil am immateriellen Vermögen (Mittelwert)			28 %							28 %
		Anteil am immateriellen Vermögen (Median)			28 %							28 %
Summe		**Anzahl offengelegter Buchwerte**			**6**							**6**
		Anteil am immateriellen Vermögen (Mittelwert)			**78 %**							**78 %**
		Anteil am immateriellen Vermögen (Median)			**82 %**							**82 %**
Marketing	Marken	Anzahl offengelegter Buchwerte	1	4	2	1	2	5	2	1		18
		Anteil am immateriellen Vermögen (Mittelwert)	22 %	41 %	37 %	5 %	7 %	7 %	4 %	3 %		18 %
		Anteil am immateriellen Vermögen (Median)	22 %	33 %	37 %	5 %	7 %	3 %	4 %	3 %		5 %
	Internet-Domains	Anzahl offengelegter Buchwerte						3				3
		Anteil am immateriellen Vermögen (Mittelwert)						9 %				9 %
		Anteil am immateriellen Vermögen (Median)						9 %				9 %
	Wettbewerbsverbote	Anzahl offengelegter Buchwerte							1			1
		Anteil am immateriellen Vermögen (Mittelwert)							3 %			3 %
		Anteil am immateriellen Vermögen (Median)							3 %			3 %
	Vermarktungsrechte	Anzahl offengelegter Buchwerte	2					1	2			5
		Anteil am immateriellen Vermögen (Mittelwert)	8 %					12 %	1 %			7 %
		Anteil am immateriellen Vermögen (Median)	8 %					12 %	1 %			8 %
Summe		**Anzahl offengelegter Buchwerte**	**2**	**4**	**2**	**1**	**2**	**7**	**5**	**1**		**24**
		Anteil am immateriellen Vermögen (Mittelwert)	**19 %**	**41 %**	**37 %**	**5 %**	**7 %**	**10 %**	**3 %**	**3 %**		**17 %**
		Anteil am immateriellen Vermögen (Median)	**19 %**	**33 %**	**37 %**	**5 %**	**7 %**	**7 %**	**3 %**	**3 %**		**5 %**

Tabelle 8: Anzahl, Mittelwert und Median der offengelegten Buchwerte immaterieller Vermögenswerte in den Geschäftsberichten 2005 je Super-Sektor der Stichprobe (Teil I)

			Basic Materials (11)	Consumer Goods (24)	Consumer Services (31)	Finance, Insurance, Real Estate (26)	Industrials (68)	Information Technology (64)	Pharma & Healthcare (27)	Tele-communication (6)	Utilities (2)	Gesamtergebnis (159)
Technologie	Patente	Anzahl offengelegter Buchwerte	1						2			3
		Anteil am immateriellen Vermögen (Mittelwert)	13 %						16 %			15 %
		Anteil am immateriellen Vermögen (Median)	13 %						16 %			14 %
	Computer-Software	Anzahl offengelegter Buchwerte	1	3	12	14	9	25	13	3		80
		Anteil am immateriellen Vermögen (Mittelwert)	0 %	15 %	7 %	45 %	13 %	22 %	6 %	12 %		19 %
		Anteil am immateriellen Vermögen (Median)	0 %	14 %	3 %	24 %	3 %	5 %	3 %	15 %		5 %
	Unpatentierte Technologie, Geschäftsgeheimnisse	Anzahl offengelegter Buchwerte	1				5	4	2			12
		Anteil am immateriellen Vermögen (Mittelwert)	9 %				4 %	8 %	2 %			5 %
		Anteil am immateriellen Vermögen (Median)	9 %				1 %	10 %	2 %			3 %
	Datenbanken	Anzahl offengelegter Buchwerte								1		1
		Anteil am immateriellen Vermögen (Mittelwert)								0 %		0 %
		Anteil am immateriellen Vermögen (Median)								0 %		0 %
	Software-Entwicklungskosten	Anzahl offengelegter Buchwerte		2	2	7	5	17		2		35
		Anteil am immateriellen Vermögen (Mittelwert)		4 %	45 %	23 %	3 %	26 %		4 %		20 %
		Anteil am immateriellen Vermögen (Median)		4 %	45 %	9 %	3 %	21 %		4 %		9 %
	Sonstige technologiebezogene Werte	Anzahl offengelegter Buchwerte					2					2
		Anteil am immateriellen Vermögen (Mittelwert)					0 %					0 %
		Anteil am immateriellen Vermögen (Median)					0 %					0 %
Summe		**Anzahl offengelegter Buchwerte**	**3**	**6**	**12**	**16**	**16**	**39**	**16**	**4**		**112**
		Anteil am immateriellen Vermögen (Mittelwert)	**7 %**	**15 %**	**15 %**	**49 %**	**10 %**	**29 %**	**8 %**	**11 %**		**22 %**
		Anteil am immateriellen Vermögen (Median)	**9 %**	**10 %**	**7 %**	**41 %**	**3 %**	**10 %**	**5 %**	**13 %**		**9 %**
Vertrag	Lizenzen	Anzahl offengelegter Buchwerte	1		2		4	3	5	2		17
		Anteil am immateriellen Vermögen (Mittelwert)	17 %		7 %		32 %	25 %	31 %	9 %		24 %
		Anteil am immateriellen Vermögen (Median)	17 %		7 %		13 %	28 %	41 %	9 %		15 %
	Sonstige Verträge	Anzahl offengelegter Buchwerte			1		1	1				3
		Anteil am immateriellen Vermögen (Mittelwert)			25 %		0 %	1 %				9 %
		Anteil am immateriellen Vermögen (Median)			25 %		0 %	1 %				1 %
	Leasingverträge	Anzahl offengelegter Buchwerte			3		1		2			6
		Anteil am immateriellen Vermögen (Mittelwert)			9 %		0 %		12 %			9 %
		Anteil am immateriellen Vermögen (Median)			2 %		0 %		12 %			1 %
	Betriebs- und Sendeerlaubnisse	Anzahl offengelegter Buchwerte								1		1
		Anteil am immateriellen Vermögen (Mittelwert)								59 %		59 %
		Anteil am immateriellen Vermögen (Median)								59 %		59 %
	Nutzungsrechte	Anzahl offengelegter Buchwerte					2					2
		Anteil am immateriellen Vermögen (Mittelwert)					51 %					51 %
		Anteil am immateriellen Vermögen (Median)					51 %					51 %
	Emissionsrechte	Anzahl offengelegter Buchwerte	1									1
		Anteil am immateriellen Vermögen (Mittelwert)	13 %									13 %
		Anteil am immateriellen Vermögen (Median)	13 %									13 %
Summe		**Anzahl offengelegter Buchwerte**	**3**		**5**		**9**	**4**	**6**	**3**		**30**
		Anteil am immateriellen Vermögen (Mittelwert)	**10 %**		**13 %**		**27 %**	**19 %**	**30 %**	**26 %**		**22 %**
		Anteil am immateriellen Vermögen (Median)	**13 %**		**13 %**		**3 %**	**16 %**	**33 %**	**15 %**		**13 %**
Weitere immaterielle Vermögenswerte	Sonstige Vermögenswerte	Anzahl offengelegter Buchwerte	5	12	18	14	33	18	11	4	2	117
		Anteil am immateriellen Vermögen (Mittelwert)	2 %	13 %	6 %	10 %	5 %	6 %	9 %	11 %	1 %	7 %
		Anteil am immateriellen Vermögen (Median)	1 %	4 %	1 %	10 %	1 %	4 %	1 %	7 %	1 %	2 %
	Goodwill	Anzahl offengelegter Buchwerte	11	19	28	21	62	54	24	6	2	227
		Anteil am immateriellen Vermögen (Mittelwert)	72 %	58 %	72 %	56 %	68 %	71 %	52 %	51 %	75 %	65 %
		Anteil am immateriellen Vermögen (Median)	82 %	70 %	87 %	71 %	78 %	82 %	51 %	43 %	75 %	73 %
	Entwicklungskosten	Anzahl offengelegter Buchwerte	4	8	3	1	30	14	8		1	69
		Anteil am immateriellen Vermögen (Mittelwert)	3 %	41 %	3 %	7 %	34 %	35 %	27 %		1 %	30 %
		Anteil am immateriellen Vermögen (Median)	3 %	12 %	1 %	7 %	25 %	31 %	14 %		1 %	17 %
	Gewerbliche Schutzrechte	Anzahl offengelegter Buchwerte		1	1	1	5	2				10
		Anteil am immateriellen Vermögen (Mittelwert)		91 %	0 %	88 %	40 %	4 %				39 %
		Anteil am immateriellen Vermögen (Median)		91 %	0 %	88 %	41 %	4 %				34 %
	Konzessionen	Anzahl offengelegter Buchwerte				3	1		2			6
		Anteil am immateriellen Vermögen (Mittelwert)				39 %	14 %		8 %			24 %
		Anteil am immateriellen Vermögen (Median)				11 %	14 %		8 %			13 %

Tabelle 9: Anzahl, Mittelwert und Median der offengelegten Buchwerte immaterieller Vermögenswerte in den Geschäftsberichten 2005 je Super-Sektor der Stichprobe (Teil II)

Da die vorhergehenden Ausführungen ein sehr detailliertes Bild der Anwendungsobjekte des Impairment-Tests liefern, erscheint es sinnvoll, die bisherigen Aussagen zu komprimieren: Abbildung 20 (Abbildung 21) zeigt für die zehn im Jahr 2005 (2006) am häufigsten genannten Vermögenswerte den Anteil der Unternehmen, die diesen Vermögenswert nennen, sowie den Median des Buchwertanteils. Berücksichtigt man Nennung und Buchwert der verschiedenen Vermögenswerttypen in den beiden untersuchten Geschäftsjahren, so sind neben dem Goodwill vor allem die gewerblichen Schutzrechte, Konzessionen, Lizenzen, Software, (Software-) Entwicklungskosten, Marken, Patente und nicht vertragliche Kundenbeziehungen von Bedeutung.

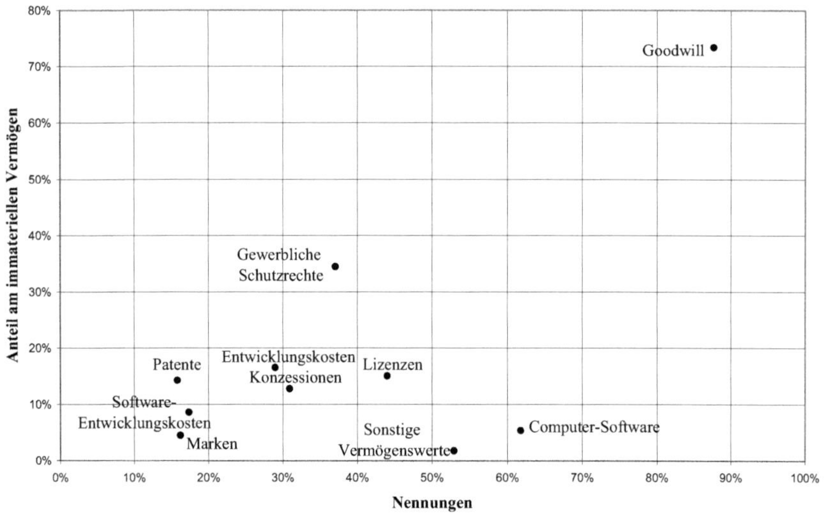

Abbildung 20: Vergleich der aufgrund ihrer Nennung und ihres Anteils am immateriellen Vermögen (Median) im Geschäftsjahr 2005 besonders relevanten immateriellen Vermögenswerte

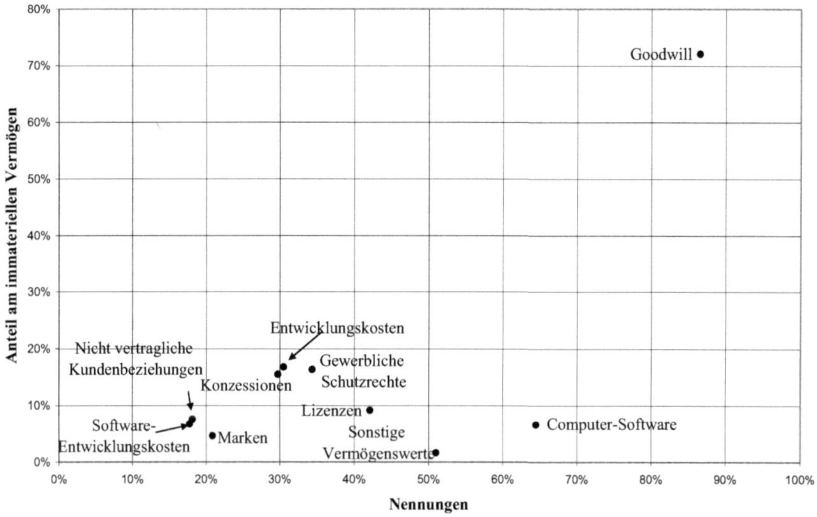

Abbildung 21: Vergleich der aufgrund ihrer Nennung und ihres Anteils am immateriellen Vermögen (Median) im Geschäftsjahr 2006 besonders relevanten immateriellen Vermögenswerte

4.3.3.1.2 Nutzungsdauer

Die zweite untersuchte Leitfrage bezieht sich auf die Nutzungsdauer immaterieller Vermögenswerte. Dies ermöglicht die Feststellung, bei welchen immateriellen Vermögenswerten die Verlässlichkeit des Bilanzwertes ausschließlich von der Qualität des qualitativen und quantitativen Impairment-Tests abhängt.[657] Dies betrifft vor allem die Vermögenswerte mit unbestimmter Nutzungsdauer, da für diese keine planmäßigen Abschreibungen vorgenommen werden.

Insgesamt wurde die Nutzungsdauer von 2.407 einzelnen Vermögenswerten beurteilt. In zwei Drittel der Fälle ist die Nutzungsdauer bestimmbar, so dass der Vermögenswert planmäßig abzuschreiben ist. Für die verbleibenden Vermögenswerte ist die Nutzungsdauer entweder nicht aus dem Geschäftsbericht ersichtlich (275), der Vermögenswert wird als nicht nutzungsbereit beurteilt (8) oder die Nutzungsdauer ist unbeschränkt (528). Abbildung 22 zeigt, bei welchen Vermögenswerten zum Teil eine unbestimmte und eine bestimmte Nutzungsdauer auftreten.

[657] Vgl. dazu die Erläuterungen in Abschnitt 3.2.2.2.3.

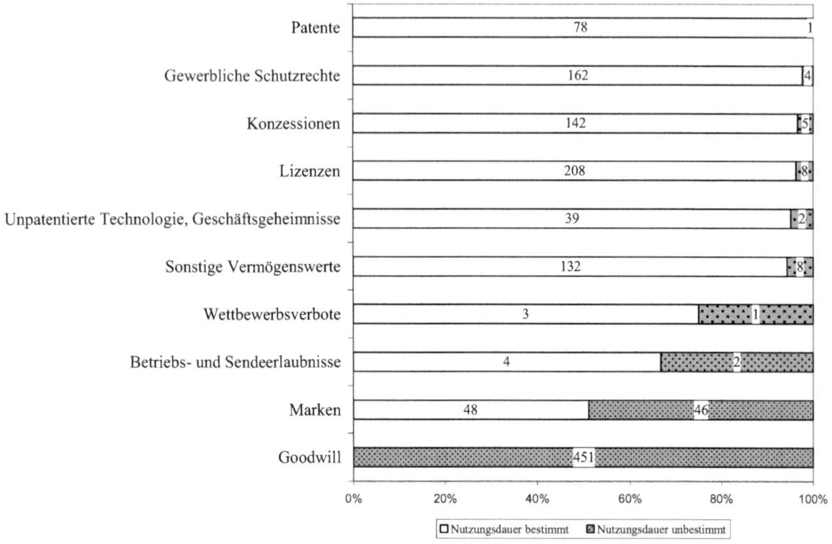

Abbildung 22: Vermögenswerte mit teilweise unbestimmter und teilweise bestimmter Nutzungsdauer

Es wird deutlich, dass neben dem Geschäfts- oder Firmenwert, der immer eine unbestimmte Nutzungsdauer hat, sich für Marken oft keine Nutzungsdauer ermitteln lässt. Bereits im vorangegangenen Abschnitt konnte für diese beiden Vermögenswerttypen herausgestellt werden, dass ihnen innerhalb des immateriellen Vermögens (aufgrund ihres Vorkommens in den Unternehmensbilanzen und ihres Anteils am gesamten immateriellen Vermögen) eine besonders große Bedeutung zukommt. Daraus folgt, dass der qualitative Impairment-Test insbesondere geeignet sein muss, Wertminderungen dieser Vermögenswerte rechtzeitig anzuzeigen. Wird in Kapitel 5 die Notwendigkeit diskutiert, für den qualitativen Impairment-Test Anpassungen im Risikomanagement vorzunehmen, so sind dabei insbesondere Marke und Goodwill Vermögenswerte zu berücksichtigen. Dies darf indes nicht darüber hinwegtäuschen, dass unternehmensindividuell auch andere Vermögenswerte mit unbestimmter Nutzungsdauer auftreten können.

4.3.3.2 Berichterstattung über Wertminderungen

4.3.3.2.1 Immaterielle Vermögenswerte mit Wertminderungen

In den vorangegangenen Abschnitten wurde festgestellt, welche Vermögenswerte grundsätzlich auf ein Impairment überprüft werden müssen. Auf dieser Grundlage soll nun untersucht werden, wie häufig über eine außerplanmäßige Abschreibung berichtet und wie diese erläutert wird. Beispielsweise kommt die Studie von GLAUM/STREET/VOGEL zu dem Ergebnis, dass von 357 europäischen Unternehmen im Untersuchungsjahr 2005 etwa die Hälfte eine Wertminderung im immateriellen Vermögen verzeichnet.[658] Zwei Drittel dieser Abschreibungen entfallen dabei auf den Goodwill.[659] KIRSCH/KOELEN/TINZ stellen für die 23 IFRS-Bilanzierer im DAX fest, dass ca. 30 % im Geschäftsjahr 2005 und 40 % im Geschäftsjahr 2006 eine außerplanmäßige Abschreibung des Firmenwertes vornehmen.[660]

Die eigene Untersuchung des Prime Standards liefert ähnliche, aber deutlich detailliertere Ergebnisse. Von den untersuchten Unternehmen berichten im Geschäftsjahr 2005 (2006) ca. 35 % (33 %) eine Wertminderung. Tabelle 10 differenziert diese Abwertungen nach den verschieden Vermögenswerten und zeigt, wie viele der Unternehmen, die über Vermögenswerte eines Typs verfügen, diese wertberichtigten. Von den in IFRS 3 genannten Vermögenswertgruppen werden vor allen anderen die kunstbezogenen häufig außerplanmäßig abgeschrieben. Im Geschäftsjahr 2005 haben fünf der sieben Unternehmen (71 %), die einen solchen Vermögenswert ausweisen, eine Wertberichtigung vorgenommen. Im darauffolgenden Geschäftsjahr sind es fünf von acht Unternehmen (63 %). Für marketingbezogene Vermögenswerte ergibt sich die zweithöchste Relation, allerdings sind (absolut) mehr als doppelt so viele Unternehmen von einer Wertberichtigung betroffen, da marketingbezogene Werte insgesamt eine größere Rolle spielen.[661] Im Geschäftsjahr 2005 nimmt jedes vierte Unternehmen, das über einen solchen Vermögenswert verfügt, eine Abwertung vor. Im Geschäftsjahr 2006 sind dies etwa 10 % der Unternehmen. Die technologiebezogenen immateriellen Vermögenswerte wurden oben als eine Vermögenswertkategorie identifiziert, die bei besonders vielen Unternehmen von Bedeutung ist (2005 und 2006 werden diese von ca. 75 % der Unternehmen genannt).[662] Der Anteil der Unternehmen, die in diesem Be-

---

658 Vgl. GLAUM/STREET/VOGEL (2007), S. 43.

659 Eigene Berechnung auf Basis der Daten von GLAUM/STREET/VOGEL (2007), S. 45.

660 Vgl. KIRSCH/KOELEN/TINZ (2008), S. 91.

661 Vgl. dazu Tabelle 4, Tabelle 8 und Anhang 4.

662 Vgl. Tabelle 4.

reich eine Wertminderung verzeichnen, liegt 2005 bei 13 % und 2006 bei 9 %. Betroffen sind in erster Linie Software, Software-Entwicklungskosten, Patente und unpatentierte Technologie sowie Geschäftsgeheimnisse. Die letzte Gruppe bilden vertragsbezogene Vermögenswerte, bei denen – absolut betrachtet – vor allem Lizenzen abgewertet werden. Dies geschieht bei unter 10 % der aktivierenden Unternehmen.

Bei den Vermögenswerten, die nicht in die Gruppen des IFRS 3 fallen, kommt die Untersuchung des Prime Standards zu ähnlichen Ergebnissen wie vorhergehende Studien. Es kann beobachtet werden, dass etwa 26 % der Unternehmen, die im Geschäftsjahr 2005 einen Goodwill bilanzieren, eine Abwertung vornehmen müssen.[663] Mit Blick auf die Gesamtzahl der beobachteten Impairments in den beiden Geschäftsjahren ist festzustellen, dass der Firmenwert im Vergleich zu allen anderen Vermögenswerten absolut am häufigsten außerplanmäßig abgeschrieben werden muss.

663 Im Geschäftsjahr 2006 sind 23 % der Unternehmen betroffen.

		2005			2006		
		Anzahl Unternehmen mit Vermögenswert	Anzahl Unternehmen mit Wertminderung	Anteil Unternehmen mit Wertminderung	Anzahl Unternehmen mit Vermögenswert	Anzahl Unternehmen mit Wertminderung	Anteil Unternehmen mit Wertminderung
Kunde	Kundenlisten	2	0	0 %	3	0	0 %
	Auftragsbestände	4	0	0 %	8	0	0 %
	Kundenverträge und vertragliche Kundenbeziehungen	3	1	33 %	6	0	0 %
	Nicht vertragliche Kundenbeziehungen	35	3	9 %	47	3	6 %
	Sonstige kundenbezogene Werte	1	1	100 %	0	0	0 %
SUMME		**40**	**5**	**13 %**	**56**	**3**	**5 %**
Kunst	Musikrechte	1	0	0 %	1	0	0 %
	(audio-)visuelles Material	6	5	83 %	6	5	83 %
	Sonstige kunstbezogene Werte	1	0	0 %	2	0	0 %
SUMME		**7**	**5**	**71 %**	**8**	**5**	**63 %**
Marketing	Marken	42	8	19 %	54	4	7 %
	Internet-Domains	6	2	33 %	5	0	0 %
	Wettbewerbsverbote	1	0	0 %	3	0	0 %
	Vermarktungsrechte	7	3	43 %	7	2	29 %
SUMME		**51**	**12**	**24 %**	**60**	**6**	**10 %**
Technologie	Patente	41	4	10 %	42	4	10 %
	Computer-Software	160	17	11 %	167	11	7 %
	Unpatentierte Technologie, Geschäftsgeheimnisse	16	3	19 %	20	2	10 %
	Datenbanken	1	0	0 %	1	0	0 %
	Software-Entwicklungskosten	45	4	9 %	46	5	11 %
	Sonstige technologiebezogene Werte	2	0	0 %	1	0	0 %
SUMME		**195**	**25**	**13 %**	**195**	**18**	**9 %**
Vertrag	Lizenzen	114	7	6 %	109	8	7 %
	Sonstige Verträge	6	0	0 %	12	2	17 %
	Leasingverträge	9	1	11 %	10	1	10 %
	Franchisevereinbarungen	3	0	0 %	2	0	0 %
	Betriebs- und Sendeerlaubnisse	1	1	100 %	1	1	100 %
	Nutzungsrechte	5	0	0 %	7	0	0 %
	Emissionsrechte	3	0	0 %	3	0	0 %
SUMME		**126**	**9**	**7 %**	**125**	**11**	**9 %**
Weitere immaterielle Vermögenswerte	Sonstige Vermögenswerte	137	5	4 %	132	6	5 %
	Goodwill	227	60	26 %	224	52	23 %
	Entwicklungskosten	75	11	15 %	79	11	14 %
	Gewerbliche Schutzrechte	96	5	5 %	89	6	7 %
	Konzessionen	80	3	4 %	77	3	4 %

Tabelle 10: Absolute Häufigkeit von Unternehmen der Stichprobe mit Wertminderungen und Anteil der Unternehmen mit Wertminderungen an der Gesamtzahl von Unternehmen, die über einen entsprechenden Vermögenswert verfügen[664]

Ähnlich wie bei den Buchwerten der immateriellen Vermögenswerte wird von einigen Unternehmen nur die Höhe der außerplanmäßigen Abschreibung für eine Gruppe von Vermögenswerten berichtet, nicht aber für einzelne Vermögenswertarten. Wird der Impairmentbetrag vermögenswertindividuell offengelegt, zeigt sich eine besondere Bedeutung der außerplanmäßigen Abschreibungen auf Firmenwerte. Tabelle 11 enthält für die fünf Vermögenswertgruppen und ergänzend für den Goodwill die Höhe der

[664] Die Spalte Wertminderungen zeigt die Anzahl der Unternehmen, bei denen ein entsprechender Vermögenswert abgewertet wurde. Die Summenzeilen beziehen sich auf die Vermögenswertgruppen und lassen sich nicht als Summe der darüberliegenden Zellen ermitteln, da ein Unternehmen, das mehrere Vermögenswerte einer Gruppe außerplanmäßig abschreibt in der Summenzeile nur einmal erscheint.

außerplanmäßigen Abschreibung in Prozent des immateriellen Vermögens (Mittelwert und Median)[665] und die Anzahl der Unternehmen, die die Höhe der außerplanmäßigen Abschreibung für den Vermögenswert angeben. Die Tabelle bezieht sich auf den gesamten Untersuchungszeitraum (2005 und 2006). Für die übrigen Vermögenswerte enthält Anhang 5 die entsprechenden Daten.

	Anzahl Wertminderungen	Anzahl Impairmenthöhe offengelegt	Mittelwert Wertminderung (in % des immateriellen Vermögens)	Median Wertminderung (in % des immateriellen Vermögens)
Kundenbezogene Werte	8	5	5 %	1 %
Kunstbezogene Werte	10	10	6 %	4 %
Marketingbezogene Werte	18	16	5 %	1 %
Technologiebezogene Werte	43	31	2 %	1 %
Vertragsbezogene Werte	20	14	8 %	3 %
Goodwill	112	112	12 %	2 %

Tabelle 11: Absolute Häufigkeit von Wertminderungen in der Stichprobe und Mittelwert sowie Median der Impairmenthöhe in Prozent des immateriellen Vermögens für ausgewählte Vermögenswerte über den gesamten Untersuchungszeitraum

4.3.3.2.2 Begründungen für Impairments

Für diejenigen immateriellen Vermögenswerte, die zum Ende des Geschäftsjahres 2005 bzw. 2006 außerplanmäßig abgeschrieben werden, können weitere Analysen durchgeführt werden. IAS 36.130 verlangt, die Ereignisse und Umstände anzugeben, die zu einer wesentlichen außerplanmäßigen Abschreibung geführt haben. Wird im

[665] Die Bestimmung der Höhe eines einzelnen Impairments erfolgt in Prozent des immateriellen Vermögens des entsprechenden Unternehmens und nicht in Prozent des Restbuchwertes des einzelnen, abgeschriebenen Vermögenswertes. Der Grund hierfür ist, dass nicht in allen Fällen, in denen eine Wertminderung vorgenommen wird auch der Restbuchwert des einzelnen Vermögenswertes offengelegt wird, aber immer die Höhe des immateriellen Vermögens je Unternehmen bekannt ist.

Rahmen des qualitativen Impairment-Tests festgestellt, dass ein Wertminderungsanzeichen vorliegt, muss ein quantitativer Impairment-Test ausgelöst werden (IAS 36.9, IAS 38.108 (b)). HAGER/HITZ stellen für 53 deutsche IFRS-Anwender, die 2005 eine außerplanmäßige Abschreibung eines immateriellen Vermögenswertes vorgenommen haben, fest, dass in ca. 60 % der Fälle keine Angaben zu den Gründen der Wertminderung erfolgen.[666] Die Studie enthält keine Hinweise darauf, welche Gründe die verbleibenden 40 % für das Impairment anführen und welche Vermögenswerte abgewertet werden. Eine Untersuchung der Impairment-Begründungen kann allerdings hilfreich sein, die Überwachung der Werthaltigkeit zu verbessern und Anzeichen für Wertminderungen beim qualitativen Impairment-Tests früher zu erkennen.[667]

Zunächst soll analog zu HAGER/HITZ festgestellt werden, wie häufig in der Untersuchungsgruppe ein Impairment im immateriellen Vermögen begründet wird. Weiter soll danach unterschieden werden, ob sämtliche berichteten außerplanmäßigen Abschreibungen, die ein einzelnes Unternehmen vornimmt, begründet werden oder nur ein Teil davon.[668] Für das Geschäftsjahr 2005 (2006) lässt sich beobachten, dass etwa 42 % (53 %) der Unternehmen sämtliche und 12 % (7 %) zumindest einen Teil der Wertminderungen begründen (Abbildung 23). Die restlichen Unternehmen liefern keine Gründe für das Impairment. Ein Vergleich der beiden Geschäftsjahre zeigt, dass der Anteil dieser Unternehmen allerdings abnimmt.

666 Vgl. hier und folgend zur angesprochenen Studie HAGER/HITZ (2007), S. 211.

667 Dieser Zusammenhang wird in Kapitel 5 näher beleuchtet.

668 Wird im Folgenden von vollständig begründeten Impairments gesprochen, so bedeutet dies, dass alle von einem Unternehmen im Abschluss genannten Wertminderungen im immateriellen Vermögen, begründet werden.

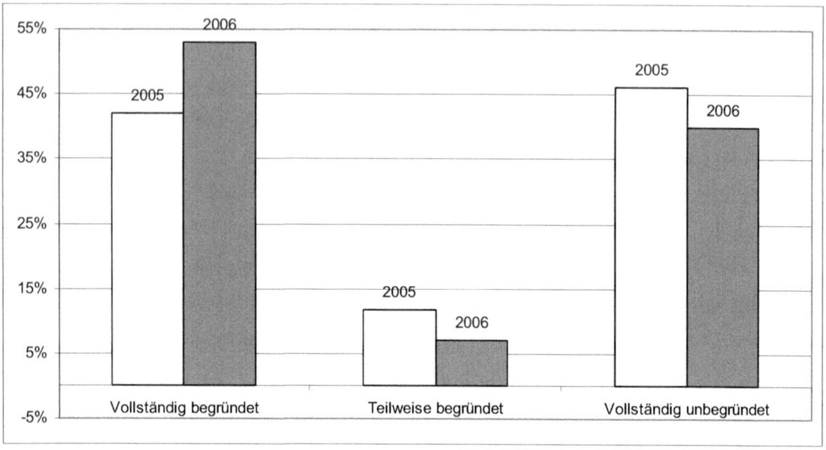

Abbildung 23: Anteil von Wertminderungen in den Geschäftsjahren 2005 und 2006, die teilweise, vollständig oder überhaupt nicht begründet werden

Im nächsten Schritt sollen die Gründe für eine Wertminderung genauer betrachtet werden. Zur Systematisierung wird auf den Indikatorkatalog aus IAS 36.12 zurückgegriffen, der eine nicht abschließende Aufzählung interner und externer Anzeichen für eine Wertminderung enthält.[669] In Abschnitt 3.4.2.1 wurde die Eignung der – grundsätzlich für alle Arten von Vermögenswerten anzuwendenden – Indikatoren für immaterielle Vermögenswerte diskutiert. Dabei wurde festgestellt, dass im Rahmen der externen Indikatoren insbesondere Zinssatzveränderungen und nachteilige Veränderungen im technischen, marktbezogenen, ökonomischen oder gesetzlichen Umfeld für das immaterielle Vermögen geeignet erscheinen.[670] Als besonders relevante interne Anzeichen wurden Nutzungsänderungen des Vermögenswertes sowie Hinweise des internen Berichtswesens identifiziert. Diese Aussagen beruhen auf Ergebnissen der theoretischen Diskussion, die bislang keiner empirischen Überprüfung unterzogen wurden. Im Folgenden soll daher die Relevanz der unterschiedlichen Indikatoren für Wertminderungen in der Untersuchungsgruppe beurteilt werden.

In den Abschlüssen 2005 und 2006 sind insgesamt 157 Begründungen für Wertminderungen immaterieller Vermögenswerte enthalten. In einigen Fällen wird sogar mehr als ein Grund für ein Impairment angeführt. Von den ermittelten Begründungen lassen

669 Vgl. dazu Abschnitt 4.3.2.3. Vgl. zur Beschreibung der Indikatoren Abschnitt 3.4.2.1.
670 Vgl. hier und folgend ausführlich Abschnitt 3.4.2.1.

sich alle bis auf 14 einem der in IAS 36.12 genannten Wertminderungsanzeichen zuordnen. Diese werden daher in der Kategorie „Sonstige Wertminderungsanzeichen" zusammengefasst. Von den übrigen Impairments werden 60 % mit internen und 40 % mit externen Indikatoren begründet. Abbildung 24 zeigt, wie häufig die unterschiedlichen Begründungen genannt werden.

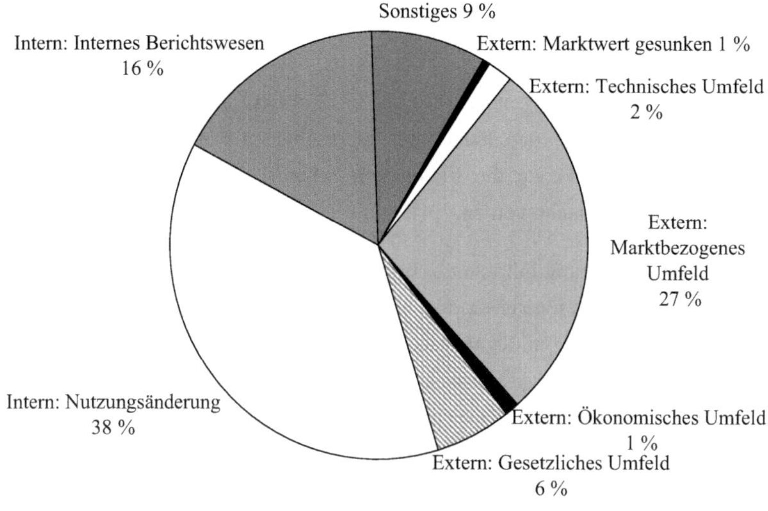

Abbildung 24: Häufigkeit unterschiedlicher Impairment-Begründungen (n = 157)

Es wird deutlich, dass insbesondere Nutzungsänderungen des immateriellen Vermögenswertes (38 %), Veränderungen im marktbezogenen Umfeld (27 %) und Anzeichen im internen Berichtswesen (16 %) bei der Begründung einer außerplanmäßigen Abschreibung von Bedeutung sind. Obwohl die Zuordnung zu den Begründungskategorien in fast allen Fällen (91 %) möglich ist, muss betont werden, dass die Ausführungen zu den einzelnen Wertminderungen nur wenige Informationen enthalten und insgesamt recht knapp sind. Abbildung 25 zeigt zur Veranschaulichung einen Ausschnitt aus dem Geschäftsbericht der CENTROTEC Sustainable AG, die im Geschäftsjahr 2005 außerplanmäßige Firmenwertabschreibungen vorgenommen hat.

> „Die Wertminderungen im Geschäftsjahr wurden im Bereich Wohnhausklimatisierung vorgenommen, da sich aufgrund von Restrukturierungsmaßnahmen in einem Teil der in den Geschäfts- oder Firmenwerten enthaltenen Synergieeffekte und Human Kapital [sic!] nicht mehr realisieren lassen."

Abbildung 25: Begründung der Wertminderung für den Goodwill im Konzernanhang 2006 der CENTROTEC Sustainable AG

Quelle: CENTROTEC Sustainable AG Geschäftsbericht (2006), S. 105.

Die Formulierung der Indikatoren in IAS 36.12 macht deutlich, dass nicht nur zwischen internen und externen Indikatoren unterschieden werden kann, sondern auch danach, welchen Zeitbezug die Indikatoren haben.[671] Dies soll in einem nächsten Schritt genauer untersucht werden.

Eine weitere Auswertung führt zu der Erkenntnis, dass außerplanmäßige Abschreibungen immaterieller Vermögenswerte zu über 75 % als Reaktion auf Ereignisse durchgeführt werden, die bereits in der abgeschlossenen Periode eingetreten sind, oder als Reaktion auf Entwicklungen, die bereits begonnen haben bzw. Entscheidungen, die getroffen wurden und die sich (auch) auf zukünftige Planungen auswirken. Nur in 21 % der Fälle wird ein Impairment vorgenommen, um auf eine zukünftig erwartete Entwicklung zu reagieren, ohne dass gleichzeitig berichtet wird, dass die angesprochene Entwicklung bereits in der abgelaufenen Berichtsperiode begonnen hat bzw. ein entsprechendes Ereignis bereits eingetreten ist. 4 % der begründeten Impairments lassen sich keiner der beiden Kategorien zuordnen. Abbildung 26 zeigt die indikatorweise Untersuchung des Zeitbezugs.

[671] Dies betrifft IAS 37.12 (b), (f), (g). In diesen Fällen unterscheidet der Standard danach, ob Veränderungen „eingetreten [sind] oder (...) in der nächsten Zukunft eintreten (werden)"(IAS 36.12 (b)).

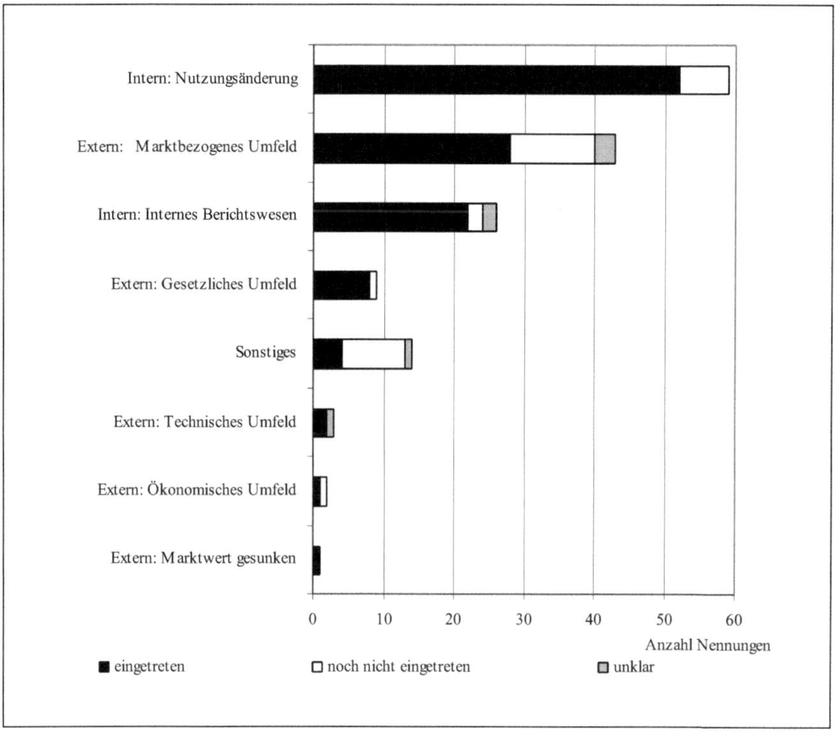

Abbildung 26: Zeitbezug der Wertminderungsursachen

Es lässt sich feststellen, dass sowohl bei den internen als auch bei den externen Indikatoren bzw. Begründungen einer Wertminderungen für alle Kategorien (mit Ausnahme der sonstigen Begründungen) meist auf ein bereits stattgefundenes Ereignis Bezug genommen wird. Den größten Zukunftsbezug im Vergleich zu allen anderen Begründungen haben negative Veränderungen im Markt.

4.3.3.2.3 Zwischenberichterstattung

Nachdem bislang ausschließlich die Berichterstattung zum Ende des Geschäftsjahres dargestellt wurde, steht in diesem Abschnitt die Zwischenberichterstattung im Mittelpunkt, denn Investoren sind nicht nur einmal im Jahr, sondern laufend an Informationen über ein Unternehmen interessiert.[672]

Die Unternehmen des Prime Standard sind dazu verpflichtet, Quartalsberichte zu erstellen.[673] Allerdings müssen diese nicht geprüft werden.[674] Auf die Zwischenberichte sind grundsätzlich die gleichen Rechnungslegungsregeln anzuwenden wie auch auf den Konzernabschluss.[675] Damit gelten die IFRS auch für die Halbjahres- und Quartalsberichte.[676]

Die Grundsätze für die Erstellung von Zwischenberichten nach IFRS enthält IAS 34.[677] Dieser verlangt, unterjährig eine Bilanz, eine Gewinn- und Verlustrechnung, einen Eigenkapitalspiegel, eine Kapitalflussrechnung und Anhangangaben – jeweils zumindest in verkürzter Form – zu erstellen (IAS 34.8). Im Rahmen der verkürzten Anhangangaben ist auch über wesentliche Impairments zu berichten.[678] Die Vorgaben für das Erkennen und Berechnen von Wertminderungen im Zwischenbericht entsprechen grundsätzlich denjenigen, die auch für den Konzernabschluss gelten (IAS 34.30 (a)). Allerdings enthält IAS 34.B36 „aus Zeit- und Wirtschaftlichkeitsgründen“[679] eine deutliche Erleichterung und verlangt einen quantitativen Impairment-Test für den Zwischenbericht nur für den Fall, dass Anzeichen für eine wesentliche Wertminderung bestehen, die nach dem letzten Konzernabschluss eingetreten sind. Aus dem Wortlaut des Standards, der explizit die Überprüfung[680] wesentlicher Wertminderungsanzeichen verlangt, resultiert, dass der qualitative Impairment-Test für jeden Zwischenbericht

672 Vgl. BAETGE/ARMELOH/SCHULZE (1997), S. 176; BAETGE/SCHLÖSSER (1993), S. 226.

673 Siehe § 66 Abs. 1 BörsO (03.11.2008), der die aktuellen Regelungen zur Zwischenberichterstattung enthält. Bereits zuvor galt für Unternehmen des Prime Standards eine Zwischenberichtpflicht, die allerdings an anderer Stelle kodifiziert war. Vgl. dazu NONNENMACHER (2005), Rn. 35.

674 Vgl. FREY (2006), S. 122.

675 Dies folgt aus § 66 Abs. 1 BörsO (03.11.2008) i.V.m. § 37w Abs. 3 Satz 2 WpHG. Während im Geschäftsjahr 2006 alle Unternehmen einen IFRS-Zwischenbericht erstellen, werden im Geschäftsjahr 2005 von 14 Unternehmen Zwischenberichte nach US-GAAP erstellt.

676 Vgl. DEUTSCHE BÖRSE (2006), S. 264.

677 Vgl. HEBESTREIT (2006), Rn. 1. Vgl. auch BAETGE/ROLVERING (2001), S. 513-519.

678 Vgl. HEBESTREIT (2006), Rn. 26 f.; HEUSER/THEILE (2007), Rn. 4836. Für den Goodwill untersagt IFRIC 10.8 die Wertaufholung am Geschäftsjahresende für in Zwischenabschlüssen erfasste Wertminderungen.

679 HEBESTREIT (2006), Rn. 54.

680 Aus dem Wortlaut von IAS 36.9, der verlangt, „einzuschätzen, ob irgendein Anzeichen vorliegt“, folgt, dass das „Einschätzen“ als aktiver Prozess des Unternehmens zu verstehen ist. Ein zufälliges Erkennen von aufgetretenen Wertminderungsanzeichen kann somit nicht gemeint sein.

durchzuführen ist.[681] Insofern gilt für die Unternehmen des Prime Standards, die zur Erstellung von Quartalsabschlüssen verpflichtet sind, dass diese nicht nur zu einer kontinuierlichen Überwachung qualifizierter sondern auch zu einer unterjährigen Überwachung unqualifizierter immaterieller Vermögenswerte verpflichtet sind.[682]

Im Folgenden sollen daher in Ergänzung der vorangegangenen Studien erstmals auch die Zwischenberichte daraufhin untersucht werden, ob und wie über einen zum Geschäftsjahresende wertgeminderten Vermögenswert berichtet wird.[683] Insgesamt werden in den beiden betrachteten Geschäftsjahren 268 außerplanmäßige Abschreibungen immaterieller Vermögenswerte bzw. Gruppen von Vermögenswerten genannt. Bei ca. 60 % der Wertminderungen wird im Zwischenbericht der außerplanmäßig abgeschriebene Vermögenswert nicht genannt. Stellt man die beiden Geschäftsjahre 2005 und 2006 gegenüber, ist erkennbar, dass in 2006 deutlich häufiger (48 % statt 32 %) unterjährig berichtet wird als im Vorjahr. In den Zwischenberichten, in denen eine Nennung erfolgt, ist (über beide Jahre) in 26 % der Fälle die Höhe der bislang für diesen Vermögenswert erfassten Wertminderung ersichtlich. Dabei kann festgestellt werden, dass nur ausnahmsweise darüber berichtet wird, dass eine außerplanmäßige Abschreibung des Vermögenswertes in den ersten neun Monaten des Geschäftsjahres stattgefunden hat. Für die 268 Wertminderungen, die zum Jahresende beobachtet werden können, wird in 27 Fällen (10 %) im dritten Quartalsbericht über eine Wertminderung berichtet, während in 45 Fällen (17 %) der Wertminderungsaufwand mit Null beziffert wird. Abbildung 27 fasst diese Ergebnisse zusammen.

---

[681] Vgl. HOFFMANN (2008b), Rn. 9; IDW (HRSG.) (2006), N, Tz. 172. Es erscheint fraglich, ob diese Forderung praxistauglich ist, da der unterjährigen Durchführung beträchtliche Kosten gegenüber stehen. Vgl. hierzu BAETGE et al. (2008a), Rn. 166 f., die argumentieren, dass für den Zwischenbericht „die in IAS 36.12 vorgesehene detaillierte interne und externe Indikatoranalyse als Voraussetzung eines *Impairment-Tests* aus Zeit- und Kostengründen kaum respektive nur bedingt durchgeführt werden kann. Vielmehr wird ein Unternehmen an Zwischenberichtsstichtagen die Anzeichen für eine wesentliche Wertminderung eines Vermögenswertes seit dem letzten Bilanzstichtag prüfen, um zu bestimmen, ob ein Impairment-Test durchgeführt werden muss (IAS 34, Anhang B.36).“ Zunächst soll daher von der Idealvorstellung einer unterjährigen Durchführung des qualitativen Impairment-Tests ausgegangen werden, bevor diese Forderung in Abschnitt 5.6 mit Blick auf die Einschätzung von BAETGE et al. kritisch gewürdigt wird.

[682] Vgl. Abschnitt 3.4.1.

[683] Vgl. hierzu auch die Leitfragen sieben bis zehn in Abschnitt 4.3.2.2.1.

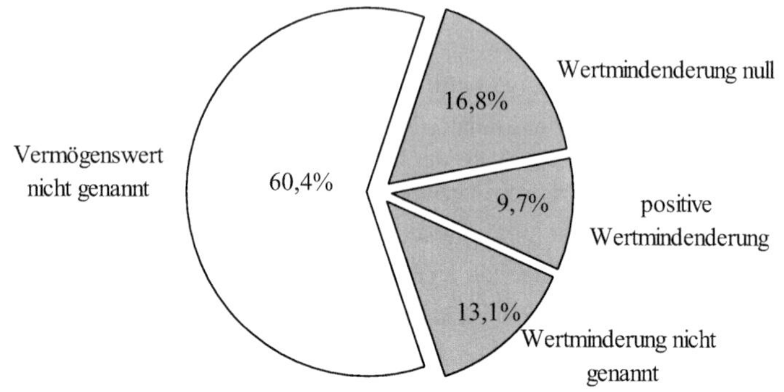

Abbildung 27: Nennung von Vermögenswerten im dritten Quartalsbericht, die zum Jahresende wertberichtigt werden und Berichterstattung über Wertminderungen im Zwischenbericht bei Unternehmen des Prime Standards für die Geschäftsjahre 2005 und 2006

In einem weiteren Schritt soll die Höhe der außerplanmäßigen Abschreibung im Zwischenbericht und zum Geschäftsjahresende gegenübergestellt werden. Dabei lässt sich für die Fälle, in denen im Zwischenbericht eine Impairmenthöhe genannt wird, beobachten, dass in nur 13 % die Impairmenthöhe bis zum Bilanzstichtag unverändert geblieben ist. In über 83 % jedoch hat sich der Wertminderungsbetrag weiter erhöht und in etwa 4 % reduziert. Die vollständige oder teilweise Rücknahme einer außerplanmäßigen Abschreibung ist für alle immateriellen Vermögenswerte mit Ausnahme des Goodwills möglich.[684]

Abschließend sollen die verbalen Erläuterungen im Zwischenbericht über immaterielle Vermögenswerte betrachtet werden, die am Geschäftsjahresende außerplanmäßig abgeschrieben werden. Es kann festgestellt werden, dass ca. 58 % der Unternehmen bereits negativ über den Vermögenswert berichten. Von den verbleibenden ist in 20 % der Fälle keine Zuordnung zu den Kategorien „eher positiv“ bzw. „eher negativ“ möglich. Etwa jedes vierte Unternehmen berichtet positiv über einen wenige Monate später abgewerteten immateriellen Vermögenswert.

[684] Vgl. zum Verbot der Rücknahme von Wertminderungen des Goodwills IFRIC 10.8.

4.4 Zusammenfassung und Diskussion der empirischen Befunde

Die durchgeführte Untersuchung der Geschäftsberichte von Unternehmen des Prime Standards bestand im Wesentlichen aus drei Teilen. In einem ersten Teil wurde analog zu (wenigen) vorhergehenden Studien ein umfassendes Bild der unterschiedlichen Arten aktivierter immaterieller Vermögenswerte in der Untersuchungsgruppe gezeichnet.[685] Ein wesentliches Ergebnis war die Feststellung, dass trotz der relativ großen Vielfalt an immateriellen Vermögenswerten einige wenige besonders hervorstechen. Hierzu zählen Goodwill, Marke, Lizenzen, Software (-entwicklungskosten), nicht vertragliche Kundenbeziehungen und Patente.[686] Folglich sind dies die Hauptanwendungsfälle des (qualitativen und quantitativen) Impairment-Tests. Allerdings ist die Bedeutung des Impairment-Tests im Abschluss entscheidend davon abhängig, ob ein immaterieller Vermögenswert mit bestimmter oder unbestimmter Nutzungsdauer vorliegt.

Schätzt ein Unternehmen zentrale Parameter (z. B. zum Verhalten der Stammkunden oder der Wettbewerber) für das Bewertungsmodell eines immateriellen Vermögenswertes, für den überwiegend keine Marktwerte vorliegen (IAS 38.78), falsch ein, so kann der Bilanzwert keine angemessene Entscheidungsgrundlage für den Investor bilden.[687] Zeigt sich schon bei der Früherkennung von Risiken (wie z. B. Strukturbrüche im Konsumverhalten), die im Rahmen des qualitativen Impairment-Tests erfolgt, dass ein Unternehmen einen quantitativen Impairment-Test nicht bzw. zu spät auslöst, ist fraglich, ob der mit einem Bewertungsverfahren ermittelte Bilanzwert zutreffend sein kann.[688] Da Vermögenswerte mit unbestimmter Nutzungsdauer ausschließlich außerplanmäßig abgeschrieben werden, ist insbesondere hier eine ausreichende Früherken-

[685] Die m.E. einzige aktuelle Studie, die ein ähnlich differenziertes Bild aktivierter immaterieller Vermögenswerte liefert, stammt von WULF (2008b). Andere Studien betrachten immaterielle Vermögenswerte entweder nicht oder aber auf einer sehr aggregierten Ebene, d.h. nur Vermögenswertkategorien (z.B. VÖLCKNER/PIRCHEGGER (2006); HAGER/HITZ (2007)) oder haben keinen Bezug zu den aktuellen IFRS (RÜTTE/HOENES (1995)).

[686] Vgl. hierzu insbesondere Abbildung 20 .Viele Unternehmen nutzen auch die Begriffe des handelsrechtlichen Gliederungsschemas (insbesondere gewerbliche Schutzrechte und Konzessionen), die allerdings keine Aussage darüber zulassen, um welchen Vermögenswert es sich genau handelt. Vgl. dazu die Erläuterungen in Abschnitt 2.3.2.2.

[687] In Anlehnung an KIRCHNER (2006), S. 61, 69.

[688] Vgl. hierzu ausführlich 4.3.2.2.1. Vgl. zum Zusammenhang von Früherkennung und Bewertungskalkül LENZ/TILCH (2008), S. 107.

nung unentbehrlich.[689] Für die untersuchten Vermögenswerte der Unternehmen des Prime Standards betrifft dies vor allem den Goodwill und die Marke.[690]

Im zweiten Teil der Untersuchung konnte in einem ersten Schritt in Übereinstimmung mit vorhergehenden Studien festgestellt werden, dass die Berichterstattungsqualität über Wertminderungsgründe für immaterielle Vermögenswerte relativ schlecht ist.[691] Diese Beobachtung bedeutet allerdings nicht, dass gegen Rechnungslegungsvorschriften verstoßen wird. Vielmehr ist ein Unternehmen nur dazu verpflichtet, *wesentliche* Wertminderungen zu erläutern (IAS 36.130 (a)). Wann genau eine wesentliche Wertminderung vorliegt, ist nicht eindeutig.[692]

Im Gegensatz zu vorhergehenden Studien wurde in einem zweiten Schritt erstmals untersucht, wie Wertminderungen begründet werden.[693] Zur Systematisierung wurde auf den Indikatorkatalog aus IAS 36.12 zurückgegriffen. Ein entscheidendes Ergebnis der Betrachtung war, dass in erster Linie Hinweise aus dem internen Berichtswesen sowie Nutzungsänderungen zur Begründung von Wertminderungen angeführt werden.[694] Es konnte festgehalten werden, dass die internen Indikatoren bereits 54 % der begründeten außerplanmäßigen Abschreibungen erklären. Auf den ersten Blick scheint dies auf eine annähernde Gleichverteilung der Begründungen zwischen internen und externen Indikatoren hinzudeuten. Dies wäre allerdings in zweierlei Hinsicht unzutreffend bzw. problematisch. Unzutreffend ist diese Aussage deshalb, weil die sonstigen Wertminderungsgründe, die etwa 9 % der Fälle ausmachen und weder internen noch externen Indikatoren zuzuordnen sind, noch in Abzug zu bringen sind, so dass tatsächlich nur etwa 37 % der außerplanmäßigen Abschreibungen durch externe Indikatoren erklärt werden. Problematisch ist die Aussage aus einem anderen Grund. Hinweise aus dem internen Berichtswesen liegen hauptsächlich vor, wenn intern berichtete und realisierte Ist-Größen (z. B. Cashflows) von geplanten Größen abweichen.[695] Bleiben

---

689 Vgl. hierzu Abschnitt 3.4.1.

690 Vgl. hierzu Abbildung 22.

691 Vgl. HAGER/HITZ (2007), S. 211.

692 Vgl. zur Diskussion der Wesentlichkeitsgrenze in den IFRS und Berichtspflichten am Beispiel des Goodwills KIRSCH/KOELEN/TINZ (2008), S. 188.

693 Anders als bspw. EPSTEIN/PELLENS/RUHWEDEL (2005) wurden nicht Unternehmen nach ihrer Einschätzung der Bedeutung der testauslösenenden Indikatoren (möglicher Wertminderungsgründe) befragt, sondern es wurden die Erläuterungen von tatsächlich verbuchten Wertminderungen untersucht.

694 Vgl. hier und folgend zu den beiden genannten Indikatoren Abbildung 24.

695 Vgl. HOFFMANN (2008b), Rn. 14; WEIßENBERGER (2007), S. 132 f. Wie in Abschnitt 3.4.2.1 erläutert, kann neben einer Verschlechterung der Ist-Situation im Vergleich zum Plan auch eine Planrevision (Plan-Plan-Vergleich) ein Wertminderungsanzeichen darstellen. In der Stichprobe

bspw. die tatsächlichen Gewinne deutlich hinter den Planungen zurück, kann dies ein Anzeichen für eine eingetretene Wertminderung sein (IAS 36.14 (b)). Eine mögliche Erklärung für einen Gewinnrückgang (Folge) könnte in nachteiligen Marktentwicklungen bestehen wie bspw. in einem veränderten Konsumverhalten (Ursache).[696] Solche Entwicklungen sollten idealtypisch aber nicht erst durch das Auftreten von Verlusten bzw. Ergebnisrückgängen, d. h. durch das Feststellen der Folgen einer Entwicklung, sondern bereits zuvor erkannt werden. Sicherlich wäre es unrealistisch, in der unternehmerischen Praxis zu erwarten, dass sämtliche negativen Entwicklungen und Ereignisse vorhergesehen werden. Nichtsdestotrotz ist der relativ hohe Anteil von Wertminderungen, die mit einem Abweichen der Ist- von den Plangrößen begründet werden, ein Indiz dafür, dass Wertminderungen erst relativ spät verbucht werden.

Als weiterer Grund für außerplanmäßige Abschreibungen werden Nutzungsänderungen genannt.[697] Darunter fallen gemäß IAS 36.12 (f) „die Stilllegung des Vermögenswertes, Planungen für die Einstellung oder Restrukturierung des Bereiches, zu dem ein Vermögenswert gehört, Planungen für den Abgang eines Vermögenswertes vor dem ursprünglich erwarteten Zeitpunkt und die Neueinschätzung der Nutzungsdauer eines Vermögenswertes als begrenzt vielmehr als unbegrenzt." Der Standard unterscheidet weiter danach, ob eine Nutzungsänderung bereits eingetreten ist oder für die Zukunft erwartet wird.[698] Betrachtet man die Geschäftsberichte, in denen eine Wertminderung mit einer Nutzungsänderung begründet wird, genauer, ist festzustellen, dass diese in fast 90 % der Fälle bereits eingetreten ist.[699] Insgesamt wurden 80 % der außerplanmäßigen Abschreibungen mit Ereignissen bzw. Entwicklungen begründet, die in der Vergangenheit eingetreten sind bzw. begonnen haben. Dies könnte als ein Anzeichen dafür interpretiert werden, dass Wertminderungen erst relativ spät verbucht werden. Ein Grund könnte sein, dass vom Management Ermessensspielräume so genutzt werden, dass „schlechte Nachrichten" erst dann kommuniziert werden, wenn dies unausweichlich ist.[700] Eine andere Erklärung, der in dieser Arbeit weiter nachgegangen wird,

---

war allerdings fast ausschließlich der erste Fall zu beobachten. Daher werden im Folgenden Hinweise des internen Berichtswesens und eine negative Plan-Ist-Abweichung vereinfachend gleichgesetzt.

696 In Anlehnung an BAETGE et al. (2008b), Rn. 25. Vgl. auch Abschnitt 3.4.2.1.

697 Nutzungsänderungen werden in 38 % der Fälle als Wertminderungsursache angeführt. Vgl. Abbildung 24.

698 Dies ergibt sich unmittelbar aus dem Wortlaut von IAS 36.12 (f), der explizit darauf verweist, dass sich Veränderungen für die Nutzung „ereignet [haben] oder für die Zukunft erwartet werden.

699 Vgl. dazu 4.3.3.2.2.

700 Vgl. hierzu auch die Erläuterungen zum Earnings Management in Abschnitt 4.2.2.

könnte sein, dass die Früherkennung für Zwecke des Impairment-Tests nicht verlässlich genug ist.

Der dritte Teil der Untersuchung geht ebenfalls über den Fokus bisheriger Studien hinaus und bezieht die Berichterstattung in Zwischenberichten mit in die Untersuchung ein. GLAUM/STREET/VOGEL stellen fest, dass in einem recht großen Sample europäischer Geschäftsberichte keine Hinweise darauf zu finden sind, dass unterjährig bereits ein Impairment-Test aufgrund von Wertminderungsanzeichen stattgefunden hat.[701] Die IFRS sehen nicht vor, dass zum Ende einer Zwischenberichtsperiode zwingend ein quantitativer Impairment-Test durchzuführen ist. Vielmehr folgt aus IAS 34.B36, dass dies nur bei Vorliegen entsprechender Anzeichen zu erfolgen hat.[702] In etwa 10 % der Fälle, in denen zum Jahresende eine Abwertung stattgefunden hat, wurde bis zum Ende des dritten Quartals eine Wertminderung gebucht.[703] Dieser Befund deutet darauf hin, dass in diesen Fällen unterjährig Indikatoren für eine Wertminderung vorgelegen haben müssen. Alternativ wäre es denkbar, dass der quantitative Impairment-Test zum Zeitpunkt der Zwischenberichtserstellung bereits durchgeführt wurde. In diesem Fall wäre allerdings mit einer größeren Anzahl von Unternehmen zu rechnen gewesen, die eine Wertminderung berichten. Zum einen deutet dies darauf hin, dass die Überwachung von Impairment-Indikatoren besser sein könnte, als die Untersuchung von GLAUM/STREET/VOGEL vermuten lässt. Zum anderen kann dieser Befund aber kein Beleg dafür sein, dass die unterjährige Überwachung der Werthaltigkeit von Vermögenswerten bereits ausreichend umgesetzt wird. Vielmehr haben die Ergebnisse gezeigt, dass zum Ende des dritten Quartals zwar bereits drei Viertel des Geschäftsjahres abgelaufen sind, aber erst ein Zehntel aller Impairments erkannt wurde. Des Weiteren zeigt die Gegenüberstellung der Impairments in Zwischenbericht und Geschäftsbericht, dass in über 80 % das Impairment zum Jahresende erhöht werden muss.[704]

Um die Ergebnisse der Untersuchung richtig einzuschätzen, ist auf einige zentrale Limitationen hinzuweisen. Während die Angaben zur Unterscheidung zwischen bestimmter und unbestimmter Nutzungsdauer in den Geschäftsberichten als ausreichend angesehen werden können, besteht eine mögliche Verzerrung der Ergebnisse darin, dass in die Beurteilung der Relevanz unterschiedlicher Arten immaterieller Vermögenswerte nur solche Werte eingehen (können), die im Geschäftsbericht explizit ge-

701 Vgl. GLAUM/STREET/VOGEL (2007), S. 51.
702 Vgl. ebenfalls BAETGE et al. (2008a), Rn. 166 f.
703 Vgl. hierzu Abbildung 27.
704 Vgl. S. 162 dieser Arbeit.

nannt werden. Allerdings konnte auch festgestellt werden, dass in den Fällen, in denen auch der Buchwert der einzelnen Vermögenswerte offengelegt wird, Marke und Goodwill in beiden Jahren über 75 % des gesamten immateriellen Vermögens erklären.[705] Auch die Zuhilfenahme von Buchwerten zur Beurteilung der Relevanz einzelner Vermögenswerte unterliegt der bereits oben angemerkten Schwäche, dass diese in vielen Fällen nicht detailliert berichtet werden. Diese Problematik lässt sich auch auf andere Aspekte der Untersuchung übertragen, da immer nur diejenigen Informationen in der Auswertung berücksichtigt werden können, die im Geschäftsbericht offengelegt werden. Daher ist es zum Beispiel denkbar, dass ein höherer Anteil von Unternehmen bereits unterjährig die vollständige Wertminderung verbucht als oben angegeben. Dies kann dann der Fall sein, wenn diese nicht im Zwischenbericht offengelegt wird.

Es kann festgehalten werden, dass die durchgeführte empirische Untersuchung weitere Anzeichen dafür enthält, dass die Früherkennung von Wertminderungen bislang nicht zu zufriedenstellenden Ergebnissen führt. Die Gründe dafür waren erstens der geringe Anteil externer Wertminderungsindikatoren, zweitens der Vergangenheitsbezug der Indikatoren und drittens die häufig zu positive Berichterstattung im Zwischenbericht. In dieser Arbeit soll daher die These weiter verfolgt werden, dass die Anforderungen an einen qualitativen Impairment-Tests über die schon bislang bestehenden Vorschriften für das Risikomanagement und die aus der unternehmerischen Rationalität folgende Ausgestaltung hinausgehen und daher weitere Anpassungen notwendig sind, um den qualitativen Impairment-Test im Risikomanagement durchzuführen. Diese Diskussion ist Gegenstand des fünften Kapitels.

[705] Vgl. Tabelle 8 und Anhang 4.

5 Anpassungen im Risikomanagement zum Zwecke des qualitativen Impairment-Tests

5.1 Überblick

Die besprochenen empirischen Studien sowie die Ergebnisse der eigenen Untersuchung in Abschnitt 4.3 enthalten Hinweise auf Defizite bei der Durchführung des qualitativen Impairment-Tests.[706] Als zentrales Problem konnte dabei identifiziert werden, dass Bedrohungen der immateriellen Vermögenswerte nicht bzw. spät erkannt werden. Die Untersuchung von PELLENS ET AL. ergab, dass fast 80 % der befragten Unternehmen den qualitativen Impairment-Test als Element des Risikomanagements sehen.[707] Diese Einschätzung deckt sich damit ebenfalls mit der herrschenden Literaturmeinung.[708]

In diesem Kapitel soll das Verhältnis zwischen qualitativem Impairment-Test und Risikomanagement genauer untersucht werden. Dazu soll in einem ersten Schritt eine Auseinandersetzung mit den betriebswirtschaftlichen (Abschnitt 5.2) und den regulatorischen (Abschnitt 5.3) Grundlagen des Risikomanagements sowie empirischen Befunden zu seiner tatsächlichen Ausgestaltung (Abschnitt 5.4) stattfinden. Vom regulatorischen Risikomanagement wird gesprochen, wenn auf gesetzliche Normen des HGB oder des AktG Bezug genommen wird oder Standards des Instituts der Wirtschaftsprüfer in Deutschland e. V. (IDW)[709] oder des Deutschen Standardisierungsrats (DSR)[710] gemeint sind. Die Aspekte, die sich aus rein betriebswirtschaftlichen Überlegungen ergeben, werden unter dem Begriff betriebswirtschaftliches Risikomanagement zusammengefasst.[711]

---

706 Vgl. hier und folgend insbesondere Abschnitt 4.4.

707 Vgl. PELLENS/EPSTEIN/RUHWEDEL (2005), S. 7.

708 Vgl. z. B. WEIßENBERGER/MAIER (2006), S. 2078; KEIM (2004), S. 18 f. und S. 45 f.; BARTELHEIMER/KÜCKELHAUS/WOHLTHAT (2004), S. 28 f.

709 Das Institut der Wirtschaftsprüfer in Deutschland e. V. (IDW) ist eine Interessenvertretung der Wirtschaftsprüfer und Wirtschaftsprüfungsgesellschaften in Deutschland. Das IDW entwickelt u. a. Standards für die Prüfungspraxis, die für die Prüfer zwar nicht rechtsverbindlich sind, im Fall der Nichtbeachtung aber negative Konsequenzen bei Rechtsstreitigkeiten zur Folge haben können. GRAUMANN (2007), S. 19 f.

710 Der Deutsche Standardisierungsrat (DSR) ist ein Gremium des Deutschen Rechnungslegungs Standards Committee e. V. (DRSC). Aufgabe des DSR ist unter anderem die Fortentwicklung der Konzernrechnungslegung. Werden die vom DRS entwickelten Deutschen Rechnungslegungsstandards (DRS) vom Bundesministerium der Justiz öffentlich bekannt gemacht, kann vermutet werden, dass diese für die ordnungsmäßige Rechnungslegung von Konzernen geeignet sind. Vgl. KIRSCH/KÖHRMANN (2007a), Rn. 23.

711 Vgl. zu dieser Abgrenzung auch z. B. WALL (2001), S. 4.

In einem zweiten Schritt sollen die zentralen Anforderungen des qualitativen Impairment-Tests an das Risikomanagement herausgearbeitet werden. Diese werden dann mit den betriebswirtschaftlichen und regulatorischen Anforderungen sowie den empirischen Befunden zum Risikomanagement verglichen (Abschnitt 5.5.2). Abschließend soll diskutiert werden, inwiefern die festgestellten Divergenzen Erklärungen für die beobachteten Defizite beim qualitativen Impairment-Test darstellen können und mit welchen Schwierigkeiten bei der praktischen Implementierung der als notwendig identifizierten Anpassungen zu rechnen ist.

5.2 Betriebswirtschaftliches Risikomanagement

5.2.1 Risikobegriff

Ausgangspunkt der Überlegungen zum Risikomanagement ist der Risikobegriff selbst. Dieser wird in der Literatur nicht einheitlich definiert.[712] Häufig wird zwischen einer *ursachenbezogenen* und einer *wirkungsbezogenen* Begriffsdefinition unterschieden.[713] Die *ursachenbezogene* Perspektive knüpft an Entscheidungssituationen an, in denen keine vollkommene Information (und somit Unsicherheit statt Sicherheit) über die Zukunft besteht.[714] Weiter kann danach unterschieden werden, ob in einer solchen Situation die möglichen Ausprägungen der Umweltzustände bekannt sind und ob für deren Eintreten keine, objektive[715] oder subjektive[716] Wahrscheinlichkeiten vorliegen. Eine eindeutige Nomenklatur der verschiedenen Fallkonstellationen existiert in der Literatur nicht. Häufig wird dann, wenn die Umweltzustände und deren objektive Wahrscheinlichkeiten bekannt sind, von einer Risikosituation gesprochen.[717] Unklar ist, ob dies auch der Fall ist, wenn lediglich subjektive Wahrscheinlichkeiten bekannt sind.[718] In dieser Arbeit wird nicht weiter zwischen subjektiven und objektiven Wahrscheinlich-

---

712 Vgl. WOLF/RUNZHEIMER (2003), S. 29; BAETGE/JERSCHENSKY (1999), S. 220. Vgl. mit weiteren Nachweisen ROGLER (2002), S. 5.

713 Vgl. BRAUN (1984), S. 22; FIEGE (2006), S. 37; WINTER (2004), S. 23-26. Vgl. zu anderen Abgrenzungen IMBODEN (1983), S. 45-47.

714 Vgl. hier und folgend FIEGE (2006), S. 38-41.

715 Objektive Wahrscheinlichkeiten sind intersubjektiv nachprüfbar. Vgl. LAUX (2007), S. 125.

716 Subjektive Wahrscheinlichkeiten sind nicht intersubjektiv nachprüfbar, sondern basieren auf Glaubwürdigkeitsvorstellungen einer Person über die Wahrscheinlichkeit des Eintretens verschiedener Umweltzustände. Vgl. LAUX (2007), S. 125 f.

717 Vgl. z. B. KNIGHT (1964), S. 19 f.; BAMBERG (2002), Sp. 1998; LAUX (2007), S. 23; BERENS/DELFMANN/ SCHMITTING (2004), S. 72; FIEGE (2006), S. 41.

718 Vgl. z. B. zur Auffassung, dass bereits subjektive Wahrscheinlichkeiten ausreichend sind, BAMBERG (2002), Sp. 1998. Vgl. zu einer anderen Meinung z. B. FIEGE (2006), S. 41.

keiten differenziert, so dass von einer Risikosituation schon dann gesprochen wird, wenn überhaupt Wahrscheinlichkeiten –ganz gleich welcher Art – für die verschiedenen Zukunftszustände vorliegen.[719] Sind nur die möglichen Umweltzustände, nicht aber deren (objektive oder zumindest subjektive) Wahrscheinlichkeiten bekannt, wird oft von einer Entscheidungssituation unter Ungewissheit gesprochen.[720] Falls nicht einmal die zukünftigen Umweltzustände bekannt sind, liegt ein offenes Entscheidungsfeld vor.

Von den ursachenbezogenen Begriffsdefinitionen sind die *wirkungsbezogenen* abzugrenzen.[721] Diese definieren Risiko ausgehend von seinen Konsequenzen, unterscheiden sich in ihrem Wortlaut allerdings erneut deutlich voneinander.[722] Einigkeit besteht in dem Punkt, dass Risiko als Zielverfehlung verstanden wird.[723] Dabei wird eine in Bezug auf das angestrebte Ziel positive Abweichung als Chance und eine negative als Risiko i. e. S. bezeichnet.[724] Klarstellend sei darauf hingewiesen, dass die zu einer Chance oder einem Risiko i. e. S. führende Zielverfehlung nicht zwangsläufig ein aktives Handeln voraussetzt, sondern auch durch Passivität bedingt sein kann.[725] Besteht die Möglichkeit einer positiven sowie einer negativen Zielverfehlung, wird von einer symmetrischen Risikosituation gesprochen.[726] Kann nur eines von beiden eintreten, liegt ein asymmetrisches Risiko vor. Symmetrische Risikosituationen, denen meist ein unternehmerisches Handeln zugrunde liegt, werden auch als spekulative Risiken bezeichnet.[727] Ein reines Risiko (Risiko i. e. S.) beinhaltet demgegenüber lediglich einen möglichen Schaden und keine Chancen.

Zu klären ist, welche Risikodefinition betriebswirtschaftlich sinnvoll ist. Nach BAETGE/KIRSCH/THIELE dient die Unternehmensführung in erster Linie den beiden ökonomischen Primärzielen „Geld verdienen“ und „Verdienstquelle sichern“.[728] Zur Erreichung dieser Ziele sind Entscheidungen unter Unsicherheit zu treffen.[729] Damit

---

[719] Vgl. ebenso BAMBERG (2002), Sp. 1998; BERENS/DELFMANN/SCHMITTING (2004), S. 72; LAUX (2007), S. 23.

[720] Vgl. hier und folgend ADAM (2000), S. 334 f.

[721] Vgl. FIEGE (2006), S. 37; WINTER (2004), S. 23-26.

[722] Vgl. zu einer Gegenüberstellung einiger wirkungsbezogener Definitionen BRAUN (1984), S. 23.

[723] Vgl. FIEGE (2006), S. 37; BRAUN (1984), S. 23.

[724] Vgl. REHNER/NEUMAIR (2009), S. 28; FINKE (2005), S. 16; GLEIßNER/LIENHARD/STROEDER (2004), S. 13.

[725] Vgl. DIEDERICHS (2004), S. 10.

[726] Vgl. hier und folgend WEBER/WEIßENBERGER/LIEKWEG (1999a), S. 15.

[727] Vgl. hier und folgend LÜCK (2000), S. 315.

[728] Vgl. BAETGE/KIRSCH/THIELE (2007), S. 6.

[729] In Anlehnung an VON WEIZSÄCKER/KREMPEL (2004), S. 808.

bei den Entscheidungen einerseits die Chancen der zukünftigen Entwicklung genutzt werden können und andererseits die Existenz des Unternehmens nicht gefährdet wird, impliziert die Verfolgung der Primärziele den Umgang mit Chancen und Risiken.[730] Aus betriebswirtschaftlicher Perspektive interessiert somit das Risiko i. w. S.[731] Eine isolierte Betrachtung des Sicherheitsziels wäre nicht sinnvoll,[732] da zwischen den beiden genannten Zielen – insbesondere langfristig – Interdependenzen bestehen.[733] Langfristig bedeutet nämlich Existenzsicherung auch, Erfolgspotenziale zu sichern,[734] so dass auch Chancen überwacht werden müssen.[735]

Im weiteren Verlauf werden die Definitionen des Risikobegriffs mehrmals aufgegriffen und das Risikoverständnis nach regulatorischen Vorgaben (wie z. B. nach KonTraG) dem Risikoverständnis beim qualitativen Impairment-Test gegenübergestellt.

5.2.2 Risikomanagement und Risikocontrolling

5.2.2.1 Ziele und Aufgaben des Risikomanagements

Das Risiko steht im Zentrum der Betrachtung von Risikomanagement und Risikocontrolling. Im Folgenden sollen diese Begriffe daher definiert und voneinander abgegrenzt werden. Ähnlich wie der Risikobegriff wird auch der des Risikomanagements teilweise unterschiedlich verstanden.[736]

Der Begriff „Risikomanagement" impliziert, dass ein Bezug zum Management, d. h. zur Unternehmensführung besteht.[737] Diese hat wie erläutert die Aufgabe, die ökonomischen Primärziele („Geld verdienen" und „Verdienstquelle sichern") zu verfolgen.[738] Das Risikomanagement muss daher einen Beitrag zur Erreichung eben dieser Ziele leisten.[739] Oben wurde festgestellt, dass betriebswirtschaftlich sowohl Chancen

730 Vgl. DIEDERICHS (2004), S. 11.
731 Vgl. BRAUN (1984), S. 27; POLLANZ (1999), S. 394; GLEIßNER (2000), S. 8.
732 Vgl. zu weiteren Zielen des Risikomanagements POLLANZ (1999), S. 394.
733 Vgl. zu diesen BAETGE/KIRSCH/THIELE (2007), S. 6 f.
734 Vgl. BLEUEL/SCHMITTING (2000), S. 91.
735 Vgl. LÜCK (2001), S. 2312.
736 Vgl. DIEDERICHS (2004), S. 10.
737 Vgl. ausführlich zur Managementfunktion als Basis des Risikomanagements STROHMEIER (2007), S. 42-44.
738 Vgl. BAETGE/KIRSCH/THIELE (2007), S. 6.
739 In Anlehnung an MIKUS (1996), S. 108.

als auch Risiken (i. e. S.) überwacht werden müssen. Aufgabe des Risikomanagements ist es in diesem Zusammenhang daher, eine Risikotransparenz herzustellen.[740]

Das Erreichen von Risikotransparenz erfordert vom Risikomanagement eine strukturierte Vorgehensweise.[741] Diese wird häufig als Risikomanagementprozess bezeichnet,[742] dessen Grundlage die Risikopolitik der Unternehmensleitung ist (vgl. Abbildung 28).[743]

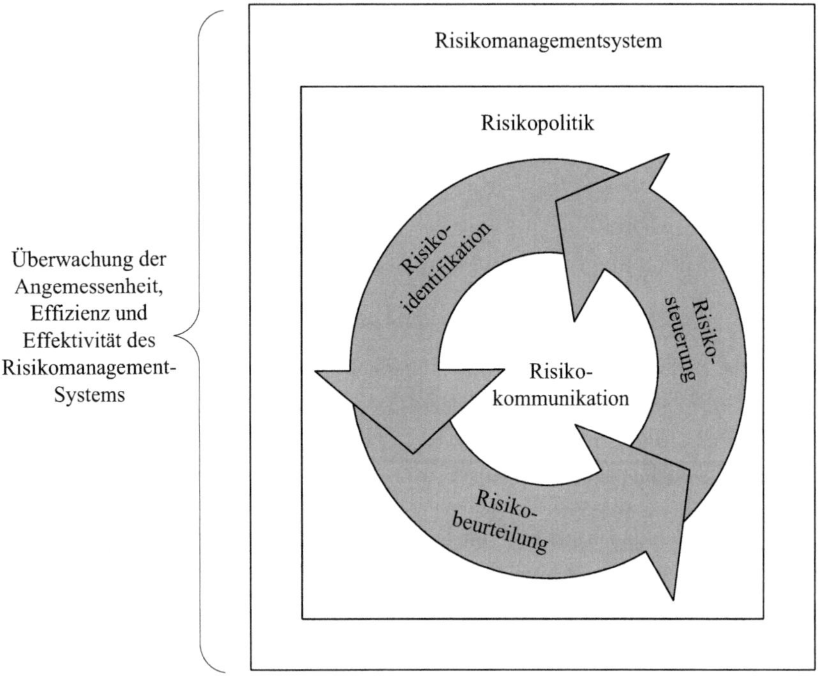

Abbildung 28: Schematische Darstellung des Risikomanagementprozesses

Quelle: Geringfügig modifiziert übernommen von SCHMITTING (2008), S. 242 (mit weiteren Nachweisen).

740 Vgl. GLEIßNER (2008), S. 10.

741 Vgl. STROHMEIER (2007), S. 45.

742 Vgl. z. B. MIKUS (1996), S. 106; ROSENKRANZ/MISSLER-BEHR (2005), S. 41; ROMEIKE (2005), S. 275; HOMBURG (2004), S. 247; PEDELL (2004), S. 6; HORVÁTH/GLEICH (2000), S. 108; WOLKE (2007), S. 3.

743 Vgl. FIEGE (2006), S. 97; VOGLER/GUNDERT (1998), S. 2379.

Mit der Risikopolitik oder Risikostrategie wird die Risikohandhabung und die Risikoeinstellung des Managements für das gesamte Unternehmen festgelegt.[744] Im Rahmen der Risikohandhabung ist z. B. zu bestimmen, welche Risiken maximal eingegangen werden dürfen, wie das Risiko-Chancen-Portfolio in den einzelnen Geschäftsbereichen zu gestalten ist und wann Maßnahmen zur Steuerung der Risiken einzuleiten sind.[745] Diese Vorgaben sollen die Risikoeinstellung des Managements abbilden.[746] Sind die risikopolitischen Grundsätze festgelegt, kann darauf aufbauend der Risikomanagementprozess weiter konkretisiert werden, der in Abbildung 28 wie noch weiter zu begründen ist, als Kreislauf dargestellt wird.

Die Prozessschritte des Risikomanagements werden in der Literatur unterschiedlich abgegrenzt.[747] Häufig erfolgt eine Einteilung in die vier Prozessschritte Risikoidentifikation, Risikobeurteilung, Risikosteuerung und Risikokontrolle.[748] Teilweise werden die Risikoidentifikation und die Risikobeurteilung unter dem Begriff der Risikoanalyse zusammengefasst,[749] andere Autoren wiederum unterteilen die Risikobeurteilung in Risikobewertung und Risikoaggregation.[750] Wieder andere ergänzen das vierschrittige Vorgehen um die Phase der Risikoberichterstattung bzw. Risikokommunikation.[751]

Eine Erklärung für die Vielfalt der Auffassungen zu den Phasen des Risikomanagementprozesses mag sein, dass die Phasen nicht trennscharf sind und sich teilweise überlappen.[752] Die Frage nach der Trennung der Phasen ist auch für die weitere Analyse wichtig. Schließlich unterscheiden auch die IFRS – aus Wirtschaftlichkeitsgründen – einen qualitativen und einen quantitativen Impairment-Test.[753] Da ersterer im Fokus der Arbeit steht, ist später zu diskutieren, ob alle Phasen des Risikomanagementprozesses im Rahmen des qualitativen Impairment-Tests zu durchlaufen sind oder nur ausgewählte. Diese Frage kann erst beantwortet werden, wenn die Anforderungen des qualitativen Impairment Tests an das Risikomanagement identifiziert sind. In Abschnitt 5.2.2.3 werden daher mit der Risikoidentifikation, der Risikobeurteilung, der

[744] Vgl. WALL (2001), S. 214; LÜCK (1998a), S. 1926.
[745] Vgl. LÜCK (1998a), S. 1926.
[746] Vgl. hier und folgend FIEGE (2006), S. 97-99.
[747] Vgl. FIEGE (2006), S. 96.
[748] Vgl. z. B. LÜCK (1998a), S. 1926; WOLKE (2007), S. 4; HORNUNG/REICHMANN/DIEDERICHS (1999), S. 320; DIEDERICHS (2004), S. 15 (mit weiteren Nachweisen).
[749] Vgl. z. B. HÖLSCHER (2002), S. 12 f.; STROHMEIER (2007), S. 49.
[750] Vgl. z. B. FÜSER/GLEIßNER/MEIER (1999), S. 753.
[751] Vgl. z. B. GERPOTT/HOFFMANN (2008), S. 8.
[752] In Anlehnung an FIEGE (2006), S. 96.
[753] Vgl. Abschnitt 3.4.1.

Risikosteuerung, der Risikoüberwachung und der Risikokommunikation alle relevanten Elemente des Risikomanagementprozesses behandelt. Die Kreisdarstellung des Risikomanagementprozesses verdeutlicht, dass nachdem die Risiken indentifiziert, beurteilt und gesteuert sind, eine Risikokontrolle durchzuführen ist.[754] Die Risikokontrolle prüft mittels eines Soll-Ist-Vergleichs fortlaufend, ob weitere Risiken als die bislang identifizierten vorhanden sind, die Risikobeurteilung anzupassen und die Risikosteuerung wirksam ist. Da die Kontrolle in den einzelnen Phasen selbst erfolgt, ist ihr kein eigener Gliederungspunkt gewidmet.

Zusammenfassend stellt das „Risikomanagement als immanenter Bestandteil der Unternehmensführung (..) die Integration organisatorischer Maßnahmen, Risikopolitischer [sic!] Grundsätze sowie die Gesamtheit aller führungsunterstützenden Planung-, Koordinations-, Informations- und Kontrollprozesse dar, die auf eine systematische und kontinuierliche Identifikation, Beurteilung, Steuerung und Überwachung unternehmerischer Risikopotenziale abzielen und eine Gestaltung der Risikolage des Unternehmens mit dem Ziel der Existenzsicherung ermöglichen.“[755] Das Risikomanagementsystem beschreibt hingegen die „ablauf- und aufbauorganisatorische Implementierung des Risikomanagementprozesses wie auch seine Integration in die relevante Unternehmensumwelt“[756].

5.2.2.2 Ziele und Aufgaben des Risikocontrollings

Eng verbunden mit dem Begriff des Risikomanagements ist der des Risikocontrollings.[757] Das Risikocontrolling ist derjenige Teil des Controllings, der Teilaufgaben im Rahmen des Risikomanagements übernimmt.[758] Da sich eine eindeutige Definition des Controllings bislang noch nicht durchgesetzt hat,[759] soll Controlling hier funktional als „Beschaffung, Aufbereitung, Analyse und Kommunikation von Daten zur Vorbereitung zielsetzungsgerechter Entscheidungen“[760] verstanden werden. Folglich werden im Rahmen des Risikocontrollings Informationen für das (Risiko-) Management systema-

[754] Vgl. hier und folgend BURGER/BUCHHART (2002), S. 52 f.
[755] DIEDERICHS (2004), S. 15.
[756] Vgl. SCHMITTING (2008), S. 243.
[757] Vgl. LÜCK (1998a), S. 1929.
[758] Vgl. DIEDERICHS (2004), S. 18 f. und S. 26 f.
[759] Vgl. BERENS/SCHMITTING (2003), S. 356.
[760] MOSIEK (2002), S. 67; RIEPER/WITTE/BERENS (1996), S. 5. Vgl. auch BERENS/BERTELSMANN (2002), Sp. 280-288.

tisch beschafft, aufbereitet, analysiert und schließlich kommuniziert, um eine Risikotransparenz herzustellen und die Führung bei der Risikosteuerung zu unterstützen.[761]

Während die Führung weiterhin die Entscheidungen bezüglich der Risikostrategie und des Umgangs mit Risiken im Rahmen der Risikosteuerung trifft, leistet das Risikocontrolling eine methodische Unterstützung bei der Identifikation und Beurteilung von Risiken.[762] Weiterhin zeigt es die Folgen verschiedener Möglichkeiten des Umgangs mit Risiken auf und übernimmt eine Koordinationsfunktion der Führungsteilsysteme, sodass Risikointerdependenzen Berücksichtigung finden.[763]

Zur Erfüllung dieser Aufgaben können die Instrumente und Methoden des Controllings eingesetzt werden.[764] Ausgewählte Instrumente werden in den folgenden Abschnitten vor dem konkreten Hintergrund der einzelnen Elemente des Risikomanagementprozesses, beginnend mit der Risikoidentifikation, beschrieben.

5.2.2.3 Elemente des Risikomanagementprozesses

5.2.2.3.1 Risikoidentifikation

In diesem Abschnitt soll zunächst ein knapper Überblick über die Risikoidentifikation verschafft werden, bevor anschließend allgemeine Voraussetzungen (Postulate) für eine effektive und effiziente Risikoidentifikation benannt werden. Der Abschnitt schließt mit einer überblicksartigen Darstellung möglicher Instrumente, die in diesem Prozessschritt eingesetzt werden können.

Die Risikoidentifikation ist die erste Phase des Risikomanagementprozesses und wird zum Teil auch als die wichtigste beschrieben, da alle folgenden Schritte von den Ergebnissen der Risikoidentifikation abhängen.[765] Das Ziel der Risikoidentifikation ist die Erfassung sämtlicher Risikopotenziale, die der Erreichung der ökonomischen Primärziele entgegenstehen.[766] Ein weiteres Ergebnis ist die Beobachtung bestehender Ursache-Wirkungs-Zusammenhänge. Nur dann, wenn die Ursachen eines Risikos be-

761 Vgl. ähnlich SIEMES (2002), S. 1.
762 Vgl. BAETGE/JERSCHENSKY (1999), S. 173; DIEDERICHS (2004), S. 26 f.
763 Vgl. PEDELL (2004), S. 5.
764 Vgl. Vgl. BAETGE/JERSCHENSKY (1999), S. 173.
765 Vgl. GLEIßNER (2008), S. 46; BRAUN (1984), S. 217.
766 Vgl. hier und folgend DIEDERICHS (2004), S. 94.

kannt sind, ist es möglich, verlässliche Aussagen über Wechselwirkungen, sog. Risikointerdependenzen, z. B. zwischen zwei Risiken zu treffen.[767]

Um diese Ziele zu erreichen, ist nach herrschender Meinung in der Literatur die Erfüllung einiger zentraler Voraussetzungen, so genannter Postulate der Risikoidentifikation, notwendig.[768] Dabei handelt es sich um die folgenden:

- Vollständigkeit,
- Wesentlichkeit,
- Rechtzeitigkeit,
- Genauigkeit,
- Verlässlichkeit,
- Systematik und
- Flexibilität.[769]

An späterer Stelle werden diese Postulate erneut aufgegriffen, um die Anforderungen des qualitativen Impairment-Tests anhand dieser zu konkretisieren. In diesem Zusammenhang findet auch eine vergleichende Gegenüberstellung mit den Anforderungen des betriebswirtschaftlichen Risikomanagements sowie den regulatorischen Vorgaben statt. Daher sollen die Postulate im Folgenden nur knapp skizziert werden, bevor sie später intensiv analysiert werden.

Als erstes Gebot wird häufig die *Vollständigkeit* der Risikoerfassung genannt.[770] Demnach sollen zunächst alle Risiken, unabhängig von ihrer Art oder Bedeutung, erfasst

---

767 Interdependenzen werden meist über Korrelationen erfasst. Je nachdem wie sich die Eintrittswahrscheinlichkeiten von Risiken gegenseitig beeinflussen ist zwischen „Risikoantinomien, Risikokonkurrenzen, Risikokomplementaritäten und Risikoindifferenzen" (SCHMITTING/SIEMES (2004), S. 104) zu unterscheiden. Vgl. SCHMITTING/SIEMES (2004), S. 104. Antinomien liegen vor, wenn sich die Risiken gegenseitig ausschließen. Konkurrenzen bestehen dann, wenn sich die Risiken gegenseitig teilweise behindern. Von Komplementaritäten wird gesprochen, wenn die Risiken sich gegenseitig fördern. Bestehen keine Wechselwirkungen, liegt eine Risikoindifferenz vor. In Anlehnung an KERN (1972), S. 314.

768 Vgl. DIEDERICHS (2004), S. 97.

769 Vgl. DIEDERICHS (2004), S. 97; MUGLER (1979), S. 88; IMBODEN (1983), S. 100 f.; SIEPE (1994), S. 257-259; FASSE (1995), S. 79 f.; BREBECK/HERRMANN (1997), S. 384 f.; WOLF/RUNZHEIMER (2003), S. 41 f. Vgl. zu diesen Nachweisen auch die Verweise bei DIEDERICHS (2004), S. 97. DIEDERICHS nennt ergänzend die Postulate der Beeinflussbarkeit und des Widerstands. Unter ersterem ist zu verstehen, dass beeinflussbare Risiken häufig nicht berücksichtigt werden, da das Gefährdungspotenzial unterschätzt wird. Unter dem Postulat des Widerstands ist zu verstehen, dass Risiken nicht gemeldet werden, wenn mit Sanktionen zu rechnen ist. Vgl. DIEDERICHS (2004), S. 99. An dieser Stelle werden diese Postulate nicht separat aufgenommen, sondern unter der Forderung nach vollständiger Risikoidentifikation subsumiert.

770 Vgl. DIEDERICHS (2004), S. 98; IMBODEN (1983), S. 100; MUGLER (1979), S. 89.

werden.[771] Dies geschieht vor dem Hintergrund, dass zu Beginn der Risikoidentifikation keine Einschränkung auf bestimmte Risiken vorgenommen werden soll, da sich ihre Bedeutung zu diesem Zeitpunkt häufig nicht verlässlich einschätzen lässt. Das Postulat der Vollständigkeit wird von einigen Autoren eingeschränkt.[772] Diese fordern lediglich die Erfassung wesentlicher Risiken. Die Beschränkung auf eine Teilmenge der Risiken wird mit dem Postulat der *Wesentlichkeit* bzw. *Wirtschaftlichkeit* begründet.[773] Auch wenn eine grundsätzliche Einigkeit über dieses Gebot besteht, wird kritisiert, dass sich, in einem so frühen Stadium die Wesentlichkeit eines Risikos kaum beurteilen lässt.[774] Erst im Rahmen der sich anschließenden Risikobeurteilung ließe sich die Wesentlichkeit bspw. über Eintrittswahrscheinlichkeiten und Schadenshöhen definieren.[775]

Ein wesentliches Ziel des Risikomanagements besteht darin, die Unternehmensexistenz zu sichern.[776] Dies verlangt, sowohl bestehende als auch potenzielle, d. h. für möglich gehaltene Risiken rechtzeitig zu erkennen.[777] Ein verspätetes Aufdecken existenzbedrohender Risiken kann ein erfolgreiches Gegenlenken unter Umständen unmöglich machen. Der *Rechtzeitigkeit* stehen allerdings die Grundsätze der *Verlässlichkeit* und *Genauigkeit* entgegen.[778] Diese verlangen, dass ein Risiko möglichst detailliert und zugleich neutral beschrieben werden sollte. Da zu einem frühen Zeitpunkt konkretisierende Informationen nur im Ausnahmefall vorliegen dürften, ist zwischen den Postulaten abzuwägen.[779] Im Zweifelsfall ist der Rechtzeitigkeit der Vorzug zu geben, um eine Risikosteuerung möglichst frühzeitig einleiten zu können.

Grundsätzlich sollte die Risikoidentifikation so angelegt sein, dass Risiken nicht zufällig, sondern aufgrund eines *systematischen Vorgehens* entdeckt werden.[780] Jede Systematik birgt indes die Gefahr, dass gleichzeitig die *Flexibilität* beschränkt wird. Werden bspw. aufgrund eines vom Unternehmen entwickelten Gefährdungskatalogs (Checkliste) nur bestimmte Risikopotenziale untersucht, so kann eine Veränderung der

771 Vgl. hier und folgend IMBODEN (1983), S. 100.
772 Vgl. hier und folgend z. B. SIEPE (1994), S. 258; BREBECK/HERRMANN (1997), S. 384.
773 Vgl. BREBECK/HERRMANN (1997), S. 384.
774 Vgl. IMBODEN (1983), S. 100.
775 Vgl. SIEPE (1994), S. 259.
776 Vgl. POLLANZ (1999), S. 394.
777 Vgl. hier und folgend IMBODEN (1983), S. 100 f.
778 Vgl. hier und folgend zu diesen Grundsätzen DIEDERICHS (2004), S. 98.
779 Vgl. hier und folgend DIEDERICHS (2004), S. 98.
780 Vgl. hier und folgend SIEPE (1994), S. 58.

Unternehmensprozesse oder der Umwelt dazu führen, dass neue Risiken nicht erkannt werden und der Grundsatz der Vollständigkeit auf diese Weise verletzt wird.

In der Literatur nimmt die Darstellung von Instrumenten und Methoden der Risikoidentifikation einen hohen Stellenwert ein.[781] Diese werden nach vielfältigen Kriterien systematisiert,[782] ohne dass sich bislang eine bestimmte Darstellungsform durchsetzen konnte. Abbildung 29 zeigt daher nur eine mögliche Einteilung der verschiedenen Instrumente, geordnet nach dem methodischen Vorgehen. Auch hier gilt, dass eine überschneidungsfreie Zuordnung der Instrumente nicht immer gegeben und die Aufzählung auch nicht abschließend ist.

Abbildung 29: Mögliche Systematisierung ausgewählter Instrumente der Risikoidentifikation nach FIEGE

Quelle: In Anlehnung an FIEGE (2006), S. 153.

Die Instrumente zur Risikoidentifikation stehen zwar im Fokus der Risikoidentifikation. Das Ziel dieser Arbeit ist aber *nicht* die (ohnehin nur unternehmensindividuell mögliche) Ausgestaltung der Instrumente für die Risikoerkennung bei immateriellen

781 Vgl. z. B. die ausführlichen Darstellungen bei DIEDERICHS (2004), S. 106-137; FIEGE (2006), S. 109-152; GLEIßNER (2008), S. 46-60; SCHMITZ/WEHRHEIM (2006), S. 52-79.

782 Vgl. FIEGE (2006), S. 109.

Vermögenswerten. Daher soll auf eine ausführliche Darstellung zugunsten einer überblicksartigen Erläuterung verzichtet werden.[783]

FIEGE differenziert zwischen Analyse, Frühaufklärung und Prognose als den grundsätzlichen Methoden der Risikoidentifikation.[784] Diesen ordnet sie im nächsten Schritt die in der Abbildung 29 enthaltenen Instrumente zu.[785] Die drei Methoden (Analyse, Frühaufklärung und Prognose) werden dabei nach dem Zeitbezug der genutzten Daten und dem Zeitbezug der damit generierten Aussagen voneinander abgegrenzt.[786] *Analysen* werden hauptsächlich genutzt, um den Status quo zu untersuchen und lassen nur bedingt Schlüsse auf die Zukunft zu. Je nachdem, ob das Unternehmen selbst oder seine Umwelt das Untersuchungsobjekt bilden, werden Unternehmens- und Umweltanalysen unterschieden. Ist keine klare Differenzierung zwischen diesen beiden Ausrichtungen möglich, liegt eine Mischform vor. Dies ist bspw. bei Portfolioanalysen[787] der Fall.

Anders als Analysen haben *Prognosen* einen eindeutigen Zukunftsbezug.[788] Prognosen können, wie dies in Abbildung 29 auch geschieht, nach der Quantifizierbarkeit ihrer Aussagen unterschieden werden.[789] Sowohl für qualitative als auch für quantitative Prognosen wird meist auf Erfahrungen der Vergangenheit zurückgegriffen und eine für die Vergangenheit unterstellte Kausalität auch für die zukünftige Entwicklung angenommen.[790] Dies ist zugleich einer der größten Kritikpunkte an der Prognosetechnik, da Diskontinuitäten nicht erkannt werden.[791] Eine Diskontinuität ist dabei als eine unerwartet eintretende und deutliche Abweichung von einer bis zu diesem Zeitpunkt beobachteten Entwicklung zu verstehen.[792]

783 Vgl. stattdessen DIEDERICHS (2004), S. 106-137; FIEGE (2006), S. 109-152; GLEIßNER (2008), S. 46-60; SCHMITZ/WEHRHEIM (2006), S. 52-79.

784 Vgl. FIEGE (2006), S. 111.

785 Vgl. FIEGE (2006), S. 153.

786 Vgl. hier und folgend FIEGE (2006), S. 111 f.

787 Portfolioanalysen beurteilen i. d. R. strategische Geschäftsfelder aufgrund bestimmter interner und exerner Erfolgsfaktoren. Vgl. ADAM et al. (2004), S. 109.

788 Vgl. hier und folgend mit weiteren Nachweisen zu den Teilaussagen FIEGE (2006), S. 138.

789 Vgl. auch ARBEITSKREIS "EXTERNE UND INTERNE ÜBERWACHUNG" DER SCHMALENBACH-GESELLSCHAFT FÜR BETRIEBSWIRTSCHAFT E.V. (2003), S. 107.

790 Vgl. ARBEITSKREIS "EXTERNE UND INTERNE ÜBERWACHUNG" DER SCHMALENBACH-GESELLSCHAFT FÜR BETRIEBSWIRTSCHAFT E.V. (2003), S. 106; WILD (1982), S. 87; FIEGE (2006), S. 138.

791 Vgl. FIEGE (2006), S. 143.

792 Vgl. hierzu und zu weiteren Nachweisen BLEUEL/SCHMITTING (2000), S. 93.

Die dritte Kategorie bilden Methoden der operativen und die strategischen *Frühaufklärung*.[793] Dabei werden drei Generationen der Frühaufklärung unterschieden. Die erste Generation ist die ausschließlich operativ angelegte Frühwarnung mit der bestehende Risiken erfasst werden. Die zweite Generation (operativ und strategisch) ist die Früherkennung, mit der neben Risiken auch Chancen erkannt werden. Die dritte Generation bildet die strategische Frühaufklärung, mit der potenzielle Risiken und Chancen erfasst und Handlungsalternativen entwickelt werden sollen.[794]

Die Frühaufklärung unterscheidet sich von der Prognose dadurch, dass in ihrer Form als strategische Frühaufklärung auch Diskontinuitäten mit Hilfe schwacher Signale erkannt werden sollen.[795] Schwache Signale können dabei als Vorboten noch nicht eingetretener aber möglicher Strukturbrüche verstanden werden. Dagegen werden mit der Indikatoranalyse im Rahmen der Früherkennung „bereits vorhandene, jedoch nicht unmittelbare wahrnehmbare Risikoanzeichen mit zeitlichem Vorlauf"[796] erkannt. Auch die Frühwarnung ist auf vorhandene Risiken ausgerichtet, greift aber meist auf interne Kennzahlen zurück und kann daher externe Veränderungen nicht erkennen.[797]

Die Risikoidentifikation erfolgt nicht nur mit einem Instrument.[798] Vielmehr sollen alle Instrumente koordiniert eingesetzt werden, um Risikoquellen bestmöglich zu identifizieren. Die identifizierten Risiken werden anschließend in einem sog. Risikokatalog festgehalten.[799] Dieser Katalog ist auf Mehrfachnennungen, die durch den parallelen Einsatz verschiedener Instrumente auftreten können, zu untersuchen und ggf. zu bereinigen. Schließlich sind Risiken systematisch zusammenzufassen, wenn ein Risiko Ursache eines anderen ist. Am Ende der Phase der Risikoidentifikation steht dann ein möglichst überschneidungsfreies Verzeichnis aller identifizierten Risiken, das sog. Risikoinventar.[800]

Die Erläuterungen zur Risikoidentifikation dürfen nicht darüber hinwegtäuschen, dass einem Unternehmen hierbei deutliche Grenzen gesetzt sind, die bereits im Rahmen der oben erläuterten Zielkonflikte zwischen den einzelnen Postulaten des Risikomanage-

793 Vgl. hier und folgend DIEDERICHS (2004), S. 124 mit weiteren Nachweisen.
794 Vgl. KRYSTEK (1999), S. 439.
795 Vgl. hierzu und im Folgenden ANSOFF (1976), S. 129-152.
796 DIEDERICHS (2004), S. 130.
797 Vgl. DIEDERICHS (2004), S. 127.
798 Vgl. hier und folgend DIEDERICHS (2004), S. 136.
799 Vgl. hier und folgend BITZ (2000), S. 27 f.
800 Vgl. GLEIßNER (2008), S. 100.

ments angedeutet wurden.[801] Dies betrifft bspw. das Abwägen zwischen einer möglichst vollständigen Risikoerfassung und Wirtschaftlichkeitsaspekten. Daneben bestehen weitere Problemfelder. So ist zu berücksichtigen, dass die Identifikation von Risiken üblicherweise deutlich von der Kompetenz und der Persönlichkeit des durchführenden Mitarbeiters abhängig ist. Dieser könnte ein mangelndes Risikobewusstsein haben oder aufgrund persönlicher Interessen davor zurückscheuen, bestimmte Risiken zu melden. Schließlich darf nicht vergessen werden, dass trotz diverser Checklisten die Ausgestaltung der Instrumente zum Aufdecken von Risiken weiterhin unternehmensindividuell zu erfolgen hat.

5.2.2.3.2 Risikobeurteilung

Die Risikobeurteilung schließt sich an die Risikoidentifikation als zweiter Prozessschritt an. Im Rahmen der Risikobeurteilung werden die zuvor identifizierten Risiken gemessen, bewertet und weiter analysiert.[802] Die Messung bezieht sich dabei zunächst auf die Einzelrisiken, die in einem weiteren Schritt unter Berücksichtigung von Wechselwirkungen aggregiert werden.[803] Erst dann ist es möglich, diese aggregierten Risiken in Bezug auf ihre Relevanz, z. B. als existenziell oder als vernachlässigbar, zu bewerten.[804] Die Analyse der Risiken wird als kontinuierliche Aufgabe verstanden. Sie dient dem Zweck, die Entwicklung der Risiken im Zeitverlauf zu verfolgen und – sofern noch nicht in der Phase der Risikoidentifikation geschehen – ein Verständnis ihrer Ursachen zu erlangen.

Bevor im Weiteren Instrumente zur Risikobeurteilung vorgestellt werden, ist es wichtig darauf hinzuweisen, dass die Bewertung von Risiken entweder vor oder nach der Berücksichtigung risikosteuernder Maßnahmen erfolgen kann, so dass zwischen Brutto- und Nettorisiken unterschieden wird.[805] Eine Beschränkung auf die Erfassung von Nettorisiken wird aus unterschiedlichen Gründen abgelehnt.[806] Beispielsweise wird angeführt, dass das Risikopotenzial nicht vollständig abgebildet wird oder Veränderungen im Unternehmen dazu führen können, dass Nettorisiken sich im Gegensatz zu

---

801 Vgl. hier und folgend DIEDERICHS (2004), S. 137-139.
802 Vgl. DIEDERICHS (2004), S. 139.
803 Vgl. FIEGE (2006), S. 159.
804 Vgl. hier und folgend KROMSCHRÖDER/LÜCK (1998), S. 1574.
805 Vgl. DIEDERICHS (2004), S. 139 f.
806 Vgl. z. B. FIEGE (2006), S. 161; GLEIẞNER (2008), S. 109; WOLF (2003b), S. 201.

Bruttorisiken verändern.[807] Zur Bewertung der Risiken werden diverse Instrumente genannt, die in der Literatur nach verschiedenen Kriterien systematisiert werden. Im Folgenden soll eine Unterteilung in quantitative und qualitative Risikobewertungsverfahren vorgenommen werden.[808] Die Abbildung und die folgenden Erläuterungen verfolgen nicht das Ziel, eine abschließende Darstellung von Verfahren zur Risikobeurteilung zu bieten, sondern sollen die Trennung in quantitative und qualitative Verfahren veranschaulichen, da auf diese Abgrenzung später erneut eingegangen wird.

Für die folgende Darstellung ist es notwendig, zunächst zwischen der Schadenshöhe (oder das Ausmaß der Chance) und der Eintrittswahrscheinlichkeit als zentralen Risikodimensionen zu unterscheiden.[809] Die Schadenshöhe misst das Ausmaß der Zielabweichung.[810] Die Bestimmung dieses Wertes setzt somit voraus, dass ex ante überhaupt ein Ziel definiert wurde, das aus den unternehmerischen Primärzielen abgeleitet wurde. Ansonsten kann keine Zielverfehlung und somit auch keine Schadenshöhe ermittelt werden. Je nachdem, ob es möglich ist, das Ausmaß der Zielverfehlung zu quantifizieren oder nicht, wird zwischen quantitativer und qualitativer Ermittlung unterschieden.[811] Gleiches gilt für die Eintrittswahrscheinlichkeit.[812] Die Eintrittswahrscheinlichkeit drückt aus, wie wahrscheinlich der Eintritt eines bestimmten Zustands ist, der zum Eintritt des Risikos führt.[813] Dabei können sowohl subjektive als auch objektive Wahrscheinlichkeiten genutzt werden.[814] Um eine Wahrscheinlichkeit für den Risikoeintritt festzulegen, ist es zwingend erforderlich, einen Zeitraum für die Einschätzung zu definieren.[815] Abbildung 30 zeigt einige quantitative und qualitative Verfahren der Risikobewertung, über die im Folgenden ein knapper Überblick gegeben werden soll.

807 Vgl. hier und folgend DIEDERICHS (2004), S. 140.

808 Vgl. hierzu FIEGE (2006), S. 165-185; WOLKE (2007), S. 11; GLEIßNER (2008), S. 104-109.

809 In Anlehnung an WOLF/RUNZHEIMER (2003), S. 58. WOLF/RUNZHEIMER grenzen von der Eintrittswahrscheinlichkeit, die sie auch als Vorhersehbarkeit bezeichnen, noch die Häufigkeit eines Risikoeintritts in der Vergangenheit ab, die allerdings bei der Ermittlung der Risikomaße keine Berücksichtigung findet. Vgl. WOLF/RUNZHEIMER (2003), S. 59. Im Folgenden wird aus Anschaulichkeitsgründen häufig nur mit Risiken i. e. S. argumentiert.

810 Vgl. hier und folgend FIEGE (2006), S. 160.

811 Vgl. BRAUN (1984), S. 233.

812 Vgl. FIEGE (2006), S. 175.

813 Vgl. FIEGE (2006), S. 160.

814 Vgl. zur Abgrenzung subjektiver und objektiver Wahrscheinlichkeiten Abschnitt 5.2.1.

815 Vgl. DEMBO/FREEMAN (1998), S. 38-40.

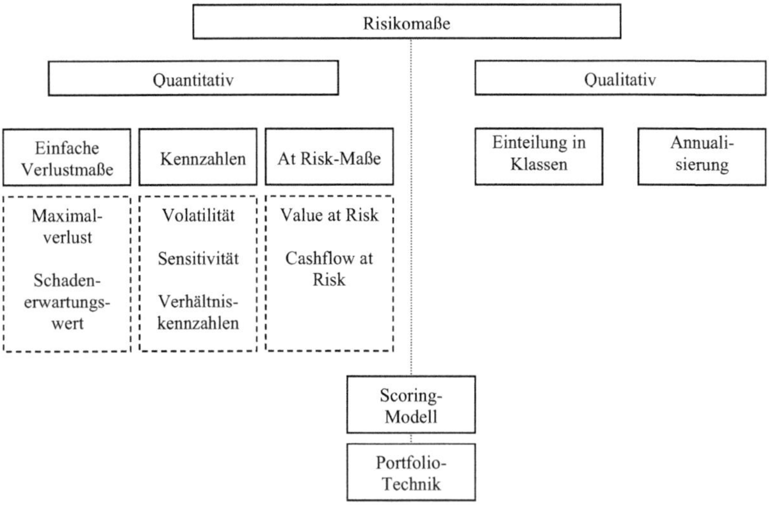

Abbildung 30: Übersicht über ausgewählte quantitative und qualitative Risikomaße

Quelle: In Anlehnung an WOLKE (2007), S. 11.

Die quantitativen Risikomaße können in einfache Verlustmaße, Kennzahlen und At Risk-Maße unterteilt werden.[816] Einfache Verlustmaße werden danach unterschieden, ob sie nur die Risikodimension Schadenshöhe nutzen oder ob auch die Eintrittswahrscheinlichkeit berücksichtigt wird. Wird bspw. der maximal mögliche Schaden ermittelt, liegt ersterer Fall vor, wird der Schadenerwartungswert bestimmt, letzterer.[817]

Eine weitere Möglichkeit, ein quantitatives Risikomaß zu ermitteln, bieten die (etwas komplexeren) Kennzahlen.[818] Dabei kann, ähnlich wie bei den gerade besprochenen einfachen Verlustmaßen, danach unterschieden werden, inwiefern die Dimensionen des Risikos (Ausmaß, Eintrittswahrscheinlichkeit) genutzt werden. Liegen keine Wahrscheinlichkeitsinformationen vor, kann bspw. mit der Sensitivitätsanalyse bestimmt werden, wie empfindlich eine Zielgröße auf Veränderung einer oder mehrerer Eingangsgrößen reagiert. Sollen beide Risikodimensionen für eine Kennzahlenbildung

816 Vgl. hier und folgend WOLKE (2007), S. 11-14.

817 Der Schadenerwartungswert ergibt sich als Summenprodukt der möglichen Schadenshöhen und der zugehörigen Eintrittswahrscheinlichkeiten. Vgl. WOLKE (2007), S. 14. Dieses Vorgehen kann dazu führen, dass ein als unwahrscheinlich angenommener aber existenzieller Schaden einem sehr wahrscheinlichen aber im Ausmaß eher geringeren Schaden als gleichbedeutend gegenübergestellt wird. Vgl. DIEDERICHS (2004), S. 143.

818 Vgl. hier und folgend WOLKE (2007), S. 16-26.

genutzt werden, kann z. B. die Volatilität eines Zielwertes berechnet werden, die die durchschnittliche Abweichung vom Erwartungswert des Zielwerts misst. Auch Verhältniskennzahlen können beide Risikodimensionen nutzen.[819] Diese Kennzahlen werden als Quotient aus einem Erfolgsmaß und einem Risikomaß gebildet. Als Erfolgsgröße kommt beispielweise der erwartete Überschuss nach Risikokosten und als Risikomaß der Value at Risk, der im Folgenden beschrieben wird, in Frage.[820]

Die dritte Gruppe quantitativer Risikomaße bilden die At Risk-Maße, die vor allem in der Finanzbranche eingesetzt werden.[821] Die Verwendung dieser Maße setzt das Vorliegen objektiver Daten über Höhe und Wahrscheinlichkeit des Risikos voraus.[822] Der Value at Risk, als prominenter Vertreter der Gruppe, ist dabei definiert als der maximale Schaden, der innerhalb einer Periode mit einer zu bestimmenden Wahrscheinlichkeit nicht überschritten wird.[823] Ein ähnliches Maß, das außerhalb der Finanzbranche eine höhere Relevanz besitzt, ist der Cashflow at Risk, der die mit einer bestimmten Wahrscheinlichkeit maximal eintretende Unterschreitung eines erwarteten Cashflows bezeichnet.[824]

Von den quantitativen Risikomessverfahren sind die qualitativen abzugrenzen. Die qualitativen Verfahren unterscheiden sich dadurch, dass sie die „ökonomische[n] Konsequenzen von Risiken“[825] eben nicht exakt numerisch abbilden.[826] Eine Möglichkeit, Risiken qualitativ zu bewerten, liefern Klassifizierungsmodelle.[827] Dabei werden Risiken auf einer Skala von z. B. irrelevant bis existenzbedrohend eingeschätzt. Analog könnte für die Eintrittswahrscheinlichkeiten vorgegangen werden. Alternativ kann die Eintrittswahrscheinlichkeit auch mittels Annualisierung bestimmt werden. Dabei wird ein Entscheider befragt, wie häufig ein bestimmtes Risiko in einem definierten Zeitraum (z. B. in zehn Jahren) auftritt. Daraus kann dann eine subjektive Wahrscheinlichkeit abgeleitet werden. Fraglich ist in diesem Fall, ob wirklich ein qualitatives Verfah-

---

819 Vgl. hier und folgend FIEGE (2006), S. 174.
820 Vgl. HOMBURG (2004), S. 259 f.
821 Vgl. GLEIßNER (2008), S. 112.
822 Vgl. FIEGE (2006), S. 167.
823 Vgl. GLEIßNER (2008), S. 112. Vgl. ausführlich zum Value at Risk DIEDERICHS (2004), S. 165-180.
824 Vgl. PELLENS/CRASSELT/SELLHORN (2007), S. 277.
825 GERPOTT/HOFFMANN (2008), S. 11.
826 Vgl. GERPOTT/HOFFMANN (2008), S. 11.
827 Vgl. hier und folgend FIEGE (2006), S. 175-178.

ren vorliegt, da eine (scheingenaue) Transformation von qualitativen in quantitative Daten stattfindet.[828]

Neben den qualitativen und quantitativen Instrumenten der Risikobeurteilung existieren Mischverfahren.[829] Dazu zählen die Portfolio-Technik und die Scoring-Methode. Bei der Portfolio-Technik werden Risiken anhand der Dimensionen Eintrittswahrscheinlichkeit und Schadensausmaß bzw. -intensität grafisch gegenübergestellt.[830] Auch Vergleiche aufgrund anderer Kriterien sind möglich. Abbildung 31 zeigt ein Beispiel für eine solche Risk Map.

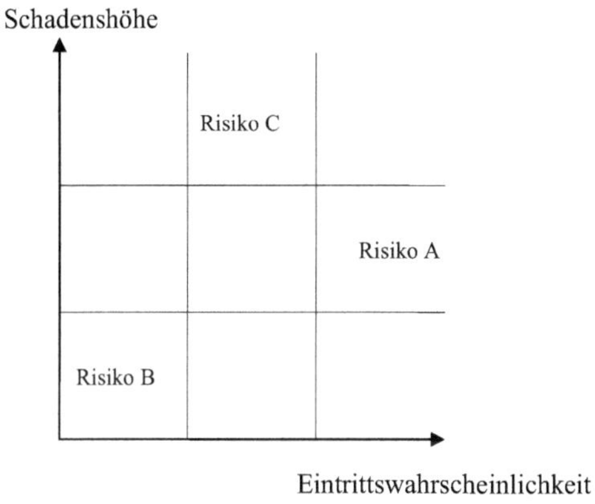

Abbildung 31: Exemplarische Risk Map

Quelle: In Anlehnung an HORNUNG/REICHMANN/DIEDERICHS (1999), S. 321.

Die Achseneinteilung kann sowohl aufgrund qualitativer als auch auf Basis quantitativer Überlegungen erfolgen.[831] Qualitativ ist sie dann, wenn an den Achsen keine Schadenshöhe in Geldeinheiten und keine Eintrittswahrscheinlichkeit in Prozent angegeben wird, sondern eine verbale Klassifizierung abgetragen wird. In der Literatur finden sich einige Möglichkeiten zur Erweiterung von Risk Maps.[832] Zum Beispiel wird eine Ausweitung der Darstellungsform auf Chancen genannt. Außerdem wird eine (hyperbolische) Risikotoleranzgrenze ergänzt, die helfen soll, die Risiken zu priorisie-

[828] In Anlehnung an GERPOTT/HOFFMANN (2008), S. 11.

[829] Vgl. hier und folgend FIEGE (2006), S. 179-183.

[830] Vgl. hier und folgend BURGER/BUCHHART (2002), S. 163-167.

[831] Vgl. BURGER/BUCHHART (2002), S. 163.

[832] Vgl. hier und folgend BURGER/BUCHHART (2002), S. 166-171; GLEIßNER (2008), S. 119 f.

ren. In Ergänzung dieses Gedankens werden häufig den verschiedenen Positionen innerhalb der Risk Map unterschiedliche Normstrategien zugewiesen. SCHMITTING/SIEMES schlagen vor, sog. Risikodreiecke in die Risk-Map einzubauen.[833] Die Seiten des Dreiecks geben die Schätzspannen für die Eintrittswahrscheinlichkeit und das Risikoausmaß an. Damit wird die Unsicherheit bei der Schätzung explizit abgebildet. Bei der Verwendung von Risiko-Portfolios wird allerdings auch auf eine Reihe von Problemen hingewiesen.[834] So wird bspw. argumentiert, dass Beziehungen zwischen unterschiedlichen Risiken (Risikointerdependenzen) nicht abgebildet werden, die Darstellung häufig sehr subjektiv sei, die Normstrategien bestenfalls grob und bei der Verwendung der Dimensionen Eintrittswahrscheinlichkeit und Schadensausmaß implizit binomialverteilte Zufallsgrößen unterstellt werden.

Mit der Scoring-Methode steht eine Möglichkeit zur Verfügung, quantitative und qualitative Informationen in einem Modell zu verbinden, um eine einheitliche Risikomaßzahl zu ermitteln.[835] Ein risikoorientiertes Scoring-Modell besteht aus verschiedenen, unterschiedlich gewichteten Kriterien (wie z. B. Eintrittswahrscheinlichkeit, Schadensausmaß und Dringlichkeit), denen ein Entscheider Punktwerte auf einer festgelegten Skala zuordnet. Schließlich werden die Punktwerte der einzelnen Kriterien aufgrund vorgegebener Anteilswerte zu einem Gesamtscoringwert aggregiert, um das Risiko beurteilen zu können.

Stand bislang die Bewertung von Einzelrisiken im Fokus, so darf nicht ver-kannt werden, dass sich alle Risiken *gemeinsam* auf den Unternehmenserfolg und die Bestandssicherheit eines Unternehmens auswirken, so dass letztendlich die Gesamtrisikoposition interessiert.[836] Deren Bestimmung ist die Aufgabe der Risikoaggregation. Bereits im Rahmen der Risikoidentifikation (Abschnitt 5.2.2.3.1) wurde darauf verwiesen, dass bei der Aufstellung des Risikoinventars Beziehungen zwischen den einzelnen Risiken zu berücksichtigen sind. Eben diese Beziehungen sind auch das zentrale Problem bei der Risikoaggregation. Ein einfaches Aufaddieren der unterschiedlichen Risiken würde der Berücksichtigung von Risikointerdependenzen nicht gerecht.[837] Auch das Bilden eines Schadenerwartungswertes stößt auf Probleme, da Angaben zum durchschnittlich zu erwartenden Schaden darüber hinwegtäuschen können, dass ein

[833] Vgl. hier und folgend SCHMITTING/SIEMES (2004), S. 107.
[834] Vgl. hier und folgend BURGER/BUCHHART (2002), S. 172-174; GLEIßNER (2008), S. 120 f.
[835] Vgl. hier und folgend BURGER/BUCHHART (2002), S. 157 f.
[836] Vgl. hier und folgend GLEIßNER (2001), S. 126.
[837] Vgl. hier und folgend GLEIßNER (2008), S. 136-149. Vgl. auch BAETGE/RICHTER (2001), S. 7.

recht unwahrscheinliches Risiko im Schadensfall bestandsgefährdende Dimensionen annehmen kann.[838]

Als umfassende Möglichkeit der Berücksichtigung von Risikointerdependenzen wird der Einsatz der Monte Carlo-Simulation genannt.[839] Für die Risikoeinflussgrößen werden hierbei Verteilungen und gegebenenfalls Korrelationen erfasst. Im Rahmen der Simulation werden dann für eine große Zahl von Simulationsläufen jeweils Zufallszahlen für die einzelnen Einflussfaktoren bestimmt, die die Nebenbedingungen für die Verteilungen und Korrelationen erfüllen. Das Ergebnis der Simulation ist eine Verteilungsfunktion für den möglichen Schaden. Alternativ können auch andere Größen als Ergebnisgröße simuliert werden, wie bspw. die Höhe des Eigenkapitals oder des Jahresüberschusses. Die Monte Carlo-Simulation ist somit ein mögliches Instrument zur Risikoaggregation. Allerdings darf nicht unberücksichtigt bleiben, dass hierfür Verteilungen und Korrelationen empirisch ermittelt bzw. geschätzt werden müssen. Treten bestimmte Risiken nur selten auf, wird es dem Entscheider schwerfallen, diese Daten zu ermitteln.[840]

Eine weitere Möglichkeit, eine Gesamtaussage über die Bestandsfestigkeit eines Unternehmens zu machen, ermöglichen künstliche neuronale Netze.[841] Ein Beispiel hierfür ist das Backpropagationsnetz BP-14 mit 14 Kennzahlen. Aufbauend auf Jahresabschlüssen solventer und insolventer Unternehmen wurden Kennzahlen identifiziert, gewichtet und in einen sog. N-Wert aggregiert, der eine Aussage über die Bestandsfestigkeit des Unternehmens zulässt. Den einzelnen N-Werten sind dabei empirisch ermittelte Insolvenzwahrscheinlichkeiten zugeordnet. Mit Hilfe des BP-14 kann somit eine Gesamtaussage über die Bestandsgefährdung getroffen werden, die die Probleme bei der mathematischen Aggregation der Einzelrisiken umgeht.

---

838 Vgl. zu weiteren Methoden der Risikoaggregation ROMMELFANGER (2008), S. 37-45; BURGER/BUCHHART (2002), S. 94-99; WOLKE (2007), S. 249-258.

839 Vgl. hier und folgend zur Risikoaggregation mittels Monte Carlo-Simulation WOLF (2003a), S. 565-572; BLEUEL (2006), S. 371-379; ROMMELFANGER (2008), S. 39-41; GLEIßNER (2002), S. 420-422.

840 Vgl. ROMMELFANGER (2008), S. 46 f.

841 Vgl. hier und folgend BAETGE/ZÜLCH (2001b), S. 22-36; BAETGE/JERSCHENSKY (1999), S. 173-175; BAETGE (2002), S. 2282 f.; BAETGE/JERSCHENSKY (1996), S. 1581-1584; BAETGE/STELLBRINK (2005), S. 215-221.

5.2.2.3.3 Risikosteuerung

An die Risikobeurteilung schließt sich die Risikosteuerung als dritter Prozessschritt an. Nachdem die Risikopotenziale identifiziert und bewertet sind, gilt es, diese Risiken in Übereinstimmung mit der vom Management determinierten Risikopolitik so zu gestalten, dass eine angestrebte Risikoposition erreicht bzw. nicht überschritten wird.[842] Die angestrebte Risikoposition muss dabei zumindest die Bestandsfähigkeit des Unternehmens sicherstellen, darf aber auch auf eine deutlich geringere Risikotoleranz zielen.[843]

Um die gewünschte Risikoposition zu erreichen, können verschiedene Maßnahmen zur Risikohandhabung, sog. Risikostrategien, verfolgt werden.[844] Jede Strategie erfordert wiederum den Einsatz bestimmter Steuerungsinstrumente. Die denkbaren Strategien werden häufig in ursachenbezogene und wirkungsbezogene unterschieden.[845] Ursachenbezogen ist eine Steuerungsalternative dann, wenn die Eintrittswahrscheinlichkeit eines Risiko reduziert wird.[846] Wirkungsbezogene Strategien sind hingegen auf eine Verminderung des Schadensausmaßes gerichtet. Die im Folgenden genauer erläuterte Abbildung 32 zeigt eine mögliche Systematisierung der Steuerungsstrategien, die nun weiter besprochen werden soll. Deutlich betont werden muss, dass in der Risikomanagementforschung auch zahlreiche andere Systematisierungen zu finden sind. Diese unterscheiden sich von der hier verwendeten darin, dass noch weitere Strategien genannt werden, Strategien weiter unterteilt oder anders zusammengefasst werden und schließlich darin, dass teilweise andere Begriffe genutzt werden.[847]

---

842 Vgl. BAETGE/JERSCHENSKY (1999), S. 172.

843 Vgl. BLEUEL/SCHMITTING (2000), S. 104.

844 Vgl. HORNUNG/REICHMANN/DIEDERICHS (1999), S. 321 f.

845 Vgl. PHILIPP (1967), S. 70; BLEUEL/SCHMITTING (2000), S. 105; DIEDERICHS (2004), S. 188; SIEPE (1994), S. 245; MIKUS (1996), S. 107; SCHRÖER (2007), S. 80; BAYRAM (2007), S. 83.

846 Vgl. hier und folgend WEBER/WEIßENBERGER/LIEKWEG (1999b), S. 1715.

847 Vgl. zu – teilweise auch nur leicht – anderen Strategiesystematisierungsansätzen GLEIßNER (2008), S. 159; BLEUEL/SCHMITTING (2000), S. 105; GERPOTT/HOFFMANN (2008), S. 12; SCHMITZ/WEHRHEIM (2006), S. 94; WOLKE (2007), S. 79; BURGER/BUCHHART (2002), S. 50; BITZ (2000), S. 48; HÖLSCHER (2002), S. 14.

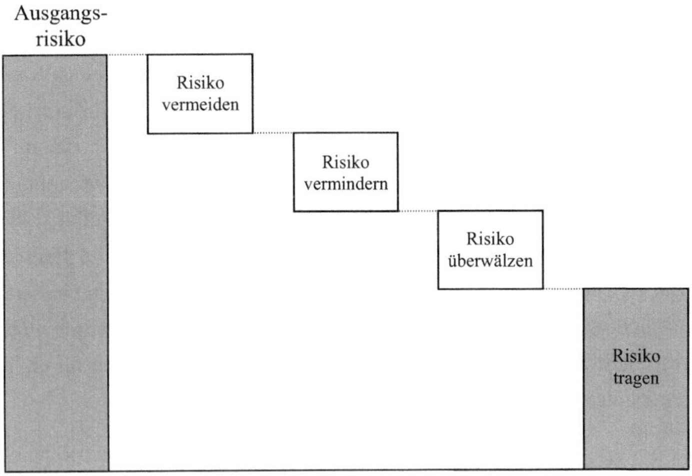

Abbildung 32: Schematische Darstellung möglicher Risikosteuerungsstrategien

Quelle: Geringfügig modifiziert übernommen von BUDERATH/AMLING (2000), S. 145.

Da unternehmerisches Handeln grundsätzlich das Eingehen von Risiken verlangt, kann das *Vermeiden* jeglichen Risikos keine sinnvolle Steuerungsstrategie sein.[848] Ein Risiko kann letztendlich nur dann vollständig vermieden werden, wenn das geplante Geschäft unterbleibt.[849] Dies impliziert zugleich auf eine, dem Risiko spiegelbildlich gegenüberstehende, Chance zu verzichten. In der Literatur wird daher gefolgert, die Strategiealternative „Risikovermeidung" nur in zwei Situationen und ausschließlich auf einzelne Risiken anzuwenden:[850] Zum einen sollte ein Geschäft dann nicht eingegangen werden, wenn Chancen und Risiken dieses Geschäfts nicht in einem angemessenen Verhältnis zueinander stehen.[851] Zum anderen sollte ein Geschäft auch dann unterbleiben, wenn dieses ein bestandsgefährdendes Risiko impliziert. Da das Unterlassen eines Geschäfts bewirkt, dass mit diesem zusammenhängende Risiken nicht eintreten können, handelt es sich hierbei um eine ursachenbezogene Steuerung.[852]

848 Vgl. BAETGE/JERSCHENSKY (1999), S. 172.

849 Vgl. hier und folgend HORNUNG/REICHMANN/DIEDERICHS (1999), S. 321.

850 Vgl. hier und folgend BAETGE/JERSCHENSKY (1999), S. 172.

851 Die Frage, wann ein solches Verhältnis besteht, soll an dieser Stelle nicht weiter diskutiert werden. Allerdings sei darauf hingewiesen, dass diese Frage im Rahmen der Festlegung einer Risikostrategie zu eruieren ist. Vgl. hierzu Abschnitt 5.2.2.1.

852 Vgl. FIEGE (2006), S. 201.

Soll ein Geschäft durchgeführt, das Risiko aber dennoch reduziert werden, bietet es sich an, Steuerungsmaßnahmen zu ergreifen, die die Eintrittswahrscheinlichkeit (ursachenbezogen) bzw. die Schadenshöhe (wirkungsbezogen) eines einzelnen Risikos oder eine Gruppe von Risiken *vermindern*.[853] Dieses Vorgehen wird für solche Risiken empfohlen, die zwar nicht bestandsgefährdend sind, sich aber sehr wohl auf das Unternehmensergebnis auswirken können. Um das Ziel einer Risikominderung zu erreichen, gibt es eine große Anzahl möglicher Maßnahmen:[854] Hierzu zählt insbesondere die Diversifikation.[855] Die Idee, dass nicht perfekt positiv korrelierte Entwicklungen von Vermögenspositionen dazu führen, dass das Gesamtrisiko sinkt, basiert auf der Portfolio-Theorie von Markowitz.[856] Die Risikodiversifikation bietet sich nicht nur für finanzwirtschaftliche Problemstellungen an, sondern wird bspw. auch für die geografische Streuung der Geschäftstätigkeit diskutiert.[857]

Wird ein Risiko gegen Zahlung einer Prämie auf Dritte transferiert, spricht man von *Risikoüberwälzung*.[858] Dabei ist die Versicherung von Risiken die bekannteste, aber nicht die einzige Ausprägung dieser Strategie. Durch eine Überwälzung kann zwar der Eintritt eines Risikoereignisses nicht verhindert werden, allerdings gelingt es, die wirtschaftlichen Auswirkungen auf Dritte zu übertragen.[859] Dieses Ergebnis kann nicht nur durch Versicherungen erreicht werden. Beispiele für andere Formen des Risikotransfers sind die Übertragung des Ausfall- bzw. Delkredererisikos bei Forderungen im Rahmen des (echten) Factorings[860] oder die Übertragung von Risiken im Wertschöpfungsprozess durch Outsourcing, d. h. durch die Übertragung von Teilen der Leistungserstellung auf einen Dritten.[861]

---

853 Vgl. WOLF/RUNZHEIMER (2003), S. 90. Vgl. hier und folgend HORNUNG/REICHMANN/DIEDERICHS (1999), S. 321.

854 Vgl. hier und folgend BLEUEL/SCHMITTING (2000), S. 107-109.

855 Andere Autoren subsumieren die Risikodiversifikation nicht unter der Risikominderung, sondern interpretieren die Diversifikation als eine eigene Strategie. Vgl. hierzu z. B. HÖLSCHER (2002), S. 14 f.

856 Vgl. hierzu MARKOWITZ (1952), S. 77-91. Vgl. auch FINKE (2005), S. 130.

857 Vgl. BLEUEL/SCHMITTING (2000), S. 107 mit weiteren Nachweisen.

858 Vgl. hier und folgend BAETGE/JERSCHENSKY (1999), S. 173.

859 Vgl. HORNUNG/REICHMANN/DIEDERICHS (1999), S. 321; BLEUEL/SCHMITTING (2000), S. 109.

860 Unter Factoring ist der Verkauf von Forderungen an einen sog. Factor zu verstehen. Geht auch das Ausfallrisiko auf den Factor über, liegt echtes Factoring vor. Bleibt das Ausfallrisiko beim Verkäufer, handelt es sich um unechtes Factoring. Vgl. WÖHE/DÖRING (2008), S. 612 f.

861 Vgl. zum Factoring SCHMITZ/WEHRHEIM (2006), S. 100 f. Vgl. zum Outsourcing BURGER/BUCHHART (2002), S. 50.

Abbildung 32 verdeutlicht, dass nach Anwendung der vorgenannten Strategien ein Restrisiko verbleibt, das vom Unternehmen selbst zu tragen ist.[862] Ein verbleibendes Restrisiko ist keinesfalls ein Anzeichen dafür, dass Steuerungsmaßnahmen nicht gewirkt haben, sondern vielmehr dafür, dass sich das Unternehmen bewusst entschieden hat, diese Risiken zu akzeptieren.[863] In der Literatur werden im Wesentlichen zwei Risikotypen genannt, die im Restrisiko enthalten sind.[864] Dies betrifft zum einen diejenigen Risiken, die mit der originären unternehmerischen Betätigung verbunden sind, so genannte Kernrisiken. Zum anderen fallen darunter auch Risiken, bei denen die Steuerungskosten bei Wahl einer anderen Strategie in keinem angemessenen Verhältnis zum Nutzen stünden. Dabei handelt es sich unter anderem um Risiken, die weder für sich genommen noch in Kombination mit anderen Risiken in Bezug auf ihre Eintrittswahrscheinlichkeit und ihre vermutete Schadenshöhe besonders relevant sind.[865] BLEUEL/SCHMITTING betonen, dass Risikoakzeptanz „keineswegs eine passive Hinnahme der nun bestehenden (bzw. auch zukünftig eintretenden) Risiken“[866] impliziert. Vielmehr ist darauf zu achten, dass gerade das Restrisiko fortwährend beobachtet wird und ggf. steuernd einzugreifen ist.[867] Im Rahmen der Vorsorge ist weiterhin darauf zu achten, dass das Unternehmen im Fall des Risikoeintritts über ein ausreichendes Deckungspotenzial verfügt.[868] Diese Vorsorge erfolgt durch Wertberichtigungen und Rückstellungen sowie durch ein ausreichendes Eigenkapital.[869]

5.2.2.3.4 Risikokommunikation

Eingebettet in die beschriebenen Phasen des Risikomanagementprozesses sind Kommunikationsvorgänge.[870] Die Kommunikation von Risikoinformationen an die Entscheidungsträger ist notwendig, um diese über die Risikosituation des Unternehmens zu unterrichten und deren Beteiligung an der Überwachung und Steuerung zu ermöglichen.[871] Je nachdem, ob die Informationen eilbedürftig sind oder im Rahmen der Re-

---

862 Vgl. statt vieler z. B. GERPOTT/HOFFMANN (2008), S. 13.
863 Hier und folgend in Anlehnung an GLEIßNER (2008), S. 160 f.
864 Vgl. hier und folgend GLEIßNER (2008), S. 160 f.
865 Vgl. DIEDERICHS (2004), S. 194.
866 BLEUEL/SCHMITTING (2000), S. 111. Vgl. ähnlich BAETGE/JERSCHENSKY (1999), S. 173.
867 Vgl. BLEUEL/SCHMITTING (2000), S. 111.
868 Vgl. hier und folgend BAETGE/JERSCHENSKY (1999), S. 173.
869 Vgl. zur Verlustausgleichsfunktion des Eigenkapitals auch FLACKE/KRAFT/TRISKA (2008), S. 271.
870 Vgl. SCHMITTING (2008), S. 242.
871 Vgl. hier und folgend DIEDERICHS (2004), S. 236-241.

gelberichterstattung erfolgen, wird zwischen Ad-hoc-Berichten und der standardisierten Berichterstattung unterschieden.

Für die Risikokommunikation sind einige inhaltliche wie formale Anforderungen zu berücksichtigen.[872] Erstere beziehen sich auf die Bedienung des Informationsbedarfs der Unternehmensleitung. Diese benötigt z. B. Daten über Art und Bestimmungsfaktoren der Risiken, die Risikoentwicklung im Zeitablauf, das Gefährdungspotenzial einzelner Risiken sowie das gesamte Risikopotenzial unter Berücksichtigung von Interdependenzen.

Weiter sind einige formale Kriterien zu berücksichtigen.[873] Es ist einsichtig, dass nicht jedes Kleinstrisiko an das Management berichtet werden muss. Vielmehr sollten nur die aus Sicht des Entscheidungsträgers wesentlichen Risiken kommuniziert werden. Ähnlich wie dies bereits im Rahmen der Postulate des Risikomanagements erläutert wurde, ist auch für das Risiko-Reporting zwischen der Vollständigkeit und der Wesentlichkeit der Berichterstattung abzuwägen. Da Steuerungsmaßnahmen rechtzeitig ergriffen werden müssen, ist es notwendig, dass die wesentlichen Risiken rechtzeitig an die Unternehmensleitung kommuniziert werden. Um die Verständlichkeit und Vergleichbarkeit der kommunizierten Risikoinformationen sicherzustellen, sollten die Angaben ausreichend präzise und einheitlich erfolgen.

5.2.2.3.5 Überwachung des Risikomanagementsystems

Abbildung 28 hat deutlich gemacht, dass der eigentliche Risikomanagementprozess aus den Phasen Risikoidentifikation, Risikobeurteilung und Risikosteuerung besteht.[874] Die „ablauf- und aufbauorganisatorische Implementierung des Risikomanagementprozesses wie auch seine Integration in die relevante Unternehmensumwelt“[875] bilden das Risikomanagementsystem, dessen wirksames und wirtschaftliches Funktionieren – unabhängig von regulatorischen Anforderungen – überwacht werden muss.[876] Die Überwachung ermöglicht es nicht nur Fehlentwicklungen zu korrigieren

872 Vgl. hier und folgend BURGER/BUCHHART (2002), S. 175.

873 Vgl. hier und folgend BURGER/BUCHHART (2002), S. 179, sowie zustimmend FIEGE (2006), S. 215.

874 Vgl. auch SCHMITTING (2008), S. 242.

875 SCHMITTING (2008), S. 243.

876 In Anlehnung an GLEIẞNER (2008), S. 195. Vgl. auch ROSENBLOOM (1972), S. 16.

und aus festgestellten Abweichungen zu lernen.[877] Vielmehr werden die Mitarbeiter durch die Überwachung sensibilisiert. Die Einrichtung eines Überwachungssystem entfaltet schließlich auch eine Sicherheitswirkung, die es dem Management erlaubt, dem Risikomanagementsystem zu vertrauen. Die Überwachung erfolgt im Rahmen des internen Überwachungssystems zum einen prozessunabhängig und zum anderen auch prozessabhängig.[878] Die prozessunabhängige interne Überwachung wird von der internen Revision wahrgenommen; die prozessabgängige Überwachung wird durch Sicherungsmaßnahmen, Controlling und Unternehmensleitung sichergestellt.[879]

Die interne Revision prüft im Rahmen der prozessunabhängigen Überwachung, „ob ein fundiertes, von der Unternehmensleitung getragenes und dokumentiertes Risikomanagementsystem existiert, ob die tatsächlichen Abläufe dem definierten System entsprechen(...) [und] ob die festgelegten Maßnahmen tatsächlich umgesetzt wurden."[880] Auch eine inhaltliche Prüfung von Risikoidentifikation, Risikobewertung und Risikosteuerung findet statt.[881] Die prozessabhängige Überwachung erfolgt durch Ergebnis-, Prozess- und Systemkontrollen. Die Gesamtheit dieser Kontrollen wird – bei uneinheitlicher Begriffsverwendung – als internes Kontrollsystem bezeichnet.[882] Einen Teilbereich dieses Systems bilden organisatorische Grundsätze, wie bspw. die Funktionstrennung, und einen anderen Teilbereich interne Kontrollen, wie bspw. die Kontenabstimmung.[883] Weitere prozessabhängige Kontrollen obliegen dem Controlling.[884] Dieses führt neben den in Abschnitt 5.2.2.2 beschriebenen unterstützenden Aufgaben im Risikomanagementprozess insbesondere Ergebnis-, Planfortschritts- und Prämissenkontrollen durch. Mit Ergebniskontrollen wird geprüft, ob die geplante und mit Steuerungsmaßnahmen angestrebte Risikoposition erreicht wurde.[885] Zuvor kann mit Planfortschrittskontrollen festgestellt werden, ob Zwischenziele erreicht wurden.[886] Schließlich wird mit Prämissenkontrollen ermittelt, inwiefern die im Rahmen des Risikomanagements genutzten Grundannahmen tatsächlich zutreffend waren.

---

877 Vgl. hier und folgend BAETGE (1992), Sp. 2039, BAETGE (1993), S. 180-182.

878 Vgl. BERENS/SCHMITTING (2003), S. 355; BAETGE (1992), Sp. 2038 f.

879 Vgl. FIEGE (2006), S. 207 f. Die prozessabhängige Überwachung, als Teilmenge des internen Überwachungssystems, wird auch als internes Kontrollsystem bezeichnet. Vgl. BAETGE (1998), S. 408.

880 DEUTSCHES INSTITUT FÜR INTERNE REVISION (IIR) (o. J.), Tz. 12.

881 Vgl. DEUTSCHES INSTITUT FÜR INTERNE REVISION (IIR) (o. J.), Tz. 13.

882 Vgl. hier und folgend FIEGE (2006), S. 207 f.

883 Vgl. LÜCK (1998b), S. 9 f.

884 Vgl. BERENS/SCHMITTING (2003), S. 369.

885 Vgl. FIEGE (2006), S. 211.

886 Vgl. HORVÁTH (2009), S. 148 f.

5.3 Regulatorische Rahmenbedingungen für das Risikomanagement deutscher Unternehmen

5.3.1 Überblick

In Kapitel 4 wurden – neben einer eigenen Untersuchung – auch andere Studien präsentiert, die Hinweise auf Defizite bei der Durchführung des qualitativen Impairment-Tests enthalten.[887] Da das Risikomanagement in der Regel mit der Durchführung des Tests betraut ist,[888] könnten diese Defizite eventuell durch eine nicht ausreichende Konstitution des Risikomanagements erklärbar sein. Da kein Einblick in das Risikomanagement der in der eigenen Untersuchung betrachteten Unternehmen besteht, kann die Frage nach Defiziten nicht durch einen Vergleich der einzelnen Risikomanagementsysteme beantwortet werden. Um dennoch eine Aussage über den Stand des Risikomanagements machen zu können, ist die Überlegung hilfreich, dass das Risikomanagement diversen regulatorischen Vorgaben unterworfen ist.[889] Zu den regulatorischen Vorgaben zählen in diesem Zusammenhang nicht die IFRS-Implikationen für das Risikomanagement. Diese sind Gegenstand von Abschnitt 5.5.1. Die im Folgenden zu besprechenden regulatorischen Rahmenbedingungen bilden den „kleinsten gemeinsamen Nenner", der das Risikomanagement in den untersuchten Unternehmen determiniert. Die Vorgaben hierfür sollen daher nun genauer vorgestellt werden.

Die Vorschriften, die ein Unternehmen im Risikomanagement zu befolgen hat, können über nationale Gesetze hinausgehen.[890] Dies ist entweder der Fall, wenn Tochtergesellschaften in Ländern mit speziellen Regelungen ansässig sind, oder dann, wenn ein Unternehmen in einem anderen Land eine Börsenzulassung erhalten will. Letzteres gilt bspw. für eine Börsenzulassung in den USA, wo verlangt ist, dass bestimmte Regelungen des sogenannten Sarbanes-Oxley Acts eingehalten werden. Im Jahr 2005 hatten bspw. 18 deutsche Unternehmen eine Börsenzulassung in den USA und waren daher auch den Anforderungen des Sarbanes-Oxley Acts unterworfen.[891] Verpflichtend anzuwenden sind die Vorschriften des Sarbanes-Oxley Acts für diese deutschen Unternehmen für nach dem 15.7.2006 endende Geschäftsjahre.[892] Da der Sarbanes-Oxley Act somit nur eine relativ geringe Anzahl von Unternehmen betrifft und die folgende

[887] Vgl. hierzu insbesondere Abschnitt 4.2.2 und 4.4.
[888] Vgl. PELLENS/EPSTEIN/RUHWEDEL (2005), S. 7.
[889] Vgl. zu einem Überblick über diese Vorgaben GERPOTT/HOFFMANN (2008), S. 9.
[890] Vgl. hier und folgend KAJÜTER (2004a), S. 12.
[891] Vgl. GLAUM/THOMASCHEWSKI/WEBER (2006a), S. 185.
[892] Vgl. GLAUM/THOMASCHEWSKI/WEBER (2006b), S. 207.

Argumentation auf dem „kleinsten gemeinsamen Nenner“ der Risikomanagementvorschriften aufbauen soll, wird der Sarbanes-Oxley Act aus der weiteren Betrachtung ausgeschlossen.

Weiter wäre zu fragen, inwiefern die IFRS selbst Vorgaben zum Risikomanagement machen, die im Rahmen der regulatorischen Rahmenbedingungen darzustellen wären. In der Literatur finden sich zum Zusammenhang zwischen Risikomanagement und IFRS zwei Strömungen. Zum einen wird betont, dass unabhängig von direkten Vorschriften in den Standards *zweckmäßigerweise* ein Rückgriff auf das Risikomanagement erfolgen sollte.[893] Diese Schnittstelle wird vor dem Hintergrund des qualitativen Impairment-Tests intensiv in Abschnitt 5.5.2 besprochen. Zum anderen findet sich in der Literatur eine Auseinandersetzung mit den Bezügen zum Risikomanagement, die *explizit* in den Standards enthalten sind.[894] In erster Linie betrifft dies Angabepflichten bei Finanzinstrumenten bspw. dazu, wie die aus den Finanzinstrumenten resultierenden Risiken gesteuert werden (IFRS 7.33 (b)). Daneben kann eine bestimmte Handhabung von Finanzinstrumenten im Risikomanagement auch Voraussetzung für die Wahrnehmung eines Bilanzierungswahlrechts sein, wie dies z. B. bei der Anwendung der Fair Value-Option für Verbindlichkeiten der Fall ist (IAS 39.9 (b) (ii)).[895] Da im Zentrum dieser Arbeit allerdings immaterielle Vermögenswerte stehen, besitzen die angesprochenen Regelungsinhalte kaum eine Relevanz für die folgende Untersuchung und werden daher nicht weiter betrachtet. Ebensowenig gibt es zum aktuellen Zeitpunkt eine Pflicht in den IFRS zur Erstellung eines Lageberichts, so dass hier die nationalen Normen weiterhin gültig sind.[896] Allerdings findet sich in IAS 1.9 der Hinweis, dass viele Unternehmen über Veränderungen im Unternehmensumfeld berichten. Diese Angaben erfolgen aber außerhalb des Abschlusses (IAS 1.9), so dass auch hier keine direkten Konsequenzen für das Risikomanagement erwachsen. Im Ergebnis verbleiben damit nur die nationalen Vorgaben für das Risikomanagement als kleinster gemeinsamer Nenner.

Tabelle 12 vermittelt einen ersten Überblick über die wichtigsten Regelungen, die im Weiteren genauer besprochen werden sollen. Risikomanagementvorschriften für spezielle Branchen werden nicht behandelt und sind auch in der folgenden Tabelle nicht

---

893 Vgl. z.B. WEIßENBERGER (2007), S. 130; GLEIßNER/HEYD (2006), S. 106-109.

894 Vgl. hier und folgend KALWAIT et al. (2008), S. 115-130.

895 Vgl. hierzu z. B. BAETGE/SCHULZ (2006), S. 130.

896 Vgl. BAETGE/KIRSCH/THIELE (2007), S. 830 f.; PELLENS et al. (2008), S. 939 f. Vgl. zu einem Überblick über das IASB Projekt zum Management Commentary BAETGE/HAENELT (2007), S. 121-125.

enthalten. Die weiteren Ausführungen gliedern die nationalen Vorgaben zum Risikomanagement in drei Teilbereiche. Zunächst wird in Abschnitt 5.3.2 die Vorschrift zur Einrichtung eines Risikofrüherkennungssysstems besprochen. Daran anknüpfend steht die Berichterstatung im Lagebericht im Fokus von Abschnitt 5.3.3. Zum Schluss werden die deutschen Selbstverpflichtungsnormen in Abschnitt 5.3.4 knapp erläutert. Sofern Vorgaben durch Standards des IDW oder des DSR bestehen, werden diese an den entsprechenden Stellen aufgegriffen. Die in den drei Abschnitten vorzustellenden Elemente des regulatorischen Risikomanagements gelten auch für die der eigenen Untersuchung in Abschnitt 4.3 zugrunde liegende Stichprobe. Sämtliche Unternehmen waren zur Einrichtung eines Risikofrüherkennungssystems verpflichtet, haben einen Lagebericht bzw. Konzernlagebericht erstellt und waren den deutschen Selbstverpflichtungsnormen grundsätzlich unterworfen.

	Rechtsnorm	Regelungsthema	Inhalte bezüglich Risikomanagement
Deutsche Rechtsnormen	§ 289 HGB	Lagebericht Gesellschaft	Bericht über voraussichtliche Entwicklung und wesentliche Chancen und Risiken; Risikomanagementziele/-methoden nennen einschließlich Methoden zur Absicherung wichtiger Transaktionsarten.
	§ 315 HGB	Lagebericht Konzern	Vorgaben analog zu § 289 HGB jedoch auf Konzernebene. Konkretisierung durch DRS 5.
	§ 317 Abs. 2 HGB	Gegenstand und Umfang der Prüfung	Zutreffende Darstellung der Chancen und Risiken der zukünftigen Entwicklung sowie Prüfung des internen Kontrollsystems (Umsetzung durch IDW PS 340).
	§ 317 Abs. 4 HGB	Gegenstand und Umfang der Prüfung	Prüfung bei einer börsennotierten Gesellschaft, ob der Vorstand die ihm nach § 91 Abs. 2 AktG obliegenden Maßnahmen in geeigneter Form getroffen hat und ob das eingerichtete Überwachungssystem seine Aufgaben erfüllen kann.
	§ 321 HGB	Prüfungsvermerk	Im Prüfungsbericht ist auf das Risikomanagement einzugehen. Festgestellte Mängel haben keine Auswirkungen auf den Bestätigungsvermerk.
	§ 322 HGB	Bestätigungsvermerk	Prüfer muss im Bericht auf Risiken, die den Fortbestand gefährden, eingehen.
	§ 91 Abs. 2 AktG	Organisation des internen Überwachungssystems	Einrichtung eines internen Überwachungssystems, eines Frühwarnsystems sowie eines (Risiko-) Controllings, um bestandsgefährdende Entwicklungen frühzeitig zu erkennen (Umsetzung durch IDW PS 340).
	§§ 76; 93 Abs. 2 AktG	Sorgfaltspflicht und Verantwortlichkeit der Vorstandsmitglieder	Sorgfaltspflicht des Vorstandes, dass Maßnahmen zur Risikofrüherkennung und -abwehr getroffen wurden. Wurden diese Auflagen nicht erfüllt, ist der Vorstand dem Unternehmen im Krisenfall gesamtschuldnerisch schadensersatzpflichtig.
Deutsche Selbstverpflichtungsnormen	3.4 DCGK	Informationsversorgung des Aufsichtsrats	Regelmäßige, zeitnahe und umfassende Information des Aufsichtsrates durch den Vorstand über alle für das Unternehmen relevanten Fragen der Planung, der Geschäftsentwicklung, der Risikolage und des Risikomanagements.
	4.1.4 DCGK	Aufgaben und Zuständigkeiten des Vorstandes	Verpflichtung des Vorstandes zur Sicherstellung eines angemessenen Risikomanagements und Risikocontrollings.
	5.2 DCGK	Aufgaben und Befugnisse des Aufsichtsratsvorsitzenden	Beratung zwischen dem Aufsichtsratsvorsitzenden und dem Vorstand über die Strategie, die Geschäftsentwicklung und das Risikomanagement.
	5.3.2 DCGK	Bildung von Ausschüssen	Einrichtung eines Prüfungsausschusses, der sich insbesondere mit Fragen der Rechnungslegung und des Risikomanagements befasst.

Tabelle 12: Überblick über wichtige deutsche Regelungen zum Risikomanagement

Quelle: Geringfügig modifiziert übernommen von GERPOTT/HOFFMANN (2008), S. 9.

5.3.2 Einrichtung eines Risikofrüherkennungs- und Überwachungssystems

Die zentrale Vorschrift für das Risikomanagement deutscher Aktiengesellschaften enthält § 91 Abs. 2 AktG.[897] Hiernach hat der Vorstand „geeignete Maßnahmen zu treffen, insbesondere ein Überwachungssystem einzurichten, damit den Fortbestand der Gesellschaft gefährdende Entwicklungen früh erkannt werden." Die Regelung wurde durch das Gesetz zur Kontrolle und Transparenz im Unternehmensbereich (KonTraG)[898] in das Aktiengesetz aufgenommen und konkretisiert die Leitungspflichten des Vorstands, die auch zuvor bereits bestanden (§ 76 AktG).[899] Demnach hat der Vorstand insbesondere für die Früherkennung bestandsgefährdender Entwicklungen sowie für die Einrichtung eines Überwachungssystems Sorge zu tragen.[900] Wie die konkrete Umsetzung zu erfolgen hat, regelt das Gesetz nicht, sondern stellt dies in das Ermessen des Vorstands. Die ergriffenen Maßnahmen müssen gemäß § 91 Abs. 2 AktG lediglich geeignet sein.

Als Beispiele für frühzeitig zu erkennende Entwicklungen werden in der Gesetzesbegründung „insbesondere risikobehaftete Geschäfte, Unrichtigkeiten der Rechnungslegung und Verstöße gegen gesetzliche Vorschriften, die sich auf die Vermögens-, Finanz- und Ertragslage der Gesellschaft oder des Konzerns wesentlich auswirken"[901], genannt. Der Verweis auf *Entwicklungen* anstatt auf *Risiken* wird in der Literatur als Anzeichen dafür interpretiert, dass nicht alle bestehenden Einzelrisiken (z. B. ein möglicher Flugzeugabsturz, der eine Produktionsstätte zerstört), sondern vielmehr „unternehmensspezifische nachteilige Veränderungen"[902] erkannt werden müssen.[903] Entwicklungen können nur dann festgestellt werden, wenn ein Ist-Zustand mit einem Plan-Zustand verglichen wird.[904] Eine solche Veränderung ist nicht nur dann gegeben, wenn riskante Geschäfte wie bspw. der in der Gesetzesbegründung explizit genannte

---

897 Vgl. KAJÜTER (2004a), S. 23. In der Gesetzesbegründung wird darauf verwiesen, dass für GmbHs in Abhängigkeit von „ihrer Größe, Komplexität und ihrer Struktur usw." eine Ausstrahlungswirkung der aktienrechtlichen Norm besteht. Vgl. BT-Drucksache 13/9712, S. 15.

898 Das KonTraG trat nach seiner Verabschiedung durch den Bundestag im Mai 1998 in Kraft. Vgl. zu einem systematischen Überblick über sämtliche durch das KonTraG bewirkten Änderungen PICOT (2001), S. 11-32.

899 Vgl. BT-Drucksache 13/9712, S. 15; ARBEITSKREIS "EXTERNE UND INTERNE ÜBERWACHUNG" DER SCHMALENBACH-GESELLSCHAFT FÜR BETRIEBSWIRTSCHAFT E.V. (2000), Rn. 11.

900 Vgl. hier und folgend SPINDLER (2008), Rn. 15-17.

901 BT- Drucksache 13/9712, S. 15.

902 HÜFFER (2008), Rn. 6.

903 Vgl. HÜFFER (2008), Rn. 6; ZIMMER/SONNEBORN (2001), S. 51; SEIBERT (2000), S. 437.

904 Vgl. SPINDLER (2008), Rn. 20.

Derivatehandel unternommen werden, sondern z. B. auch dann, wenn sich ungünstige Marktentwicklungen ergeben.[905] Diese Entwicklungen müssen zu einem so frühen Zeitpunkt erkannt werden, dass ein Gegenlenken durch den Vorstand möglich ist.[906]

Der Wortlaut von § 91 Abs. 2 AktG macht deutlich, dass nicht alle negativen Entwicklungen identifiziert werden müssen, sondern nur solche, die zu einer Bestandsgefährdung führen können, sich also wesentlich auf die Vermögens-, Finanz- und Ertragslage auswirken können.[907] Wie die Wesentlichkeit im Rahmen der Risikofrüherkennung nach KonTraG zu verstehen ist, ist strittig.[908] Teilweise wird argumentiert, dass nur solche Entwicklungen frühzeitig erkannt werden müssen, die ein Insolvenzrisiko begründen bzw. erhöhen.[909] Andere Autoren fassen auch solche Entwicklungen unter § 91 Abs. 2 AktG, die zu dauerhaften Rentabilitätseinbußen führen, da diese grundsätzlich geeignet seien, den Fortbestand eines Unternehmens zu gefährden.[910] Begründet wird letztere Interpretation unter anderem damit, dass sich Kapitalgeber bei kontinuierlich sinkender Rentabilität schließlich zurückziehen. Da der Begriff von Rentabilitätseinbußen deutlich dehnbar ist,[911] wird im Weiteren ersterer Ansicht gefolgt.[912]

Als nächstes stellt sich die Frage, ob die Bestandsgefährdung durch eine einzelne Entwicklung bzw. ein einzelnes Risiko hervorgerufen sein muss oder ob auch mehrere Entwicklungen, die in Kombination zu einer Bestandsgefährdung führen können, erkannt werden müssen. KINDLER/PAHLKE identifizieren bei der Beantwortung dieser Frage – vereinfacht – drei Literaturströme.[913] In der betriebswirtschaftlichen Literatur wird demnach die Forderung des KonTraG mit einem umfassenden Risikomanagement beantwortet, das sämtliche Risiken erfasst und nicht nur die schon für sich genommen bestandsgefährdenden. In der juristischen Lehre wird hingegen mit Verweis auf den Wortlaut des Gesetzes lediglich die Erfassung existenzbedrohender Entwicklungen verlangt. Beide Auffassungen finden einen Ausgleich in der vermittelnden dritten Sichtweise, die davon ausgeht, dass in Übereinstimmung mit der juristischen Inter-

905 Vgl. SPINDLER (2008), Rn. 20.
906 Vgl. BT- Drucksache 13/9712, S. 15.
907 Vgl. HÜFFER (2008), Rn. 6.
908 Vgl. SPINDLER (2008), Rn. 20.
909 Vgl. mit weiteren Nachweisen SPINDLER (2008), Rn. 20. Vgl. auch IDW (HRSG.) (2006), P, Tz. 12 mit weiteren Nachweisen.
910 Vgl. hier und folgend ZIMMER/SONNEBORN (2001), S. 51.
911 Vgl. SPINDLER (2008), Rn. 20.
912 Vgl. IDW (HRSG.) (2006), P, Tz. 12; BAETGE/ZÜLCH (2001b), S. 15.
913 Vgl. hier und folgend mit umfangreichen Quellennachweisen zu den drei vertretenen Auffassungen KINDLER/PAHLKE (2001), S. 62 f.

pretation zwar nur eine Identifikation bestandsgefährdender Risiken verlangt ist, aber eine solche Identifikation letztendlich, so wie von der Betriebswirtschaftslehre gefordert, die Erfassung sämtlicher Risiken im Rahmen eines umfassenden Risikomanagements voraussetzt. In der Literatur hat sich die Meinung durchgesetzt, dass auch durch das Zusammenwirken mehrerer nicht bestandsgefährdender Entwicklungen eine Situation eintreten kann, die den Fortbestand eines Unternehmens bedroht, und im Rahmen der Risikofrüherkennung erfasst werden muss.[914] Daher ist auch eine „schleichende Bestandsgefährdung“[915] zu erkennen.

Das Risikofrüherkennungssystem unterliegt ebenso wie das noch darzustellende Überwachungssystem gemäß § 317 Abs. 4 HGB bei börsennotierten Aktiengesellschaften der Prüfungspflicht durch den Abschlussprüfer. Demnach hat der Abschlussprüfer zu prüfen, ob im Sinne von § 91 Abs. 2 AktG geeignete Maßnahmen vom Vorstand ergriffen wurden und ob das Überwachungssystem funktionsfähig ist.[916] Konkretisiert wird der Prüfungsauftrag durch den IDW-Prüfungsstandard 340 (IDW PS 340). Gemäß IDW PS 340 sind für ein funktionierendes Risikofrüherkennungssystem insbesondere sechs Merkmale kennzeichnend:

- Bestimmung der Risikofelder, von denen Entwicklungen ausgehen können, die den Fortbestand des Unternehmens gefährden,
- Risikoerfassung,
- Kommunikation von Risiken,
- Zuweisung von Aufgaben und Verantwortung,
- Maßnahmendokumentation und
- Schaffung eines Überwachungssystems.[917]

In einem ersten Schritt muss das Unternehmen Beobachtungsbereiche identifizieren, aus denen nach ihrer Art oder ihrem Umfang Risiken erwachsen können, die für sich genommen oder im Zusammenwirken mit anderen Risiken zu einer Existenzbedro-

914 Vgl. hier und folgend PICOT (2001), S. 13; KUHL/NICKEL (1999), S. 133; IDW PS 340, Tz. 659.

915 ARBEITSKREIS "EXTERNE UND INTERNE ÜBERWACHUNG" DER SCHMALENBACH-GESELLSCHAFT FÜR BETRIEBSWIRTSCHAFT E.V. (2000), Rn. 14.

916 Siehe hierzu den Wortlaut von § 317 Abs. 4 HGB.

917 Vgl. IDW PS 340, Tz . 7-18; SCHINDLER/RABENHORST (2001), S. 164.

hung führen können.[918] Eine Voraussetzung dafür, dass Risiken in den Beobachtungsbereichen im Rahmen der Risikoerfassung identifiziert und bewertet werden können, ist die Schaffung eines entsprechenden Risikobewusstseins bei den Mitarbeitern. Diese sollen in die Lage versetzt werden, sowohl die in den vorab definierten Risikobereichen als auch bislang nicht bedachte Risiken zu erkennen. Im nächsten Schritt müssen die Eintrittswahrscheinlichkeit und das erwartete Schadensausmaß möglichst quantifiziert werden. In diesem Rahmen hat auch eine Einschätzung zu erfolgen, welche Risiken allein oder in Kombination mit anderen bestandsgefährdend sein können. Der Prüfungsstandard macht deutlich, dass nicht bewältigte Risiken in angemessener Form, d. h. einzeln oder aggregiert, bis zur Vorstandsebene berichtet werden müssen. In dringenden Fällen müssen die vorgegebenen Berichtswege zugunsten einer Ad-hoc-Meldung übersprungen werden. Die für die Risikoerfassung, -bewältigung und -kommunikation verantwortlichen Mitarbeiter sind von der Unternehmensleitung zu bestimmen, um einen reibungslosen Ablauf der Risikofrüherkennung zu gewährleisten. Mit der gleichen Begründung und um die Einrichtung geeigneter Maßnahmen im Sinne von § 91 Abs. 2 AktG nachzuweisen, ist eine entsprechende Dokumentation zu erstellen. Hierbei wird es sich im Regelfall um die Erstellung eines Risikohandbuchs handeln, in dem die gesamte Systematik des Vorgehens niedergelegt wird.

Schließlich ist gemäß § 91 Abs. 2 AktG ein Überwachungssystem zu etablieren, mit dessen Hilfe sichergestellt werden soll, dass die „eingerichteten Maßnahmen zur Erfassung und Kommunikation bestandsgefährdender Risiken und deren Veränderung“[919] tatsächlich umgesetzt werden. Eine weitere Definition der Aufgaben des Überwachungssystems findet sich weder im Gesetz noch in der Gesetzesbegründung.[920] Allerdings stellt der Prüfungsstandard klar, dass zum einen prozessabhängige und zum anderen prozessunabhängige Überwachungsmaßnahmen zu ergreifen sind.[921] Zu ersteren zählen z. B. Termin- und Meldegrenzenkontrollen.[922] Die prozessunabhängigen Aufgaben, die von der internen Revision wahrgenommen werden, sind gemäß IDW PS 340 u. a. die Prüfung auf Vollständigkeit bei der Erfassung von Risiken, die Prüfung auf Angemessenheit der Risikoidentifikation, -analyse und -kommunkation,

---

[918] Vgl. hier und folgend zu den Merkmalen des Früherkennungssystems IDW PS 340, Tz. 7-18; SCHINDLER/RABENHORST (2001), S. 166.

[919] Vgl. IDW PS 340, Tz. 15.

[920] Vgl. ZIMMER/SONNEBORN (2001), S. 54.

[921] Vgl. IDW PS 340, Tz. 16.

[922] Vgl. ausführlich LÜCK (1998b), S. 10.

die Prüfung auf Kontinuität der Maßnahmendurchführung und die Prüfung der prozessabhängigen Kontrollen.[923]

Die Prüfung durch den Abschlussprüfer soll im Folgenden nur knapp skizziert werden, da die bestehenden Vorgaben des IDW PS 340 nur wenig bei der Konkretisierung des Risikofrüherkennungssystems helfen können. Die Prüfung erfolgt in drei Schritten.[924] Zunächst ist festzustellen, ob und ggf. welche Maßnahmen vom Vorstand getroffen wurden. Dazu ist insbesondere auf die bestehende Dokumentation des Risikofrüherkennungssystems zurückzugreifen.[925] Besteht keine oder eine fehlerhafte Dokumentation, sind die Maßnahmen zur Risikofrüherkennung durch den Abschlussprüfer selbst zu erfassen. Im zweiten Prüfungsschritt muss die Eignung der vorhandenen Maßnahmen beurteilt werden. Diese ist gegeben, wenn die den Fortbestand gefährdenden Risiken so frühzeitig erfasst und dem Vorstand berichtet werden, dass Steuerungsmaßnahmen ergriffen werden können. Der Abschlussprüfer hat hierfür insbesondere das Risikobewusstsein der Mitarbeiter einzuschätzen und zu prüfen, ob „alle wesentlichen Risiken bzw. Risikoarten vom System zutreffend und frühzeitig erfasst, bewertet und kommuniziert werden."[926] Wie der Vorstand mit einem identifizierten Risiko umgeht, ist indes nicht Gegenstand der Prüfung.[927] Als letztes muss geprüft werden, ob die geplanten Maßnahmen zur Früherkennung auch umgesetzt werden.[928] Insbesondere wird in diesem Rahmen anhand der Dokumentation sichergestellt, dass die mit der Durchführung betrauten Mitarbeiter die Aufgaben sachverständig erfüllt haben und die Kommunikation entsprechend den Hierarchiestufen verlässlich erfolgt. Außerdem sollten Mitarbeiter befragt und Unterlagen der internen Revision ausgewertet werden. Das Ergebnis der Prüfung ist gemäß 321 Abs. 4 HGB im Prüfungsbericht darzustellen, ohne dass sich dieses auf den Bestätigungsvermerk auswirkt.[929]

Die Einrichtung eines Risikofrüherkennungs- und Überwachungssystems hat bei Konzernen nicht nur im Mutter-, sondern auch den Tochterunternehmen nach einheitlichen Vorgaben zu erfolgen.[930] Um diesen Anforderungen nachzukommen, wird im Prü-

923 Vgl. IDW PS 340, Tz. 16.
924 Vgl. mit weiteren Nachweisen SCHINDLER/RABENHORST (2001), S. 167; IDW PS 340, Tz. 14-31.
925 Vgl. hier und folgend ADLER/DÜRING/SCHMALTZ (2000), § 317, Rn. 230.
926 IDW PS 340, Tz. 27.
927 Vgl. hier und folgend IDW PS 340, Tz. 26.
928 Vgl. hier und folgend ADLER/DÜRING/SCHMALTZ (2000), § 317, Rn. 232; IDW PS 340, Tz. 31.
929 Vgl. ausführlich zur Berichterstattung SCHINDLER/RABENHORST (2001), S. 170-172 sowie IDW PS 340, Tz. 32; BAETGE/ZÜLCH (2001b), S. 6-9.
930 Vgl. hier und folgend IDW PS 340, Tz. 35 f.; BT- Drucksache 13/9712, S. 15.

fungsstandard die Einrichtung eines (nicht näher spezifizierten) Beteiligungscontrollings[931] empfohlen.

5.3.3 Lageberichterstattung über Risiken und Chancen der künftigen Entwicklung

Die soeben beschriebene Risikofrüherkennung hat nicht nur die Aufgabe, bestandsgefährdende Risiken zu erkennen, sondern sie ist auch eine Voraussetzung für die externe Risikopublizität im Lagebericht.[932] Der Lagebericht ist nicht Teil des Abschlusses, sondern ein selbständiges Rechnungslegungsinstrument.[933] Er dient der Informationsvermittlung, indem er die Informationen des Abschlusses zusammenfasst und sie sowohl in zeitlicher, als auch in sachlicher Hinsicht ergänzt. Die inhaltlichen Vorschriften für den Lagebericht von Einzelunternehmen finden sich in § 289 HGB und für den Konzernlagebericht von Konzernunternehmen in § 315 HGB.[934] Da für die hier darzustellenden Vorschriften keine materiellen Unterschiede zwischen Lagebericht und Konzernlagebericht bestehen,[935] wird der folgenden Diskussion der Konzernlagebericht zugrunde gelegt und vereinfacht vom Lagebericht gesprochen. Die Vorschriften zum Lagebericht gelten nicht nur für Unternehmen, die nach HGB bilanzieren, sondern auch für Unternehmen, die nach IFRS bilanzieren.[936] Konkretisiert wird der Lagebericht durch die Deutschen Rechnungslegungsstandards DRS 5 und DRS 15.[937] Die Standards wurden für die Konzernrechnungslegung entwickelt, aber ihre Anwendung wird – unverbindlich – auch für den Einzelabschluss empfohlen.[938]

Der Lagebericht besteht aus Wirtschafts-, Prognose-, Nachtrags-, Finanz-, Forschungs- und Entwicklungs-, Zweigniederlassungs-, Vergütungs-, Übernahme-, Ergänzungs-

931 Unter Beteiligungscontrolling ist „ein funktionsübergreifendes, integrierendes Teilsystem des […] Controllings mit konsequenter Ausrichtung der Führungsebenen auf die entscheidungsrelevanten Parameter zur Planung und Kontrolle sämtlicher Beteiligungen" zu verstehen. BORCHERS (2000), S. 51. Vgl. zu den Grundlagen des Beteiligungscontrollings BORCHERS (2006), S. 233-260. Vgl. zum Zusammenhang zwischen Beteiligungscontrolling und Risikomanagement KAJÜTER (2004b), S. 259-282.

932 Vgl. DÖRNER/BISCHOF (2003), S. 630.

933 Vgl. hier und folgend BAETGE/KIRSCH/THIELE (2007), S. 785 f.

934 Vgl. BAETGE/KIRSCH/THIELE (2007), S. 785; BAETGE/KIRSCH/THIELE (2004b), S. 607.

935 Vgl. ähnlich BAETGE/KIRSCH/THIELE (2004b), S. 607.

936 Vgl. PELLENS et al. (2008), S. 937.

937 Vgl. KIRSCH/KÖHRMANN (2007a), Rn. 23.

938 Vgl. DRS 5, Tz. 8; DRS 15, Tz. 5.

und dem Zusatzbericht.[939] Für die spätere Gegenüberstellung mit dem qualitativen Impairment-Tests ist in erster Line der Bericht über die voraussichtliche Entwicklung mit ihren Chancen und Risiken (im Weiteren als Prognosebericht bezeichnet)[940] relevant, da dieser Teil des Lageberichts den notwendigen Zukunftsbezug hat.[941] Mit dem Bilanzrechtsreformgesetz (BilReG) wurde die Berichterstattung im Lagebericht in wesentlichen Teilen verändert.[942] § 315 Abs. 1 Satz 5 HGB verlangt nunmehr, „die voraussichtliche Entwicklung mit ihren wesentlichen Chancen und Risiken zu beurteilen und zu erläutern“. Damit sind nun zum einen der Risiko- und der Prognosebericht zusammenzufassen.[943] Zum anderen ist auch über Chancen zu berichten.[944] Im Folgenden soll der Prognosebericht genauer vorgestellt werden.

Die Beschreibungsobjekte des Prognoseberichts entsprechen grundsätzlich denen des Wirtschaftsberichts, unterscheiden sich allerdings darin, dass im Prognosebericht über die voraussichtliche, d. h. zukünftige Entwicklung zu berichten ist.[945] Zu den Beschreibungsobjekten gehören „die erwartete Entwicklung der Rahmenbedingungen der Gesellschaft, der betrieblichen Aufgabenbereiche als auch die voraussichtliche Vermögens-, Finanz- und Ertragslage“[946]. Zu den Rahmenbedingungen zählen Angaben zur gesamtwirtschaftlichen und zur branchenbezogenen Entwicklung.[947] Um die Entwicklung der betrieblichen Aufgabenbereiche sowie der Vermögens-, Finanz- und Ertragslage darzustellen, sollten unter anderem Aussagen zu den Planungen für Beschaffung, Produktion und Absatz erfolgen, genauso wie zur vermuteten Entwicklung zentraler Ergebnisgrößen oder zur beabsichtigen Finanzierungs- und Investitionspolitik.

Um den geforderten Angaben nachkommen zu können, muss zunächst ein Prognosezeitraum festgelegt werden.[948] In der Literatur wird hierfür ein Zeitraum von zwei Jah-

---

939 Vgl. zu einer Definition der einzelnen Berichtselemente, die mit Ausnahme des Prognoseberichts im Folgenden nicht weiter behandelt werden, BAETGE/KIRSCH/THIELE (2007), S. 791-795. Vgl. zu den einzelnen Angaben im Konzernlagebericht BAETGE/PRIGGE (2006), S. 405-407.

940 Vgl. ebenso KIRSCH/KÖHRMANN (2007b), Rn. 94.

941 Vgl. BAETGE/KIRSCH/THIELE (2007), S. 804.

942 Vgl. KIRSCH/SCHEELE (2005), S. 1150 f. Das BilReG ist anzuwenden für nach dem 31.12.2004 beginnende Geschäftsjahre. Vgl. WOLF (2005), S. 438.

943 Vgl. hier und folgend KIRSCH/SCHEELE (2005), S. 1154. DRS 5 und DRS 15 unterscheiden hingegen weiterhin zwischen Risiko- und Prognosebericht. Vgl. KIRSCH/KÖHRMANN (2007b), Rn. 97.

944 Dies war nach h. M. bis zur Verabschiedung des BilReG nicht verlangt. Vgl. BAETGE/LINßEN (2000), S. 16.

945 Vgl. BAETGE/KIRSCH/THIELE (2007), S. 804.

946 KIRSCH/KÖHRMANN (2007b), Rn. 102.

947 Vgl. hier und folgend KIRSCH/KÖHRMANN (2007b), Rn. 103 f.

948 Vgl. KIRSCH/KÖHRMANN (2007b), Rn. 105.

ren nach dem Stichtag genannt.[949] Weiter ist abzuwägen, ob qualitative oder quantitative Prognosen verwendet werden sollen.[950] Während erstere aufgrund ungenauerer Aussagen den Vorzug größerer Sicherheit genießen, ermöglichen letztere eine deutlichere Aussage. Da DRS 15 der Verwendung von quantitativen Prognosen den Vorzug gibt, empfehlen BAETGE/KIRSCH/THIELE als Kompromiss zwischen Sicherheit und Genauigkeit die Angabe von Bandbreiten (sog. Intervall-Prognosen). Auch die den Prognosen zugrunde liegenden Annahmen sind offenzulegen, wobei insbesondere darauf zu achten ist, dass diese ausgeglichen sind, d. h. weder zu optimistisch noch zu pessimistisch.[951]

Eng verbunden und inhaltlich schwierig von der Erläuterung der erwarteten Entwicklung zu trennen ist die Darstellung der Chancen und Risiken.[952] Vor Inkrafttreten des BilReG differenzieren BAETGE/SCHULZE zwischen Prognose- und Risikobericht, indem im Prognosebericht die wahrscheinlichste Entwicklung dargestellt wird, während im Risikobericht „mögliche negative Abweichungen von dieser Einschätzung"[953] abgebildet werden. Die formale und mittlerweile aufgehobene Differenzierung zwischen diesen Teilen des Lageberichts ist vor dem Hintergrund der späteren Diskussion des qualitativen Impairment-Tests weniger relevant. Festzuhalten ist aber in jedem Fall, dass die Lageberichterstattung die Prognose der zukünftigen Entwicklung mitsamt der Risiken und Chancen erfordert.

Oben wurde erläutert, dass für das Risikofrüherkennungssystem gemäß § 91 Abs. 2 AktG der Wesentlichkeitsgrundsatz Anwendung findet.[954] Auch für die Berichterstattung im Lagebericht gilt, dass nur über wesentliche Chancen und Risiken berichtet werden muss.[955] Wesentlich sind diese dann, wenn sie relevant sind, um die Lage bzw. die Entwicklung des Unternehmens besser einschätzen zu können.[956] Ohne dass diese Vorschrift quantitativ konkretisiert wird, folgert DRS 5, dass hierfür die Einschätzung der Eintrittswahrscheinlichkeit sowie des monetären Ausmaßes notwendig sind.[957]

---

949 Vgl. mit zahlreichen Nachweisen BAETGE/KIRSCH/THIELE (2007), S. 805. In DRS 15 wird ein Zeitraum von *mindestens* zwei Jahren genannt. Vgl. DRS 15, Tz. 87.

950 Vgl. hier und folgend BAETGE/KIRSCH/THIELE (2007), S. 805.

951 Vgl. KIRSCH/KÖHRMANN (2007b), Rn. 110.

952 Vgl. hier und folgend BAETGE/SCHULZE (1998), S. 942.

953 BAETGE/SCHULZE (1998), S. 942.

954 Vgl. Abschnitt 5.3.2.

955 Vgl. hierzu den Wortlaut von § 316 Abs. 1 Satz 5.

956 Vgl. MARTEN/QUICK/RUHNKE (2007), S. 590.

957 Vgl. DRS 5, Tz. 19. Für die Eintrittswahrscheinlichkeit sollten zumindest subjektive Wahrscheinlichkeiten zur Verfügung stehen. Vgl. BAETGE/SCHULZE (1998), S. 943.

Sind die wesentlichen Chancen und Risiken identifiziert, müssen diese zu Kategorien zusammengefasst werden.[958] Auch die Folgen eines Risikoeintritts sind anzugeben.[959] Risiken sind nicht nur in Bezug auf ihre Ursachen zu kategorisieren, sondern auch danach zu unterscheiden, ob sie „nur" wesentlich oder gar bestandsgefährdend sind.[960] Während der grundsätzliche Zeitraum, der im Rahmen der Prognoseberichterstattung abzubilden ist, zwei Jahre beträgt, gilt für bestandsgefährdende Risiken ein Zeitraum von einem Jahr.[961] Eine Saldierung von Chancen und Risiken ist nicht zulässig bzw. darf lediglich im Rahmen der Darstellung der künftigen Entwicklung erfolgen.[962] Während das Risikomanagement gemäß DRS 5, Tz. 28 zu beschreiben ist, gibt es keine vergleichbare Vorschrift für das Chancenmanagement. Allerdings ist davon auszugehen, dass die Implementierung eines Chancenmanagements vor dem Hintergrund der durch das BilReG eingeführten Neuerungen zweckmäßig ist.[963] Die Prüfung des Lageberichts soll an dieser Stelle nicht weiter besprochen werden.[964] Allerdings sei darauf hingewiesen, dass dem Abschlussprüfer empfohlen wird, einen Abgleich zwischen den Risiken im Lagebericht und den im Rahmen des Risikofrüherkennungssystems festgestellten Risiken durchzuführen.[965]

Mit der Umsetzung der europäischen Transparenzrichtlinie 2007 müssen Inlandsemittenten von Aktien und Schuldtiteln für nach dem 31.12.2006 beginnende Geschäftsjahre nach § 37w WpHG Halbjahresberichte erstellen.[966] Zusätzlich sind zur Mitte der beiden Halbjahre Zwischenmitteilungen der Geschäftsführung nach § 37x WpHG zu veröffentlichen. Halbjahresfinanzberichte beinhalten gemäß § 37w Abs. 4 WpHG eine Darstellung der wesentlichen Chancen und Risiken für den Rest des Geschäftsjahres.

---

958 Vgl. DRS 5, Tz. 16. DRS 5, Tz. 17 unterscheidet hier bspw. „(1) Umfeldrisiken und Branchenrisiken, (2) unternehmensstrategische Risiken, (3) leistungswirtschaftliche Risiken, (4) Personalrisiken, (5) informationstechnische Risiken, (6) finanzwirtschaftliche Risiken und (7) sonstige Risiken." Für Chancen wird ebenfalls eine Kategorisierung bspw. in Chancen aus der Entwicklung der Rahmenbedingungen, unternehmensstrategischen, leistungswirtschaftlichen und sonstigen Chancen vorgeschlagen. Vgl. PRIGGE (2006), S. 212-214. Vgl. zustimmend KIRSCH/KÖHRMANN (2007b), Rn. 128.

959 Vgl. DRS 5, Tz. 18. Wie detailliert die Konsequenzen dabei darzustellen sind, lässt der Standard offen.

960 Vgl. BAETGE/SCHULZE (1998), S. 9; DRS 5, Tz. 15.

961 Vgl. DRS 5, Tz. 24.

962 Vgl. mit weiteren Nachweisen KIRSCH/KÖHRMANN (2007b), Rn. 96. Allerdings sind Risiken nach Kompensationsmaßnahmen wie z. B. Termingeschäften darzustellen, sofern diese Maßnahmen wirksam sind. Vgl. DRS 5, Tz. 21 f.

963 Vgl. BAETGE/KIRSCH/THIELE (2007), S. 91.

964 Vgl. stattdessen KIRSCH/NIMWEGEN (2007), Rn. 25-34.

965 Vgl. IDW (HRSG.) (2006), R, Tz. 656.

966 Vgl. hier und folgend auch KAJÜTER/REISLOH (2007), S. 620.

Damit gehen die Zwischenberichtvorschriften über die bis zu diesem Zeitpunkt geltenden deutlich hinaus.[967] Die Zwischenmitteilung der Geschäftsleitung enthält keinen solchen Chancen- und Risikobericht, sondern in ihr sind die Vermögens-, Finanz- und Ertragslage sowie wesentliche Ereignisse mit Auswirkungen auf diese zu beschreiben.[968] Die Unternehmen des Prime Standards, die zur Aufstellung eines Quartalsberichts verpflichtet sind, müssen gemäß § 37x Abs. 3 WpHG keine Zwischenmitteilung erstellen, sofern die Vorschriften für Halbjahresberichte eingehalten wurden, d. h. auch ein Zwischenlagebericht erstellt wurde.[969]

5.3.4 Corporate Governance Vorschriften

Neben den aktien- und handelsrechtlichen Vorschriften zur Risikofrüherkennung und zur Lageberichterstattung sind auch im sogenannten Deutschen Corporate Governance Kodex (DCGK) Vorschriften zum Risikomanagement enthalten.[970] Diese sollen nun als letztes Element der regulatorischen Risikomanagementvorgaben besprochen werden.

Unter dem Corporate Governance Kodex ist ein Regelsystem zu den Rechten und Pflichten der Unternehmensorgane und den Beziehungen zwischen ihnen zu verstehen.[971] Diese Regeln können danach unterschieden werden, ob sie bestehende Gesetze betonen oder ob sie Empfehlungen bzw. Anregungen darstellen.[972] Mit dem Transparenz- und Publizitätsgesetz (TransPuG) wurde § 161 in das Aktiengesetz eingefügt und bestimmt, dass Vorstand und Aufsichtsrat börsennotierter Unternehmen angeben müssen, welche Empfehlungen des DCGK nicht umgesetzt wurden.

Die zentrale Vorschrift des DCGK verlangt vom Vorstand, „ein angemessenes Risikomanagement und Risikocontrolling im Unternehmen“[973] einzurichten.[974] Dabei handelt es sich allerdings nicht um eine Empfehlung, sondern vielmehr um die Betonung der bereits geltenden Gesetzeslage, die in § 91 Abs. 2 AktG kodifiziert ist. Eine ge-

---

[967] Vgl. STRIEDER/AMMEDICK (2007), S. 1372.
[968] Vgl. DRS 16, Tz. 64.
[969] Vgl. STRIEDER/AMMEDICK (2007), S. 1372.
[970] Vgl. GLEIßNER (2008), S. 27.
[971] Vgl. GLEIßNER (2008), S. 27.
[972] Vgl. hier und folgend THEISEN (2003), S. 491.
[973] DCGK, Tz. 4.1.4.
[974] Vgl. hier und folgend FIEGE (2006), S. 33.

nauere Erklärung, welche Mindeststandards Risikomanagement und Risikocontrolling einhalten müssen, liefert der Standard nicht.[975]

Der Corporate Governance Kodex nennt das Risikomanagement allerdings nicht nur im Rahmen der Aufgaben des Vorstands, sondern betont mit Soll-Vorschriften auch die Verantwortung des Aufsichtsrats.[976] Zum einen *soll* sich der Aufsichtsratsvorsitzende mit dem Vorsitzenden des Vorstands beraten und zum anderen *soll* der Aufsichtsrat einen Prüfungsausschuss bilden, der sich mit dem Risikomanagement befasst.[977]

Zusammenfassend lässt sich feststellen, dass in erster Linie die Vorschriften zur Einrichtung eines Risikofrüherkennungs- und Überwachungssystems gemäß § 91 Abs. 2 AktG sowie die Regelungen für den Lagebericht die entscheidende Basis für regulatorische Vorgaben für das Risikomanagement liefern.

5.4 Empirische Befunde zum Stand des Risikomanagements deutscher Unternehmen

5.4.1 Überblick

Wie angekündigt soll die theoretische Betrachtung des Risikomanagements im Folgenden um empirische Befunde zum Risikomanagement ergänzt werden. Für das betriebswirtschaftliche Risikomanagement scheint dies geboten zu sein, um einen Eindruck zu erhalten, wie Risikomanagement tatsächlich im Unternehmen praktiziert wird und ob die Umsetzung hinter den theoretischen Ansprüchen zurückbleibt. Ähnliches gilt für die regulatorischen Vorgaben. Die Feststellung, dass ein Befolgen der regulatorischen Vorgaben auch das Funktionieren des qualitativen Impairment-Tests gewährleistet, wäre obsolet, wenn zu beobachten wäre, dass regulatorische Vorgaben nicht eingehalten werden.

Im vorangegangenen Abschnitt 5.3 wurde deutlich, dass Aktiengesellschaften sowie KGaAs[978] (und ggf. GmbHs) gemäß § 91 Abs. 2 AktG (bzw. der Ausstrahlungswirkung dieser Norm) ein Risikofrüherkennungssystem einrichten müssen. Darüber hinaus wurde erläutert, dass mittelgroße und große Kapitalgesellschaften Chancen und

975 Vgl. PREUßNER (2004), S. 305.
976 Vgl. PREUßNER (2004), S. 306.
977 Vgl. Deutscher Corporate Governance Kodex, Ziffer 5.2 Abs. 3 und Ziffer 5.3.2.
978 Vgl. zur Geltung für die KGaA DIEDERICHS (2004), S. 38 f.

Risiken der künftigen Entwicklung im Lagebericht angeben und erläutern müssen.[979] Die Einrichtung eines Risikofrüherkennungssystems und die Pflicht zur Berichterstattung über Chancen und Risiken sind nicht unabhängig voneinander, sondern stehen in enger Beziehung zueinander.[980] Die Risikopublizität im Lagebericht setzt ein entsprechend ausgestaltetes Risikomanagement voraus. Darüber hinaus erweitern die Pflichten im Rahmen der Lageberichterstattung die Aufgaben des Risikomanagementsystems.[981] Dies gilt vor allem in Bezug auf die Vorgabe, nicht nur Risiken, sondern auch Chancen und nicht nur bestandsgefährdende, sondern auch alle anderen wesentlichen Risiken zu erfassen.

Das vom Unternehmen eingerichtete Risikomanagementsystem muss aber nicht nur die Risikofrüherkennung bestandsgefährdender Risiken gewährleisten und die Risikoberichterstattung ermöglichen, sondern dient in seiner Funktion als Führungsunterstützung auch dem Zweck, den künftigen Unternehmenserfolg und -bestand zu sichern.[982] Folglich überschneiden sich regulatorische und betriebswirtschaftliche Anforderungen.[983]

Sieht man von der Berichterstattung im Lagebericht ab, so kann bei empirischen Studien zum Stand des Risikomanagements daher kaum zuverlässig danach differenziert werden, ob sich in bestimmten Ausgestaltungsmerkmalen eher regulatorische oder betriebswirtschaftliche Überlegungen niederschlagen. Im Folgenden soll daher der Stand des Risikomanagements einheitlich besprochen werden. Lediglich die empirischen Befunde zur externen Lageberichterstattung werden separat besprochen.

Obgleich, wie oben dargestellt,[984] die Einführung von § 91 Abs. 2 AktG mit dem KonTraG 1998 lediglich die bestehenden Pflichten des Vorstands konkretisiert,[985] wird im Folgenden ausschließlich auf Studien zurückgegriffen, denen ein Untersuchungs-

---

979 Vgl. hierzu und zu anderen Unternehmen, die ebenfalls zur Lageberichterstattung verpflichtet sind, KIRSCH/KÖHRMANN (2007a), Rn. 9-13.

980 Vgl. hier und folgend DÖRNER/BISCHOF (2003), S. 630; DOBLER (2005), S. 149; LÖW/LORENZ (2001), S. 221; IDW (HRSG.) (2006), P, Tz. 95.

981 Vgl. hier und folgend DOBLER (2005), S. 149.

982 Vgl. POLLANZ (1999), S. 394. POLLANZ nennt darüber hinaus noch weitere Ziele des Risikomanagements (z. B. Risikokosten senken, Marktwert steigern, Erfolgspotenziale sichern). Vgl. POLLANZ (1999), S. 394.

983 Vgl. hierzu WALL (2002), S. 14 und S. 37 f.

984 Vgl. Abschnitt 5.3.2.

985 Vgl. ARBEITSKREIS "EXTERNE UND INTERNE ÜBERWACHUNG" DER SCHMALENBACH-GESELLSCHAFT FÜR BETRIEBSWIRTSCHAFT E.V. (2000), Rn. 12.

zeitraum nach Inkrafttreten des KonTraG zugrunde liegt.[986] Bei den im Folgenden dargestellten Untersuchungen ist weiter zu berücksichtigen, dass sowohl die Darstellung im Risikobericht als auch die Befragung der Unternehmen möglichen Verzerrungen unterliegen kann.[987] Beispielsweise kann ein Unternehmen daran interessiert sein, bestimmte wettbewerbsrelevante Informationen geheim zu halten. Auch das Management kann bestrebt sein, Schwächen im eigenen Interesse nicht zugeben zu müssen. Um eine möglichst große Ähnlichkeit zu den Unternehmen in den empirischen Studien in Kapitel 4 herzustellen, betreffen nahezu alle empirischen Befunde börsennotierte Aktiengesellschaften.

5.4.2 Risikomanagementsystem

Die Ergebnisse von empirischen Untersuchungen zur Ausgestaltung des Risikomanagementsystems weisen mitunter deutliche Überlappungen auf. Daher soll nicht jede Studie einzeln vorgestellt werden. Vielmehr sollen die Kernaussagen verschiedener Studien zu den wichtigsten Themenkomplexen gemeinsam besprochen werden. Zu den in den Studien behandelten Themenkomplexen zählen:

- Der Umsetzungsstand bei der Einrichtung eines KonTraG-konformen Risikomanagements,
- die Organisation desselben,
- die Risikopolitik,
- der Ablauf des Risikomanagementprozesses einschließlich des Überwachungssystems sowie
- die Organisation der internen Risikoberichterstattung.

Tabelle 13 zeigt einen Überblick über die betrachteten Forschungsbeiträge.

---

986 Der Einführungszeitpunkt des KonTraG wird als Bezugspunkt gewählt, da es sich hier um den zentralen Eingriff in die Ausgestaltung des Risikomanagements handelt. Die Wahl eines späteren Zeitpunkts hätte den Vorteil, dass dann auch z. B. die Änderungen des BilReG (ab 2005), die Konkretisierungen durch DRS 5 und DRS 15 (ab 2001 bzw. 2005) oder durch IDW PS 340 (1999) anzuwenden wären. Allerdings würde dies den Kreis der auswertbaren empirischen Studien deutlich reduzieren. Daher sollen zunächst alle Studien ab Einführung des KonTraG berücksichtigt werden, der Zeitbezug bei der Interpretation der Ergebnisse allerdings beachtet werden.

987 Vgl. hier und folgend BERGER/GLEIßNER (2007), S. 68; DOBLER (2004), S. 47. Vgl. zu möglichen Gründen für eine Einflussnahme auf die Kommunikation über Risiken LINSLEY/SHRIVES (2000), S. 121 f.

Autor(en)	**Untersuchungszeitpunkt/ -zeitraum**	**Untersuchungsobjekte**	**Untersuchungsaspekte**	**Methode**
GLAUM (2000)	1999	75 große deutsche AGs ohne Banken und Versicherungen	Bedeutung der Risikokategorien, Umsetzungsstand, Organisation, finanzwirtschaftliches Risikomanagement	Fragebogen
VON ROSEN/ VOGLER (2000); VOGLER/ ENGELHARD/ GUNDERT (2000)	1999	203 börsennotierte AGs	Umsetzungsstand, Risikomanagementprozess, Überwachungssystem, Besonderheiten bei Banken und Versicherungen	Fragebogen
WOLZ (2001)	2000	74 börsennotierte AGs und Abschlussprüfer	Umsetzungsstand, Risikokategorien, Risikomanagementprozess, Risikobewältigung, Organisation, Risikopolitik	Fragebogen
DORPRIGTER (2002)	2001	150 Unternehmen des Internationalen Controller Vereins	Umsetzungsstand, Organisation, Risikobewältigung, Risikopolitik	Fragebogen
BUNGARTZ (2003)	2001	51 Unternehmen ohne Banken, Versicherungen und ausländische Unternehmen aus DAX, MDAX und NEMAX[988]	Risikopolitik, Organisation, Risikomanagementprozess	Fragebogen
DIEDERICHS/ REICHMANN (2003); DIEDERICHS (2004)	2002	55 Unternehmen aus DAX; MDAX; SMAX[989] und NEMAX	Organisation, Risikomanagementprozess, Überwachungssystem	Fragebogen
HOITSCH/ WINTER/ BÄCHLE (2005)	2003	DAX	Organisation, Risikokultur, Risikopolitik	Interview
HOITSCH/ WINTER/ BAUMANN (2006)	2003	72 AGs und 39 GmbHs mit mehr als 50 Mio. Umsatz und mehr als 500 Mitarbeitern	Umsetzungsstand, Risikocontrolling, Risikomanagementprozess, Organisation, Risikopolitik	Fragebogen
NEVRIES/ STRAUß (2008)	nicht genannt	11 DAX und zwei weitere Großkonzerne ohne Banken und Versicherungen	Risikocontrolling, Risikomanagementprozess, Organisation, Risikopolitik	Interview

Tabelle 13: Überblick über ausgewählte empirische Studien zum Stand des Risikomanagements

988 Der NEMAX-50 ist ein (mittlerweile eingestellter) Index der Deutschen Börse, der die gemessen an Marktkapitalisierung und Börsenumsatz größten 50 in- und ausländischen Technologieunternehmen umfasst. Vgl. DEUTSCHE BÖRSE (o.J.).

989 Der SMAX ist ein (mitterweile eingestelltes) Segment der Deutschen Börse mit kleinen börsennotierten Unternehmen. DEUTSCHE BÖRSE (o.J.).

Umsetzungsstand

Obwohl in der Einführung von § 91 Abs. 2 AktG lediglich eine Konkretisierung der Vorstandspflichten gesehen wird,[990] identifizieren sämtliche Studien für das Einführungsjahr ein Defizit bei der Etablierung eines KonTraG-konformen Risikomanagements.[991] In den meisten Studien geben weniger als 15 % der befragten Unternehmen an, über ein den neuen Anforderungen entsprechendes Risikomanagement zum Einführungszeitpunkt zu verfügen. Gleichzeitig behaupten mehr als doppelt so viele Unternehmen, zu diesem Zeitpunkt zumindest über ein noch nicht gesetzeskonformes Risikomanagement zu verfügen.[992] Mit diesen Ergebnissen lässt sich die in der Literatur geäußerte Behauptung, das gesetzliche Risikomanagement sei eben nicht nur eine Teilmenge des betriebswirtschaftlichen Risikomanagements, stützen.[993]

Organisation

Nicht nur für die Diskussion des KonTraG erscheint es sinnvoll, sich mit der organisatorischen Verankerung des Risikomanagements auseinanderzusetzen. Auch für den qualitativen Impairment-Test spielen diese Fragen in der späteren Analyse eine Rolle. DOBLER nennt mit Verweis auf empirische Studien die Organisation des Risikomanagements eines der hauptsächlichen Probleme bei der gerade beschriebenen Umsetzung des Risikomanagements.[994] Konkreter werden VON ROSEN/VOGEL, die vor dem Hintergrund der Risikoidentifikation vor einer mangelnden Integration operativer Einheiten warnen.[995]

Das Risikomanagement kann dezentral, d. h. letztlich von den einzelnen Entscheidungsträgern,[996] bzw. zentral z. B. durch eine Stabstelle[997] Risikomanagement, das

990 Vgl. ARBEITSKREIS "EXTERNE UND INTERNE ÜBERWACHUNG" DER SCHMALENBACH-GESELLSCHAFT FÜR BETRIEBSWIRTSCHAFT E.V. (2000), Rn. 12; PICOT (2001), S. 12 mit weiteren Nachweisen.

991 Vgl. hier und folgend GLAUM (2000), S. 17 f.; VON ROSEN/VOGLER (2000), S. 17 f.; WOLZ (2001), S. 796 f. DIEDERICHS fragt nicht nach einem KonTraG-konformen Risikomanagement, sondern danach, ob überhaupt ein Risikomanagement existiert. Vgl. DIEDERICHS/REICHMANN (2003), S. 69.

992 Vgl. WOLZ (2001), S. 796 f.; GLAUM (2000), S. 18; DIEDERICHS (2004), S. 69.

993 Vgl. WALL (2002), S. 36 f.

994 Vgl. DOBLER (2005), S. 150.

995 Vgl. VON ROSEN/VOGLER (2000), S. 21 f.

996 Vgl. BRAUN (1984), S. 275.

997 Stabstellen übernehmen in einer Hierarchie unterstützende Aufgaben, ohne selbst ein Entscheidungs- oder Weisungsrecht zu besitzen. Vgl. PICOT/DIETL/FRANCK (2008), S. 251.

Controlling, die interne Revision, das externe Rechnungswesen oder die Finanzabteilung erfolgen.[998] Die verwendeten Studien kommen in Bezug auf die Organisation zu recht heterogenen Ergebnissen.[999] Einig sind sie sich allerdings darin, dass die Finanzabteilung und die interne Revision eine geringe Bedeutung für die Durchführung des Risikomanagements haben. Die geringe Bedeutung der Finanzabteilung lässt sich durch die weiter unten genauer beschriebenen Risikokategorien rechtfertigen, bei denen vor allem leistungswirtschaftliche Risiken von Interesse sind.[1000] Auch die geringe Relevanz der internen Revision lässt sich begründen. Diese ist in erster Linie für eine prozessunabhängige Überprüfung des Risikomanagements zuständig und nicht für die Durchführung selbst.[1001] Andererseits wird das Controlling in den meisten Studien als sehr bedeutende Instanz wahrgenommen.[1002] Einige Studien liefern Anzeichen dafür, dass auch der Vorstand oder eine vorstandsnahe Stabstelle für das Risikomanagement wichtig sind.[1003] Eine Aussage dazu, wie stark die operativen Einheiten eingebunden sind, ist kaum möglich. Einzig DIEDERICHS macht hierzu eine Aussage, wenn er feststellt, dass nur etwa ein Viertel der befragten Unternehmen angibt, auch operative Einheiten seien in das Risikomanagement organisatorisch eingebunden.[1004]

Risikopolitik

Unter dem Aspekt der Risikopolitik soll erstens geklärt werden, inwiefern eine aus den Unternehmenszielen abgeleitete Risikostrategie und risikopolitische Grundsätze bestehen. Zweitens sollen die Studien daraufhin untersucht werden, in welchem Maße Wesentlichkeitsgrenzen für identifizierte Risiken im Rahmen der Risikostrategie determiniert werden. Als dritter Aspekt soll festgestellt werden, inwiefern es gelungen ist, im Unternehmen ein Risikobewusstsein zu etablieren.

In Abschnitt 5.2.2.1 wurden die Fixierung und Kommunikation der Risikopolitik als notwendige Voraussetzungen eines effektiven Risikomanagementprozesses beschrie-

---

998 Vgl. mit weiteren Nachweisen NEVRIES/STRAUß (2008), S. 107.

999 Vgl. hier und folgend DIEDERICHS (2004), S. 71; DORPRIGTER (2002), S. 607; GLAUM (2000), S. 19; WOLZ (2001), S. 798; HOITSCH/WINTER/BAUMANN (2006), S. 74; BUNGARTZ (2003), S. 99 f.

1000 Vgl. NEVRIES/STRAUß (2008), S. 107.

1001 Vgl. hierzu und zur Abgrenzung von Controlling und interner Revision BERENS/SCHMITTING (2003), S. 363-266.

1002 Vgl. DIEDERICHS (2004), S. 71; DORPRIGTER (2002), S. 607; GLAUM (2000), S. 19; WOLZ (2001), S. 798; HOITSCH/WINTER/BAUMANN (2006), S. 74; BUNGARTZ (2003), S. 99 f.

1003 Vgl. DIEDERICHS (2004), S. 71; GLAUM (2000), S. 19; WOLZ (2001), S. 798; BUNGARTZ (2003), S. 99 f.

1004 Vgl. DIEDERICHS (2004), S. 71.

ben. Diejenigen Studien, die Hinweise zur Risikopolitik enthalten, zeigen, dass das Gros der jeweils befragten Unternehmen (in allen Untersuchungen mindestens 70 %) über kodifizierte risikopolitische Grundsätze verfügt.[1005] Auch wenn dieses Ergebnis grundsätzlich bestätigt, dass die Relevanz risikopolitischer Grundsätze erkannt wurde, verwundert es, dass die 2003 durchgeführte Befragung der DAX-30-Unternehmen von HOITSCH/ WINTER/BÄCHLE in 20 % der Fälle zu dem Ergebnis gelangt, dass keine Grundsätze für die „Risikoidentifikation, -bewertung, -steuerung, und -kontrolle vorliegen, die als Orientierungsrahmen für den Risikomanagementprozess dienen“[1006].

Als wesentliches Merkmal der Risikopolitik müssen die Wesentlichkeitsgrenzen für zu berichtende Risiken von der Unternehmensleitung determiniert werden.[1007] Werden die Unternehmen danach befragt, so gibt etwa ein Viertel an, dass keine formalisierten Schwellenwerte existieren.[1008] Verschärfend wirkt die Beobachtung von WOLZ, dass von den im Jahr 2000 befragten Unternehmen 27 % angeben, keine festgelegten Wesentlichkeitsgrenzen zu haben, während nach Auskunft der Abschlussprüfer dieser Unternehmen sogar bei 54 % Schwellenwerte fehlen.[1009] Das Auseinanderfallen der Einschätzungen der Unternehmen und ihrer Abschlussprüfer könnte ein Indiz dafür sein, dass die im Rahmen der Befragung gemachten Unternehmensangaben teilweise zu positiv sind.[1010] BUNGARTZ stellt fest, dass etwa die Hälfte der befragten Unternehmen absolute Schwellenwerte in Euro nutzt und nur etwa ein Viertel relative Bezugsgrößen.[1011]

Die Vermittlung eines ausreichenden Risikobewusstseins wird in der Risikomanagement-Literatur als zentrale Voraussetzung angesehen, um Unternehmenskrisen zu vermeiden.[1012] Diese Frage wird in den Studien kaum behandelt. In der Stichprobe von HOITSCH/WINTER/BÄCHLE geben alle Befragten an, „Anstrengungen zum Aufbau des Risikobewusstseins“[1013] zu unternehmen. Es überrascht daher wenig, dass das Risiko-

---

[1005] Vgl. WOLZ (2001), S. 798 f.; HOITSCH/WINTER/BÄCHLE (2005), S. 131; HOITSCH/WINTER/BAUMANN (2006), S. 75; BUNGARTZ (2003), S. 90.

[1006] HOITSCH/WINTER/BÄCHLE (2005), S. 131.

[1007] Vgl. GLEIßNER (2000), S. 1628.

[1008] Vgl. WOLZ (2001), S. 798; HOITSCH/WINTER/BAUMANN (2006), S. 75; BUNGARTZ (2003), S. 101. In den Studien von DORPRIGTER und VON ROSEN/VOGLER sind dies sogar über 50 %. Vgl. DORPRIGTER (2002), S. 604; VON ROSEN/VOGLER (2000), S. 27.

[1009] Vgl. WOLZ (2001), S. 798.

[1010] Vgl. hierzu und zu möglichen Erklärungsansätzen auch Abschnitt 5.4.1.

[1011] Vgl. BUNGARTZ (2003), S. 101. Die restlichen Unternehmen nutzen entweder andere Maßgrößen oder machen keine Angaben.

[1012] In Anlehnung an DIEDERICHS (2004), S. 2.

[1013] HOITSCH/WINTER/BÄCHLE (2005), S. 130.

bewusstsein in dieser Studie auf den oberen Führungsebenen als hoch eingeschätzt wird.[1014]

Risikomanagementprozess

Im Zentrum des Risikomanagementsystems steht die operative Umsetzung von Risikoidentifikation, -beurteilung, -steuerung- und -kommunikation.[1015] Im Folgenden soll daher der Stand des Risikomanagements in der Praxis entlang der Phasen des Risikomanagementprozesses beschrieben werden. Wie oben erläutert, bildet die Risikoidentifikation die Grundlage für alle nachfolgenden Schritte.[1016] Die überwiegende Mehrzahl der Unternehmen (über 80 %) berücksichtigt für die Identifikation zunächst sämtliche Unternehmensbereiche, die bei über 60 % der Befragten durch die Vorgaben der Unternehmensleitung auf besonders kritische Risikofelder weiter eingeschränkt werden.[1017] In drei Studien wird erhoben, in welchen Zeitintervallen eine Risikoidentifikation stattfindet. DIEDERICHS stellt fest, dass zwar 57 % der Unternehmen mindestens eine quartalsweise Risikoidentifikation vornehmen, aber immerhin noch 37 % nur jährlich Risiken identifizieren.[1018] Selbst bei den DAX-30 sind dies noch über 9 %. BUNGARTZ kommt zu dem Ergebnis, dass etwa die Hälfte jährlich und ca. 30 % mindestens quartalsweise nach Risiken suchen.[1019] Die Ergebnisse bei VON ROSEN/VOGLER sind deutlich weniger differenziert.[1020] Allerdings stellen auch sie fest, dass 50 % eine jährliche Risikoinventur für ausreichend halten.

Einige der Studien befassen sich mit den eingesetzten Instrumenten zur Risikoidentifikation.[1021] Dabei wird einstimmig eine besonders hohe Relevanz relativ einfacher und zugleich wenig abstrakter Instrumente festgestellt. Dazu zählen Checklisten, Befragungen und Frühwarnsysteme. Eher strategisch ausgerichtete und abstrakte Instrumen-

---

1014 Vgl. HOITSCH/WINTER/BÄCHLE (2005), S. 130. Auf möglicherweise hier vorliegende Verzerrungen bei der Befragung wurde bereits in Abschnitt 5.4.1 hingewiesen.

1015 Vgl. hierzu ausführlich Abschnitt 5.2.2.3.

1016 Vgl. Abschnitt 5.2.2.3.1.

1017 Vgl. DIEDERICHS (2004), S. 74 f.; DIEDERICHS/REICHMANN (2003), S. 230; VON ROSEN/VOGLER (2000), S. 21.

1018 Vgl. hier und folgend DIEDERICHS (2004), S. 76.

1019 Vgl. BUNGARTZ (2003), S. 104.

1020 Vgl. hier und folgend VON ROSEN/VOGLER (2000), S. 23.

1021 Vgl. hier und folgend zum Instrumenteneinsatz DIEDERICHS (2004), S. 77; VON ROSEN/VOGLER (2000), S. 22; NEVRIES/STRAUß (2008), S. 109; HOITSCH/WINTER/BAUMANN (2006), S. 71.

te wie zum Beispiel die Analyse von Stärken, Schwächen, Chancen und Risiken (SWOT-Analyse)[1022] werden nachrangig genutzt.[1023]

Auch die Risikobeurteilung wird in einigen empirischen Studien genauer untersucht.[1024] In Übereinstimmung mit den Ergebnissen zur Identifikationsfrequenz für Risiken stellt DIEDERICHS fest, dass die Neubewertung von Risiken in ähnlichen Zeitintervallen stattfindet.[1025] Während eine Minderheit von nur etwa 11 % der Unternehmen angibt, permanent die Risikobewertung zu überprüfen, findet bei 60 % der Unternehmen mindestens eine quartalsweise Risikoneubewertung statt. VON ROSEN/VOGLER stellen fest, dass etwa die Hälfte der betrachteten Unternehmen bei der Risikobewertung die Auswirkungen in den nächsten zwölf Monaten berücksichtigt, während die restlichen Unternehmen zwei bis drei Jahre in die Zukunft blicken.[1026] Als zentrale Beurteilungskriterien für Risiken werden in zwei Studien die Wahrscheinlichkeit und das Risikoausmaß genannt.[1027] Die Feststellungen, inwiefern die Unternehmen Risikointerdependenzen berücksichtigen, sind nicht eindeutig. Während in einer Studie die große Mehrheit der Befragten (über 70 %) behauptet Risikowechselwirkungen zu erfassen,[1028] ist dies in anderen Studien höchstens die Hälfte.[1029]

Die Risikosteuerung und -kontrolle wird nur in wenigen Untersuchungen und aus verschiedenen Blickwinkeln analysiert. DORPRIGTER betrachtet, wie mit identifizierten Risiken umgegangen wird.[1030] Dabei stellt er fest, dass in den meisten Fällen die Risiken entweder selbst getragen oder vermindert werden. Auf dem dritten Platz der Steuerungsalternativen folgt die Überwälzung und auf dem vierten die Risikovermeidung. Allerdings sind diese Befunde nur wenig aussagekräftig, da nicht nach dem Risikoausmaß, der Risikokategorie oder der Risikowahrscheinlichkeit unterschieden wird. DIEDERICHS setzt sich mit der Frage auseinander, wie häufig die gewählten Steuerungsinstrumente auf ihre Eignung geprüft werden.[1031] Dabei stellt er fest, dass 85 % der Unternehmen grundsätzlich eine solche Überprüfung vornehmen und diese in über

1022 Vgl. grundlegend zur SWOT-Analyse ADAM et al. (2004), S. 106.
1023 Vgl. NEVRIES/STRAUß (2008), S. 109.
1024 Vgl. DIEDERICHS (2004), S. 79 f.; HOITSCH/WINTER/BAUMANN (2006), S. 71 f.; VON ROSEN/VOGLER (2000), S. 24; NEVRIES/STRAUß (2008), S. 109.
1025 Vgl. hier und folgend DIEDERICHS (2004), S. 79.
1026 Vgl. VON ROSEN/VOGLER (2000), S. 24.
1027 Vgl. DIEDERICHS (2004), S. 79; VON ROSEN/VOGLER (2000), S. 24.
1028 Vgl. DIEDERICHS (2004), S. 79.
1029 Vgl. HOITSCH/WINTER/BAUMANN (2006), S. 72; NEVRIES/STRAUß (2008), S. 109.
1030 Vgl. hier und folgend DORPRIGTER (2002), S. 606 f.
1031 Vgl. hier und folgend DIEDERICHS (2004), S. 81.

40 % der Fälle mindestens quartalsweise erfolgt. WOLZ vergleicht die Antworten von Unternehmen und den ebenfalls befragten Abschlussprüfern dieser Unternehmen auf die Frage, welcher Anteil von erwarteten und unerwarteten Risiken abgesichert ist.[1032] Dabei fällt auf, dass die Abschlussprüfer den Absicherungsgrad von Risiken deutlich geringer einschätzen als die Unternehmensvertreter, was als Indiz dafür eingeschätzt werden kann, dass die Unternehmen die Zuverlässigkeit des eingerichteten Risikomanagements tendenziell überbewerten.

Ebenso wie die Risikosteuerung wird auch das Überwachungssystem in den Studien nur flüchtig behandelt. Interessant ist die Beobachtung von DIEDERICHS, dass etwa drei Viertel der untersuchten Unternehmen über eine prozessunabhängige Überwachungsinstanz in Form externer Prüfer oder der internen Revision verfügen.[1033] Ähnlich bestätigen auch NEVRIES/STRAUß die hohe Relevanz der internen Revision.[1034] Während dieses Ergebnis zu erwarten war, überrascht das Defizit bei der Verbreitung prozessabhängiger Kontrollen.[1035] Eine mögliche Begründung dafür könnte die noch nicht abgeschlossene Umsetzung in vielen Unternehmen sein.

Organisation der Risikoberichterstattung

Sämtliche Studien, die sich mit der internen Risikoberichterstattung befassen, liefern Anhaltspunkte dafür, dass hierbei Defizite existieren.[1036] Diese bestehen zum einen darin, dass die Risikokommunikation nicht bzw. nur unzureichend in das bestehende Berichtswesen integriert ist bzw. in einigen Fällen überhaupt keine interne Risikoberichterstattung erfolgt. In einer Studie werden darüber hinaus noch die Auslöser für Ad-hoc-Berichte untersucht.[1037] Dabei wird festgestellt, dass Veränderungen von Risikoeintrittswahrscheinlichkeiten sowie das Überschreiten von Schwellenwerten für Kennzahlen als Auslöser für Ad-hoc-Berichte deutlich weniger wichtig sind als eine Änderung des Schadensausmaßes. BUNGARTZ befasst sich außerdem mit der internen Berichterstattungsfrequenz und kann beobachten, dass bei etwa 80 % der Unterneh-

[1032] Vgl. hier und folgend WOLZ (2001), S. 799.
[1033] Vgl. DIEDERICHS (2004), S. 82.
[1034] Vgl. NEVRIES/STRAUß (2008), S. 110.
[1035] Vgl. DIEDERICHS (2004), S. 82.
[1036] Vgl. hier und folgend HOITSCH/WINTER/BAUMANN (2006), S. 72; DORPRIGTER (2002), S. 605; HOITSCH/WINTER/BÄCHLE (2005), S. 130; DIEDERICHS (2004), S. 83-87.
[1037] Vgl. hier und folgend DIEDERICHS (2004), S. 85 f.

men der Vorstand mindestens quartalsweise über die Risikosituation informiert wird.[1038]

5.4.3 Externe Risikoberichterstattung

Zwischen Risikomanagement und externer Risikoberichterstattung besteht ein enger Zusammenhang.[1039] Versteht man die externe Risikoberichterstattung als ein Output des Risikomanagementsystems, so kann man versuchen, weitere Erkenntnisse über dieses durch eine Analyse der Lageberichte zu erhalten.[1040] Tabelle 14 enthält einen Überblick über ausgewählte empirische Studien zur Risikoberichterstattung. Diese behandeln im Wesentlichen drei Untersuchungsfelder. Zum einen werden regelmäßig formale Kriterien des Risikoberichts untersucht.[1041] Unter formalen Kriterien ist beispielweise die Stellung und Bezeichnung des Risikoberichts, die Anzahl unterschiedener Risikokategorien, der Umfang der Berichterstattung über Risiken und die Ausführlichkeit der Darstellung z. B. der Risikobewältigung zu verstehen. Den zweiten Untersuchungsschwerpunkt bilden Untersuchungen zur Berichtsqualität.[1042] Dabei werden Punktwerte z. B. für die Präzision der Aussagen oder andere Merkmale vergeben. Das dritte Untersuchungsfeld bilden Analysen des Berichtsinhalts.[1043] Hier wird in der Regel betrachtet, welche Risiken im Risikobericht als bestandsgefährdend bzw. wesentlich genannt werden.

Im Interesse einer möglichst fokussierten Betrachtung der empirischen Untersuchungen sollen im Weiteren ausschließlich die in den einzelnen Beiträgen gewonnen Erkenntnisse über inhaltliche Aussagen der Risikoberichte skizziert werden. Formale Fragen wie z. B. nach der Stellung oder der Benennung des Risikoberichts sind hier für einen Eindruck der Ausgestaltung des Risikomanagements wenig relevant. Mit der gleichen Begründung wird auf die Darstellung der Ergebnisse zur Berichtsqualität ver-

---

1038 Vgl. BUNGARTZ (2003), S. 97 f.

1039 Vgl. DOBLER (2005), S. 149.

1040 Vgl. zur Lageberichterstattung Abschnitt 5.3.3.

1041 Vgl. hier und folgend KAJÜTER (2001), S. 107-109; BUNGARTZ (2003), S. 72-78; KAJÜTER/WINKLER (2003), S. 218-220; KAJÜTER/WINKLER (2004), S. 251-253; KAJÜTER/ESSER (2007), S. 383-384; GLEIßNER et al. (2005), S. 345 f.; BERGER/GLEIßNER (2007), S. 64 f.

1042 Vgl. hier und folgend KÜTING/HEIDEN (2002), S. 935 f.; BERGER/GLEIßNER (2007), S. 64-66; BUNGARTZ (2003), S. 78-84; GLEIßNER et al. (2005), S. 350; FILIPIUK (2008), S. 183-246.

1043 Vgl. hier und folgend insbesondere KAJÜTER (2001), S. 107 f.; BUNGARTZ (2003), S. 74-77; KAJÜTER/WINKLER (2003), S. 220-224; KAJÜTER/WINKLER (2004), S. 253-258; KAJÜTER/ESSER (2007), S. 385-388; GLEIßNER et al. (2005), S. 347-352.; BERGER/GLEIßNER (2007), S. 66 f.

zichtet. Erneut sei auch darauf hingewiesen, dass trotz der Prüfungspflicht durch den Abschlussprüfer nicht garantiert ist,[1044] dass die im Risikobericht enthaltenen Informationen auch unverzerrt sind.[1045]

1044 Vgl. zur Prüfungspflicht des Lageberichts KIRSCH/NIMWEGEN (2007), Rn. 2.
1045 Vgl. hierzu auch Abschnitt 5.4.1.

Autor(en)	Untersuchungszeitraum	Untersuchungsobjekte	Untersuchungsaspekte	Methode
KAJÜTER (2001)	1999	82 Unternehmen ohne Banken und Versicherungen aus DAX und MDAX	Formale Kriterien; Inhalt: Risikoarten (wesentlich, bestandsgefährdend, intern, extern), Risikoerläuterung (Wahrscheinlichkeit, Ausmaß)	Inhaltsanalyse der Lageberichte
BUNGARTZ (2003)	2000	117 inländische Unternehmen aus DAX, MDAX und NEMAX ohne Banken, Versicherungen	Formale Kriterien; Inhalt: Risikoarten, Berichterstattung im Bestätigungsvermerk, Berichtsqualität im Risikobericht	Inhaltsanalyse der Lageberichte
KAJÜTER/ WINKLER (2003)	2001	81 Unternehmen ohne Banken und Versicherungen aus DAX und MDAX	Formale Kriterien; Inhalt: Risikoarten, Risikoerläuterung (Wahrscheinlichkeit, Ausmaß), Chancenbericht; Beschreibung des Risikomanagements	Inhaltsanalyse der Lageberichte
KÜTING/ HEIDEN (2002)	2001	205 inländische Industrie- und Handelskonzerne aus DAX, MDAX, NEMAX, SMAX	Berichtsqualität im Risikobericht	Inhaltsanalyse der Lageberichte
KAJÜTER/ WINKLER (2004)	1999-2001	83 Unternehmen ohne Banken und Versicherungen aus DAX und MDAX	Formale Kriterien; Inhalt: Risikoarten, Risikoerläuterung (Wahrscheinlichkeit, Ausmaß), Beschreibung des Risikomanagements, Prüfung der Risikoberichterstattung	Inhaltsanalyse der Lageberichte
GLEIẞNER/ BERGER/ RINNE/ SCHMIDT (2005)	2000-2003	82-93 Unternehmen ohne Banken und Versicherungen aus DAX und MDAX	Formale Kriterien; Inhalt: Risikoquantifizierung, Organisation, Risikoschwerpunkte, Qualität der Berichterstattung	Inhaltsanalyse der Lageberichte
BERGER/ GLEIẞNER (2007)	2001-2005	137 Unternehmen ohne Banken und Versicherungen aus DAX, MDAX, TecDAX und SDAX	Berichtsqualität im Risikobericht, Risikoarten	Inhaltsanalyse der Lageberichte
FILIPIUK (2008)	2002-2005	DAX	Formale Kriterien, Berichtsqualität	Inhaltsanalyse der Lageberichte
KAJÜTER/ ESSER (2007)	2005	92 Unternehmen ohne ausländische und ohne Banken und Versicherungen aus DAX, MDAX und TecDAX	Formale Kriterien; Inhalt: Risikoarten (wesentlich, bestandsgefährdend, intern, extern), Chancen, Risikoerläuterung (Wahrscheinlichkeit, Ausmaß), Beschreibung des Risikomanagements	Inhaltsanalyse der Lageberichte

Tabelle 14: Überblick über ausgewählte empirische Studien zur externen Risikoberichterstattung

In Abschnitt 2.2 wurde die Bedeutung immaterieller Vermögenswerte für den Unternehmenserfolg betont. Häufig werden diese Vermögenswerte als die „entscheidenden Erfolgsfaktoren"[1046] gesehen. In diesem Fall ist zu vermuten, dass eine Ähnlichkeit zwischen den Risiken besteht, die das Gesamtunternehmen bedrohen und denjenigen, die die Werthaltigkeit einzelner immaterieller Vermögenswerte gefährden. Daher erscheint es sinnvoll, zu untersuchen, welche Risiken für die Lageberichterstattung relevant sind. DRS 5 verlangt, diese Risiken zu gleichartigen Risikokategorien zusammenzufassen.[1047] Allerdings macht der Standard keine verpflichtenden Vorgaben dazu, welche Risikoeinteilung zu verwenden ist. Stattdessen wird eine beispielhafte Unterscheidung von Risiken vorgenommen. Es überrascht daher wenig, dass in den empirischen Studien verschiedene Untergliederungen genannt werden.[1048] In den meisten Studien werden die Risiken zudem in interne und extern Risiken unterteilt.[1049]

Interne Risiken haben ihren Ursprung in der Geschäftstätigkeit eines Unternehmens und können direkt von diesem beeinflusst werden.[1050] Dazu zählen bspw. leistungswirtschaftliche Risiken, finanzwirtschaftliche Risiken sowie Management- und Organisationsrisiken. Abzugrenzen von diesen internen Risiken sind die externen. Diese haben ihren Ursprung in der Unternehmensumwelt und können vom Unternehmen nicht beeinflusst werden. Zu diesen gehören bspw. makroökonomische, gesellschaftliche, technologische, politische und rechtliche Risiken.

Die Studien stellen übereinstimmend fest, dass externe Risiken in deutlich mehr Lageberichten genannt werden als interne.[1051] KAJÜTER/WINKLER kommen für das Berichtsjahr 1999 (2001) zu dem Ergebnis, dass externe Risiken in 84 % (95 %) der Risikoberichte genannt werden, interne indes nur in 61 % (88 %) der Berichte.[1052] Die Dominanz externer Risiken wird weiter dadurch unterstrichen, dass in den einzelnen

[1046] BENTELE (2004), S. 1.

[1047] Vgl. hier und folgend DRS 5, Tz. 16 f. Vgl. auch die Erläuterungen in Abschnitt 5.3.3.

[1048] Vgl. z. B. KAJÜTER (2001), S. 108; BUNGARTZ (2003), S. 74 f.; KAJÜTER/WINKLER (2003), S. 222.

[1049] Vgl. hier und folgend insbesondere KAJÜTER (2001), S. 107 f.; BUNGARTZ (2003), S. 74-77; KAJÜTER/WINKLER (2003), S. 220-224; KAJÜTER/WINKLER (2004), S. 253-258; KAJÜTER/ESSER (2007), S. 385-388; GLEIẞNER et al. (2005), S. 347-352.; BERGER/GLEIẞNER (2007), S. 66 f.

[1050] Vgl. hier und folgend DIEDERICHS (2004), S. 102-106.

[1051] Vgl. KAJÜTER (2001), S. 108; BUNGARTZ (2003), S. 74 f.; KAJÜTER/WINKLER (2003), S. 221; KAJÜTER/WINKLER (2004), S. 254. Allerdings kann im Zeitverlauf eine Verbesserung beobachtet werden. Vgl. FILIPIUK (2008), S. 229.

[1052] Vgl. KAJÜTER/WINKLER (2003), S. 221.

Lageberichten eine größere Anzahl externer als interner Risiken genannt wird.[1053] Beispielsweise berichten die DAX-30-Unternehmen im Geschäftsjahr 1999 (2001) etwa 5 (7) externe und 2,1 (4,6) interne Risiken.[1054] Fraglich ist, ob diese Beobachtung darauf zurückzuführen ist, dass externe Risiken überwiegen oder darauf, dass eine Nennung interner Risiken vermieden werden soll, da dies auf Schwächen des Unternehmens hindeuten könnte.[1055]

Unterteilt man die Risiken in Risikokategorien, so dominieren vor allem Finanzrisiken, Marktrisiken, Leistungserstellungsrisiken sowie rechtliche oder politische Risiken.[1056] Tabelle 15 zeigt die von GLEIßNER et al. ermittelten zehn häufigsten Risiken in den Lageberichten 2000 und 2003 der untersuchten DAX- und MDAX-Unternehmen.

Top 10 2000	**Anteil bezogen auf alle genannten Risiken 2000**	**Top 10 2003**	**Anteil bezogen auf alle genannten Risiken 2003**	**Risikofeld**
1	11,7 %	1	9,3 %	Zinsen und Währungen
2	9,6 %	2	8,5 %	Derivate
3	8,4 %	4	7,8 %	Konjunkturelle Absatzmengen- und Absatzpreisschwankungen
4	8,1 %	3	8,1 %	Rechtliches und politisches Umfeld
5	6,2 %	6	5,5 %	Beschaffungsmarkt
6	6,0 %	5	7,0 %	Marktattraktivität und Wettbewerbskräfte
7	5,2 %		3,5 %	Risiken aus der Wertschöpfungskette
8	4,8 %	7	5,2 %	Risiken aus Unterstützungsprozessen und sonstige Risiken
9	4,0 %	10	4,3 %	Bonitäts- und Adressausfallrisiken
10	3,4 %		3,0 %	Markttrends

Tabelle 15: Die zehn häufigsten Risiken in den Lageberichten 2000 und 2003 der DAX- und MDAX-Unternehmen

Quelle: Geringfügig modifiziert übernommen von GLEIßNER et al. (2005), S. 352.[1057]

[1053] Vgl. KAJÜTER/WINKLER (2003), S. 221; KAJÜTER/WINKLER (2004), S. 254; KAJÜTER/ESSER (2007), S. 385 f.

[1054] Vgl. KAJÜTER/WINKLER (2003), S. 221.

[1055] Vgl. KAJÜTER (2001), S. 108.

[1056] Vgl. GLEIßNER et al. (2005), S. 351; BERGER/GLEIßNER (2007), S. 66; KAJÜTER (2001), S. 108; BUNGARTZ (2003), S. 75. Vgl. zu diesen Kategorien GLEIßNER et al. (2005), S. 345.

[1057] Die im Jahr 2003 leeren Zellen (Markttrends und Risiken aus der Wertschöpfungskette) gehören in diesem Jahr nicht zu den zehn am häufigsten genannten Risiken.

An späterer Stelle wird auf diese Ergebnisse erneut Bezug genommen, wenn die Risiken im Lagebericht den Wertminderungsgründen für immaterielle Vermögenswerte gegenübergestellt werden. Interessant erscheint noch der Hinweis darauf, dass eine Quantifizierung der Risikoeintrittswahrscheinlichkeit oder des Ausmaßes eines Risikos in allen Studien als Ausnahme bezeichnet wird.[1058] In Bezug auf die Berichterstattung über Chancen stellen KAJÜTER/ESSER fest, dass nach der Einführung des BilReG etwa drei Viertel der Unternehmen über diese berichten.[1059]

5.5 Erweiterung der Anforderungen an das Risikomanagement

5.5.1 Entwicklung eines Anforderungskatalogs aus den IFRS-Regelungen

5.5.1.1 Überblick

Im Weiteren sollen die Anforderungen, die im Rahmen des qualitativen Impairment-Tests vom Risikomanagement zu erfüllen sind, besprochen werden. Darauf aufbauend wird später analysiert, inwiefern davon auszugehen ist, dass diese Anforderungen aufgrund anderer gesetzlicher Vorgaben oder betriebswirtschaftlicher Notwendigkeiten bereits erfüllt werden.

Zur Identifikation der IFRS-Anforderungen an das Risikomanagement ist es zweckmäßig, zunächst den Wortlaut der relevanten Standards IAS 36, IAS 38 und IFRS 3 daraufhin zu untersuchen, ob das Risikomanagement hier explizit angesprochen wird. Dabei lässt sich feststellen, dass etwa im Gegensatz zu *IAS 39: Finanzinstrumente: Ansatz und Bewertung* das Risikomanagement in den drei relevanten Standards nicht direkt erwähnt wird.[1060] Um dennoch eine Konkretisierung der Anforderungen an das Risikomanagement für den qualitativen Impairment-Test zu leisten, können neben den Standards und den begleitenden Materialien die Kommentarliteratur sowie die Ergebnisse der betriebswirtschaftlichen Forschung zum Risikomanagement und Risikocontrolling verwendet werden.

[1058] Vgl. hierzu KAJÜTER (2001), S. 109; KAJÜTER/WINKLER (2003), S. 223; KAJÜTER/WINKLER (2004), S. 256; GLEIẞNER et al. (2005), S. 346; KAJÜTER/ESSER (2007), S. 387.

[1059] Vgl. KAJÜTER/ESSER (2007), S. 386.

[1060] Siehe hierzu z. B. IAS 39.9 (b) (ii), IAS 39.81A, IAS 39.88 (a), (b), IAS 39.96 (c), IAS 39.A107, IAS 39.A114 (a), IAS 39.A117. Vgl. auch LÖW (2005), S. 169-201; WAGENHOFER (2006), S. 5.

Die zentrale Aufgabe des qualitativen Impairment-Tests besteht darin, Wertminderungsanzeichen zu erkennen.[1061] Aufgabe des quantitativen Impairment-Tests ist hingegen der Vergleich von Buchwert und erzielbarem Betrag. Diese Stufen des Impairment-Tests kann man nun den zentralen Phasen des Risikomanagementprozesses (Risikoidentifikation, Risikobeurteilung und Risikosteuerung) gegenüberstellen, um die für den qualitativen Test relevante(n) Phase(n) zu bestimmen. Im Rahmen der Risikosteuerung wird eine Gegenmaßnahme gegen ein identifiziertes Risiko ausgewählt und umgesetzt, [1062] so dass diese Phase für den qualitativen Impairment-Test nicht unmittelbar relevant ist,[1063] da weder Wertminderungsanzeichen erkannt werden, noch ein quantitativer Vergleich stattfindet. Die Risikoidentifikation ist hingegen eindeutig für den qualitativen Impairment-Test relevant bzw. sogar das Herzstück des qualitativen Impairment-Tests. Ist z. B. nach den Vorschriften des KonTraG nach bestandsgefährdenden Risiken (§ 91 Abs. 2 AktG) zu suchen, so sind beim qualitativen Test Anzeichen zu identifizieren, die auf eine Wertminderung eines immateriellen Vermögenswertes hindeuten (IAS 36.9). Damit ist grundsätzlich eine große Nähe zur Risikoidentifikation gegeben. Fraglich ist, wie die Phase der Risikobeurteilung einzuschätzen ist. Das Messen von Risiken, als wichtigster Bestandteil dieses Prozessschrittes, ist in erster Linie für den quantitativen Test relevant, da erst beim quantitativen Impairment-Test die Risikowirkung (verstanden als Differenz zwischen Buchwert und erzielbarem Betrag) zu beziffern ist.[1064] Allerdings wurde oben auch darauf hingewiesen, dass für den qualitativen Test die Wesentlichkeit eines Wertminderungsanzeichens entscheidend ist,[1065] so dass zumindest eine recht grobe Beurteilung des Risikos einer Wertminderung vorgenommen werden muss. Als eines der Ziele dieser Arbeit sollen im Folgenden die Anforderungen an das Risikomanagement systematisch identifiziert werden. Dazu sollen die oben knapp angesprochenen Postulate der Risikoidentifikation genutzt werden,[1066] um zu konkretisieren, wie die Risikoidentifikation für den qualitativen Wertminderungstest auszugestalten ist. Da die Wesentlichkeit als ein Postulat der Risikoidentifikation genannt wird,[1067] können auch die Fragen zur Wesentlichkeit der Wertminderungsanzeichen unter den Postulaten diskutiert werden.

1061 Vgl. PETERSEN/BANSBACH/DORNBACH (2008), S. 90.

1062 Vgl. GERPOTT/HOFFMANN (2008), S. 8.

1063 Von einer mittelbaren Relevanz könnte insofern gesprochen werden, als dass vollständig abgesicherte Risiken keinen Wertminderungs-Test auslösen, weil kein Anzeichen vorliegt.

1064 Vgl. hierzu Abschnitt 3.4.3.

1065 Vgl. Abschnitt 3.4.2.2.

1066 Vgl. zu den Postulaten Abschnitt 5.2.2.3.1.

1067 Vgl. z. B. DIEDERICHS (2004), S. 98.

5.5.1.2 Postulate des qualitativen Impairment-Tests

5.5.1.2.1 Systematik und Flexibilität

Im Rahmen der Erläuterungen zur Risikoidentifikation wurden mehrere Instrumente wie z. B. die Checkliste vorgestellt, die grundsätzlich geeignet erscheinen, Risikopotenziale zu erkennen.[1068] Als Begründung für die Nutzung dieser Instrumente kann das Bestreben danach angeführt werden, Risiken nicht nur zufällig, sondern systematisch zu identifizieren.[1069] Würden nur zufällig Risiken erkannt, so wäre eine auf den Ergebnissen der Risikoidentifikation aufbauende Steuerung wenig effektiv.

Eines der genannten (systematischen) Instrumente zur Risikoidentifikation ist die Checkliste.[1070] Auch der Indikator-Katalog in IAS 36.12 wird in der Literatur zum Teil als Checkliste bezeichnet.[1071] Dieser Zusammenhang soll nun genauer untersucht werden. Unter eine Checkliste ist allgemein ein standardisierter Fragebogen zu verstehen, mit dem alle Risiken möglichst einheitlich und lückenlos erkannt werden sollen.[1072] Die Checkliste kann nach unterschiedlichen Kriterien systematisiert sein. In Frage kommen bspw. Risikoherkunft, Risikowirkungsbereich und Risikoursache. Auch eine Kombination unterschiedlicher Kriterien ist möglich. Grundsätzlich wird der Einsatz von Checklisten als Kennzeichen einer systematischen Vorgehensweise beurteilt.[1073]

IAS 36.12 enthält einen Katalog mindestens zu prüfender Impairment-Indikatoren, die weiter in interne und externe Anzeichen für eine Wertminderung unterschieden werden.[1074] Dieser Katalog könnte als ein Indiz dafür gewertet werden, dass auch im Rahmen des quantitativen Impairment-Tests grundsätzlich ein systematisches Vorgehen, ähnlich den Checklisten, verlangt wird und ein zufälliges Erkennen von Wertminderungsanzeichen nicht ausreichend ist.[1075] Diese Interpretation steht im Einklang mit der Forderung des IASB, dass das Management sich der Risiken, die die Werthal-

[1068] Vgl. Abschnitt 5.2.2.3.1.
[1069] Hier und folgend in Anlehnung an FIEGE (2006), S. 101 f.
[1070] Vgl. BURGER/BUCHHART (2002), S. 82-89, S. 45-50.
[1071] Vgl. WEIßENBERGER (2007), S. 132 f.
[1072] Vgl. hier und folgend BURGER/BUCHHART (2002), S. 82-89, S. 45-50.
[1073] Vgl. SIEPE (1994), S. 258.
[1074] Vgl. zu diesem Katalog die Darstellungen in Abschnitt 3.4.2.1.
[1075] Vgl. ebenso zur Interpretation des Katalogs aus IAS 36 als Checkliste WEIßENBERGER (2007), S. 132 f.

tigkeit immaterieller Vermögenswerte bedrohen, *bewusst* sein sollte.[1076] Ein solches Risikobewusstsein ist kaum mit einer zufälligen Risikoidentifikation vereinbar.[1077]

Geht man daher davon aus, dass IAS 36 grundsätzlich ein systematisches Vorgehen bei der Risikoidentifikation verlangt, stellt sich anschließend die Frage, inwiefern der Standard durch den Indikatoren-Katalog eine ausreichende Systematik vorgibt. Hierzu ist ein Vergleich mit den US-GAAP hilfreich. Ähnlich wie nach IFRS ist auch nach US-GAAP für immaterielle Vermögenswerte mit unbestimmter Nutzungsdauer dem Impairment Only-Approach zu folgen.[1078] Dazu werden in SFAS 144.8 Impairment-Indikatoren genannt, die denen des IAS 36 ähnlich sind. SFAS 144.8 bezeichnet die aufgezählten Indikatoren als *Beispiele* für Wertminderungen. In IAS 36.12 heißt es hingegen, dass „mindestens die folgenden Anhaltspunkte zu berücksichtigen" sind. Ungeachtet der bereits in Abschnitt 3.4.2.1 diskutierten Zweckmäßigkeit der Indikatoren bei Wertminderungen immaterieller Vermögenswerte impliziert dies, dass IAS 36.12 als eine *verbindliche* Minimum-Checkliste interpretiert werden kann und somit auch konkrete Vorgaben für die Systematik des qualitativen Impairment-Tests macht, die unbedingt einzuhalten sind. Allerdings wird der Einsatz von Checklisten in der Literatur zum betriebswirtschaftlichen Risikomanagement kritisch gesehen.[1079] Diese Kritik könnte auch auf den Katalog aus IAS 36 zutreffen, was im Folgenden diskutiert werden soll.

In der Literatur wird insbesondere bemängelt, dass eine Checkliste mit wenigen sehr allgemeinen und aggregierten Risikoprüffeldern kaum hilfreich sein kann, da die genannten Risikopotenziale in handhabbare und überprüfbare Risikofaktoren disaggregiert werden müssen. Diese Risikofaktoren können bspw. die „Schritte eines risikobehafteten Prozesses (...) oder Kennzahlen"[1080] sein. Auch auf die in IAS 36.12 genannten Indikatoren trifft dies zu. Die Prüfpunkte sind deutlich zu allgemein, um bei der operativen Durchführung der Risikoidentifikation geeignet zu sein, sämtliche Risiken zu erfassen.[1081] Ein Indikator für eine eingetretene Wertminderung ist bspw. eine nachteilige marktliche Veränderung, ohne dass erläutert wird, welche konkreten Anzeichen bei welchen Marktteilnehmern welche Vermögenswerte nachteilig beeinflus-

---

1076 Vgl. hierzu IAS 36.BC122.

1077 In Anlehnung an MIKUS (1996), S. 108 f.

1078 Vgl. hier und folgend HACHMEISTER (2005), S. 208 f.

1079 Vgl. hier und folgend HÖLSCHER (2006), S. 359.

1080 ROSENKRANZ/MISSLER-BEHR (2005), S. 174.

1081 Vgl. ähnlich PELLENS/EPSTEIN/RUHWEDEL (2005), S. 6 f. Vgl. hier und folgend auch die Erläuterungen in Abschnitt 3.4.2.1.

sen könnten.[1082] Eine ähnliche Kritik wurde oben etwa auch daran geäußert, dass eine positive Buchwert-Marktwert-Differenz des Eigenkapitals ein Wertminderungsanzeichen sei, ohne dass klar ist, wie bestimmt werden kann, welcher Vermögenswert hiervon betroffen ist.[1083] Besser operationalisierbar sind nur die in IAS 36.14 genannten Wertminderungsanzeichen des internen Berichtwesens. Hier wir bspw. der Vergleich von geplanten und realisierten Cashflows, die einem Vermögenswert zurechenbar sind, gefordert.

Vor dem Hintergrund dieser Erläuterungen erscheint es fraglich, inwiefern die Regelungen in IAS 36 tatsächlich als eine Checkliste interpretiert werden können. Geeigneter erscheint vielmehr eine Interpretation des Katalogs als ein Sensibilisierungsinstrument für die Breite möglicher Risiken.[1084] Die Verlagerung der konkreten Umsetzung auf den Abschlussersteller geht dabei offensichtlich mit entsprechenden Ermessensspielräumen einher.

Zusammenfassend lässt sich schon hier festhalten, dass IAS 36 bei der Risikoidentifikation zwar ein systematisches Vorgehen fordert, allerdings selbst einen nur geringen Beitrag zur Operationalisierung der Erkennung von Wertminderungsanzeichen leistet. Gleichzeitig wird deutlich, dass IAS 36 eine umfassende Identifikation interner (unternehmensbezogener) als auch externer (umweltbezogener) Wertminderungsanzeichen bzw. Risiken verlangt,[1085] wenn auch keine operationalisierte Checkliste hierfür angeboten wird. Eine mögliche Begründung für die sehr globalen Indikatoren in IAS 36.12 mag sein, dass auf diese Art und Weise eine unternehmens- und vor allem vermögenswertindividuelle Ausgestaltung durch das Risikocontrolling nicht behindert, sondern vielmehr verlangt wird.[1086] Dies wird in IAS 36.13 klargestellt, in dem explizit darauf verwiesen wird, dass der Indikator-Katalog nicht abschließend ist, sondern vom Unternehmen erweitert werden kann. Damit gibt der IASB dem Grundsatz der Flexibilität hier offensichtlich den Vorrang vor einer (zugleich die Beliebigkeit bei der Erkennung von Wertminderungsanzeichen) einschränkenden Systematik.[1087]

[1082] Vgl. zu einer konkreteren Umsetzung von Indikatoren für negative marktliche Entwicklungen JOCHENS (2007), S. 85-119.

[1083] Vgl. ähnlich BEYHS (2002), S. 83.

[1084] Vgl. zu dieser Aufgabe von Checklisten SIEPE (2007), S. 2380. Vgl. auch HEPERS (2005), S. 362-364.

[1085] IAS 36.12 spricht von externen und internen Informationsquellen.

[1086] In Anlehnung an HÖLSCHER (2006), S. 359 und WEIßENBERGER (2007), S. 314.

[1087] Vgl. ähnlich HEPERS (2005), S. 362-364.

5.5.1.2.2 Vollständigkeit

Das Postulat der Vollständigkeit zielt auf die „lückenlose und detaillierte Aufdeckung bestehender und potentieller Risiken“[1088]. Dieser Grundsatz wird in der Literatur häufig auf die vollständige Erfassung wesentlicher oder bestandsgefährdender Risiken beschränkt,[1089] soll hier aber zunächst uneingeschränkt besprochen werden.

In diesem Abschnitt sind zwei Fragen zu klären. Die erste besteht darin, zu ergründen, was vor dem Hintergrund des qualitativen Impairment-Tests als Risiko zu verstehen ist. Die zweite zu beantwortende Frage bezieht sich auf die Beurteilung, ob grundsätzlich alle Risiken für den qualitativen Impairment-Test erkannt werden müssen. Um zwischen dem Postulat der Vollständigkeit auf der einen und den Postulaten der Verlässlichkeit und Wesentlichkeit (Abschnitt 5.5.1.2.4) auf der anderen Seite sinnvoll unterscheiden zu können, werden diese wie folgt voneinander abgegrenzt: Die Vollständigkeit bezieht sich darauf, ob alle Risiken (z. B. Zinsänderungsrisiken) *erkannt* werden müssen, während die Verlässlichkeit und Wesentlichkeit einschränkend bestimmen, welche der erkannten Risiken auch einen quantitativen Test *auslösen* (wesentliche Zinsänderungsrisiken).[1090]

Oben wurde erläutert, dass eine Wertminderung grundsätzlich dann zu erfassen ist, wenn der erzielbare Betrag unter dem Buchwert liegt.[1091] Im Rahmen der einführenden Erläuterungen zum Risikomanagement wurde Risiko als Zielverfehlung wirkungsbezogen interpretiert.[1092] Überträgt man dieses Begriffsverständnis auf den (quantitativen) Impairment-Test, können der Buchwert eines immateriellen Vermögenswertes als Zielwert und der erzielbare Betrag als tatsächlich erreichter Wert verstanden werden. Das Ausmaß der Zielverfehlung entspricht somit der Differenz zwischen Buchwert und erzielbarem Betrag. Ist diese Differenz positiv, liegt eine Wertminderung vor (IAS 38.6). Im anderen Fall, wenn also der Buchwert unter dem erzielbaren Betrag liegt, ist keine Wertminderung zu verbuchen (IAS 36.59). Vielmehr muss in dieser Situation bis auf Firmenwerte eine zuvor verbuchte Wertminderung rückgängig gemacht werden (Wertaufholungsgebot) (IAS 36.114, IAS 36.117). Dieser Fall einer positiven Zielverfehlung wurde oben als Chance bezeichnet.[1093] Folglich sind im Rahmen des Impair-

[1088] DIEDERICHS (2004), S. 98. Vgl. auch Abschnitt 5.2.2.3.1.
[1089] Vgl. SIEPE (1994), S. 258; BREBECK/HERRMANN (1997), S. 384.
[1090] Vgl. zu den Zinsänderungsrisiken BAETGE et al. (2008b), Rn. 26.
[1091] Vgl. Abschnitt 3.4.3.
[1092] Vgl. Abschnitt 5.2.1.
[1093] Vgl. Abschnitt 5.2.1.

ment-Tests sowohl Chancen als auch Risiken der Werthaltigkeit immaterieller Vermögenswerte zu erfassen. Abbildung 33 stellt diesen Zusammenhang grafisch dar.

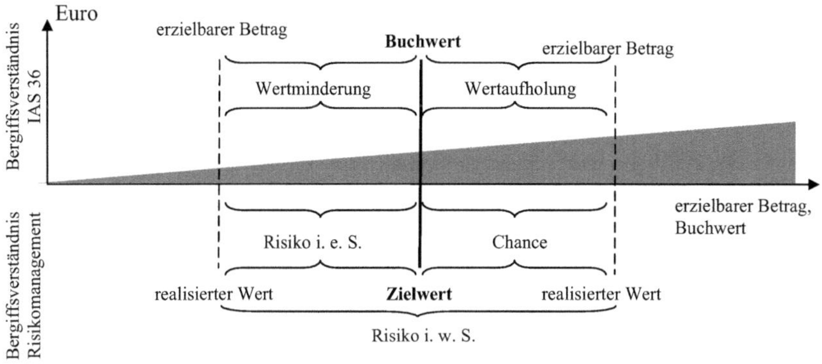

Abbildung 33: Zusammenhang zwischen dem Begriffsverständnis im Risikomanagement und in IAS 36

Während die obige Abbildung eher die Risikowirkung betrifft, die im Rahmen des quantitativen Tests beziffert wird, stehen die Anzeichen für ein solches Risiko im Zentrum des qualitativen Tests. Vereinfachend werden diese Anzeichen im Folgenden auch als Risiken oder Risikofelder bezeichnet. Wenn damit grundsätzlich auch Chancen gemeint sind, steht die Betrachtung von Risiken i. e. S. im Weiteren im Vordergrund. Eine strenge Trennung zwischen der Risikowirkung auf der einen und den Risikoanzeichen auf der anderen Seite wäre für den qualitativen Impairment-Test kaum möglich.[1094] Zwar erscheint es plausibel, veränderte Kundenbedürfnisse als Anzeichen für eine Wertminderung z. B. der Marke zu interpretieren, und den Betrag, um den der Buchwert eines Vermögenswertes seinen erzielbaren Betrag infolge rückläufiger Umsätze überschreitet, als Risiko oder Risikowirkung. In IAS 36.14 (b) werden als Anzeichen für eine mögliche Wertminderung allerdings auch rückläufige Cashflows, die auf einen immateriellen Vermögenswert entfallen, genannt, so dass es schwierig ist, für den qualitativen Impairment-Test deutlich zwischen Risikowirkung und Risikoanzeichen zu differenzieren.

Fraglich ist weiterhin, was vor dem Hintergrund des qualitativen Impairment-Tests unter einer „lückenlosen“ Erfassung der Risiken zu verstehen ist. Bei einer strengen

[1094] Eine solche Unterscheidung gelingt im betriebswirtschaftlichen Risikomanagement. Vgl. SCHMITTING/SIEMES (2004), S. 103-105.

Betrachtung der IFRS-Vorschriften, die zunächst von der praktischen Umsetzung abstrahiert, liegt der Schluss nahe, dass *keine* vollständige Erfassung aller Risiken verlangt wird. Dies kann damit begründet werden, dass ein Unternehmen bereits dann gezwungen ist, den quantitativen Impairment-Test für einen immateriellen Vermögenswert auszuführen, sobald *ein* wesentliches Anzeichen für eine Wertminderung erkannt wurde.[1095] Interpretiert man den qualitativen Impairment-Test folglich als eine reine Suche nach Auslösern des quantitativen Tests, würde das Erkennen weiterer Anzeichen für die Wertminderung eines Vermögenswertes keinen Mehrwert generieren und müsste daher aus Wirtschaftlichkeitsgründen unterbleiben.[1096]

Dieser recht engen Auslegung sind allerdings zwei Überlegungen entgegenzustellen, die an einem Beispiel verdeutlicht werden sollen. Ein Unternehmen verfüge über mehrere Marken und identifiziere unter anderem die Absatzmenge und das aufgrund der Marke beim Kunden erzielbare Preispremium als wichtige Determinanten des Markenwerts.[1097] Beide Faktoren gehen somit in die prognostizierten Cashflows und letztendlich den Markenwert ein. Mögliche Risikosymptome für den Wert der Marke wären daher abnehmende Stückerlöse aufgrund eines gesunkenen Preispremiums oder eine gesunkene Absatzmenge wegen abnehmender Bevölkerungszahlen im relevanten Absatzgebiet.[1098] Wie oben erläutert, würde bereits das Vorliegen eines der beiden Indikatoren (sinkender Stückerlös, Bevölkerungsrückgang) einen quantitativen Test auslösen.[1099] Im Rahmen dieses Tests wären sowohl die Absatzzahlen als auch das Preispremium für die Ermittlung der Cashflows zu bestimmen.[1100] Dieser enge Zusammenhang zwischen qualitativem und quantitativem Impairment-Test verdeutlicht, dass ein Abbruch der Risikoidentifikation, nachdem einer der beiden Indikatoren entdeckt wurde, nicht sinnvoll wäre. Die Anstrengungen, auch den zweiten Risikofaktor einzuschätzen, entfielen nicht, sondern würden lediglich auf den Zeitpunkt des quantitativen Tests verschoben. Eine vollständige Risikoidentifikation ist damit aus Effizienzgesichtspunkten (zumindest praktisch) geboten.

Das Beispiel verdeutlicht noch einen weiteren Grund dafür, dass eine vollständige Risikoidentifikation sinnvoll ist und das Erkennen eines ersten Wertminderungsanzeichen kein Abbruchkriterium für den Identifikationsprozess darstellt. Abbildung 34

[1095] Vgl. dazu den Wortlaut von IAS 36.9. Vgl. ähnlich BEYHS (2002), S. 83.
[1096] Vgl. zum Wirtschaftlichkeitsprinzip bei der Risikoidentifikation SIEPE (1994), S. 259.
[1097] Vgl. hier und folgend TAFELMEIER (2007), S. 46.
[1098] In Anlehnung an SCHILLER/ERBEN/HEBEIS (2005), S. 108; HAHN/KLAUSMANN (1979), S. 65.
[1099] Vgl. hierzu Abschnitt 3.4.2.
[1100] Vgl. TAFELMEIER (2007), S. 46.

zeigt (vereinfacht) den Zusammenhang zwischen verschiedenen immateriellen Vermögenswerten, Instrumenten der Risikoidentifikation und den Risiken, die die Werthaltigkeit bedrohen.[1101] Auch wenn die Abbildung beispielhaft auf einzelne Vermögenswerte bezogen ist, so ist es auch denkbar, dass sich ein Risiko in Form eines Wertminderungsanzeichens anstatt auf einen einzelnen Vermögenswert auf eine zahlungsmittelgenerierende Einheit bezieht.[1102] In diesem und den folgenden Abschnitten wird lediglich aus Gründen der Anschaulichkeit häufig auf Ebene einzelner Vermögenswerte argumentiert.

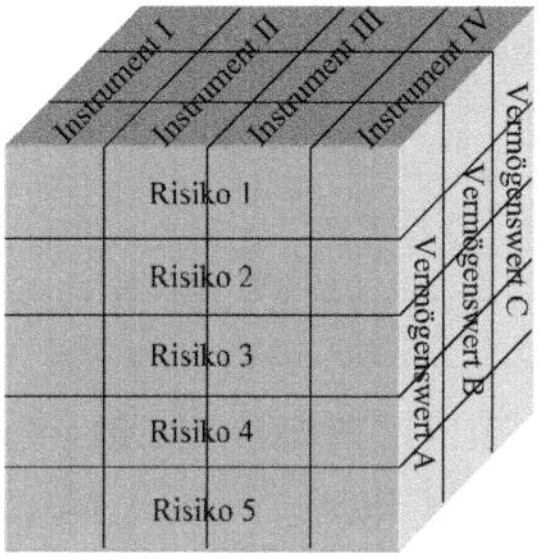

Abbildung 34: Mögliche Dimensionen der Risikoidentifikation

Quelle: In Anlehnung an BUDERATH/AMLING (2000), S. 143.

Im Beispielfall aktiviert das Unternehmen mehrere Markenwerte. Ein gesunkenes Preispremium kann genauso wie ein Rückgang der Bevölkerung im Absatzgebiet ein Anzeichen für eine eingetretene Wertminderung darstellen.[1103] Allerdings wirkt das Preispremium im Beispiel nur auf einen einzelnen Vermögenswert bzw. eine einzelne Marke, während eine gesunkene Bevölkerungszahl sich auch negativ auf das Marktpotenzial anderer Marken bzw. Vermögenswerte auswirken kann.[1104] Der in diesem Fall nicht eindeutige Zusammenhang zwischen Wertminderungsanzeichen und Vermögenswerten ist ein Anreiz dafür, selbst dann nach weiteren Wertminderungsanzeichen zu suchen, wenn für einen bestimmten Vermögenswert bereits ein quantitativer Wert-

1101 Der in der Abbildung dargestellte Zusammenhang ist durch die Annahme vereinfacht, dass alle Vermögenswerte durch alle Risiken bedroht werden und diese Risiken von allen Instrumenten identifiziert werden können.

1102 Vgl. IDW (HRSG.) (2006), N, Tz. 174.

1103 In Anlehnung an SCHILLER/ERBEN/HEBEIS (2005), S. 108; HAHN/KLAUSMANN (1979), S. 65.

1104 Unter dem Marktpotenzial ist die „Gesamtheit aller möglichen Absatzmengen eines Marktes für eine bestimmte Produktgattung“ zu verstehen. MEFFERT/BURMANN/KIRCHGEORG (2008), S. 53.

minderungstest angestoßen wurde. Auf diese Weise können eventuell Risiken entdeckt werden, die mehrere Vermögenswerte gleichzeitig bedrohen. An diesem Beispiel wird auch die zu Beginn des Abschnitts angesprochene Unterscheidung zwischen den Postulaten der Vollständigkeit auf der einen und der Verlässlichkeit und Wesentlichkeit auf der anderen Seite deutlich. Es ist denkbar, dass der Bevölkerungsrückgang zwei verschiedene Marken bedroht, aber nur für eine der beiden eine wesentliche Gefahr darstellt, z. B. weil in einem Fall die Kunden Privatpersonen und im anderen Fall überwiegend Firmenkunden sind. Dies wird genauer in Abschnitt 5.5.1.2.4 behandelt.

Zusammenfassend lässt sich daher festhalten, dass obwohl der qualitative Impairment-Test zumindest theoretisch keine vollständige Risikoidentifikation verlangt, diese praktisch geboten ist.

5.5.1.2.3 Rechtzeitigkeit

Das Postulat der Rechtzeitigkeit der Risikoidentifikation wird in der Literatur auch unter den Bezeichnungen „Schnelligkeit"[1105] oder „Aktualität"[1106] diskutiert. Darunter wird die möglichst frühzeitige Identifikation risikorelevanter Informationen verstanden.[1107] Begründet wird diese Forderung damit, dass eine effektive Risikosteuerung eine rechtzeitige Risikoidentifikation voraussetzt.[1108] Die Risikoidentifikation im Rahmen des qualitativen Impairment-Tests verfolgt indes nicht das Ziel, eine Grundlage für Managemententscheidungen zu bieten, sondern soll entscheidungsnützliche Informationen für den Abschlussadressaten – in erster Linie den Investor – zur Verfügung zu stellen.[1109] Als Nebenbedingung entscheidungsnützlicher Abschlüsse formuliert der IASB indes auch die Zeitnähe der Berichterstattung.[1110] Nur zeitnahe Informationen sind demnach für den Bilanzleser relevant. Damit gilt das Postulat der Rechtzeitigkeit – wenn auch aus anderen Gründen als bei der Risikosteuerung – auch für den qualitativen Impairment-Test. Um eine rechtzeitige Risikoidentifikation zu gewährleisten, ist zum einen zu konkretisieren, mit welchem zeitlichen Vorlauf drohende Wertminderungen erkannt werden müssen (Zeithorizont) und zum anderen, in welchen Ab-

[1105] BREBECK/HERRMANN (1997), S. 384; SIEPE (1994), S. 258.
[1106] DIEDERICHS (2004), S. 98; IMBODEN (1983), S. 100.
[1107] Vgl. DIEDERICHS (2004), S. 98.
[1108] Vgl. BREBECK/HERRMANN (1997), S. 384.
[1109] Vgl. F.10-12.
[1110] Vgl. hier und folgend F.43. Vgl. auch HAYN (1994), S. 720.

ständen der Prozess zur Risikoidentifikation ausgeführt wird (Identifikationsfrequenz).[1111]

Zunächst soll der Zeithorizont genauer bestimmt werden. Dabei ist zu beobachten, dass der Zeitbezug der Indikatoren in IAS 36.12 nicht einheitlich ist.[1112] Für nachteilige technologische, marktliche, gesamtwirtschaftliche oder rechtliche Veränderungen (IAS 36.12 (b)) wird genau wie für Nutzungsänderungen (IAS 36.12 (f)) explizit der Zukunftsbezug betont, während für die verbleibenden Wertminderungsanzeichen ausschließlich auf Ereignisse der aktuellen Berichtsperiode abgestellt wird. Demnach impliziert Rechtzeitigkeit in den zuerst genannten Fällen, dass eine in der „nächsten Zukunft" (IAS 36.12 (b)) drohende Wertminderung schon in der aktuellen Berichtsperiode einen quantitativen Impairment-Test auslöst. In den anderen Fällen ist es ausreichend, wenn ein in der Berichtsperiode eingetretenes Wertminderungsanzeichen in derselben Periode zu einem quantitativen Impairment-Test führt.

Der Zukunftsbezug wird in IAS 36 nicht weiter konkretisiert, sondern lediglich als die „nächste Zukunft" (IAS 36.12 (b)) oder die „nähere Zukunft" (IAS 36.12 (f)) beschrieben. Der einzige zeitliche Bezug, der IAS 36 zu entnehmen ist, ist die regelmäßige Begrenzung des Detailplanungszeitraums zur Bestimmung des Nutzungswertes auf fünf Jahre (IAS 36.33 (b)). Sofern das Management keine Prognosen anstellt, die mehr als fünf Jahre in die Zukunft reichen, beruht ein Bewertungsmodell für den Nutzungswert demnach auf diesem Zeitraum (IAS 36.33 (b)). Es läge nahe, dass auch für den qualitativen Impairment-Test ein solcher Zeitraum gelten könnte. Allerdings würde dies vermutlich in vielen Fällen die Grundsätze der Wesentlichkeit und Verlässlichkeit verletzen.[1113] BAETGE ET AL. schlagen daher vor, für den qualitativen Impairment-Test einen Zeitraum von zwei Jahren zugrunde zu legen.

Wie oben bereits erwähnt ist eine rechtzeitige Berichterstattung auch von der Frequenz der Durchführung des qualitativen Impairment-Tests abhängig. Hierbei ist, wie in Abschnitt 3.4.1 ausführlich erläutert, zwischen qualifizierten und unqualifizierten immateriellen Vermögenswerten zu differenzieren. Im Fall unqualifizierter immaterieller Vermögenswerte hat zu jedem Bilanzstichtag und auch für jeden Zwischenabschluss

---

[1111] In Anlehnung an SIEPE (1994), S. 258, der ebenfalls zwischen Zeithorizont und Schnelligkeit für die Risikoidentifikation differenziert.

[1112] Vgl. hierzu den Wortlaut von IAS 36.12 und BAETGE et al. (2008b), Rn. 25 f.

[1113] Vgl. hier und folgend BAETGE et al. (2008b), Rn. 25. Vgl. hierzu auch den nachfolgenden Abschnitt.

ein qualitativer Impairment-Test zu erfolgen.[1114] Im Fall qualifizierter immaterieller Vermögenswerte wird in der Literatur eine kontinuierliche Überwachung der Wertminderungsanzeichen verlangt.[1115] In dieser Arbeit stehen die Unternehmen des Prime Standards der Deutschen Börse im Mittelpunkt, die zur Quartalsberichtserstattung verpflichtet sind.[1116] Sieht man vom Sonderfall der Ad-hoc-Publizität[1117] ab, die nur bei erheblichen Impairments relevant wäre,[1118] so werden Investoren dieser Unternehmen im Regelfall quartalsweise unterrichtet. Die Risikoidentifikation hat somit mindestens quartalsweise zu erfolgen.

5.5.1.2.4 Verlässlichkeit und Wesentlichkeit

Als weiteres Postulat wird die Verlässlichkeit bei der Risikoidentifikation gefordert.[1119] Informationen, also auch Risikoinformationen, sind im Sinne der IFRS dann verlässlich, wenn sie keine gravierenden Fehler oder Manipulationen enthalten.[1120]

Bei qualifizierten und unqualifizierten immateriellen Vermögenswerten ist *unterjährig* nur bei Vorliegen eines Wertminderungsanzeichens ein quantitativer Test auszuführen.[1121] Für unqualifizierte immaterielle Vermögenswerte gilt dies auch für den jährlichen Abschluss.[1122] Da für einen quantitativen Test grundsätzlich das Vorliegen von Wertminderungsanzeichen verlangt wird,[1123] könnte man als widerlegbare Hypothese formulieren, dass im Regelfall (zumindest unterjährig) kein quantitativer Test durchzuführen ist. Eine Manipulation des qualitativen Impairment-Tests könnte nun zum einen darin bestehen, dass ein quantitativer Test trotz Vorliegen eines Wertminderungsan-

---

1114 Vgl. HOFFMANN (2008b), Rn. 9; IDW (HRSG.) (2006), N, Tz. 172.

1115 Vgl. BRÜCKS/WIEDERHOLD (2003), S. 223; WIRTH (2004), S. 20; HOFFMANN (2008b), Rn. 49.

1116 Vgl. hier und folgend Vgl. BUSSE VON COLBE et al. (2006), S. 663 f.

1117 Die Ad-hoc-Publizität verpflichtet inländische börsennotierte Unternehmen, öffentlich nicht bekannte Informationen, die den Emittenten direkt betreffen, und die ggf. den Börsenkurs deutlich beeinflussen können, unmittelbar zu veröffentlichen (§§ 13, 15 WpHG). Vgl. auch PELLENS et al. (2008), S. 933 f.

1118 Die konkreten zu einer Ad-hoc-Publizität verpflichtenden Tatbestände sind gesetzlich nicht normiert. HOPT (2007), Rn. 87. Als Beispiel für einen veröffentlichungspflichtigen Tatbestand nennt die Bundesanstalt für Finanzdienstleistungsaufsicht „außerplanmäßige Abschreibungen aufgrund eines außergewöhnlichen Ereignisses“. BUNDESANSTALT FÜR FINANZDIENSTLEISTUNGS-AUFSICHT (2005), S. 51.

1119 Vgl. DIEDERICHS (2004), S. 98.

1120 Vgl. F.31.

1121 Vgl. IDW (HRSG.) (2006), N, Tz. 172.

1122 Vgl. hierzu Abschnitt 3.4.1.

1123 Nur für qualifizierte immaterielle Vermögenswerte ist verpflichtend ein jährlicher quantitativer Test durchzuführen (IAS 36.10).

zeichens nicht angestoßen wird. Zum anderen sehen einige Autoren eine Manipulation auch darin, wenn ein quantitativer Test angestoßen wird, obwohl kein wesentliches Wertminderungsanzeichen erkannt wurde.[1124] In Anlehnung an die im Rahmen der Inferenzstatistik gebräuchliche Nomenklatur könnte dann zwischen einem Fehler zweiter Art und einem Fehler erster Art unterschieden werden.

	Hypothese ablehnen	Hypothese nicht ablehnen
Hypothese richtig	Fehler erster Art	Kein Fehler
Hypothese falsch	Kein Fehler	Fehler zweiter Art

Abbildung 35: Unterscheidung Fehler erster Art und Fehler zweiter Art

Quelle: Geringfügig modifiziert übernommen von MOSLER/SCHMID (2006), S. 240.

Wird ein *Fehler zweiter Art* begangen, unterbleibt irrtümlich ein quantitativer Test. Die Auslösung eines quantitativen Tests muss aber unbeeinflusst von eventuell entgegenstehenden Interessen durchgeführt werden.[1125] Oben wurde im Rahmen der Ausführungen zum Earnings Management bereits erläutert, dass es im Interesse des Managements sein könnte, wenn bestimmte, einen quantitativen Impairment-Test auslösenden Risiken nicht erkannt werden.[1126] Im Framework konkretisiert der IASB die Verlässlichkeit unter anderem mit der Nebenbedingung der Vorsicht.[1127] Diese soll Ermessensspielräume einschränken und untersagt daher das Ignorieren eines Impairment-Indikators.[1128]

Das Auslösen eines quantitativen Tests, obwohl die Anforderungen des qualitativen Impairment-Tests nicht gegeben sind, sehen einige Autoren als einen *Fehler erster Art*.[1129] Gefordert sind Objektivität und Neutralität bei der Entscheidung, ob ein we-

1124 Vgl. so z. B. BEYHS (2002), S. 84; HARING (2004), S. 168. Die Betonung der Wesentlichkeit negativer Veränderungen, wird von diesen Autoren als eine die Willkür einschränkende Voraussetzung verstanden, um nicht nach Belieben schon bei marginalen Anzeichen einen quantitativen Tests auszulösen, der dann weiteren Ermessensspielräumen unterliegt. Vgl. zu einer anderen Meinung MEYER (2005), S. 320. Vgl. zu Ermessensspielräumen beim Goodwill Impairment-Test allgemein POTTGIEßER/VELTE/WEBER (2005), S. 1748-1752.

1125 Vgl. BREBECK/HERRMANN (1997), S. 384; F.36.

1126 Vgl. Abschnitt 4.2.2.

1127 Vgl. zur Vorsicht in der IFRS-Rechnungslegung F.37.

1128 Vgl. zum Zusammenhang zwischen Vorsicht und der Ausübung von Ermessensspielräumen F.37 und BAETGE/KIRSCH/THIELE (2007), S. 149.

1129 Vgl. z. B. BEYHS (2002), S. 84; HARING (2004), S. 168.

sentliches Wertminderungsanzeichen vorliegt.[1130] Vor diesem Hintergrund übernimmt die Wesentlichkeit nach Meinung dieser Autoren eine Art „Doppelrolle". Zum einen mindert sie in Form des Wirtschaftlichkeitsgebots den Aufwand, indem nicht schon bei unwesentlichen und unwahrscheinlichen negativen Veränderungen ein quantitativer Test durchgeführt werden muss.[1131] Zum anderen stellt die Wesentlichkeit nach ihrer Meinung sicher, dass nicht absichtlich schon bei unwesentlichen und unwahrscheinlichen negativen Veränderungen ein quantitativer Test angestoßen wird, denn ein so bewirktes willkürliches „Wahlrecht" zur Ausführung des Tests bestehe nicht.[1132]

Die Wesentlichkeit findet sich bei den Anforderungen des IAS 36 in drei Formen wieder. Besonders relevant ist erstens die notwendige, wesentliche Wahrscheinlichkeit für eine negative Entwicklung. In IAS 36.12 (b) ist bspw. die Rede von nachteiligen Veränderungen, die bereits in der Berichtsperiode eingetreten sind oder „in der nächsten Zukunft *eintreten (werden)"* [Hervorhebung nicht im Original]. Ähnlich wird in IAS 36.12 (f) von Veränderungen für die (tatsächliche oder geplante) Nutzung eines Vermögenswertes gesprochen, die eingetreten sind oder „für die nähere Zukunft *erwartet (werden)*" [Hervorhebung nicht im Original]. Beide Formulierungen machen mit ihrem Wortlaut deutlich, dass eine unwahrscheinliche, aber hypothetisch denkbare, nachteilige Entwicklung nicht ausreichend ist und daher nicht als Anlass gewertet werden darf, einen quantitativen Test auszulösen.[1133]

Es könnte diskutiert werden, ob für die in IAS 36.12 (b) und IAS 36.12 (f) angesprochenen Veränderungen ein unterschiedliches Sicherheitsniveau unterstellt wird, da nur im zweiten Fall von „erwarteten" Veränderungen gesprochen wird und im ersten von in der Zukunft „eintretenden". In der Literatur wird allerdings auch für den ersten Fall von Entwicklungen gesprochen, die für die Zukunft *erwartet* werden,[1134] d. h. deren Eintreten nicht völlig sicher ist.

[1130] Vgl. zur Neutralität und Objektivität bei der Risikoidentifikation BREBECK/HERRMANN (1997), S. 384.

[1131] Vgl. hierzu Abschnitt 3.4.2.2.

[1132] Vgl. BEYHS (2002), S. 84; HARING (2004), S. 168. Vgl. zu einer anderen Meinung MEYER (2005), S. 320.

[1133] Vgl. ähnlich BEYHS (2002), S. 84.

[1134] Vgl. hierzu z. B. BAETGE et al. (2008b), Rn. 25; BARTELS/JONAS (2006), Rn. 7; BEYHS (2002), S. 81. Diese Quellen sprechen allesamt von „erwarteten" Veränderungen. Vgl. ähnlich PELLENS et al. (2008), S. 258, die von Veränderungen sprechen mit denen „gerechnet wird".

Zweitens wirkt sich die Wesentlichkeit (diesmal ausschließlich als Erleichterungsvorschrift)[1135] auf qualifizierte immaterielle Vermögenswerte aus, worunter vor allem immaterielle Vermögenswerte mit unbestimmter Nutzungsdauer fallen.[1136] Für diese bestimmt sie, dass ein quantitativer Test dann nicht auszuführen ist, wenn zwar ein entsprechender Wertminderungs-Indikator vorliegt, aber nicht zu erwarten ist, dass eine bei der letzten Berechnung festgestellte Bewertungsreserve (Differenz zwischen erzielbarem Betrag und Buchwert) durch eine eingetretene nachteilige Veränderung aufgebraucht ist (IAS 36.15).[1137]

Eine dritte Wirkung der Wesentlichkeit betrifft die geforderte Signifikanz oder Wesentlichkeit der Indikatoren selbst.[1138] So ist beispielweise in IAS 36.12 (b) die Rede von „signifikante[n] Veränderungen mit nachteiligen Folgen". Damit ist zunächst nur eine Einschätzung der Veränderung selbst notwendig, nicht aber der Folgen. Diese wird nur im Fall veränderter Marktzinssätze in Form einer wesentlichen Veränderung des Nutzungswertes verlangt (IAS 36. 12 (c)). Hierbei ist dann allerdings kein signifikanter Anstieg der Zinssätze mehr erforderlich.[1139] Der Fall mehrerer einzeln unwesentlicher, aber in Summe wesentlicher Anzeichen wird in IAS 36 nicht genannt. Mit Blick auf die oben angesprochene Vorsicht wäre es allerdings nicht sinnvoll, in einem solchen Fall auf einen quantitativen Test zu verzichten.[1140]

Als Fazit lässt sich festhalten, dass die Verlässlichkeit verlangt, dass Impairment-Anzeichen nicht absichtlich unidentifiziert bleiben bzw., wenn sie bereits identifiziert sind, bei der Entscheidung über die Auslösung eines quantitativen Tests nicht ignoriert werden dürfen. Eng verbunden mit der Verlässlichkeit ist die Wesentlichkeit. Zum einen führt sie zu gewissen Erleichterungen, indem sie eine weitere Hürde für die Auslösung des quantitativen Tests bildet. Zum anderen stellt sie (aus Sicht einiger) aber auch sicher, dass ein quantitativer Test nicht nach Belieben angestoßen wird.

1135 In Anlehnung an BAETGE et al. (2008b), Rn. 31.

1136 Vgl. zur Abgrenzung qualifizierter und unqualifizierter immaterieller Vermögenswerte in dieser Arbeit Abschnitt 3.4.1.

1137 Auch dann, wenn ein solcher Vermögenswert nicht sensibel auf ein Wertminderungsanzeichen aus IAS 36.12 reagiert, kann ein quantitativer Test unterbleiben (IAS 36.15).

1138 Diese wird explizit in IAS 36.12 (a), (b), (d), (e), (f) und (g) verlangt.

1139 Vgl. BAETGE et al. (2008b), Rn. 26.

1140 Vgl. zur Vorsicht erneut F.37.

5.5.1.2.5 Genauigkeit

Die Genauigkeit verlangt als weiteres Postulat eine Konkretisierung des Risikos.[1141] Dazu ist zunächst zu klären, in welcher Hinsicht ein Risiko konkretisiert werden kann und in welcher es für den qualitativen Impairment-Test auch konkretisiert werden muss. In Frage kommen hierfür die Risikoursache, die Eintrittswahrscheinlichkeit, das Ausmaß und das Objekt, auf welches das Risiko sich auswirkt (Wirkungsobjekt).[1142]

Bereits in Abschnitt 3.4.4 wurde auf die umfangreichen Angabepflichten im Rahmen des Impairment-Tests hingewiesen. Unter anderem ist es gemäß IAS 36.130 (a) verpflichtend, für alle wesentlichen Wertminderungen und Wertaufholungen „die Ereignisse und Umstände“, die sie verursacht haben, anzugeben. Daraus lässt sich die Pflicht ableiten, Risiken ursachenbezogen zu erforschen. Dieser Argumentation könnte entgegengehalten werden, dass eine Berichterstattung erst dann zu erfolgen hat, wenn eine Wertminderung (oder Wertaufholung) auch wirklich vorliegt, der quantitative Impairment-Test also ebenfalls durchgeführt worden ist. Daher würde es grundsätzlich ausreichen, die Risikoursache erst im Rahmen des quantitativen Impairment-Tests festzustellen. Wie bereits in Abschnitt 4.3.2.3 erläutert, besteht allerdings zumindest im Idealfall eine Identität zwischen den Anzeichen, die beim qualitativen Impairment-Test auf eine Wertminderung hindeuten, und denjenigen, die letztendlich auch für die Wertminderung verantwortlich sind.[1143] Die Genauigkeit bei der Angabe der Ereignisse, die zu einer Wertminderung geführt haben, soll im Folgenden anhand einiger Beispiele kritisch untersucht werden.

Das fiktive Beispiel in Abbildung 36 zeigt eine Kausalkette, die im Ergebnis zu einer Wertminderung einer Marke eines Fast-Food-Unternehmens führt. Eine Werbekampagne von Krankenkassen für eine gesündere Ernährung wirkt sich auf die Ernährungsgewohnheiten und das Qualitätsbewusstsein der Kunden des Fast-Food-Unternehmens aus und bewirkt, dass die Marke negativ mit einer ungesunden Lebensweise assoziiert wird. Die Markenattraktivität sinkt, was in sinkenden Absatzmengen und Umsätzen seinen Niederschlag findet.

[1141] Vgl. SIEPE (1994), S. 258.
[1142] In Anlehnung an MIKUS (2001), S. 7-9.
[1143] Vgl. hierzu 4.3.2.3.

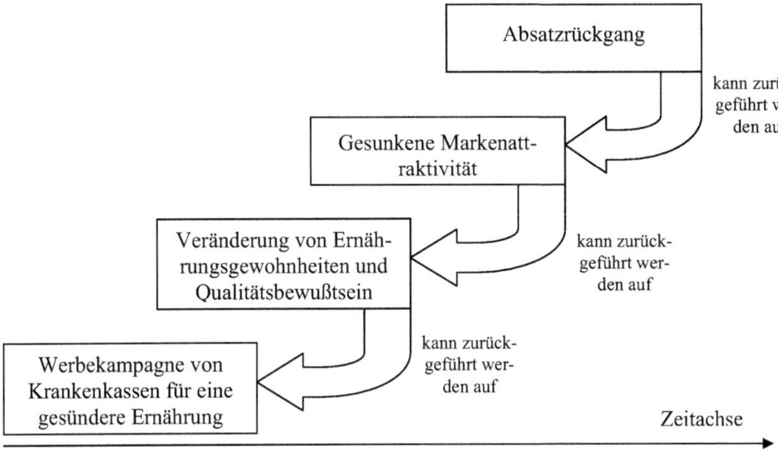

Abbildung 36: Beispiel einer Kausalkette für Wertminderungen einer Marke

Quelle: In Anlehnung an PÜMPIN (1980), S. 67.

Die früheste Möglichkeit, die drohende Wertminderung zu erkennen, bietet sich, wenn die Kundenreaktionen auf die Werbekampagne genau verfolgt werden, da hier die eigentliche Ursache der späteren Wertminderung liegt. Sind die Informationen verlässlich, würde das Unternehmen die Kampagne als externen Indikator für einen Impairment-Test nutzen und dies auch als Begründung der Wertminderung kommunizieren.[1144] Der späteste Zeitpunkt, zu dem das Unternehmen die Wertminderung beim qualitativen Impairment-Test erkennen muss, ist hingegen, wenn im internen Berichtswesen sinkende Absatzmengen festgestellt werden. In diesem Fall müsste der quantitative Impairment-Test aufgrund eines internen Indikators ausgelöst werden (IAS 36.12 (g)). Die Zeitachse in Abbildung 36 verdeutlicht, dass das interne Anzeichen für eine Wertminderung bedeutend später erkannt werden kann als das externe Anzeichen.[1145]

Es zeigt sich somit, welch große Spielräume sich bei der Auslösung des quantitativen Impairment-Tests bieten. Je nachdem, zu welchem Zeitpunkt der Test angestoßen wird, variiert auch die Impairment-Begründung. Da in IAS 36.12 keine Priorisierung zwischen internen und externen Informationsquellen vorgenommen wird, ist die geforderte Genauigkeit in Bezug auf die Wertminderungsursache relativ gering. Viel-

[1144] Hier läge ein Anzeichen gemäß IAS 36.12 (b) vor.

[1145] Vgl. hierzu auch die Erläuterungen in Abschnitt 4.3.3.2.2.

mehr scheint vom IASB das Ziel verfolgt zu werden, ein Unternehmen überhaupt zur Auslösung eines quantitativen Impairment-Tests zu veranlassen.

Als nächstes soll besprochen werden, inwiefern eine Genauigkeit in Bezug auf das Wirkungsobjekt (also den potenziell wertgeminderten immateriellen Vermögenswert oder die ZGE) notwendig ist. Abbildung 34 (S. 231) veranschaulicht mögliche Dimensionen der Risikoidentifikation (Instrumente, Risiken, Vermögenswerte) anhand eines Würfels und zeigt bildlich, dass ein Risiko – eventuell mit unterschiedlichem Intensitätsgrad – auf verschiedene Vermögenswerte einwirken kann.[1146] Müsste jedes Mal infolge eines unklaren Wertminderungsanzeichens eine große Anzahl verschiedener Vermögenswerte auf Werthaltigkeit getestet werden, so wäre die Vorschaltung des qualitativen Impairment-Tests vor den quantitativen kaum eine Erleichterung für die Unternehmen.[1147] Beispielsweise könnte angenommen werden, dass sich die Markenattraktivität neben der Marke auch auf den Vermögenswert „Stammkundschaft" auswirkt.[1148] Ein Wertminderungsanzeichen kann also unter Umständen Impairment-Tests für verschiedene Vermögenswerte auslösen. Problematisch wird dies, wenn in einem frühen Stadium ein Risiko erkannt wird und nicht eindeutig geklärt werden kann, ob dieses auf eine Wertminderung z. B. des Goodwills, der Marke, der Stammkunden oder eines anderen Vermögenswertes bzw. einer ZGE hindeutet. Dies eröffnet dem Bilanzierenden einen deutlichen Ermessensspielraum, entweder alle Vermögenswerte zu überprüfen (verminderte Effizienz) oder einen (willkürlichen) Vermögenswert für den quantitativen Test auszuwählen (verminderte Effektivität). Im Zweifelsfall wäre dies vermutlich ein immaterieller Vermögenswert wie z. B. der Goodwill, für den ohnehin jährlich ein quantitativer Test durchzuführen ist.

Zusammenfassend lässt sich festhalten, dass im Rahmen des qualitativen Impairment-Tests eine Konkretisierung des potenziell wertgeminderten Vermögenswertes bzw. der ZGE notwendig ist, um die Effizienz und Effektivität des qualitativen Impairment-Tests nicht zu gefährden. Allerdings darf nicht übersehen, dass diese Konkretisierung häufig nicht eindeutig möglich sein wird.

Schließlich ist zu fragen, inwiefern schon beim qualitativen Impairment-Test eine Konkretisierung von Eintrittswahrscheinlichkeit und Risikoausmaß vorzunehmen ist. Zunächst soll die Frage nach der Eintrittswahrscheinlichkeit geklärt werden. Dafür ist

[1146] Vgl. ähnlich BUDERATH/AMLING (2000), S. 142 f.
[1147] In Anlehnung an PELLENS et al. (2008), S. 258.
[1148] Hier und folgend in Anlehnung an LÜDENBACH/PRUSACZYK (2004b), S. 214.

es noch einmal wichtig, zwischen bereits eingetretenen und erwarteten Ereignissen zu unterscheiden.[1149] Für Ereignisse, die bereits eingetreten sind, ist diese Frage offensichtlich obsolet. Für erwartete Entwicklungen ist sie indes relevant. Im vorherigen Abschnitt wurde erläutert, dass für zukünftige negative Entwicklungen eine Wahrscheinlichkeit bestehen muss, die nicht nur vernachlässigbar ist. Nur eine wesentliche Eintrittswahrscheinlichkeit löst den quantitativen Test aus. Um diese Differenzierung vornehmen zu können, ist es somit unvermeidbar, eine – wenn auch subjektive[1150] – Vorstellung von der Eintrittswahrscheinlichkeit zu haben. Es dürfte allerdings ausreichend sein, wenn eine grobe qualitative Schätzung der Wahrscheinlichkeit vorgenommen wird.[1151]

Als nächstes ist zu klären, ob im Rahmen des qualitativen Impairment-Tests bereits das Ausmaß des Risikos zu bestimmen ist. Zur Beantwortung dieser Frage sind zwei Aspekte zu beleuchten, die ebenfalls im Rahmen der Verlässlichkeit und Wesentlichkeit bereits angesprochen wurden. Zum einen kann ein quantitativer Impairment-Test vermieden werden, wenn ein eingetretenes Risiko nicht erwarten lässt, dass ein in der Vergangenheit festgestellter Puffer zwischen erzielbarem Betrag und Buchwert aufgebraucht ist (IAS 36.15). Eine zumindest grobe quantitative Abschätzung des Risikoausmaßes ist damit geboten.

Ein weiterer Aspekt, der die Bestimmung des Risikoausmaßes betrifft, ist die Signifikanz der Impairment-Indikatoren.[1152] In Abschnitt 5.5.1.2.4 wurde erläutert, dass eine negative Entwicklung nur dann zu einem quantitativen Test führt, wenn diese wesentlich ist. Folglich hat eine Abschätzung des Ausmaßes der eingetretenen Veränderung bzw. der Wirkung zu erfolgen.

Für die im Rahmen des qualitativen Impairment-Tests anzuwendende Genauigkeit kann somit festgehalten werden, dass Risikoursache, Wirkungsobjekt, Risikoausmaß und die Eintrittswahrscheinlichkeit bestimmt werden müssen.

[1149] Wie bereits in Abschnitt 4.3.3.2.2 erläutert, enthalten zwei Indikatoren in IAS 36.12 einen Zukunftsbezug.

[1150] Vgl. zum häufig subjektiven Charakter von Zukunftsprognosen ARBEITSKREIS "EXTERNE UND INTERNE ÜBERWACHUNG" DER SCHMALENBACH-GESELLSCHAFT FÜR BETRIEBSWIRTSCHAFT E.V. (2003), S. 103.

[1151] Vgl. zu nicht quantifizierbaren Risiken BURGER/BUCHHART (2002), S. 103.

[1152] Diese wird explizit in IAS 36.12 (a), (b), (d).

5.5.2 Identifikation des Anpassungsbedarfs

5.5.2.1 Überblick

In den folgenden Abschnitten sollen die für den qualitativen Impairment-Test konkretisierten Postulate der Risikoidentifikation daraufhin überprüft werden, ob anzunehmen ist, dass diese bereits aus betriebswirtschaftlichen oder regulatorischen Gründen als erfüllt angenommen werden können. Daneben soll mit den empirischen Befunden aus Abschnitt 5.4 die praktische Umsetzung berücksichtigt werden.

Bei dieser Gegenüberstellung ergibt sich das Problem, dass zum einen Interdependenzen zwischen den Postulaten (z. B. Systematik und Flexibilität) bestehen,[1153] andererseits aber auch zwischen der betriebswirtschaftlichen und der regulatorischen Perspektive des Risikomanagements.[1154] Die empirische Betrachtung des Risikomanagements ist insofern besonders problematisch, als dass sich hier einerseits die ersten beiden Perspektiven (betriebswirtschaftlich und regulatorisch) auswirken und zum anderen noch davon auszugehen ist, dass andere Effekte, wie bspw. die Eigeninteressen des Managements, bei der Ausgestaltung relevant sind.[1155]

Vor diesem Hintergrund wird deutlich, dass eine Überprüfung der Postulate separat für jede einzelne der drei Perspektiven mit Schwierigkeiten verbunden ist. Im Folgenden soll daher in Analogie zum Vorgehen in Abschnitt 5.5.1.2 den Postulaten jeweils ein eigener Abschnitt gewidmet werden. Innerhalb der einzelnen Abschnitte findet eine nicht immer scharfe Trennung zwischen den drei Perspektiven des Risikomanagements (betriebswirtschaftlich, regulatorisch und empirisch) statt, die den vielfältigen Interdependenzen geschuldet ist.

Die Probleme, die bei einer praktischen Umsetzung der identifizierten notwendigen Anpassungen erwachsen, werden nicht im Zusammenhang mit den einzelnen Postulaten, sondern im Rahmen einer umfassenden Würdigung in Abschnitt 5.6 diskutiert.

[1153] Vgl. Abschnitt 5.5.2.2.1.

[1154] Vgl. WALL (2003), S. 461.

[1155] Vgl. BERGER/GLEIßNER (2007), S. 68.

5.5.2.2 Vergleich auf Ebene der Postulate

5.5.2.2.1 Systematik und Flexibilität

Für den qualitativen Impairment-Test wurde herausgearbeitet, dass ein systematisches Vorgehen bei der Risikoidentifikation notwendig ist.[1156] Der Katalog des IAS 36.12 wurde dabei als Minimum-Checkliste interpretiert, die bei der operativen Umsetzung wenig hilfreich ist. Ergänzt wird der Katalog durch die Klarstellung des IAS 36.13, dass die Risikoidentifikation so flexibel sein muss, dass auch weitere Risiken erkannt werden.

Auch das nach § 91 Abs. 2 AktG einzurichtende Risikofrüherkennungssystem, das auch im Rahmen des Corporate Governance Kodexes und der Lageberichterstattung relevant ist,[1157] verlangt nach einem systematischen Vorgehen, welches IDW PS 340 konkretisiert.[1158] Demnach sind in einem ersten Schritt sog. Risikofelder zu identifizieren. Dabei handelt es sich um Unternehmensbereiche, von denen besonders zu erwarten ist, dass aus ihnen bestandsgefährdende Risiken für das Unternehmen drohen. Dies betrifft Risiken, die alleine oder zusammen mit anderen den Fortbestand bedrohen. IDW PS 340 enthält keine Vorgaben dazu, wie diese Bereiche zu identifizieren sind, oder um welche es sich dabei handeln könnte. IAS 36.12 gibt hingegen eine konkrete Liste zu prüfender Bereiche vor und stellt es nicht in das Ermessen des Unternehmens zu beurteilen, ob die genannten Risikofelder überhaupt geeignet sind.[1159] Damit ist es grundsätzlich möglich, dass durch den qualitativen Impairment-Test neue Risikofelder im Risikomanagement berücksichtigt werden müssen. Ob Abweichungen zu erwarten sind, lässt sich allein mit den gesetzlichen Vorschriften und dem Prüfungsstandard des IDW nicht verlässlich klären. Allerdings ist es möglich, die betriebswirtschaftliche Sinnhaftigkeit der in IAS 36.12 genannten Risikofelder zu diskutieren, was im Folgenden geschehen soll.

Betriebswirtschaftlich sinnvoll wäre die Berücksichtigung dieser Risikofelder dann, wenn ein Unternehmen sie überwachen müsste, um die grundsätzlichen betriebswirtschaftlichen Ziele des Risikomanagements zu erreichen, d. h. den gewünschten Grad an Sicherheit auf der einen und die angestrebte Erfolgserzielung (häufig verstanden als

---

[1156] Vgl. hier und folgend 5.5.1.2.1.

[1157] Vgl. zu diesen Zusammenhängen Abschnitt 5.3.3 und Abschnitt 5.3.4.

[1158] Vgl. hier und folgend IDW PS 340, Tz. 7-9.

[1159] Dies wird im Wortlaut von IAS 36.12 deutlich, in dem von „mindestens" zu prüfenden Indikatoren die Rede ist.

Unternehmenswertsteigerung)[1160] auf der anderen Seite.[1161] Die Risikoeinstellung ist durch Abwägen zwischen beiden Zielen indes unternehmensindividuell festzulegen.[1162] Insbesondere letzteres bedingt, dass im Folgenden nur die betriebswirtschaftlichen Implikationen der Risikofelder in IAS 36.12 herausgearbeitet werden können, d. h. wovon es abhängt, ob diese Risikofelder festgelegt werden und nicht pauschal zu prüfende Risikofelder genannt werden können. Ziel der Überlegungen ist es, festzustellen, ob es bereits unabhängig von den Vorgaben für den Impairment-Test betriebswirtschaftliche Gründe dafür gibt, die in IAS 36.12 genannten Risikofelder ohnehin zu überwachen

Abbildung 37, die bereits in Abschnitt 3.4.2.1 vorgestellt wurde, fasst die in IAS 36.12 genannten Wertminderungsindikatoren zusammen.

Externe Indikatoren	**Interne Indikatoren**
- Marktwert gesunken - Negative externe Entwicklung - Zinssatzänderung - Marktwert-Buchwert-Relation	- Überalterung und physischer Schaden - Nutzungsänderung - Hinweise des internen Berichtswesens

Abbildung 37: Überblick über externe und interne Indikatoren für Wertminderungen gemäß IAS 36.12

Der als erstes genannte Anhaltspunkt für eine Wertminderung ist ein gesunkener Marktwert des immateriellen Vermögenswertes (IAS 36.12 (a)). Da für immaterielle Vermögenswerte nur im Ausnahmefall ein Marktwert zur Verfügung stehen wird (IAS 38.78), ist es unwahrscheinlich, dass dieses Wertminderungsanzeichen überhaupt existieren kann.[1163] Besteht ein Markt für den immateriellen Vermögenswert, ist zu klären, ob dieser ein betriebswirtschaftlich sinnvolles Risikofeld bilden kann. Dies ist abhängig davon, welche Bedeutung der Markt für das Unternehmen hat und ist vor dem Grundsatz der Wirtschaftlichkeit bzw. Wesentlichkeit zu würdigen.[1164] Im Ergebnis bedeutet ein – auch aus Unternehmenssicht gebotenes – Abwägen, dass selbst bei gegebenem Marktpreis für einen immateriellen Vermögenswert aus betriebswirtschaftli-

[1160] Vgl. BAETGE/JERSCHENSKY (1999), S. 171.
[1161] Vgl. POLLANZ (1999), S. 394.
[1162] Vgl. DIEDERICHS (2004), S. 12.
[1163] Vgl. hierzu ausführlich Abschnitt 3.4.2.1.
[1164] Vgl. KROMSCHRÖDER/LÜCK (1998), S. 1574.

cher Sicht nur dann eine Überwachung der Marktpreise stattfinden wird, wenn der Vermögenswert für das Unternehmen von entsprechender Bedeutung ist. Dies impliziert gleichfalls, dass für immaterielle Vermögenswerte, die als nicht wesentlich eingeschätzt werden, ein solches Risikofeld nicht definiert würde.

Den nächsten Anhaltspunkt für Wertminderungen liefern negative Entwicklungen „im technischen, marktbezogenen, ökonomischen oder gesetzlichen Umfeld, in welchem das Unternehmen tätig ist“ (IAS 36.12 (b)). Damit hat dieser Indikator einen größeren Bezugsrahmen, als der vorangegangene Indikator, der sich nur auf den Markt eines einzelnen Vermögenswertes bezieht. Mit Einnehmen der Unternehmensperspektive kann der oben erhobene Einwand, ein Risikofeld werde nicht überwacht, wenn der zugehörige Vermögenswert nicht wesentlich ist, nicht gelten. Dass eine Überwachung der gerade genannten Risikofelder nicht nur betriebswirtschaftlich geboten ist, sondern implizit auch vom DSR als relevant eingeschätzt wird, ist daran zu erkennen, dass Umfeldrisiken im Rahmen der in DRS 5 genannten Risikokategorien explizit enthalten sind.[1165]

Veränderte Marktzinssätze bilden einen weiteren Impairment-Indikator, da sich diese auf den Nutzungswert eines immateriellen Vermögenswertes auswirken können (IAS 36.12 (c)). Analog zu dem gerade diskutierten Wertminderungsanzeichen ist es auch hier nicht notwendig, dass die Risikoidentifikation für einen bestimmten immateriellen Vermögenswert vorgenommen wird. Diese Schlussfolgerung ergibt sich daraus, dass Zinssätze ohnehin eine wichtige Rolle spielen.[1166] Dies betrifft in erster Linie Investitions- und Finanzierungsentscheidungen, die jede unternehmerische Tätigkeit mit sich bringt. Insofern ist es betriebswirtschaftlich sinnvoll, Zinsänderungsrisiken im Risikomanagement zu erfassen.[1167]

IAS 36.12 (d) verlangt, einen quantitativen Impairment-Test durchzuführen, wenn das bilanzielle Eigenkapital die Marktkapitalisierung übersteigt. Auch wenn die Aussagekraft dieses Indikators in Abschnitt 3.4.2.1 als äußerst kritisch und wenig praxistauglich eingeschätzt wurde, ist er dennoch im Mindestkatalog enthalten. Unabhängig von den Vorgaben des qualitativen Impairment-Tests ist die Marktkapitalisierung auch aus anderen Gründen betriebswirtschaftlich relevant. Ein Beispiel hierfür ist die von vielen Unternehmen betriebene „Kurspflege“ im Rahmen der Investor Relations, d. h. der

[1165] Vgl. DRS 5, Tz. 17.
[1166] Vgl. hier und folgend WÖHE/DÖRING (2008), S. 516, 532 f., 581.
[1167] Vgl. GLEIßNER (2008), S. 88 f.

Kommunikation mit den Investoren, die dem Zweck der Kursstabilisierung dient.[1168] Diese macht gleichfalls eine Überwachung des Aktienkurses und somit letztendlich auch der Marktkapitalisierung erforderlich. Eine andere – ggf. verbundene – Motivation ist die Kursstabilisierung zur Abwehr feindlicher Übernahmen.[1169]

Als interne Anzeichen für eine Wertminderung nennen IAS 36.12 (e) und (f) eine Überalterung, eine physische Beschädigung und eine geänderte Nutzung infolge nachteiliger Entwicklungen. Um eine Aussage darüber zu machen, ob es aus betriebswirtschaftlichen Gründen sinnvoll ist, diese Faktoren zu überwachen, müssen ähnliche Überlegungen zur Wesentlichkeit des Vermögenswertes bzw. der ZGE angestellt werden, wie dies oben im Rahmen der Marktpreisveränderungen diskutiert wurde. Für Nutzungsänderungen gilt etwas anderes.[1170] Eine Nutzungsänderung für einen immateriellen Vermögenswert ist das Ergebnis einer veränderten Planung. Damit entspricht die Nutzungsänderung einer Steuerungsmaßnahme, deren Ursache ein zuvor identifiziertes Risiko oder die Erwartung einer Chancenerhöhung sein kann.[1171] Im Fall einer Nutzungsänderung ist also davon auszugehen, dass das Unternehmen eine vorangegangene Entwicklung bemerkt und entsprechend reagiert hat.

Hinweise des internen Berichtswesens werden als letzte interne Informationsquelle für Wertminderungen in IAS 36.12 (g) genannt. Die Hinweise setzen voraus, dass eine Zurechnung von Cashflows bzw. Erfolgsgrößen auf einen immateriellen Vermögenswert bzw. eine ZGE zum einen möglich ist und zum anderen auch praktiziert wird.[1172] In vielen Fällen ist darüber hinaus eine Planung dieser Größen (Cashflow bzw. Erfolg) auf Ebene des Vermögenswertes bzw. der ZGE erforderlich (IAS 36.14). Für den Geschäfts- oder Firmenwert dürften diese Voraussetzungen regelmäßig erfüllt sein, da er gemäß IAS 36.80 auf der niedrigsten Ebene zugeordnet werden muss, auf der der Firmenwert vom Management überwacht wird. Für alle anderen immateriellen Vermögenswerte ist es fraglich, ob eine Planung für einen Vermögenswert bzw. eine ZGE und eine Zurechnung von Cashflows und Erfolgsgrößen auf Vermögenswerte erfolgen. Insbesondere die Cashflowplanung dürfte erheblich von der Bedeutung des Vermögenswertes bzw. der ZGE abhängen.

[1168] Vgl. hier und folgend KLEY (2001), Sp. 43 f.
[1169] Vgl. ACHLEITNER/DRESIG (2001), Sp. 1567 f.
[1170] Vgl. hier und folgend Abschnitt 4.4.
[1171] Vgl. zur Risikosteuerung Abschnitt 5.2.2.3.3.
[1172] Vgl. hier und folgend die Erläuterungen zu Hinweisen aus dem internen Berichtswesen in Abschnitt 3.4.2.1.

Insgesamt lässt sich für das betriebswirtschaftliche Risikomanagement festhalten, dass analog zu den IFRS-Vorgaben für den qualitativen Impairment-Test und den Regelungen des IDW PS 340 eine systematische Vorgehensweise gefordert ist.[1173] Eine verbindliche und für alle Unternehmen einheitliche Minimum-Checkliste – wie in IAS 36.12 – existiert weder in den Prüfungsstandards noch im betriebswirtschaftlichen Risikomanagement. Vielmehr sind sich Prüfungsstandard und die betriebswirtschaftliche Literatur einig, dass die unternehmensindividuelle Risikosituation entscheidend ist.[1174] Im Rahmen der vorangegangenen Diskussion zu den einzelnen in IAS 36 genannten Wertminderungsanzeichen konnte festgestellt werden, dass es in den meisten Fällen plausibel ist, dass sie im Rahmen des Risikomanagements berücksichtigt werden. Allerdings ist auch deutlich geworden, dass die Bedeutung eines einzelnen immateriellen Vermögenswertes (bzw. einer ZGE) aus der Sicht des Managements im Zweifelsfall darüber entscheiden wird, ob ähnliche Risikofelder wie in IAS 36.12 festgelegt werden. Unabhängig davon verlangen der IDW-Prüfungsstandard und das betriebswirtschaftliche Risikomanagement genau wie IAS 36.13 neben festgelegten Risikofeldern eine Flexibilität, die es ermöglicht, auch außerhalb dieser Felder Risiken zu erkennen.[1175]

Ein Blick in die empirischen Studien zur Risikoberichterstattung zeigt, welche Risikokategorien im Lagebericht genannt werden und daher offenbar auch im Risikomanagementprozess identifiziert werden.[1176] Zu diesen zählen vor allem Finanzrisiken, Marktrisiken, Leistungserstellungsrisiken sowie rechtliche oder politische Risiken.[1177] Dies bestätigt grundsätzlich die eben geführte Diskussion zur Relevanz der Risikofelder im betriebswirtschaftlichen Risikomanagement. Allerdings ist unklar, wie detailliert die Risikofelder erfasst werden und vor allem, ob Bezüge zu den immateriellen Vermögenswerten hergestellt werden.

[1173] Vgl. zur Forderung eines systematischen Vorgehens im betriebswirtschaftlichen Risikomanagement z. B. FASSE (1995), S. 71; KROMSCHRÖDER/LÜCK (1998), S. 1574; GLEIßNER (2000), S. 1625.

[1174] Vgl. IDW PS 340, Tz. 8; GLEIßNER (2008), S. 16.

[1175] Vgl. IDW PS 340, Tz. 9; BRAUN (1984), S. 89.

[1176] In Anlehnung an DOBLER (2005), S. 146.

[1177] Vgl. dazu Abschnitt 5.4.3 und die dort genannten Quellen.

5.5.2.2.2 Vollständigkeit

In Abschnitt 5.5.1.2.2 wurde festgestellt, dass das Postulat der Vollständigkeit beim qualitativen Impairment-Test verlangt, dass Risiken i. w. S., d. h. Chancen und Risiken, möglichst lückenlos zu erfassen sind. Begründet wurde ersteres mit den expliziten Regelungen des IAS 36 zu Wertaufholungen und Wertminderungen und letzteres vor allem mit Überlegungen für ein insgesamt effizientes Vorgehen beim Impairment-Test.[1178]

Zunächst soll die vor dem regulatorischen Hintergrund relevante Risikodefinition betrachtet werden. Das mit dem KonTraG verbindlich einzuführende Risikofrüherkennungssystem stellt die Berichtspflicht für Risiken i. e. S. in den Mittelpunkt, d.h. nur ein möglicher Schaden muss frühzeitig erkannt werden.[1179] Seit Inkrafttreten des BilReG ist im Lagebericht explizit auch auf die Chancen der künftigen Entwicklung einzugehen.[1180] Damit ist letztendlich das Risiko i. w. S. sowohl nach regulatorischer Vorgabe als auch nach IAS 36 zu erfassen. Klarstellend sei angemerkt, dass für den qualitativen Impairment-Test nicht nur aus *denjenigen* Sachverhalten eine Chance entstehen kann, die zuvor zu einer Wertminderung geführt haben (z. B. marktliche Veränderungen).[1181] Vielmehr ist eine Chance in Form einer Wertaufholung dann zu verbuchen, wenn sich *insgesamt* eine Verbesserung der prognostizierten Einflussgrößen auf den erzielbaren Betrag ergeben hat (IAS 36.114).

Aus betriebswirtschaftlicher Sicht ist das Erkennen und Steuern von Chancen essenziell, um das Unternehmensziel „Geld verdienen" zu fördern.[1182] Um systematisch Chancen zu erfassen und ggf. zu nutzen, wird die Ergänzung des Risikomanagements um ein Chancenmanagement gefordert. Es verwundert daher, dass die Unternehmen in den empirischen Studien überwiegend angeben, keine Chancen zu erfassen.[1183] Allerdings scheint – eventuell bedingt durch das BilReG – eine Verbesserung der Chancenerfassung eingetreten zu sein, da in einer jüngeren Untersuchung von Lageberichten

---

[1178] Vgl. Abschnitt 5.5.1.2.2.

[1179] Vgl. FIEGE (2006), S. 47. Vgl. zu einem Berichtswahlrecht für Chancen nach KonTraG BAETGE/SCHULZE (1998), S. 940.

[1180] Vgl. hierzu auch Abschnitt 5.3.3.

[1181] Vgl. PELLENS et al. (2008), S. 270.

[1182] Vgl. hier und folgend LÜCK (2001), S. 2312.

[1183] Vgl. DIEDERICHS (2004), S. 80; HOITSCH/WINTER/BAUMANN (2006), S. 72; NEVRIES/STRAUß (2008), S. 108.

des Geschäftsjahres 2005 etwa drei Viertel der Unternehmen auf Chancen eingehen.[1184]

Unter dem Postulat der Vollständigkeit wurde in Abschnitt 5.5.1.2.2 außerdem die *lückenlose* Erfassung von Risiken (und Chancen) diskutiert.[1185] Dabei wurde festgestellt, dass es theoretisch ausreichend ist, wenn *ein* wesentliches Wertminderungsanzeichen vorliegt, um einen quantitativen Test auszulösen. Praktisch ist ein frühzeitiger Abbruch der Risikoidentifikation aber kaum effizient.

Aus regulatorischer Sicht wäre es ausreichend, wenn alle Risiken erfasst würden, die allein oder in Summe bestandsgefährdend bzw. zumindest wesentlich sind, da nur diese vom Früherkennungssystem erfasst bzw. im Lagebericht angegeben werden müssen.[1186] Um allerdings eine Aussage darüber machen zu können, ob einige Risiken in ihrem Zusammenwirken zu einer Bestandsgefährdung führen können, ist es letztlich unvermeidbar, eine vollständige Risikoidentifikation durchzuführen.[1187] Da durch ein betriebswirtschaftliches Risikomanagement grundsätzlich auch die Existenzsicherung des Unternehmens sichergestellt werden soll,[1188] sind auch hier nicht nur die Einzelrisiken relevant.[1189] Insofern ist in beiden Fällen nicht mit Unterschieden zum qualitativen Impairment-Test in Bezug auf die Vollständigkeit zu rechnen. In den empirischen Quellen wird die Vollständigkeit der Risikoidentifikation kaum behandelt.[1190] Die wenigen Befunde lassen aber erkennen, dass die überwiegende Anzahl der Unternehmen angibt, sämtliche Bereiche zu durchleuchten, in denen Risiken auftreten können. Wie intensiv und umfassend dies geschieht, bleibt unklar.

5.5.2.2.3 Rechtzeitigkeit

In Abschnitt 5.5.1.2.3 wurde die Rechtzeitigkeit in die Teilelemente Zeithorizont und Identifikationsfrequenz zerlegt. Der Zeithorizont, der im Rahmen des qualitativen Impairment-Tests zu berücksichtigen ist, wurde in Übereinstimmung mit BAETGE ET AL.

1184 Vgl. KAJÜTER/ESSER (2007), S. 386.
1185 Vgl. hier und folgend Abschnitt 5.5.1.2.2.
1186 Vgl. Abschnitt 5.3.3. Beispielsweise BREBECK/HERMANN fordern nur die vollständige Erfassung aller bestandsgefährdenden Risiken. Vgl. BREBECK/HERRMANN (1997), S. 384.
1187 In Anlehnung an WALL (2001), S. 31.
1188 Vgl. POLLANZ (1999), S. 394.
1189 Vgl. BURGER/BUCHHART (2002), S. 32.
1190 Vgl. zu diesen Studien hier und folgend DIEDERICHS (2004), S. 74 f.; DIEDERICHS/REICHMANN (2003), S. 230; VON ROSEN/VOGLER (2000), S. 21.

auf zwei Jahre festgelegt.[1191] Die Identifikationsfrequenz wurde im Zusammenhang mit den Zwischenberichtsintervallen diskutiert.[1192] Für die Unternehmen des Prime Standards ergibt sich daraus die Verpflichtung einer mindestens quartalsweisen Durchführung der Risikoidentifikation.

§ 91 Abs. 2 AktG verlangt, bestandsgefährdende Risiken so frühzeitig zu erkennen, dass eine Gegensteuerung möglich ist.[1193] Eine genauere Zeitangabe findet sich im Wortlaut des Gesetzes indes nicht.[1194] Allerdings helfen hier die Vorgaben des DRS 5 zur Risikoberichterstattung.[1195] Demnach gilt für Risiken, die den Unternehmensfortbestand gefährden, ein Prognosezeitraum von zwölf und für nicht bestandsgefährdende, aber wesentliche Risiken ein Zeitraum von 24 Monaten. In Ausnahmefällen (z. B. bei Großprojekten) sollte ein längerer Zeitraum zugrunde gelegt werden. Damit ergibt sich eine große Ähnlichkeit zu der oben aufgestellten Forderung, auch für den qualitativen Impairment-Test einen Zeitraum von zwei Jahren zu verwenden.

Um die Klärung des Zeithorizonts aus betriebswirtschaftlicher Sicht zu betreiben, ist es hilfreich, auf die Risikodefinition zu rekurrieren.[1196] Ein Risiko wurde oben als Verfehlung eines geplanten Zielwertes definiert.[1197] Ein Ziel hat immer auch einen zeitlichen Bezug.[1198] Damit hängen die ein Ziel bedrohenden Risiken letztendlich von der zeitlichen Dimension des angestrebten Zieles ab.[1199] Um ein Ziel zu erreichen, ist eine entsprechende Planung erforderlich.[1200] Auch wenn Unternehmen grundsätzlich auf Dauer angelegt sind, wird aus informationstechnischen Gründen ein kürzerer, vom Unternehmen zu bestimmender Planungshorizont (ökonomischer Horizont) gewählt.[1201] Unterscheidet man nach dem zeitlichen Bezug des Planungshorizonts, kann in eine kurz-, mittel- und langfristige Planung unterteilt werden.[1202]

1191 Vgl. BAETGE et al. (2008b), Rn. 25.
1192 Vgl. hier und folgend Abschnitt 5.5.1.2.3.
1193 Vgl. BT-Druchsache 13/9712, S. 15; ZIMMER/SONNEBORN (2001), S. 52; IDW PS 340, Tz. 5.
1194 Vgl. ZIMMER/SONNEBORN (2001), S. 52.
1195 Vgl. hier und folgend DRS 5, Tz. 24.
1196 Vgl. BRAUN (1984), S. 31 f.
1197 Vgl. Abschnitt 5.2.1.
1198 Vgl. BERTHEL (1973), S. 45.
1199 Vgl. BRAUN (1984), S. 31 f.
1200 Vgl. WILD (1982), S. 13.
1201 Vgl. ADAM (1996), S. 18. Zu den Problemen, die aus einem Auseinanderfallen zwischen Planungshorizont und Lebensdauer des Unternehmens resultieren vgl. ADAM (1996), S. 18-20.
1202 Vgl. HORVÁTH (2009), S. 160.

Differenziert man nach der Planungsbedeutung, die in einem engen Zusammenhang zur Planungsfrist steht,[1203] wird auch zwischen der operativen (kurzfristigen), taktischen (mittelfristigen) und strategischen (langfristigen) Planung unterschieden.[1204] Stellt man nun Planung und Risikoidentifikation bzw. Risikoidentifikationsinstrumente in ihrer zeitlichen Dimension gegenüber, so ergibt sich eine Verknüpfung zwischen operativer und taktischer Planung auf der einen und operativer Frühaufklärung auf der anderen Seite.[1205] Gleiches gilt für die strategische Planung und die strategische Frühaufklärung. Die Tatsache, dass für die unterschiedlichen Zeithorizonte der Planung zeitkongruente Methoden entwickelt wurden, um potenzielle Risiken frühzeitig zu erkennen, kann als Beleg dafür gewertet werden, dass Zeit im unternehmerischen Handeln ein entscheidender Wettbewerbsfaktor ist.[1206] Im Gegensatz zu den regulatorischen Vorgaben ist es somit für das betriebswirtschaftliche Risikomanagement nicht zweckmäßig, starre Grenzen für den Prognose- bzw. Erkennungszeitraum zu definieren. Vielmehr gilt es, die verschiedenen Planungszeiträume durch geeignete Risikofrüherkennungsinstrumente zu überwachen.[1207] Stellt man operative und strategische Frühaufklärung vergleichend gegenüber, wird deutlich, dass die strategische Frühaufklärung von einer deutlich stärkeren Unschärfe und Widersprüchen geprägt ist.[1208] Damit ist die strategische Frühaufklärung im betriebswirtschaftlichen Risikomanagement zwar sinnvoll einsetzbar, die Eignung für den qualitativen Impairment-Test dürfte aber – vor dem Hintergrund der Verlässlichkeit – kaum gegeben sein. Festzuhalten bleibt an diesem Punkt daher, dass das betriebswirtschaftliche Risikomanagement in seiner zeitlichen Dimension über das regulatorische Risikomanagement und die IFRS-Anforderungen (unter Inkaufnahme geringerer Verlässlichkeit) hinausgeht.

Die empirischen Befunde lassen nicht erkennen, welcher Zeithorizont der Risikoidentifikation faktisch zugrunde liegt. Allerdings lässt es die geringe Nennung strategischer Frühaufklärungsysteme fraglich erscheinen, ob tatsächlich der im vorherigen Absatz

---

[1203] Vgl. ADAM (1996), S. 310.

[1204] Vgl. WEBER/SCHÄFFER (2008), S. 246 f. Unter der operativen Planung mit einem Planungszeitraum von etwa einem Jahr ist die Planung des Leistungserstellungsprozesses bei gegebenen Kapazitäten zu verstehen. Der taktischen Planung wird ein etwas längerer Zeitraum (zwei bis vier Jahre) zugrunde gelegt und betrifft neben den einzelnen Bereichen auch das gesamte Unternehmen. Die strategische Planung dient dem Zweck der Planung der langfristigen Erfolgspotenziale. Vgl. zu diesen Definitionen WEBER/SCHÄFFER (2008), S. 246 f.; HORVÁTH (2009), S. 161.

[1205] Vgl. hier und folgend KRYSTEK (2007), S. 51. Vgl. zu den Dimensionen von Früherkennungssystemen Abschnitt 5.2.2.3.1.

[1206] Vgl. hier und folgend KRYSTEK/MÜLLER-STEWENS (1999), S. 497.

[1207] In Anlehnung an KRYSTEK (2007), S. 51.

[1208] Vgl. KIRSCH/TRUX (1979), S. 46; KRYSTEK (2007), S. 52 f.

diskutierte weite Zeithorizont Berücksichtigung findet.[1209] Insofern überrascht es nicht, dass KRYSTEK in diesem Zusammenhang von einer Erwartungslücke spricht.[1210]

Die zweite vor dem Hintergrund der Rechtzeitigkeit zu erörternde Fragestellung betrifft die Identifikationsfrequenz. Nach IDW PS 340 hat sich der Abschlussprüfer zu versichern, dass die nach § 91 Abs. 2 AktG getroffenen Maßnahmen im Berichtsjahr kontinuierlich angewendet wurden.[1211] Auch in der Literatur wird eine kontinuierliche Risikoidentifikation für das gesetzliche und für das betriebswirtschaftliche Risikomanagement mit der Begründung gefordert,[1212] dass sich die Risikolandschaft ebenfalls kontinuierlich verändere.[1213] Die Neuregelung zur Zwischenlageberichterstattung macht deutlich, dass für Unternehmen, die einen Quartalsbericht erstellen, zumindest quartalsweise eine Risikoidentifikation verbindlich ist, da im Zwischenlagebericht auch über die bis zum Geschäftsjahresende zu erwartenden Chancen und Risiken zu berichten ist.[1214]

Die empirischen Ergebnisse zeigen indes, dass je nach Studie nur zwischen 30 % und 60 % der befragten Unternehmen angeben, zumindest vierteljährlich Risiken zu identifizieren. Dieser Befund deckt sich mit der Befragung von Unternehmen des Prime Standards durch PELLENS ET AL., die zu etwas über 50 % angeben, mindestens quartalsweise die Impairment-Indikatoren des IAS 36 zu überwachen.[1215] Es ist daher zu vermuten, dass die Einführung des qualitativen Impairment-Tests wenig an der Identifikationsfrequenz verändert hat.

5.5.2.2.4 Verlässlichkeit und Wesentlichkeit

Vor dem Hintergrund der Verlässlichkeit und der Wesentlichkeit verlangt der qualitative Impairment-Test, dass nicht eine nur für möglich gehaltene negative Entwicklung schon einen quantitativen Test auslöst, sondern dass diese hinreichend wahrscheinlich

---

1209 Vgl. hierzu HOITSCH/WINTER/BAUMANN (2006), S. 71; NEVRIES/STRAUß (2008), S. 109. Vgl. zu weiteren Nachweisen zur relativ geringen praktischen Relevanz der strategischen Früherkennung KRYSTEK/MÜLLER (1999), S. 57.

1210 Vgl. KRYSTEK (2007), S. 57.

1211 Vgl. IDW PS 340, Tz. 31.

1212 Vgl. z. B. BITZ (2000), S. 26; ERDENBERGER (2001), S. 14; KROMSCHRÖDER/LÜCK (1998), S. 1574; ROMEIKE (2005), S. 272; IDW (HRSG.) (2006), P, Tz. 42.

1213 Vgl. IDW (HRSG.) (2006), P, Tz. 41.

1214 Vgl. zu dieser Regelung DRS 16, Tz. 46.

1215 Vgl. PELLENS/EPSTEIN/RUHWEDEL (2005), S. 7; PELLENS et al. (2005), S. 14.

sein muss.[1216] Eine genaue Wahrscheinlichkeit wird in IAS 36 nicht genannt. Weiterhin müssen die möglichen Wertminderungsanzeichen objektiv betrachtet werden und dürfen nicht vom Management manipuliert werden, um außerplanmäßige Abschreibungen zu vermeiden oder künstlich herbeizuführen.[1217] Vielmehr hat das Management mit den Anzeichen vorsichtig umzugehen. Schließlich verlangt die Wesentlichkeit, dass die Auswirkungen bzw. eine negative Entwicklung signifikant sein müssen.[1218]

Zunächst sollen die hier unter dem Oberbegriff der Verlässlichkeit diskutierten Voraussetzungen für die regulatorischen Vorgaben geprüft werden. Die Aufgabe des nach § 91 Abs. 2 AktG einzurichtenden Risikofrüherkennungssystems besteht darin, Risiken zu erkennen, die allein oder in Verbindung mit anderen zu einer Bestandsgefährdung führen.[1219] Neben bestandsgefährdenden Risiken sind im Lagebericht darüber hinaus auch wesentliche Chancen und Risiken anzugeben (§ 315 Abs. 1 Satz 5 HGB). Dass diese Angabe willkürfrei und objektiv zu erfolgen hat, ergibt sich direkt aus dem Grundsatz der Richtigkeit der ordnungsmäßigen Lageberichterstattung.[1220]

Fraglich ist, wie sicher der Eintritt eines Risiko mindestens sein muss, damit es im Lagebericht zu nennen ist.[1221] In der Literatur wird davon ausgegangen, dass „mit einer erheblichen, wenn auch nicht notwendigerweise überwiegenden Wahrscheinlichkeit“[1222] mit dem Eintritt des Risikos zu rechnen sein muss, damit eine Berichtspflicht entsteht. Vergleicht man diese Anforderung mit denen des qualitativen Impairment-Tests, so wird deutlich, dass in den Fällen, in denen die Indikatoren des IAS 36.12 einen Zukunftsbezug aufweisen, das Eintreten einer negativen Entwicklung „erwartet“ sein muss, damit ein Auslöser für einen quantitativen Impairment-Test vorliegt.[1223] Auch wenn eine Beurteilung, welche Wahrscheinlichkeitsschranke höher liegt, recht schwerfällt, so ist zu vermuten, dass tendenziell für den qualitativen Impairment-Test eine höhere Hürde gilt. Dafür können zwei Gründe angeführt werden. Der erste besteht

[1216] Vgl. hier und folgend Abschnitt 5.5.1.2.4.
[1217] Die willentliche Auslösung größerer außerplanmäßiger Abschreibungen wird auch im Rahmen des sog. Big Bath Accounting diskutiert. Dabei wird ein noch schlechteres Ergebnis ausgewiesen, als möglich gewesen wäre, um künftige Perioden zu entlasten. Vgl. SELLHORN (2000), S. 138; KIRSCHENHEITER/MELUMAD (2002), S. 762.
[1218] Vgl. Abschnitt 5.5.1.2.4.
[1219] Vgl. IDW PS 340, Tz. 5.
[1220] Vgl. BAETGE/FISCHER/PASKERT (1989), S. 17.
[1221] Vgl. hier und folgend IDW (HRSG.) (2006), F, Tz. 880 mit weiteren Nachweisen.
[1222] IDW (HRSG.) (2006), F, Tz. 880.
[1223] Vgl. hierzu auch die Ausführungen in Abschnitt 5.5.1.2.4.

darin, dass für die Indikatoren in IAS 36.12 (b) (Technologie, Markt, Gesamtwirtschaft, Gesetz) von negativen Entwicklungen die Rede ist, die „in der nächsten Zukunft eintreten“ werden, also nicht bloß erwartet werden.[1224] Der Einwand, dass für diese Entwicklungen eine andere Wahrscheinlichkeitsschwelle gilt als für die *erwarteten* internen Nutzungsänderungen (IAS 36.12 (f)), scheint wenig plausibel. Geht man nämlich davon aus, dass das Unternehmen interne Entwicklungen, wie bspw. eine geplante Restrukturierung, besser vorhersagen kann als z. B. externe Marktentwicklungen, so wäre es wenig überzeugend für erstere, interne Ursachen (IAS 36.12 (f)) eine geringere Eintrittswahrscheinlichkeit zu verlangen als für externe Entwicklungen (wie die des IAS 36.12 (b)). Der zweite Grund, warum der qualitative Impairment-Test eine höhere Eintrittswahrscheinlichkeit verlangt als ein im Lagebericht anzugebendes Risiko, kann darin gesehen werden, dass im letzteren Fall (lediglich) eine Berichtspflicht entsteht und im ersten Fall ein umfangreicher quantitativer Test angestoßen wird, der mit erheblichen Kosten verbunden ist.[1225]

Ähnlich wie beim qualitativen Impairment-Test sind auch beim Lagebericht nicht alle identifizierten Risiken relevant.[1226] Nur wesentliche (einschließlich der bestandsgefährdenden) Risiken (und Chancen) sind berichtspflichtig. Darunter sind solche zu verstehen, die „einen wesentlichen Einfluss auf den künftigen Geschäftsverlauf und die künftige Vermögens-, Finanz- oder Ertragslage des Unternehmens haben können.“[1227] Ein Unterschied zwischen qualitativem Impairment-Test und Risikobericht besteht darin, was als Vergleichsmaßstab genutzt wird, um die Wesentlichkeit zu bestimmen. Im Zentrum der Lageberichterstattung stehen das Unternehmen als Ganzes und dessen Vermögens-, Finanz- und Ertragslage. Im Fokus des qualitativen Impairment-Tests steht indes ein immaterieller Vermögenswert bzw. eine ZGE.[1228] Damit unterscheiden sich die Wesentlichkeitsgrenzen für Impairment-Test und Lagebericht zwangsläufig.

Aus betriebswirtschaftlicher Sicht ist die Verlässlichkeit der identifizierten Daten schon deshalb relevant, weil diese die Qualität aller nachfolgenden Schritte im Risikomanagementprozess bestimmt.[1229] Wäre das Ergebnis der Risikoidentifikation (also

1224 Vgl. zu dieser Differenzierung ebenfalls Abschnitt 5.5.1.2.4.

1225 Vgl. zum hohen Aufwand der Durchführung eines quantitativen Impairment-Tests PELLENS et al. (2008), S. 258.

1226 Vgl. hier und folgend KIRSCH/KÖHRMANN (2007b), Rn. 117.

1227 Vgl. IDW (HRSG.) (2006), F, Tz. 880.

1228 Vgl. HEUSER/THEILE (2007), Rn. 1512.

1229 In Anlehnung an FASSE (1995), S. 79.

das Risikoinventar) das Objekt von Beeinflussung und Manipulation, so wäre die Effektivität der Risikosteuerung gefährdet.[1230] Wie hoch unternehmensintern die Wesentlichkeitsgrenze für die Kommunikation von Risiken an das Management ist, bestimmt die Unternehmensleitung.[1231] Die Schwellenwerte sind dabei mindestens so festzulegen, dass Risiken, die in der Summe bestandsgefährdend sind, an das Management berichtet werden.

Ein besseres Bild von den in der Praxis genutzten Schwellenwerten liefert ein Blick in die empirischen Studien. Diese kommen zu dem Ergebnis, dass formalisierte Schwellenwerte bei jedem vierten befragten Unternehmen nicht vorliegen.[1232] Fraglich ist, inwiefern bei diesen Unternehmen dann sichergestellt werden kann, dass der Vorstand über alle wesentlichen Risiken informiert wird. Neben einem relativ hohen Anteil an Unternehmen, die keine Schwellenwerte definiert haben, stellt BUNGARTZ fest, dass knapp 50 % absolute Euro-Beträge als Schwellenwerte nutzen und etwa ein Viertel prozentuale Grenzen.[1233] Für den Fall, dass Absolutbeträge genutzt werden, müssen diese für den quantitativen Impairment-Test immaterieller Vermögenswerte vermindert werden, da sich die Bezugsbasis vom Unternehmen auf einen immateriellen Vermögenswert bzw. eine ZGE verschiebt. Für Prozentwerte ist gleichfalls zu berücksichtigen, dass die immateriellen Vermögenswerte die Bezugsbasis bilden. Weiterhin ist zu beachten, dass beim qualitativen Impairment-Test eine quantitative Risikobestimmung oft nicht möglich sein wird. Beispielsweise kann eine bedeutende technische Innovation einen quantitativen Test auslösen (IAS 36.12 (b)), ohne dass schon auf unterster Stufe ein Risiko quantifiziert werden kann, denn dies geschieht häufig erst im Rahmen des quantitativen Tests.[1234]

5.5.2.2.5 Genauigkeit

Hinsichtlich der Genauigkeit wurde oben erläutert, dass insbesondere das Wirkungsobjekt eines Risikos, also der potenziell wertgeminderte Vermögenswert, die Eintrittswahrscheinlichkeit und das Risikoausmaß (letztere beiden zumindest qualitativ) zu

---

[1230] Vgl. zur Forderung der Übermittlung manipulationsfreier Risikoinformationen BREBECK/HERRMANN (1997), S. 384.

[1231] Vgl. hier und folgend GLEIẞNER (2008), S. 199.

[1232] Vgl. WOLZ (2001), S. 798; HOITSCH/WINTER/BAUMANN (2006), S. 75; BUNGARTZ (2003), S. 101. In den Studien von DORPRIGTER und VON ROSEN/VOGLER sind dies sogar über 50 %. Vgl. DORPRIGTER (2002), S. 604; VON ROSEN/VOGLER (2000), S. 27.

[1233] Vgl. BUNGARTZ (2003), S. 101.

[1234] Vgl. Abschnitt 3.4.3.

bestimmen sind.[1235] Auch ist gemäß IAS 36.130 (a) anzugeben, aus welchen Gründen eine Wertminderung oder eine Wertaufholung verbucht wurde. Es wurde gezeigt, dass diese Angabe deutlichen Spielräumen unterliegt.

Im Lagebericht sind wesentliche Risiken zu nennen und zu erläutern (§ 315 Abs. 1 Satz 5 HGB). Weiterhin verlangt DRS 5, Risiken – sofern verlässlich möglich – zu quantifizieren.[1236] Auch IDW PS 340 empfiehlt, im Rahmen der Risikoanalyse sowohl Eintrittswahrscheinlichkeit als auch Ausmaß zu quantifizieren.[1237] Die Quantifizierung von Wahrscheinlichkeit und Ausmaß geht über die Anforderungen des qualitativen Impairment-Tests hinaus, für den eine qualitative Bestimmung beider Größen im Regelfall ausreichend ist.[1238] Eine Erläuterung verlangt der qualitative Test insofern, als dass wesentliche Wertminderungen zu begründen sind (IAS 36.130 (a)). Auch für den Lagebericht wird empfohlen, die Risikoursachen zu erläutern.[1239] Dennoch besteht ein weitreichender Unterschied. Für den qualitativen Test ist es unabdingbar, ein bestimmtes Risikosignal einem immateriellen Vermögenswert (bzw. einer bestimmten ZGE) zuzuordnen und nicht nur dem Unternehmen selbst (wie beim Lagebericht).[1240] Diese Zuordnung ist eine wesentliche Voraussetzung dafür, dass ein quantitativer Test für einen ganz *bestimmten* immateriellen Vermögenswert (bzw. eine *bestimmte* ZGE) ausgeführt werden kann. Wie schwierig und uneindeutig dies sein kann, wurde bereits in Abschnitt 5.5.1.2.4 eingehend erläutert.

Aus betriebswirtschaftlicher Sicht ist eine Bestimmung von Risikoursache, Risikoausmaß und Eintrittswahrscheinlichkeit sinnvoll, da dies notwendige Voraussetzungen für die Risikosteuerung sind.[1241] Dies soll kurz erläutert werden. Die effektivste (ursachenbezogene) Risikosteuerungsmaßnahme besteht darin, ein Risiko überhaupt nicht einzugehen.[1242] Eine vollständige Risikovermeidung macht es aber gleichzeitig auch unmöglich, die mit dem Risiko verbundene Chance zu nutzen. Daher wird eine vollständige Risikovermeidung nur für solche Risiken empfohlen, die „aufgrund einer ho-

---

1235 Vgl. hier und folgend Abschnitt 5.5.1.2.4.

1236 Vgl. DRS 5, Tz. 20.

1237 Vgl. IDW PS 340, Tz 10.

1238 Vgl. hierzu Abschnitt 5.5.1.2.4. Ausnahmsweise ist eine quantitative Abschätzung des Risikos notwendig, wenn geprüft werden soll, ob ein in der Vergangenheit festgestellter Bewertungspuffer noch besteht (IAS 36.15).

1239 Vgl. IDW (HRSG.) (2006), F, Tz. 884.

1240 Vgl. Abschnitt 5.5.1.2.4.

1241 Hier und folgend in Anlehnung an DIEDERICHS/REICHMANN (2003), S. 139 und BRAUN (1984), S. 83.

1242 Vgl. hier und folgend BLEUEL/SCHMITTING (2000), S. 105.

hen Eintrittswahrscheinlichkeit und/oder großen Schadenshöhe ein existenzbedrohendes Ausmaß aufweisen“[1243]. Um eine solche Einschätzung vornehmen zu können, ist die Bestimmung von Wahrscheinlichkeit und Ausmaß daher notwendig. Dies verpflichtet allerdings nicht zwangsläufig dazu, ein Risiko quantitativ zu beschreiben, auch eine qualitative Konkretisierung kann unter Umständen ausreichend sein.[1244]

Fraglich ist, inwiefern auch das Wirkungsobjekt, d. h. der potenziell wertgeminderte immaterielle Vermögenswert bzw. die ZGE, im betriebswirtschaftlichen Risikomanagement erforscht werden muss. In der Risikomanagement-Literatur werden Risiken nach diversen Kriterien unterteilt, allerdings nur selten nach den Vermögenswerten, auf die sie wirken.[1245] Eine Erklärung hierfür mag die bereits in Abschnitt 5.5.1.2.4 beschriebene Ambiguität der Wirkungsbeziehungen zwischen den Risiken auf der einen und den Wirkungsobjekten auf der anderen Seite sein. Ein weiterer Grund könnte darin bestehen, dass die praktische Abgrenzung verschiedener (immaterieller) Vermögenswerte wie bspw. der in Abschnitt 4.3.3.1.1 als besonders relevant identifizierten Marken, Kundenbeziehungen und Firmenwerte schwierig ist.[1246] Hinzu kommt, dass für das externe Rechnungswesen explizite Ansatzregeln bestehen, die beispielweise die Aktivierung eines selbst geschaffenen Goodwills oder einer Marke untersagen, obwohl diese intern durchaus eine große Bedeutung haben könnten.[1247] Letztendlich läuft die Beantwortung der Frage, ob ein Risikomanagement auf Ebene von Vermögenswerten betriebswirtschaftlich sinnvoll ist, auf das – übliche aber üblicherweise auch kaum operationalisierbare – Abwägen von Kosten und Nutzen hinaus.[1248] In einigen Fällen, wie z. B. bei der Überwachung von Synergien, könnte die IFRS-Rechnungslegung positive Wirkungen auf die Steuerung entfalten: Der IASB sieht Synergien als einen wesentlichen Grund für das Entstehen von Firmenwerten.[1249] Aus interner Perspektive spielen Synergien bei Unternehmenszusammenschlüssen ebenfalls eine entscheidende Rolle.[1250] Daher wird die Einrichtung eines Synergiecontrollings bisweilen gefordert, obwohl es erhebliche Ressourcen binden kann.[1251] Die

---

1243 DIEDERICHS (2004), S. 189 f.

1244 Vgl. BURGER/BUCHHART (2001), S. 103-105.

1245 Vgl. z. B. ROMEIKE (2003), S. 167; MIKUS (2001), S. 7-9; GLEIẞNER (2008), S. 52; DIEDERICHS (2004), S. 97.

1246 Vgl. hierzu LÜDENBACH/PRUSACZYK (2004b), S. 204-214.

1247 Vgl. zu diesen und weiteren Ansatzverboten SCHEINPFLUG (2006), Rn. 36-38.

1248 Vgl. zum Kosten-Nutzen-Kalkül WAGENHOFER (2006), S. 14 f.

1249 Vgl. IFRS 3.BC313-316.

1250 Vgl. WEBER/ROVENTA (2006), S. 280.

1251 Vgl. WEBER/ROVENTA (2006), S. 285.

(Zweit-)Nutzung der Steuerungsinformationen für die Bilanzierung (bzw. vice versa) führt somit zu einer informationellen Fixkostendegression.[1252] Zusammenfassend soll festgehalten werden, dass die Frage nach der Sinnhaftigkeit eines Risikomanagements auf Ebene von Vermögenswerten bzw. zahlungsmittelgenerierenden Einheiten kaum pauschal beantwortet werden kann. Allerdings erscheint es plausibel, dass in einigen Fällen, wie bspw. beim Goodwill, die Erfassung zusätzlicher Steuerungsobjekte empfehlenswert ist.[1253]

Aussagekräftige empirische Befunde dazu, ob in ausgewählten Fällen wie bei Marken oder Firmenwerten eine Steuerung auf Vermögenswerteebene praktiziert wird, liegen bislang nicht vor. Inwiefern eine Konkretisierung von Risikoausmaß und Risikowahrscheinlichkeit erfolgt, kann ebenfalls nicht abschließend festgestellt werden: Während einerseits die Unternehmen angeben, überwiegend eine Quantifizierung vorzunehmen,[1254] ist dies in den Lageberichten eher eine Ausnahme.[1255]

5.5.2.3 Zusammenfassende Gegenüberstellung

Der Vergleich der IFRS-Anforderungen an das Risikomanagement mit den regulatorischen und betriebswirtschaftlichen Anforderungen macht deutlich, dass viele Gemeinsamkeiten, aber auch einige wichtige Unterschiede bestehen. Im Wesentlichen kann festgehalten werden, dass die in IAS 36 implizit enthaltenen Vorgaben zu steigenden Anforderungen an das Risikomanagement führen.

Während in jedem Fall ein systematisches Vorgehen bei der Risikoidentifikation mit gleichzeitig ausreichender Flexibilität verlangt ist, gibt IAS 36.12 einen konkreten Indikatorkatalog vor. Es kann erwartet werden, dass die dort genannten Risikofelder zumindest überwiegend bisher schon im Rahmen des Risikomanagements überprüft werden. Auch in Bezug auf die vollständige Erfassung von Risikoanzeichen werden im Regelfall kaum Unterschiede bestehen. Während dies aus theoretischer Sicht wohl auch für die Identifikationsfrequenz gilt, zeigen die empirischen Befunde, dass ein deutliches Defizit vorliegt. Erfolgt unterjährig keine Erfassung von Wertminderungs-

---

[1252] Vgl. ähnlich WEIßENBERGER/INTERNATIONAL GROUP OF CONTROLLING (HRSG.) (2006), S. 34.

[1253] Vgl. hierzu auch HAAKER (2006b), S. 44-47; HAAKER (2006a), S. 687-695.

[1254] Vgl. z. B. DIEDERICHS (2004), S. 78.

[1255] Vgl. hierzu KAJÜTER (2001), S. 109; KAJÜTER/WINKLER (2003), S. 223; KAJÜTER/WINKLER (2004), S. 256; GLEIßNER et al. (2005), S. 346; KAJÜTER/ESSER (2007), S. 387.

anzeichen, so ist insbesondere die Verlässlichkeit der Zwischenberichtswerte für immaterielle Vermögenswerte deutlich eingeschränkt.

Weitere Zweifel erwachsen, wenn zu beobachten ist, dass bei der Formalisierung von Wesentlichkeitsgrenzen ein deutlicher Nachholbedarf besteht. Diese Grenzen sind für Zwecke des qualitativen Impairment-Tests auch auf Ebene einzelner Vermögenswerte bzw. zahlungsmittelgenerierender Einheiten festzulegen. Dabei ist zu berücksichtigen, dass im Rahmen des qualitativen Impairment-Tests Quantifizierungen für Risiken im Regelfall nicht vorliegen werden. Die Betrachtung der Risikoidentifikation aus der Perspektive *einzelner* immaterieller Vermögenswerte bzw. einzelner ZGE stellt vermutlich die größte Anforderung an das Risikomanagement. War es bislang bspw. eine Frage der Ansprüche an die Steuerung, ob die Realisierung von Synergien nach Unternehmenszusammenschlüssen überwacht wurde, so ist dies nun eine Pflicht im Rahmen der Folgebewertung des Goodwills.

Es lässt sich feststellen, dass vor allem folgender Anpassungsbedarf für die Durchführung des qualitativen Impairment-Tests besteht:

- Ergänzung der überwachten Risikofelder gemäß IAS 36.12 (*Systematik*)
- Definition einzelner immaterieller Vermögenswerte bzw. der zugehörigen ZGE als Überwachungsobjekt (*Genauigkeit*)
- Erhöhung der Identifikationsfrequenz (*Rechtzeitigkeit*)
- Anpassung der Wesentlichkeitsgrenzen (*Wesentlichkeit*)

Tabelle 16 fasst die Ergebnisse der Gegenüberstellung knapp zusammen.

	Betrachtungsperspektiven des Risikomanagements			
	Vorgaben für den qualitativen Impairment-Test	**Regulatorische Vorgaben**	**Betriebswirtschaftliche Erfordernisse**	**Empirische Erkenntnisse**
Systematik	Systematisches Vorgehen verlangt; Minimum zu prüfender Risikofelder	Systematisches Vorgehen verlangt; Risikofelder individuell	Systematisches Vorgehen verlangt; Risikofelder individuell	Risikofelder von der Unternehmensleitung vorgegeben
Flexibilität	verlangt	verlangt	verlangt	Keine Befunde
Vollständigkeit *(Risikodefinition)*	Chancen und Risiken	Chancen und Risiken	Chancen und Risiken	Fokus eher auf Risiken als auf Chancen
Vollständigkeit *(lückenlose Erkennung)*	Theoretisch löst Vorliegen eines Indikators Test aus; unter Effizienzgesichtspunkten sollte Identifikation dann aber nicht abgebrochen werden	Lückenlose Identifikation notwendig, um in Summe bestandsgefährdende Risiken zu erkennen	Lückenlose Erfassung empfehlenswert; Wirtschaftlichkeit beachten	Lückenlose Erfassung zumindest überwiegend angestrebt
Rechtzeitigkeit *(Zeithorizont)*	Zeithorizont etwa 2 Jahre	Zeithorizont etwa 2 Jahre	Zeithorizont über 2 Jahre	Keine Befunde
Rechtzeitigkeit *(Identifikationsfrequenz)*	Mindestens analog zu Zwischenberichtsfrequenz	Kontinuierlich	Kontinuierlich	Etwa 50 % führen Identifikation mindestens quartalsweise durch
Verlässlichkeit	Risikoidentifikation und Auslösung des quantitativen Tests müssen objektiv erfolgen	Grundsätze ordnungsmäßiger Lagebericht-erstattung fordern Objektivität und Willkürfreiheit	Neutralität ist Voraussetzung für effektive Risikosteuerung	Keine Befunde
Wesentlichkeit	Nur wesentliche Risiken führen zu quantitativem Test	Beschränkung auf bestandsgefährdende und wesentliche Risiken	Management legt Wesentlichkeitsgrenzen fest	Wesentlichkeitsgrenzen häufig nicht bzw. nur unzureichend formalisiert

	Betrachtungsperspektiven des Risikomanagements			
	Vorgaben für den qualitativen Impairment-Test	**Regulatorische Vorgaben**	**Betriebswirtschaftliche Erfordernisse**	**Empirische Erkenntnisse**
Genauigkeit	Insbesondere Eintrittswahrscheinlichkeit, Ausmaß und Wirkungsobjekt müssen konkretisiert werden	Risiken und Chancen müssen erläutert werden, keine Angabe des Wirkungsobjekts, aber Erläuterung der Ursachen empfohlen	Bestimmung von Ausmaß und Wahrscheinlichkeit ist Voraussetzung für effektive Risikosteuerung	
	Wahrscheinlichkeit und Ausmaß nur qualitativ Wesentliche Wertminderung oder Wertaufholung muss begründet werden	quantitative Angaben zu Wahrscheinlichkeit und Ausmaß erwünscht	quantitative Angaben zu Wahrscheinlichkeit und Ausmaß erwünscht Risikoursache sollte erforscht werden; Risikoidentifikation auf Ebene des Vermögenswertes muss wirtschaftlich sein	Keine eindeutigen Befunde; Unternehmen geben überwiegend an, eine Quantifizierung durchzuführen; dies zeigt sich aber nicht eindeutig in den Lageberichten

Tabelle 16: Zusammenfassende Gegenüberstellung der Postulate zur Risikoidentifikation beim qualitativen Impairment-Test, im regulatorischen und betriebswirtschaftlichen Risikomanagement sowie in der empirisch belegten Praxis

5.6 Abschließende Würdigung des Anpassungsbedarfs

Im vorangegangenen Abschnitt konnte der Anpassungsbedarf im Risikomanagement identifiziert werden, der notwendig ist, um die Anforderungen des qualitativen Impairment-Tests zu erfüllen. Zum Abschluss dieser Arbeit sollen die empirischen Befunde, die aus der in Abschnitt 4.3 durchgeführten eigenen Untersuchung resultieren, nun im Lichte dieser Ergebnisse betrachtet werden.

Möchte man die Befunde der empirischen Untersuchung in einem Satz zusammenfassen, so könnte dieser folgendermaßen lauten: Wertminderungen immaterieller Vermögenswerte werden relativ spät vom Unternehmen berücksichtigt. Möchte man auch das Ergebnis des Vergleichs im vorigen Abschnitt ebenso knapp zusammenfassen, so könnte dieser Satz lauten: Für eine vollständige Erfüllung der Anforderungen des qualitativen Impairment-Tests sind weitere Anpassungen im Risikomanagement erforderlich. Die Beziehungen zwischen diesen beiden Aussagen sollen nun – auch vor dem Hintergrund praktischer Überlegungen – diskutiert werden.

Die Aussage, dass Wertminderungen immaterieller Vermögenswerte relativ spät gebucht werden, fußt auf drei Beobachtungen.[1256] Erstens konnte festgestellt werden, dass Wertminderungen deutlich häufiger mit internen Anzeichen als mit externen begründet werden. Zweitens war zu erkennen, dass unabhängig davon, ob interne oder externe Informationsquellen auf ein mögliches Impairment hindeuten, diese meist ein Ereignis oder eine Entwicklung der Vergangenheit betreffen. Drittens konnte beobachtet werden, dass Wertminderungen für immaterielle Vermögenswerte kaum unterjährig erfasst werden.

Während alle drei Beobachtungen die Vermutung nahelegen, dass Wertminderungen (zu) spät erfasst werden, unterscheiden sie sich darin, welche Verzögerung dies jeweils impliziert. Die zuletzt genannte Feststellung, dass Impairments kaum in den ersten neun Monaten des Geschäftsjahres verbucht werden, sondern zumeist im vierten Quartal, könnte unter anderem auf eine zu niedrige unterjährige Identifikationsfrequenz zurückführbar sein. Diese Erklärung stünde im Einklang mit den oben erläuterten empirischen Studien zur Ausgestaltung des Risikomanagements.[1257] Diese machen deutlich, dass längst nicht alle Unternehmen eine unterjährige Risikoidentifikation durchführen.[1258] Abhängig von den Studien geben nur zwischen 30 % und 57 % der Unternehmen an, zumindest quartalsweise Risiken zu erfassen. Offensichtlich besteht hier ein deutlicher Verbesserungsbedarf, um den Anforderungen des qualitativen Impairment-Tests nachzukommen. Im Extremfall könnte dies für immaterielle Vermögenswerte mit unbestimmter Nutzungsdauer (und andere qualifizierte immaterielle Vermögenswerte)[1259] sogar bedeuten, dass in einigen Fällen überhaupt kein qualitativer Impairment-Test durchgeführt wird. Wertminderungen würden dann ausschließlich im Rahmen des verpflichtend durchzuführenden jährlichen quantitativen Tests bestimmt.[1260] Eine Begründung hierfür könnten Kostenüberlegungen der Unternehmen sein.[1261] So weisen BAETGE ET AL. zu Recht auf den Zeitaufwand und die Kosten hin, die mit einer unterjährigen Durchführung des qualitativen Impairment-Tests praktisch verbunden sind. Fraglich ist auch, ob sich der qualitative und der quantitative Test so

[1256] Vgl. hier und folgend die Ausführungen in Abschnitt 4.4.

[1257] Vgl. Abschnitt 5.4.2.

[1258] Vgl. hier und folgend DIEDERICHS (2004), S. 76; BUNGARTZ (2003), S. 104; VON ROSEN/VOGLER (2000), S. 23.

[1259] Zur Definition qualifizierter und unqualifizierter immaterieller Vermögenswerte in dieser Arbeit vgl. Abschnitt 3.4.1.

[1260] Die Verpflichtung, für diese Vermögenswerte mindestens jährlich einen quantitativen Impairment-Test durchzuführen, ergibt sich aus IAS 38.10.

[1261] In Anlehnung an BAETGE et al. (2008a), Rn. 167.

deutlich trennen lassen, wie die Rechnungslegungsregeln vermuten lassen. Zumindest ist davon auszugehen, dass im Rahmen der Bewertungsmodelle des quantitativen Tests Einflussfaktoren beziffert werden müssen, deren Entwicklung beim qualitativen Test schon grob nachzuhalten ist.

Die beiden anderen Anzeichen für eine späte Verbuchung von Wertminderungen (mehr interne Impairment-Indikatoren als externe und der geringe Zukunftsbezug der Begründungen) könnten nur dann durch eine zu geringe unterjährige Identifikationsfrequenz erklärt werden, wenn davon auszugehen wäre, dass die Indikatoren für die Wertminderungen in der aktuellen Berichtsperiode aufgetreten sind. Dies lässt sich mit den gewonnenen Daten nicht belegen. Vielmehr muss auch die Annahme in Betracht gezogen werden, dass die ersten Anzeichen für eine drohende Wertminderung bereits vor der aktuellen Berichtsperiode vorgelegen haben. Daher soll hier eine etwas umfassendere Diskussion erfolgen, die deutlich macht, welche weiteren Postulate unter Umständen verletzt wurden und welche praktischen Gründe dafür bestehen könnten.

Eine mögliche Begründung dafür, dass mehr interne als externe Anzeichen als Impairment-Begründung genannt werden, könnte ein zu kurzer Zeithorizont bei der Durchführung des qualitativen Impairment-Tests sein, so dass in der Zukunft zu erwartende Entwicklungen nicht antizipiert werden. Dies würde auch erklären, warum die Wertminderungsbegründungen in ihrem Wortlaut nur einen geringen Zukunftsbezug enthalten.[1262] Mit Blick auf die Ergebnisse des vorangegangenen Abschnitts erscheint diese Erklärung aber wenig plausibel, denn für den Risiko- bzw. Prognosebericht gilt ein ähnlicher Zeithorizont wie für den qualitativen Impairment-Test,[1263] so dass das „Abtasten" eines Zeithorizonts von ca. zwei Jahren keine grundsätzliche Neuerung für das Risikomanagement darstellt.

Der Verweis auf die in Bezug auf den Zeithorizont ähnlichen Lageberichtsvorschriften mag auf den ersten Blick verwundern, da die empirischen Studien zur Lageberichterstattung im Gegensatz zu den Impairment-Begründungen von einer Dominanz der externen gegenüber den internen Risiken berichten.[1264] Dieser vermeintliche Widerspruch ist einer teilweise anderen Definition externer und interner Risiken bzw. Indikatoren nach IAS 36.12 geschuldet. In Abschnitt 4.3.3.2.2 (vgl. hierzu insbesondere

[1262] Vgl. Abschnitt 4.3.3.2.2.

[1263] Vgl. hierzu Abschnitt 5.5.2.2.3.

[1264] Vgl. KAJÜTER (2001), S. 108; BUNGARTZ (2003), S. 74 f.; KAJÜTER/WINKLER (2003), S. 221; KAJÜTER/WINKLER (2004), S. 254. Allerdings kann im Zeitverlauf hier eine Verbesserung beobachtet werden. Vgl. FILIPIUK (2008), S. 229.

Abbildung 24 auf S. 157) wurde festgestellt, dass Wertminderungen, wenn sie denn mit externen Ursachen begründet werden, vor allem auf marktliche, technologische, ökonomische und gesetzliche Ereignisse oder Entwicklungen zurückgeführt werden. Insofern besteht eine Übereinstimmung mit den Studien zur Lageberichterstattung.[1265] Allerdings sind die in IAS 36.12 (g) genannten Hinweise aus dem internen Berichtswesen im Lagebericht nicht enthalten. Dies verwundert wenig, angesichts der bereits oben angeführten Klarstellung, dass es sich bei diesen Anzeichen eher um das Ergebnis einer negativen Entwicklung handelt als denn um eine solche selbst. Als bedeutendste Kategorie der internen Wertminderungsanzeichen sind die Nutzungsänderungen zu nennen, mit denen etwa 38 % der Wertminderungen immaterieller Vermögenswerte begründet wurden.[1266] Darunter sind vor allem Stilllegungen, Restrukturierungen, Einstellungen eines Unternehmensbereichs und Planungen für den frühzeitigen Abgang eines Vermögenswertes zu fassen (IAS 36.12 (f)). Bei diesen Maßnahmen ist unklar, ob sie auf externe Ursachen, wie z. B. die gesamtwirtschaftliche Entwicklung, oder aber auf interne, wie den Verlust von Schlüsselpersonal, zurückzuführen sind.[1267] Ein Widerspruch zwischen den Wertminderungsgründen und den Studien zur Lageberichterstattung muss somit nicht bestehen.

Indes ist damit die Frage noch nicht geklärt, warum Wertminderungen selten zukunftsbezogen erkannt werden. Meist sind entweder bereits interne Konsequenzen externer Veränderungen spürbar oder die externen Veränderungen sind bereits eingetreten und werden nicht erst erwartet. Hier hilft eine genauere Betrachtung der Besonderheiten immaterieller Vermögenswerte und der Wertminderungsanzeichen.

Die Indikatoren aus IAS 36.12 wurden in dieser Arbeit an drei Stellen gewürdigt. Zunächst wurde ihre grundsätzliche Eignung, Wertminderungen immaterieller Vermögenswerte anzuzeigen, diskutiert.[1268] Als wenig relevant wurden der Marktwert einzelner Vermögenswerte, der Marktwert des Eigenkapitals sowie die physische Beschädigung und die Überalterung genannt. Die in Abschnitt 4.3.3.2.2 durchgeführte Untersu-

---

1265 Vgl. KAJÜTER (2001), S. 108; BUNGARTZ (2003), S. 74; KAJÜTER/WINKLER (2003), S. 222; KAJÜTER/WINKLER (2004), S. 254.

1266 Vgl. Abbildung 24 auf S. 157 dieser Arbeit.

1267 Vgl. zur Einordnung der genannten Risiken als externe und interne Risiken DIEDERICHS (2004), S. 102-106.

1268 Vgl. hier und folgend Abschnitt 3.4.2.1.

chung der Begründung von Wertminderungen bestätigte diese Einschätzung.[1269] In der vorangegangenen Diskussion zu den Postulaten der Risikoidentifikation wurde plausibilisiert, dass die hier als besonders wichtig identifizierten Indikatoren auch grundsätzlich für das Risikomanagement relevant sind.

Betrachtet man allerdings die aus empirischer Sicht besonders relevanten Wertminderungsgründe (negative externe Entwicklungen und Nutzungsänderungen) aus der Perspektive der praktischen Umsetzung, so ergeben sich größere Probleme. Zinsänderungen, Marktwertänderungen der Vermögenswerte und das Buchwert-Marktwert-Verhältnis des Eigenkapitals, die allesamt eine eher untergeordnete Rolle spielen, lassen sich recht einfach (und objektiv) beobachten.[1270] Erleichternd wirkt zusätzlich, dass für diese Indikatoren keine Prognosen notwendig sind, da die Vorschriften des IAS 36 ausschließlich auf eingetretene Ereignisse der Berichtsperiode abstellen (IAS 36.12 (a), (c), (d)).

Für die externen Entwicklungen und Nutzungsänderungen ist dies anders. Zum einen ist hier der explizit genannte Zukunftsbezug zu beachten (IAS 36.12 (b), (f)). Zum anderen müssen die Risikofelder auch weiter operationalisiert werden, da diese nicht anhand einer einzelnen beobachtbaren Größe wie Börsenkurs, Marktpreis oder Zinsniveau beurteilt werden können.[1271] Gerade diese notwendige Operationalisierung könnte ein Problem darstellen, was sich am Beispiel der Marke verdeutlichen lässt.

Unabhängig davon, ob für die Ermittlung des Markenwertes die Lizenzpreisanalogie, die Residualwertmethode oder das Mehrgewinnverfahren genutzt werden,[1272] sind verhaltenswissenschaftliche Erkenntnisse von Bedeutung, um bspw. die Höhe des Preispremiums für markierte im Vergleich zu unmarkierten Produkten zu bestimmen.[1273] Damit ergibt sich eine große Vielzahl zu operationalisierender qualitativer Einflussgrößen, die allesamt Einfluss auf den Markenwert haben und somit potenzielle Wertminderungsanzeichen des einzelnen Vermögenswertes bzw. der zugehörigen ZGE darstellen können. Für Bewertungszwecke sind diese Einflussfaktoren in finan-

---

[1269] In der später vorgestellten Befragung von Unternehmen durch PELLENS ET AL. werden diese Faktoren aber immerhin noch von 38 % bis 51 % als wichtig bis sehr wichtig eingeschätzt. Vgl. PELLENS/EPSTEIN/ RUHWEDEL (2005), S. 6 f. Vgl. auch Abbildung 12 auf S. 98 dieser Arbeit.

[1270] Marktwerte für einzelne Vermögenswerte sind nur dann beobachtbar, wenn ein aktiver Markt besteht (IAS 36.6).

[1271] In Anlehnung an BEYER/MACKENSTEDT (2008), S. 343.

[1272] Vgl. zu diesen Ansätzen 3.4.3.1.

[1273] Vgl. IDW S 5, Tz. 60, 61, 66, 67.

zielle Größen zu transformieren.[1274] Tabelle 13 verschafft einen Überblick über die Vielfalt der in verschiedenen Forschungsbeiträgen als relevant identifizierten Faktoren.

Aaker (1992)	Markentreue, Markenbekanntheit, angenommene Qualität, Markenassoziationen, weitere Markenvorzüge
Brand Potential Index Hupp (2001)	Kaufabsicht, Markenbekanntheit, Qualität, Uniqueness, Mehrpreisakzeptanz, Markensympathie, Markenvertrauen, Markenidentifikation, Bereitschaft zur Weiterempfehlung, Markenloyalität
Keller (1993)	brand awareness, brand image
Markeneisberg Spannagl (2001)	Markeniconographie (Größe, Uniqueness, Kommunikation, Klarheit, Inhalte, Aktualität), Markenguthaben (Markensympathie, Markenvertrauen, Markenloyalität)
Brand Asset Valuator Werner/Richter (1998)	Vertrautheit, Ansehen, Relevanz, Differenzierung

Tabelle 17: Qualitative Einflussfaktoren auf den Markenwert

Quelle: ARNOLD (2006), S. 69.

In Abschnitt 5.5.1.2.5 wurde das Beispiel der „Beschädigung" einer Fast-Food-Marke aufgrund einer Werbekampagne von Krankenkassen genannt. Betrachtet man die von AAKER genannten Einflussfaktoren, so wäre denkbar, dass sich mit dieser missglückten Kampagne bspw. die mit der Marke verbundenen Assoziationen nachteilig verändert haben, die sich auf den Markenwert auswirken.[1275] Die Messung einer Veränderung der Assoziation ist nur möglich, wenn bereits in der Vergangenheit eine Messung vorgenommen wurde. Fraglich ist aber selbst dann, inwiefern von einer wie in IAS 36.12 geforderten *wesentlichen* Veränderung auszugehen ist, die zu einem quantitativen Test zwingt.

In der Praxis greifen die Bewertungsverfahren, z. B. für eine Marke, auf die Unternehmensplanung zurück, aus der eine „derivative Planung" für einen einzelnen Vermögenswert abgeleitet wird.[1276] Dies geschieht häufig, indem z. B. ein plausibilisierter Prozentsatz der gesamten Umsätze einer Marke zugerechnet wird. Damit ist eine Be-

[1274] Vgl. CASTEDELLO/SCHMUSCH (2008), S. 351.

[1275] Vgl. zu Beispielen für Markenassoziationen AAKER (1992), S. 35 f. „Eine Markenassoziation kann alles sein, was im Gedächtnis mit einer Marke verknüpft ist." AAKER (1992), S. 135.

[1276] Vgl. hier und folgend HOMMEL/BUHLEIER/PAULY (2007), S. 376.

stimmung des Markenwertes möglich. Eine kontinuierliche (oder zumindest vierteljährliche) Überwachung kann so allerdings kaum gewährleistet werden, da die Entwicklung der oben genannten qualitativen Einflussgrößen nicht nachgehalten wird. Dass faktisch allerdings das beschriebene Vorgehen eine große Relevanz hat,[1277] erklärt auch die häufige Nennung von Wertminderungsanzeichen aus dem internen Berichtswesen. Erst wenn bspw. die Umsätze eines Unternehmens sinken und der Wert eines Vermögenswertes mit dieser Größe verknüpft ist, wird ein Impairment-Anzeichen generiert. Um Anzeichen frühzeitiger zu erkennen, ist eine detaillierte Planung für einen Vermögenswert (oder eine ZGE) und die Überwachung individueller und teilweise qualitativer Anzeichen notwendig. Werden Wertminderungsanzeichen und Planungen lediglich aus den allgemeinen Unternehmensrisiken und den Unternehmensplanungen abgeleitet, was aus den zitierten Kostengründen der Fall sein mag, dann überrascht es nicht, dass meist interne Indikatoren einen Impairment-Test auslösen.

Die Durchführung von Bewertungen für einzelne Vermögenswerte oder ZGE wird in der Praxis als deutlich komplexer eingeschätzt als die Bewertung des gesamten Unternehmens.[1278] Als Grund hierfür wird die Schwierigkeit angeführt, Zahlungsströme mit einzelnen Bewertungsobjekten in Verbindung zu bringen. Analog könnte auch für den qualitativen Impairment-Test argumentiert werden. Nach AAKER hat z. B. die Markentreue einen Einfluss auf die Marke. Weiter formuliert er: „Die Markentreue eines Stammes von Kunden macht oft den Kern des Markenwerts aus."[1279] Umsatzrückgänge der Stammkunden könnten dann auch die Folge einer gesunkenen Markentreue sein. Fraglich wäre dann, ob eine Wertminderung des Kundenstamms oder der Marke eingetreten ist und für welchen der beiden Vermögenswerte (bzw. welche ZGE) ein quantitativer Test durchgeführt werden müsste. In Anlehung an die in der Kostenrechnung vorgenommene Differenzierung zwischen Einzelkosten, die direkt einem Bezugsobjekt zurechenbar sind, und Gemeinkosten, bei denen dies nicht der Fall ist, könnte hier zwischen Einzelwirkungen von Risiken und Gemeinwirkungen von Risiken unterschieden werden.[1280] Das Problem liegt (analog zur Kostenrechnung) in der Gemeinwirkung von Risiken, d. h. wenn sich ein Risikoereignis auf mehrere immaterielle Vermögenswerte bzw. zahlungsmittelgenerierende Einheiten auswirkt.

1277 Vgl. IDW S 5, Tz.78.
1278 Vgl. hier und folgend CASTEDELLO/SCHMUSCH (2008), S. 352.
1279 AAKER (1992), S. 57.
1280 Vgl. zur Abgrenzung von Einzel- und Gemeinkosten COENENBERG/FISCHER/GÜNTHER (2007), S. 39.

Betrachtet man die Ambiguität der Ursache-Wirkungs-Beziehungen, so kann es nicht verwundern, dass eher konkrete interne Maßnahmen, wie z. B. Restrukturierungen oder Stilllegungen, eine Wertminderung begründen bzw. einen quantitativen Test anstoßen als externe Einflussgrößen.

6 Zusammenfassung und Ausblick

Diese Arbeit widmet sich dem in der betriebswirtschaftlichen Literatur bislang nur recht oberflächlich betrachteten qualitativen Impairment-Test am Beispiel immaterieller Vermögenswerte. Immaterielle Vermögenswerte zeichnen sich nicht nur durch ihre stetig wachsende Bedeutung aus, sondern auch dadurch, dass sie als „ewige Sorgenkinder des Bilanzrechts“[1281] gelten. Diese Bezeichnung scheint auch und gerade vor dem Hintergrund der Rechnungslegung nach internationalen Rechnungslegungsstandards gültig zu sein.

Im *zweiten Kapitel* wurde zunächst unabhängig von Rechnungslegungsregeln der Begriff des immateriellen Gutes definiert und die große Bedeutung dieser Güter erläutert. Um das Untersuchungsobjekt weiter zu veranschaulichen, wurden anschließend immaterielle Güter in verschiedene Kategorien unterteilt. Im Vorgriff auf das folgende Kapitel wurde eine Unterscheidung in die in IFRS 3 genannten Kategorien vorgenommen.

Die Darstellung der Bilanzierungsvorschriften schloss sich dann im *dritten Kapitel* an. Zunächst wurden die grundsätzlichen Vorschriften für nach IAS 38 zu bilanzierende immaterielle Vermögenswerte und für den Goodwill knapp vorgestellt, ohne dabei im Detail auf die vielfältigen und in der Literatur ausreichend diskutierten Schwierigkeiten und Ermessensspielräume einzugehen. Vielmehr stand mit dem qualitativen Impairment-Test ein deutlich weniger intensiv diskutierter Teilaspekt der Folgebewertung im Fokus. Dieser Test ist nach den Vorstellungen des IASB mindestens für jeden Abschluss durchzuführen, um die Notwendigkeit zu ermitteln, einen quantitativen Test zur Bestimmung von Wertminderungen (und Wertaufholungen) anstoßen zu müssen. Dazu ist eine in IAS 36 enthaltene Minimal-Liste von Wertminderungsanzeichen zu überprüfen. Diese Liste besitzt eine allgemeine Gültigkeit und wurde nicht speziell für immaterielle Vermögenswerte konkretisiert. Aus diesem Grund wurde die Eignung der genannten Wertminderungsanzeichen explizit für immaterielle Vermögenswerte untersucht. Dabei konnte festgestellt werden, dass nicht alle Anzeichen gleichermaßen für immaterielle Vermögenswerte geeignet sind.

Weiter wurde erläutert, dass sobald ein Wertminderungszeichen vorliegt, ein quantitativer Test anzustoßen ist. Ein solcher ist bei immateriellen Vermögenswerten mit unbestimmter Nutzungsdauer, dem Goodwill und noch nicht nutzungsbereiten immate-

---

1281 MOXTER (1979), S. 1102.

riellen Vermögenswerten auch unabhängig vom Vorliegen eines Anzeichens einmal jährlich durchzuführen. Bei immateriellen Vermögenswerten mit bestimmter Nutzungsdauer bedarf es hingegen immer eines entsprechenden Auslösers.

Im *vierten Kapitel* wurde deutlich, dass in der empirischen Forschung bereits eine recht intensive Auseinandersetzung mit immateriellen Vermögenswerten stattgefunden hat. Auch der quantitative Impairment-Test wurde dabei umfangreich gewürdigt. Indes konnte auch beobachtet werden, dass empirische Erkenntnisse über den qualitativen Impairment-Test nur spärlich vorliegen. Eine Erklärung dafür ist die Tatsache, dass der qualitative Impairment-Test im Regelfall keine direkte Abbildung im Abschluss findet. Aus der Vorgabe der IFRS, den qualitativen Impairment-Test auch für Zwischenabschlüsse durchzuführen, resultiert die Erkenntnis, dass bei Vorliegen entsprechender Wertminderungsanzeichen auch unterjährig ein quantitativer Test angestoßen und ggf. Wertminderungen verbucht werden müssten. Vor diesem Hintergrund wurde im zweiten Teil von Kapitel 4 eine Inhaltsanalyse von Geschäfts- und Zwischenberichten der Unternehmen des Prime Standards der Deutschen Börse durchgeführt. Diese Unternehmen sind zur Quartalsberichterstattung verpflichtet, so dass in relativ kurzen Abständen ein qualitativer Impairment-Test durchzuführen ist. Folglich wäre zu erwarten, dass schon vor Jahresende viele Wertminderungen erkannt und verbucht werden. Diese Erwartung konnte bei der Untersuchung der Zwischenberichte allerdings nicht bestätigt werden. Vielmehr wurde festgestellt, dass Wertminderungen im Regelfall nur am Ende des Geschäftsjahres gebucht werden.

Neben den Zwischenberichten wurden die jährlich zu erstellenden Abschlüsse daraufhin untersucht, wie Wertminderungen immaterieller Vermögenswerte begründet werden, um eine Vorstellung davon zu erhalten, welche Wertminderungsanzeichen mit dem qualitativen Impairment-Test hätten erkannt werden müssen. Die Untersuchung ergab, dass insbesondere Hinweise aus dem internen Berichtswesen und Nutzungsänderungen, aber weniger externe Umstände wie z. B. marktliche Veränderungen zu einer Wertminderung führen. Weiter konnte festgestellt werden, dass der Grund einer Wertminderung in den meisten Fällen schon eingetreten ist. Diese Erkenntnis erstaunt, denn im Rahmen des quantitativen Impairment-Tests ist regelmäßig ein so genannter Nutzungswert zu berechnen, der dem Barwert der zukünftig auf den Vermögenswert entfallenden Cashflows entspricht. Es wäre zu erwarten gewesen, dass auch für die nahe Zukunft erwartete negative Entwicklungen zu einer Wertminderung führen und nicht in der Berichtsperiode eingetretene Ereignisse überwiegen.

Viele Untersuchungen widmen sich der Fragestellung, welche Ermessensspielräume vor allem bei der Folgebewertung immaterieller Vermögenswerte bestehen und versuchen nachzuweisen, dass diese von den Unternehmen gezielt genutzt werden. Diese Forschungen werden häufig unter dem Begriff „Earnings Management“ zusammengefasst. Auch die oben geschilderten Beobachtungen, dass Wertminderungen relativ spät verbucht werden, hätten ohne Zweifel aus dieser Perspektive betrachtet werden können. In der Arbeit wird mit dem *fünften Kapitel* allerdings bewusst ein anderer Weg beschritten. Die Defizite bei der Verbuchung von Wertminderungen wurden weder aus dem Blickwinkel des Earnings Managements betrachtet noch vor dem Hintergrund der Schwierigkeiten der Bewertungsmodelle. Stattdessen wurde der Frage nachgegangen, inwiefern das Risikomanagement in seiner heutigen Form überhaupt in der Lage ist, Anzeichen drohender Wertminderungen für immaterielle Vermögenswerte rechtzeitig zu erkennen. Dazu musste zunächst das Risikomanagement weiter konkretisiert werden. Ausgehend von einer betriebswirtschaftlichen Definition wurden regulatorische Rahmenbedingungen in Deutschland und empirische Erkenntnisse zum Zustand des Risikomanagements betrachtet. Bevor die Frage, ob diese Ausgestaltung für die Zwecke des qualitativen Impairment-Tests ausreichend ist, beantwortet werden konnte, mussten die Anforderungen benannt werden. Diese betreffen vor allem die Risikoidentifikation, da der qualitative Impairment-Test nur eingeschränkt eine Risikobeurteilung verlangt und die Risikosteuerung nicht direkt relevant ist.

Es bot sich daher an, die in der Literatur entwickelten Postulate der Risikoidentifikation (Systematik, Flexibilität, Rechtzeitigkeit, Vollständigkeit, Verlässlichkeit, Wesentlichkeit und Genauigkeit) für den qualitativen Impairment-Test zu konkretisieren und diese anschließend mit dem Status quo des Risikomanagements zu vergleichen. Dabei wurden deutliche Ähnlichkeiten zwischen dem qualitativen Impairment-Test und der bereits etablierten Risikoidentifikation deutlich. Allerdings ergaben sich auch Unterschiede. Diese bestehen zum einen darin, dass IAS 36 konkrete zu untersuchende Risikofelder vorgibt. Des Weiteren erfolgt die Risikoidentifikation aus einer anderen Perspektive. Im Rahmen des quantitativen Impairment Tests stehen einzelne immaterielle Vermögenswerte und zahlungsmittelgenerierende Einheiten im Mittelpunkt. Außerdem belegen die empirischen Studien, dass Defizite bei der Durchführungsfrequenz der Risikoidentifikation bestehen.

Der notwendige Anpassungsbedarf konnte in einem nächsten Schritt daraufhin überprüft werden, ob er die Beobachtungen zum späten Erkennen von Wertminderungen erklären kann. Es gelang zu plausibilisieren, dass erhebliche Anstrengungen erforderlich sind, um die identifizierten Anpassungen für den qualitativen Impairment-Test praktisch umzusetzen. Daher erscheint es möglich, dass diese noch nicht unternommen worden sind und der qualitative Impairment-Test somit noch nicht so vorgenommen wird, wie er vom Standardsetter intendiert ist.

Der (qualitative) Impairment-Test verspricht für die weitere Forschung ein gehaltvolles Feld zu sein. Dies trifft natürlich auch auf das oben diskutierte Earnings Management im Rahmen des qualitativen Tests zu. Weiter erscheint es im Rahmen zukünftiger Forschung bspw. interessant, die Begründungen von Wertminderungen weiter zu untersuchen. In dieser Arbeit wurde die Möglichkeit, dass die genannte und die tatsächliche Begründung einer Wertminderung sich nicht entsprechen, nicht weiter diskutiert. Allerdings wäre es zumindest denkbar, dass nicht-professionelle Investoren eine Wertminderung in gleicher Höhe, die jeweils anders begründet wird, auch anders einschätzen. In diesem Rahmen bieten sich verhaltenswissenschaftliche Forschungsbeiträge an. Deutlich enger mit dem Ziel dieser Arbeit verknüpft wäre eine normative Untersuchung, wie die operative Durchführung des qualitativen Impairment-Tests auszugestalten ist oder eine empirische Untersuchung, wie genau der qualitative Impairment-Test praktisch durchgeführt wird. Auch die Rolle des Abschlussprüfers bedarf einer intensiven Auseinandersetzung.

Als *Fazit* der Arbeit bietet es sich an, auf KAPLAN/NORTON zurückzugreifen. Diese beschreiben die Nutzenbestimmung immaterieller Vermögenswerte, die auch der internationale Standardsetter von den IFRS-Bilanzierern verlangt, überspitzt als den „heiligen Gral des Rechnungswesens“[1282]. Die Umschreibung verwundert nicht, da das Fehlen von Marktwerten die Verwendung investitionstheoretischer Modelle für die Bewertung verlangt. Ist es die Intention des IASB gewesen, den Aufwand bei der Bilanzierung immaterieller Vermögenswerte zu reduzieren, indem es im Regelfall eines Auslösers bedarf, um einen quantitativen Test anzustoßen, so ist der Erfolg fraglich. Eine konsequente und regelkonforme Umsetzung des qualitativen Impairment-Tests verlangt zwar keine Quantifizierung des Nutzens von immateriellen Vermögenswerten, aber immerhin dessen systematische Überwachung. Konnte schon bei der Einführung des KonTraG festgestellt werden, dass die Unternehmen nicht unerhebliche Anstrengungen unternehmen mussten, um zumindest den gesetzlichen Vorschriften zu entsprechen und bestandsgefährdende Risiken frühzeitig zu erkennen, so ist nun damit zu rechnen, dass die Weiterentwicklung des Risikomanagements noch eine beträchtli-

[1282] KAPLAN/NORTON (2004), S. 19.

che Zeit in Anspruch nehmen wird. Wie verlässlich bis dahin insbesondere die Zwischenberichterstattung über immaterielle Vermögenswerte einzuschätzen ist, bleibt fraglich.

Anhang

Anhang 1: Untersuchungssample und Zuordnung zu Industriegruppe, Sektor und Super-Sektor der Deutschen Börse[1283]

Es wurden jeweils die Geschäftsberichte der Geschäftsjahre 2005 (bzw. 2005/2006) und 2006 (bzw. 2006/2007) sowie der dritte Quartalsbericht der Geschäftsjahre 2005 (bzw. 2005/2006) und 2006 (bzw. 2006/2007) verwendet.

Unternehmen	Industriegruppe (gem. Deutsche Börse)	Sektor (gem. Deutsche Börse)	Super-Sektor (gem. Deutsche Börse)
3U TELECOM AG	Festnetz-Telekommunikation	Telekommunikation	Tele-communication
A.S. Création Tapeten AG	Eigenheimbau & Möbel	Konsumgüter	Consumer Goods
aap Implantate AG	Medizintechnik	Pharma & Gesundheit	Pharma & Healthcare
Aareal Bank AG	Hypothekenbanken	Banken	Finance, Insurance, Real Estate
AC-Service AG	IT-Dienstleistungen	Software	Information Technology
Adidas-Salomon AG	Kleidung & Schuhe	Konsumgüter	Consumer Goods
ADVA AG Optical Networking	Kommunikationstechnologie	Technologie	Information Technology
Advanced Photonics Technologies AG	High-Tech Industrieanlagen	Industrie	Industrials
Ahlers AG	Kleidung & Schuhe	Konsumgüter	Consumer Goods
AIG International Real Estate GmbH & Co. KGaA	Immobilien	Finanzdienstleistungen	Finance, Insurance, Real Estate
AIXTRON AG	Halbleiterprodukte	Technologie	Information Technology
Allianz SE	Versicherungen	Versicherungen	Finance, Insurance, Real Estate
Alphaform AG	Industrieprodukte & Dienstleistungen	Industrie	Industrials
ALTANA AG	Pharmazeutika	Pharma & Gesundheit	Pharma & Healthcare
AMADEUS FIRE AG	Industrieprodukte & Dienstleistungen	Industrie	Industrials

[1283] Die Namen der Anfang Januar 2005 im Prime Standard enthaltenen Unternehmen wurden auf Anfrage von der Deutschen Börse zur Verfügung gestellt. Dies betrifft auch die Zuordnung zu den Industriegruppen, Sektoren und Super-Sektoren.

Unternehmen	**Industriegruppe (gem. Deutsche Börse)**	**Sektor (gem. Deutsche Börse)**	**Super-Sektor (gem. Deutsche Börse)**
AMB Generali Holding AG	Versicherungen	Versicherungen	Finance, Insurance, Real Estate
Analytik Jena AG	High-Tech Industrieanlagen	Industrie	Industrials
ARBOmedia AG	Werbung	Medien	Consumer Services
ARCANDOR AG (zuvor Karstadt Quelle AG)	Kaufhäuser	Handel	Consumer Services
ATOSS Software AG	Software	Software	Information Technology
Augusta Technologie AG	High-Tech Industrieanlagen	Industrie	Industrials
AWD Holding AG	Allgemeine Finanzdienstleister	Finanzdienstleistungen	Finance, Insurance, Real Estate
Baader Wertpapierhandelsbank AG	Wertpapierhandel	Finanzdienstleistungen	Finance, Insurance, Real Estate
Balda AG	Industrieprodukte & Dienstleistungen	Industrie	Industrials
BASF AG	Spezial-Chemieprodukte	Chemie	Basic Materials
Basler AG	High-Tech Industrieanlagen	Industrie	Industrials
Bayer AG	Spezial-Chemieprodukte	Chemie	Basic Materials
Bayerische Hypo- und Vereinsbank AG	Kreditbanken	Banken	Finance, Insurance, Real Estate
BMW AG	Automobilhersteller	Automobilbranche	Consumer Goods
BayWa AG	Industrieprodukte & Dienstleistungen	Industrie	Industrials
Beate Uhse AG	Versandhandel	Handel	Consumer Services
Bechtle AG	IT-Dienstleistungen	Software	Information Technology
Beiersdorf AG	Kosmetika	Konsumgüter	Consumer Goods
Bertrandt AG	Autoteile und -zubehör	Automobilbranche	Consumer Goods
Beta Systems Software AG	Software	Software	Information Technology
Bilfinger Berger AG	Bau- und Ingenieurswesen	Bauindustrie	Industrials
biolitec AG	Medizintechnik	Pharma & Gesundheit	Pharma & Healthcare
Biotest AG	Pharmazeutika	Pharma & Gesundheit	Pharma & Healthcare

Unternehmen	Industriegruppe (gem. Deutsche Börse)	Sektor (gem. Deutsche Börse)	Super-Sektor (gem. Deutsche Börse)
bmp AG	Allgemeine Industrieunternehmen	Industrie	Industrials
BÖWE SYSTEC AG	Industriemaschinenbau	Industrie	Industrials
Brüder Mannesmann AG	Spezialisierte Einzelhandel	Handel	Consumer Services
caatoosee AG	IT-Dienstleistungen	Software	Information Technology
CANCOM IT Systeme AG	IT-Dienstleistungen	Software	Information Technology
Carl Zeiss Meditec AG	Medizintechnik	Pharma & Gesundheit	Pharma & Healthcare
Celesio AG	Lebensmittel- und Drogeriemärkte, Apotheken	Handel	Consumer Services
CENIT AG	IT-Dienstleistungen	Software	Information Technology
CENTROTEC Sustainable AG	Industrieprodukte & Dienstleistungen	Industrie	Industrials
CeoTronics AG	Kommunikationstechnologie	Technologie	Information Technology
CeWe Color Holding AG	Freizeitgüter & Dienstleistungen	Konsumgüter	Consumer Goods
comdirect bank AG	Wertpapierhandel	Finanzdienstleistungen	Finance, Insurance, Real Estate
Commerzbank AG	Kreditbanken	Banken	Finance, Insurance, Real Estate
COMPUTERLINKS AG	IT-Dienstleistungen	Software	Information Technology
Constantin Film AG	Film & Unterhaltung	Medien	Consumer Services
Continental AG	Autoteile und -zubehör	Automobilbranche	Consumer Goods
CTS EVENTIM AG	Film & Unterhaltung	Medien	Consumer Services
CURANUM AG	Gesundheitswesen	Pharma & Gesundheit	Pharma & Healthcare
curasan AG	Biotechnologie	Pharma & Gesundheit	Pharma & Healthcare
D.Logistics AG	Logistik	Transport & Logistik	Industrials
D+S europe AG	Werbung	Medien	Consumer Services
DAB Bank AG	Wertpapierhandel	Finanzdienstleistungen	Finance, Insurance, Real Estate

Unternehmen	**Industriegruppe (gem. Deutsche Börse)**	**Sektor (gem. Deutsche Börse)**	**Super-Sektor (gem. Deutsche Börse)**
DATA MODUL AG	Elektronische Komponenten & Hardware	Technologie	Information Technology
Deutsche Beteiligungs AG	Allgemeine Industrieunternehmen	Industrie	Industrials
Deutsche Börse AG	Wertpapierhandel	Finanzdienstleistungen	Finance, Insurance, Real Estate
DEWB AG	Allgemeine Finanzdienstleister	Finanzdienstleistungen	Finance, Insurance, Real Estate
DEAG Deutsche Entertainment AG	Film & Unterhaltung	Medien	Consumer Services
Deutsche Euroshop AG	Immobilien	Finanzdienstleistungen	Finance, Insurance, Real Estate
Deutsche Lufthansa AG	Fluggesellschaften	Transport & Logistik	Industrials
Deutsche Post AG	Logistik	Transport & Logistik	Industrials
Deutsche Postbank AG	Kreditbanken	Banken	Finance, Insurance, Real Estate
Deutsche Telekom AG	Festnetz-Telekommunikation	Telekommunikation	Telecommunication
DEUTZ AG	Großmaschinenbau	Industrie	Industrials
DIS Deutscher Industrie Service AG	Industrieprodukte & Dienstleistungen	Industrie	Industrials
DocCheck AG	Internet	Software	Information Technology
DOUGLAS HOLDING AG	Spezialisierter Einzelhandel	Handel	Consumer Services
Dr. Hönle AG	High-Tech Industrieanlagen	Industrie	Industrials
Dr. Scheller Cosmetics AG	Kosmetika	Konsumgüter	Consumer Goods
Drägerwerk AG	Medizintechnik	Pharma & Gesundheit	Pharma & Healthcare
Drillisch AG	Mobilfunk-Telekommunikation	Telekommunikation	Telecommunication
Dürr AG	Industriemaschinenbau	Industrie	Industrials
Dyckerhoff AG	Baumaterialien	Bauindustrie	Industrials
Eckert & Ziegler Strahlen- und Medizintechnik AG	Medizintechnik	Pharma & Gesundheit	Pharma & Healthcare
elexis AG	Industriemaschinenbau	Industrie	Industrials

Unternehmen	**Industriegruppe (gem. Deutsche Börse)**	**Sektor (gem. Deutsche Börse)**	**Super-Sektor (gem. Deutsche Börse)**
ELMOS Semiconductor AG	Halbleiterprodukte	Technologie	Information Technology
ElringKlinger AG	Autoteile und -zubehör	Automobilbranche	Consumer Goods
EM.TV AG	Film & Unterhaltung	Medien	Consumer Services
EMPRISE Management Consulting AG	IT-Dienstleistungen	Software	Information Technology
e-m-s new media AG	Film & Unterhaltung	Medien	Consumer Services
Epigenomics AG	Biotechnologie	Pharma & Gesundheit	Pharma & Healthcare
ESCADA AG	Kleidung & Schuhe	Konsumgüter	Consumer Goods
Evotec AG	Biotechnologie	Pharma & Gesundheit	Pharma & Healthcare
Fielmann AG	Spezialisierter Einzelhandel	Handel	Consumer Services
FJH AG	Software	Software	Information Technology
Fluxx AG	Internethandel	Handel	Consumer Services
FORTEC Elektronik AG	Elektronische Komponenten & Hardware	Technologie	Information Technology
Fraport AG	Transport-Dienstleistungen	Transport & Logistik	Industrials
Fuchs Petrolub AG	Spezial-Chemieprodukte	Chemie	Basic Materials
Funkwerk AG	Kommunikations-technologie	Technologie	Information Technology
GEA Group AG	Allgemeine Industrieunternehmen	Industrie	Industrials
Geratherm Medical AG	Medizintechnik	Pharma & Gesundheit	Pharma & Healthcare
GERRY WEBER International AG	Kleidung & Schuhe	Konsumgüter	Consumer Goods
GESCO AG	Allgemeine Industrieunternehmen	Industrie	Industrials
GfK AG	Industrieprodukte & Dienstleistungen	Industrie	Industrials
GFT Technologies AG	IT-Dienstleistungen	Software	Information Technology
GILDEMEISTER AG	Industriemaschinenbau	Industrie	Industrials
GoYellow Media AG (zuvor varetis AG)	Kommunikations-technologie	Technologie	Information Technology

Unternehmen	Industriegruppe (gem. Deutsche Börse)	Sektor (gem. Deutsche Börse)	Super-Sektor (gem. Deutsche Börse)
Graphit Kropfmühl AG	Bergbau	Energie & Rohstoffe	Basic Materials
GRENKELEASING AG	Allgemeine Finanzdienstleister	Finanzdienstleistungen	Finance, Insurance, Real Estate
H&R WASAG AG	Spezial-Chemieprodukte	Chemie	Basic Materials
Hannover Rückversicherung AG	Rückversicherungen	Versicherungen	Finance, Insurance, Real Estate
Hawesko Holding AG	Lebensmittel- und Drogeriemärkte, Apotheken	Handel	Consumer Services
HeidelbergCement AG	Baumaterialien	Bauindustrie	Industrials
Heidelberger Druckmaschinen AG	Industriemaschinenbau	Industrie	Industrials
Heiler Software AG	Software	Software	Information Technology
Heliad Equity Partners GmbH & Co. KGaA	Allgemeine Industrieunternehmen	Industrie	Industrials
Henkel KGaA	Kosmetika	Konsumgüter	Consumer Goods
HOCHTIEF AG	Bau- und Ingenieurswesen	Bauindustrie	Industrials
Höft & Wessel AG	Elektronische Komponenten & Hardware	Technologie	Information Technology
HORNBACH HOLDING AG	Spezialisierte Einzelhandel	Handel	Consumer Services
HUGO BOSS AG	Kleidung & Schuhe	Konsumgüter	Consumer Goods
Hypo Real Estate Holding AG	Hypothekenbanken	Banken	Finance, Insurance, Real Estate
IBS AG	Software	Software	Information Technology
IDS Scheer AG	IT-Dienstleistungen	Software	Information Technology
IKB Deutsche Industriebank AG	Kreditbanken	Banken	Finance, Insurance, Real Estate
INDUS Holding AG	Allgemeine Industrieunternehmen	Industrie	Industrials
init innovation in traffic systems AG	Elektronische Komponenten & Hardware	Technologie	Information Technology

Unternehmen	Industriegruppe (gem. Deutsche Börse)	Sektor (gem. Deutsche Börse)	Super-Sektor (gem. Deutsche Börse)
Integralis AG (zuvor Articon-Integralis AG)	Software	Software	Information Technology
IM Internationalmedia AG	Film & Unterhaltung	Medien	Consumer Services
Intershop Communications AG	Internet	Software	Information Technology
InTiCom Systems AG	Kommunikationstechnologie	Technologie	Information Technology
ISRA VISION AG	Software	Software	Information Technology
itelligence AG	IT-Dienstleistungen	Software	Information Technology
IVG Immobilien AG	Immobilien	Finanzdienstleistungen	Finance, Insurance, Real Estate
IVU Traffic Technologies AG	IT-Dienstleistungen	Software	Information Technology
IWKA AG	Industriemaschinenbau	Industrie	Industrials
Jack White Productions AG	Film & Unterhaltung	Medien	Consumer Services
JENOPTIK AG	High-Tech Industrieanlagen	Industrie	Industrials
Jetter AG	High-Tech Industrieanlagen	Industrie	Industrials
Jungheinrich AG	Industriemaschinenbau	Industrie	Industrials
K+S AG	Chemieprodukte, Zwischenerzeugnisse	Chemie	Basic Materials
Klöckner-Werke AG	Industriemaschinenbau	Industrie	Industrials
Koenig & Bauer AG	Industriemaschinenbau	Industrie	Industrials
Kontron AG	Elektronische Komponenten & Hardware	Technologie	Information Technology
KRONES AG	Industriemaschinenbau	Industrie	Industrials
LEIFHEIT AG	Haushaltsgeräte und -waren	Konsumgüter	Consumer Goods
LEONI AG	Autoteile und -zubehör	Automobilbranche	Consumer Goods
Linde AG	Industriegase	Chemie	Basic Materials
LINOS AG	High-Tech Industrieanlagen	Industrie	Industrials

Unternehmen	Industriegruppe (gem. Deutsche Börse)	Sektor (gem. Deutsche Börse)	Super-Sektor (gem. Deutsche Börse)
Loewe AG	Unterhaltungselektronik	Konsumgüter	Consumer Goods
LPKF Laser & Electronics AG	High-Tech Industrieanlagen	Industrie	Industrials
LUDWIG BECK am Rathauseck – Textilhaus Feldmeier AG	Spezialisierter Einzelhandel	Handel	Consumer Services
MAN AG	Allgemeine Industrieunternehmen	Industrie	Industrials
MARSEILLE-KLINIKEN AG	Gesundheitswesen	Pharma & Gesundheit	Pharma & Healthcare
Masterflex AG	Industrieprodukte & Dienstleistungen	Industrie	Industrials
MAXDATA AG	Industrieprodukte & Dienstleistungen	Industrie	Industrials
MEDICLIN AG	Gesundheitswesen	Pharma & Gesundheit	Pharma & Healthcare
MediGene AG	Biotechnologie	Pharma & Gesundheit	Pharma & Healthcare
MEDION AG	Industrieprodukte & Dienstleistungen	Industrie	Industrials
Mensch und Maschine Software AG	Software	Software	Information Technology
Merck KGaA	Pharmazeutika	Pharma & Gesundheit	Pharma & Healthcare
METRO AG	Kaufhäuser	Handel	Consumer Services
MLP AG	Allgemeine Finanzdienstleister	Finanzdienstleistungen	Finance, Insurance, Real Estate
MorphoSys AG	Biotechnologie	Pharma & Gesundheit	Pharma & Healthcare
MPC Münchmeyer Petersen Capital AG	Allgemeine Finanzdienstleister	Finanzdienstleistungen	Finance, Insurance, Real Estate
Mühlbauer Holding AG & Co. KGaA	Elektronische Komponenten & Hardware	Technologie	Information Technology
Müller - Die lila Logistik AG	Logistik	Transport & Logistik	Industrials
Münchener Rück AG	Rückversicherungen	Versicherungen	Finance, Insurance, Real Estate
MVV Energie AG	Allgemeine Energieversorgung	Versorger	Utilities

Unternehmen	**Industriegruppe (gem. Deutsche Börse)**	**Sektor (gem. Deutsche Börse)**	**Super-Sektor (gem. Deutsche Börse)**
MWB Wertpapier-handelsbank AG (zuvor MWB Wert-papierhandelshaus AG	Wertpapierhandel	Finanzdienstleistungen	Finance, Insuran-ce, Real Estate
Nemetschek AG	Software	Software	Information Tech-nology
net AG	Software	Software	Information Tech-nology
Neue Sentimental Film AG	Werbung	Medien	Consumer Services
NEXUS AG	IT-Dienstleistungen	Software	Information Tech-nology
Norddeutsche Affi-nerie AG	Stahl & Metalle	Energie & Rohstoffe	Basic Materials
Nordex AG	Erneuerbare Energien	Industrie	Industrials
Novavisions AG	IT-Dienstleistungen	Software	Information Tech-nology
november AG	Biotechnologie	Pharma & Gesundheit	Pharma & Healthcare
OHB Technology AG	Kommunikationstech-nologie	Technologie	Information Tech-nology
OnVista AG	Software	Software	Information Tech-nology
P&I AG	Software	Software	Information Tech-nology
paragon AG	Elektronische Kom-ponenten & Hardware	Technologie	Information Tech-nology
PC-Ware Information Techno-logies AG	IT-Dienstleistungen	Software	Information Tech-nology
Pfleiderer AG	Industrieprodukte & Dienstleistungen	Industrie	Industrials
Plambeck Neue Energien AG	Erneuerbare Energien	Industrie	Industrials
PlasmaSelect AG	Gesundheitswesen	Pharma & Gesundheit	Pharma & Healthcare
plenum AG	IT-Dienstleistungen	Software	Information Tech-nology
PROCON MultiMe-dia AG	Film & Unterhaltung	Medien	Consumer Services
Progress-Werk Oberkirch AG	Autoteile und -zubehör	Automobilbranche	Consumer Goods
ProSiebenSat.1 Me-dia AG	Rundfunk & Fernse-hen	Medien	Consumer Services

Unternehmen	**Industriegruppe (gem. Deutsche Börse)**	**Sektor (gem. Deutsche Börse)**	**Super-Sektor (gem. Deutsche Börse)**
PSI Aktiengesellschaft für Produkte und Systeme der Informationstechnologie	Software	Software	Information Technology
PULSION Medical Systems AG	Medizintechnik	Pharma & Gesundheit	Pharma & Healthcare
Puma AG	Kleidung & Schuhe	Konsumgüter	Consumer Goods
PVA TePla AG	High-Tech Industrieanlagen	Industrie	Industrials
QSC AG	Festnetz-Telekommunikation	Telekommunikation	Telecommunication
R. STAHL AG	Industriemaschinenbau	Industrie	Industrials
RATIONAL AG	Industrieprodukte & Dienstleistungen	Industrie	Industrials
REALTECH AG	IT-Dienstleistungen	Software	Information Technology
REpower Systems AG	Erneuerbare Energien	Industrie	Industrials
Rheinmetall AG	Allgemeine Industrieunternehmen	Industrie	Industrials
RHÖN-KLINIKUM AG	Gesundheitswesen	Pharma & Gesundheit	Pharma & Healthcare
Rohwedder AG	Industriemaschinenbau	Industrie	Industrials
Rücker AG	Autoteile und -zubehör	Automobilbranche	Consumer Goods
RWE AG	Allgemeine Energieversorgung	Versorger	Utilities
SALZGITTER AG	Stahl & Metalle	Energie & Rohstoffe	Basic Materials
Sanacorp Pharmahandel AG	Lebensmittel- und Drogeriemärkte, Apotheken	Handel	Consumer Services
Sartorius AG	High-Tech Industrieanlagen	Industrie	Industrials
schlott gruppe AG	Verlags- und Druckereiwesen	Medien	Consumer Services
SCHWARZ PHARMA AG	Pharmazeutika	Pharma & Gesundheit	Pharma & Healthcare
secunet Security Networks AG	IT-Dienstleistungen	Software	Information Technology
SGL CARBON AG	Spezial-Chemieprodukte	Chemie	Basic Materials

Unternehmen	Industriegruppe (gem. Deutsche Börse)	Sektor (gem. Deutsche Börse)	Super-Sektor (gem. Deutsche Börse)
SHS Viveon AG (zuvor SHS Informationssysteme AG)	IT-Dienstleistungen	Software	Information Technology
Silicon Sensor International AG	Halbleiterprodukte	Technologie	Information Technology
SINGULUS TECHNOLOGIES AG	High-Tech Industrieanlagen	Industrie	Industrials
SinnerSchrader AG	IT-Dienstleistungen	Software	Information Technology
SIXT AG	Transport-Dienstleistungen	Transport & Logistik	Industrials
Softing AG	High-Tech Industrieanlagen	Industrie	Industrials
SoftM Software und Beratung AG	Software	Software	Information Technology
Software AG	Software	Software	Information Technology
SolarWorld AG	Erneuerbare Energien	Industrie	Industrials
Splendid Medien AG	Film & Unterhaltung	Medien	Consumer Services
STADA Arzneimittel AG	Pharmazeutika	Pharma & Gesundheit	Pharma & Healthcare
STRATEC Biomedical Systems AG	Medizintechnik	Pharma & Gesundheit	Pharma & Healthcare
Südzucker AG	Nahrungsmittel, Tabak	Nahrungsmittel	Consumer Goods
Sunways AG	Erneuerbare Energien	Industrie	Industrials
SURTECO AG	Forst- und Papierprodukte	Energie & Rohstoffe	Basic Materials
SÜSS MicroTec AG	Halbleiterprodukte	Technologie	Information Technology
Synaxon AG	Spezialisierter Einzelhandel	Handel	Consumer Services
syskoplan AG	IT-Dienstleistungen	Software	Information Technology
Syzygy AG	IT-Dienstleistungen	Software	Information Technology
TA Triumph-Adler AG	Industrieprodukte & Dienstleistungen	Industrie	Industrials
TAKKT AG	Versandhandel	Handel	Consumer Services
TDS Informationstechnologie AG	IT-Dienstleistungen	Software	Information Technology

Unternehmen	**Industriegruppe (gem. Deutsche Börse)**	**Sektor (gem. Deutsche Börse)**	**Super-Sektor (gem. Deutsche Börse)**
Techem AG	Industrieprodukte & Dienstleistungen	Industrie	Industrials
technotrans AG	High-Tech Industrieanlagen	Industrie	Industrials
TAG Tegernsee Immobilien- und Beteiligungs-AG	Immobilien	Finanzdienstleistungen	Finance, Insurance, Real Estate
telegate AG	Telekommunikations-Dienstleistungen	Telekommunikation	Telecommunication
TELES AG Informationstechnologien	Internet	Software	Information Technology
Themis Equity Partners GmbH & Co. KGaA	Allgemeine Finanzdienstleister	Finanzdienstleistungen	Finance, Insurance, Real Estate
ThyssenKrupp AG	Allgemeine Industrieunternehmen	Industrie	Industrials
TIPTEL AG	Kommunikationstechnologie	Technologie	Information Technology
TOMORROW FOCUS AG	Internet	Software	Information Technology
Travel24.com AG	Internethandel	Handel	Consumer Services
TRIA IT-solutions AG	IT-Dienstleistungen	Software	Information Technology
TUI AG	Transport-Dienstleistungen	Transport & Logistik	Industrials
TV-Loonland AG	Film & Unterhaltung	Medien	Consumer Services
UMS United Medical Systems International AG	Medizintechnik	Pharma & Gesundheit	Pharma & Healthcare
United Internet AG	Internet	Software	Information Technology
UNITEDLABELS AG	Spezialisierter Einzelhandel	Handel	Consumer Services
USU Software AG	Software	Software	Information Technology
Utimaco Safeware AG	Software	Software	Information Technology
Villeroy & Boch AG	Haushaltsgeräte und -waren	Konsumgüter	Consumer Goods
Vivacon AG	Immobilien	Finanzdienstleistungen	Finance, Insurance, Real Estate
Volkswagen AG	Automobilhersteller	Automobilbranche	Consumer Goods

Unternehmen	**Industriegruppe (gem. Deutsche Börse)**	**Sektor (gem. Deutsche Börse)**	**Super-Sektor (gem. Deutsche Börse)**
Vossloh AG	Industrieprodukte & Dienstleistungen	Industrie	Industrials
W.O.M. WORLD OF MEDICINE AG	Medizintechnik	Pharma & Gesundheit	Pharma & Healthcare
Wapme Systems AG	Internet	Software	Information Technology
WaveLight AG	Medizintechnik	Pharma & Gesundheit	Pharma & Healthcare
Wincor Nixdorf AG	Industrieprodukte & Dienstleistungen	Industrie	Industrials
Wire Card AG	Telekommunikations-Dienstleistungen	Telekommunikation	Tele-communication
Zapf Creation AG	Freizeitgüter & Dienstleistungen	Konsumgüter	Consumer Goods

Anhang 2: Brancheneinteilung der Deutschen Börse[1284]

Super-Sektor	Sektor/ Branche	Subsektor/ Industriegruppe	Beschreibung	Anzahl
Consumer Goods	Automobilbranche	Automobilhersteller	Unternehmen, die hauptsächlich Personenfahrzeuge, Kleinlastwagen und Motorräder herstellen	6
Consumer Goods	Automobilbranche	Autoteile und -zubehör	Hersteller von Teilen und Zubehör für Automobile und Motorräder, inkl. Reifen und Batterien	2
Finance, Insurance, Real Estate	Banken	Hypothekenbanken	Spezialbanken, die ausschließlich oder vorwiegend langfristige Kredite gegen Grundpfandrechte oder Kommunaldarlehen gewähren	4
Finance, Insurance, Real Estate	Banken	Kreditbanken	Kredit- und Universalbanken, die nicht aufgrund ihres Schwerpunkts unter Hypothekenbanken oder Finanzdienstleistern eingeordnet sind	2
Industrials	Bauindustrie	Bau- und Ingenieurswesen	Unternehmen, die in der Entwicklung und dem Bau von Gebäuden und Infrastruktur (Straßenbau) tätig sind (außer Fertighäuser)	2
Industrials	Bauindustrie	Baumaterialien	Hersteller von Grundbaukomponenten für die Bauindustrie wie Zement, Bodenbeläge, Türen, Fenster u. ä.	2
Basic Materials	Chemie	Chemieprodukte, Zwischenerzeugnisse	Unternehmen, die vorwiegend einfache, normierte chemische Produkte herstellen	1
Basic Materials	Chemie	Industriegase	Hersteller von Industriegasen	5
Basic Materials	Chemie	Spezial-Chemieprodukte	Unternehmen, die vorwiegend nicht normierte, chemische Spezialprodukte herstellen	1

[1284] Vgl. DEUTSCHE BÖRSE (o.J.); DEUTSCHE BÖRSE (2009), S. 43-45.

Super-Sektor	**Sektor/ Branche**	**Subsektor/ Industriegruppe**	**Beschreibung**	**Anzahl**
Basic Materials	Energie & Rohstoffe	Bergbau	Unternehmen, die Rohstoffe (Eisenerz, Mineralstoffe, Aluminium, Kohle, Diamanten etc.) aus der Erde abbauen	1
Basic Materials	Energie & Rohstoffe	Forst- und Papierprodukte	Hersteller von Holz und Holzprodukten in Rohform, sowie Produzenten von Papier	1
Basic Materials	Energie & Rohstoffe	Öl & Erdgas	Unternehmen, die Öl und Gas fördern und nicht der Industriegruppe "Öl- und Gasversorgung" angehören	0
Basic Materials	Energie & Rohstoffe	Stahl & Metalle	Unternehmen, die Stahl und Stahlzwischenprodukte herstellen, sowie Erzeuger von Eisen-, Nicht-Eisen- und Edelmetallen	2
Finance, Insurance, Real Estate	Finanzdienstleistungen	Allgemeine Finanzdienstleister	Finanzdienstleister, die keine Universalbank sind, aber eine Palette von Finanzdienstleistungen vertreiben	6
Finance, Insurance, Real Estate	Finanzdienstleistungen	Immobilien	Gesellschaften, die direkt oder indirekt in Immobilien investieren	5
Finance, Insurance, Real Estate	Finanzdienstleistungen	Wertpapierhandel	Unternehmen, die im Wertpapiergeschäft tätig sind wie Broker, Online-Banken, Börsen u. a.	5
Consumer Services	Handel	Internethandel	Unternehmen des Einzelhandels, die ihre Güter oder Services vorwiegend über das Internet vertreiben	3
Consumer Services	Handel	Kaufhäuser	Unternehmen des Einzelhandels mit einem breitgefächerten Produktangebot (Kaufhäuser)	7
Consumer Services	Handel	Lebensmittel- und Drogeriemärkte, Apotheken	Besitzer und Betreiber von Lebensmittelgeschäften, Apotheken und Drogerien (Groß- und Einzelhandel).	2
Consumer Services	Handel	Spezialisierte Einzelhandel	Unternehmen des Einzelhandels mit einem sehr speziellen Produktangebot (z. B. Mode und Elektronik)	2

Super-Sektor	Sektor/ Branche	Subsektor/ Industriegruppe	Beschreibung	Anzahl
Consumer Services	Handel	Versandhandel	Unternehmen des Einzelhandels, die ihre Güter vorwiegend über Versand anbieten, und nicht zur Branche „Internethandel“ gehören	2
Industrials	Industrie	Allgemeine Industrieunternehmen	Unternehmen, die in mehreren verschiedenen industriellen Bereichen tätig sind. Hierzu gehören auch Beteiligungsunternehmen, die in unterschiedlichen Branchen investieren	14
Industrials	Industrie	Container & Verpackungen	Unternehmen, die sich auf Verpackungen aller Art spezialisiert haben	0
Industrials	Industrie	Erneuerbare Energien	Unternehmen, die im Bereich der Entwicklung von Anlagen für alternative und/oder erneuerbare Energien (Solartechnik, Windkraftanlagen etc.) tätig sind	12
Industrials	Industrie	Großmaschinenbau	Hersteller von Großmaschinen, die nicht nur für den Einsatz an einem festen Ort bestimmt sind. Hierzu gehören Lastkraftwagen, Schiffe, landwirtschaftliche Maschinen u. ä.	5
Industrials	Industrie	High-Tech Industrieanlagen	Unternehmen, die hoch entwickelte Technologien zur Erstellung industrieller High-Tech-Produkte einsetzen oder im Anlagenbau für solche Produkte tätig sind. Beispiele hierfür sind Hersteller von Lasern, Robotern, optischen Speichermedien	9
Industrials	Industrie	Industriemaschinenbau	Hersteller von Industriemaschinen und -komponenten. Hierzu gehören u. a. Hersteller von Werkzeugmaschinen, Kompressoren, Druckmaschinen u. ä.	1

Super-Sektor	**Sektor/ Branche**	**Subsektor/ Industriegruppe**	**Beschreibung**	**Anzahl**
Industrials	Industrie	Industrieprodukte & Dienstleistungen	Hersteller von sonstigen Produkten und Dienstleistungen zum Einsatz in der Industrie (z. B. Marktforschung, Personaldienstleistungen, industrieller Großhandel oder Entsorgung)	16
Consumer Goods	Konsumgüter	Eigenheimbau & Möbel	Hersteller von Fertighäusern, Heimwerkerbedarf und Einrichtungsgegenständen wie Möbel und Lampen	2
Consumer Goods	Konsumgüter	Freizeitgüter & Dienstleistungen	Hersteller von Freizeitartikeln (Sportausstattung, Spielzeug, Fahrräder) sowie Restaurant-, Hotel- und Casinobetreiber	3
Consumer Goods	Konsumgüter	Haushaltsgeräte und -waren	Hersteller von Haushalts- und Gartenartikeln (Besteck, Geschirr, Reinigungsmittel) und Haushaltsgeräten (Küchenmaschinen)	6
Consumer Goods	Konsumgüter	Kleidung & Schuhe	Unternehmen, die hauptsächlich Textilien und Schuhe herstellen oder Pflegedienstleistungen für diese Produkte anbieten	1
Consumer Goods	Konsumgüter	Kosmetika	Hersteller von Kosmetik- und Körperpflegeprodukten	1
Consumer Goods	Konsumgüter	Unterhaltungselektronik	Unternehmen, die hauptsächlich Unterhaltungselektronik (TV, Videorecorder und Camcorder, HIFI etc.) herstellen. Ausgeschlossen sind Firmen, die vorwiegend Computer- und Telekommunikationsprodukte erzeugen	2

Super-Sektor	Sektor/ Branche	Subsektor/ Industriegruppe	Beschreibung	Anzahl
Consumer Services	Medien	Film & Unterhaltung	Unternehmen, die in der Herstellung von oder dem Handel mit Unterhaltungsprodukten und -diensten tätig sind, einschließlich Unternehmen, die Spielfilme und Fernsehshows produzieren, vertreiben und ausstrahlen, Musik-Produzenten und -vertreiber, Theater und Sportmannschaften	1
Consumer Services	Medien	Rundfunk & Fernsehen	Anbieter von Kabel- und Satellitenübertragungsdiensten, sowie von Radio- und Fernsehprogrammen	1
Consumer Services	Medien	Verlags- und Druckereiwesen	Herausgeber von Zeitungen, Zeitschriften und Büchern, und Anbieter von Informationen in gedruckter oder elektronischer Form, sowie Dienstleister in diesem Gebiet (einschließlich Bildungseinrichtungen)	3
Consumer Services	Medien	Werbung	Unternehmen, die Werbe-, Marketing- und/oder PR-Dienste anbieten	10
Consumer Goods	Nahrungsmittel	Getränke	Unternehmen, die Getränke aller Art herstellen	11
Consumer Goods	Nahrungsmittel	Nahrungsmittel, Tabak	Hersteller von Nahrungsmitteln und Tabakwaren jeder Art	5
Pharma & Healthcare	Pharma & Gesundheit	Biotechnologie	Unternehmen, die hauptsächlich in der Entwicklung, Herstellung, Vermarktung oder Lizenzierung von Produkten tätig sind, die auf biotechnologischer Forschung beruhen	6

Super-Sektor	Sektor/ Branche	Subsektor/ Industriegruppe	Beschreibung	Anzahl
Pharma & Healthcare	Pharma & Gesundheit	Gesundheitswesen	Besitzer und Betreiber von Einrichtungen des Gesundheitswesens wie Krankenhäusern und Pflegeheimen, sowie Dienstleister im Bereich Gesundheit (z. B. Dialyse) und Anbieter von medizinischen Hilfsprodukten (z. B. Spritzen und Tupfer)	1
Pharma & Healthcare	Pharma & Gesundheit	Medizintechnik	Hersteller von technologischen Produkten und Apparaten für den Gesundheitsbereich, wie Herzschrittmacher, Dialysegeräte, UV-Therapie-Systeme	5
Pharma & Healthcare	Pharma & Gesundheit	Pharmazeutika	Unternehmen, die in der Erforschung, Entwicklung oder Herstellung von Pharmazeutika tätig sind. Hierzu gehören auch veterinärmedizinische Präparate	0
Information Technology	Software	Internet	Unternehmen, die Internet-Infrastruktur (Internet-Zugang, -Portale, -Software etc.) bereitstellen und entwickeln	6
Information Technology	Software	IT-Dienstleistungen	Unternehmen, die in den Bereichen IT-Beratung, IT-Betrieb, Systemintegration u. ä. tätig sind	23
Information Technology	Software	Software	Unternehmen, die hauptsächlich Standard- oder Spezialsoftware entwickeln	17
Information Technology	Technologie	Elektronische Komponenten & Hardware	Unternehmen, die elektronische Bauelemente (Leiterplatten, integrierte Schaltkreise, Smart Cards) oder Computerhardware (PCs, Monitore etc.) produzieren	4
Information Technology	Technologie	Halbleiterprodukte	Hersteller und Entwickler von Halbleitern und ähnlichen Produkten	7

Super-Sektor	**Sektor/ Branche**	**Subsektor/ Industriegruppe**	**Beschreibung**	**Anzahl**
Information Technology	Technologie	Kommunikations-technologie	Unternehmen, die im Bereich der Telekommunikation Technologien und/oder Produkte entwickeln (z. B. Endgeräte und Netzwerkkomponenten)	7
Tele- com-muni- cation	Telekommunikation	Festnetz-Telekommunikation	Unternehmen, die vorwiegend im Festnetzbereich Orts- und Ferngespräche anbieten	3
Tele- com-muni- cation	Telekommunikation	Mobilfunk-Telekommunikation	Unternehmen, die vorwiegend drahtlose und mobile Telekommunikationsdienste anbieten	1
Tele- com-muni- cation	Telekommunikation	Tele-kommunikations-dienstleistungen	Unternehmen, die Neben- und Spezialdienstleistungen im Telekommunikationsbereich anbieten	2
Industrials	Transport & Logistik	Fluggesellschaften	Unternehmen, die vorwiegend im Passagierflugverkehr tätig sind	1
Industrials	Transport & Logistik	Logistik	Unternehmen, die im industriellen Transport via Land, Luft und Wasser tätig sind	3
Industrials	Transport & Logistik	Transport-Dienstleistungen	Unternehmen, die Infrastruktur- und Spezialdienstleistungen im Transportbereich anbieten. Hierzu gehören Flughafen-, Strassen- und Schienennetzbetreiber, Tourismus-Unternehmen u. a.	3
Finance, Insurance, Real Estate	Versicherungen	Rückversicherungen	Unternehmen, die hauptsachlich Rückversicherungen abschließen	2
Finance, Insurance, Real Estate	Versicherungen	Versicherungen	Unternehmen, die hauptsächlich Lebens-, Unfall-, Kranken-, Hausratversicherungen etc. abschließ en	2

Super-Sektor	**Sektor/ Branche**	**Subsektor/ Industriegruppe**	**Beschreibung**	**Anzahl**
Utilities	Versorger	Allgemeine Energie-versorgung	Unternehmen, die in verschiedenen Branchen der Energieversorgung tätig sind	0
Utilities	Versorger	Elektrizitätsversorgung	Unternehmen, die Strom erzeugen und/oder vertreiben. Hierzu gehören auch Betreiber von Kernkraftwerken	2
Utilities	Versorger	Öl- und Gasversorgung	Unternehmen, die vorwiegend Energie in Form von Öl und Gas vertreiben	0
Utilities	Versorger	Wasserversorgung	Unternehmen, die Wasser an den Endverbraucher vertreiben. Hierzu gehören auch Klärwerksbetreiber	0

Anhang 3: Codebuch

Leit-frage	**Variable**	**Ausprägungen**	**Definition**	**Ankerbeispiele**	**Kodierregeln**
1.	Art des Vermögenswertes	Marketingbezogene immaterielle Vermögenswerte			
		Marken	Wörter, Namen, Symbole etc., die dem Zweck dienen die Produkte oder auch die Dienstleistungen eines Unternehmens von dem anderer Anbieter zu unterscheiden.[1285]	Warenzeichen; Markenrechte; Markennamen; Trademarks; Marken- und sonstige Rechte.	
		Internet-Domains	Einzigartiger alphanumerischer Name zur Identifikation einer bestimmten Internetadresse.[1286]	Domain; Online-Shop; Website.	
		Trade dress	Aufmachung/Design von Produkten.[1287]		
		Zeitschriftentitel, Zeitungstitel	Geschäftliche Bezeichnung einer Zeitung oder Zeitschrift.[1288]		
		Vermarktungsrecht	Recht, (bevorzugt) Güter eines bestimmten Herstellers zu vertreiben.	Vermarktungsrechte; Vertriebs- und ähnliche Rechte; Preferred Partnership Agreemement; Merchandisingrechte.	
		Wettbewerbsverbot	Verpflichtung, nicht mit den Gütern eines Unternehmens zu konkurrieren.	Wettbewerbsverbot.	

1285 Vgl. IFRS 3.IE19.
1286 Vgl. IFRS 3.IE22.
1287 Vgl. VON BASSEWITZ (2004), S. 390.
1288 Vgl. FEZER (2001), § 3, Rn 251. Zeitungs- bzw. Zeitschriftentitel werden nicht unter den Marken subsumiert. Vgl. FEZER (2001), § 3, Rn 251.

Leitfrage	Variable	Ausprägungen	Definition	Ankerbeispiele	Kodierregeln
		Sonstige marketingbezogene Werte	Alle weiteren marketingbezogenen immateriellen Vermögenswerte, die in keine andere Ausprägungsgruppe fallen.		
		Kundenbezogene immaterielle Vermögenswerte			
		Kundenliste	Informationen über die Kunden, wie z.B. deren Namen, Adressen oder Kundenhistorie.	Kundenliste; Adressenliste.	
		Auftragsbestand	Noch nicht erfüllte Bestellungen durch Kunden.	Auftragsbestand.	
		Kundenvertrag und vertragliche Kundenbeziehung	Verträge oder vertragliche Verbindungen, die zwischen einem Unternehmen und den vorhandenen bzw. zukünftigen Käufern bestehen.[1289]	Kundenserviceverträge.	
		Nicht vertragliche Kundenbeziehung	Nicht vertragliche Verbindungen, die zwischen einem Unternehmen und den vorhandenen bzw. zukünftigen Käufern bestehen.[1290]	Kundenbeziehungen; Kundenstamm.	
		Sonstige kundenbezogene Werte	Alle weiteren kundenbezogenen immateriellen Vermögenswerte, die in keine andere Ausprägungsgruppe fallen.	Kundenbezogene Werte.	
		Kunstbezogene immaterielle Vermögenswerte			
		Bühnenaufführungen	Darbietung von Musik, Tanz oder Schauspiel auf einer Bühne.	Theaterstücke; Ballettinszenierungen; Opern.	
		Literaturrechte	Rechte an fiktiven und nicht fik-	Bücher; Zeitschriften;	

[1289] Vgl. KAJÜTER (2003), S. 566.
[1290] Vgl. KAJÜTER (2003), S. 566.

Leitfrage	Variable	Ausprägungen	Definition	Ankerbeispiele	Kodierregeln
			tiven Publikationen.	Zeitungen.	
		Musikrechte	Rechte an Liedtexten, Kompositionen oder Werbemelodien.		
		Bilder und Fotos	Bilder und Fotos		
		(audio-)visuelles Material	Filme, Musikvideos oder Fernsehprogramme.	Filmrechte; Programmvermögen.	
		Sonstige kunstbezogene Werte	Alle weiteren kunstbezogenen immateriellen Vermögenswerte, die in keine andere Ausprägungsgruppe fallen.	Anzahlungen auf Filmrechte.	
		Vertragsbezogene immaterielle Vermögenswerte			
		Lizenzen	Mit privatrechtlichen Lizenzverträgen können Konzessionen, gewerbliche Schutzrechte und ähnliche Rechte und Werte an einen Dritten übertragen werden.[1291]	Lizenzen und ähnliche Rechte; Produktionsrechte; Produktrechte.	
		Emissionsrecht	Betreiber bestimmter Anlagen erhalten eine behördliche Genehmigung zum Schadstoffausstoß. Die Emissionsrechte sind handelbar.[1292]	Emissionsrechte; CO_2-Rechte; Treibhausgas-Emissionsrechte.	
		Leasingverträge	Vorteilhafte Miet- und Leasingrechte bzw. -verträge.		
		Baugenehmigungen	Erlaubnis zur Errichtung eines Bauwerks.		

[1291] Vgl. KESSLER/SUCHAN (2004), Rn. 18.
[1292] Vgl. HOFFMANN/LÜDENBACH (2006), S. 57.

Leit-frage	Variable	Ausprägungen	Definition	Ankerbeispiele	Kodierregeln
		Franchisevereinbarungen	Kooperation von zwei Unternehmen, von denen eines dem anderen entgeltlich Know-how bereitstellt, um bestimmte markierte Güter zu vertreiben.[1293]		
		Betriebs- und Sendeerlaubnisse	Funklizenzen	UMTS- u.ä. Lizenzen.	
		Nutzungsrechte	Recht, eine Sache oder Ressource zu nutzen.	Bohrrechte; Wassernutzungsrechte; Luftrechte; Förderrechte.	
		Schuldenbedienungsrechte	Von einem finanziellen Vermögenswert separiertes Schuldenbedienungsrecht.		
		Vorteilhafte Anstellungsverträge	Arbeitsvertrag, bei dem aus Sicht des Unternehmens die finanzielle Belastung geringer ist als bei marktüblicher Vergütung.		
		Sonstige Verträge	Alle privatrechtlichen und vorteilhaften Verträge, die in keiner anderen Kategorie erfasst sind.	Werbe-, Konstruktions-, Management-, Service-, Lieferverträge; Belieferungsrechte; Wartungsverträge.	
		Technologiebezogene immaterielle Vermögenswerte			
		Patente	Erfindungen, die territorial, sachlich und zeitlich begrenzt geschützt sind.	Patente.	
		Computer-Software	Mittels EDV verarbeitete Pro-	Software (und ähnliche	

[1293] Vgl. JUNG (2006), S. 64.

Leit-frage	Variable	Ausprägungen	Definition	Ankerbeispiele	Kodierregeln
			gramme für Computer.	Rechte und Werte).	
		Software-Entwicklungskosten	Aufwand für die Entwicklung fertiger und unfertiger Software.	Software-Entwicklungskosten; selbst erstellte Software.	
		Unpatentierte Technologie, Geschäftsgeheimnisse	Rechtlich nicht geschützte Technologie sowie Informationen, denen ein eigenständiger wirtschaftlicher Nutzen zukommt und für die es vernünftig erscheint, geheim gehalten zu werden.[1294]	Technologie; erworbene Technologie; Technologie Know-how; Know-how; Formeln; Rezepte; Prozesse; Studien; Paneluntersuchungen.	
		Datenbanken	Systematische Speicherung von Daten.[1295]		
		Sonstige technologiebezogene immateriellen Werte	Alle weiteren technologiebezogenen immateriellen Vermögenswerte, die in keine andere Ausprägungsgruppe fallen.	Anzahlungen auf Software.	
		Weitere immaterielle Vermögenswerte			
		Forschungs- und Entwicklungskosten	Aktivierte Ausgaben für Forschung oder Entwicklungsprojekte: Entwicklung ist die Anwendung von Forschungsergebnissen oder von anderem Wissen auf einen Plan oder Entwurf für die Produktion von neuen oder beträchtlich verbesserten Materialien, Vorrichtungen, Produkten, Ver-	Entwicklungskosten; Development Costs; Panelaufbaukosten; aktivierte Eigenleistungen; selbst erstellte immaterielle Vermögenswerte.	

1294 Vgl. IFRS 3.IE43.

1295 Vgl. o.V. (2008), S. 179.

Leitfrage	Variable	Ausprägungen	Definition	Ankerbeispiele	Kodierregeln
			fahren, Systemen oder Dienstleistungen. Die Entwicklung findet dabei vor Beginn der kommerziellen Produktion oder Nutzung statt (IAS 38.8). Forschung ist die eigenständige und planmäßige Suche mit der Aussicht, zu neuen wissenschaftlichen oder technischen Erkenntnissen zu gelangen (IAS 38.8).		
		Gewerbliche Schutzrechte	Gewerbliche Schutzrechte bieten einen Rechtsschutz für gewerblich verwertbare geistige Leistungen. Darunter fallen z.B. Patente, Gebrauchsmuster[1296], Geschmacksmuster[1297], Markenrechte und Sortenschutzrechte[1298].[1299]		Die Kategorien „gewerbliche Schutzrechte“ „Konzessionen“ werden bei einer am HGB orientierten Berichterstattung gewählt. Sie sind nur zu verwenden, falls keine genauere Einordnung in eine der anderen Katego-
		Konzessionen	„Befristete behördliche Genehmigungen zur Ausübung eines bestimmten Gewerbes bzw. Handels oder zur Nutzung einer öffentlichen Sache“.[1300]	Taxi-Konzession.	

1296 Im Vergleich zu Patenten beziehen sich Gebrauchsmuster nur auf Gegenstände und nicht auf Verfahren. Weitere Unterschiede bestehen bezüglich der Schutzvoraussetzungen, Entstehung und Schutzdauer. Vgl. VON KEITZ (1997), S. 65.

1297 Geschmacksmuster schützen eine ästhetische Leistung wie z.B. ein Tapetenmuster. Vgl. FUCHS (2007), Rn. 128.

1298 Sortenschutzrechte schützen gewerbliche Pflanzenzüchtungen. Vgl. dazu FUCHS (2007), Rn. 131.

1299 Vgl. hier und folgend REINEN/HAUßER (2008), Rn. 22.

Leitfrage	Variable	Ausprägungen	Definition	Ankerbeispiele	Kodierregeln
					rien möglich ist.
		Goodwill	Differenz von Ertragswert bzw. Kaufpreis eines Unternehmens und Nettosubstanzwert.	Firmenwert; Geschäfts- oder Firmenwert; Goodwill.	
		Sonstiges	Alle alle weiteren immateriellen Vermögenswerte, die nicht auf einer höheren Ebene (kunden-, marketing-, kunst-, technologie-, vertragsbezogene Werte) zugeordnet werden können.	Anzahlungen; Sonstiges; Sonstige Rechte.	
2.	Nutzungsdauer	Bestimmt	Eine bestimmte Nutzungsdauer liegt vor, wenn für einen Vermögenswert oder eine Gruppe von Vermögenswerten eine Nutzungsdauer in Jahren angegeben ist.	Die Nutzungsdauer beträgt zwischen … und … Jahren; der Vermögenswert wird über die Nutzungsdauer von … Jahren abgeschrieben.	
		Unbestimmt	Eine unbestimmte Nutzungsdauer liegt vor, wenn ein Unternehmen berichtet, für einen Vermögenswert oder eine Gruppe von Vermögenswerten keine Nutzungsdauer ermitteln zu können und diese daher als unbestimmt angenommen wird.	Die Nutzungsdauer ist unbestimmt/unbegrenzt/ kann nicht bestimmt werden.	
		Gemischt	Für eine Gruppe von Vermögenswerten wird berichtet, dass diese Vermögenswerte mit be-		

1300 REINEN/HAUßER (2008), Rn. 22; vgl. ähnlich ADLER/DÜRING/SCHMALTZ (1997), § 266, Rn 28.

Leitfrage	Variable	Ausprägungen	Definition	Ankerbeispiele	Kodierregeln
			stimmter und unbestimmter Nutzungsdauer enthält.		
		Nicht genannt	Ein Unternehmen macht keine Angaben zur Nutzungsdauer.		
3.	Restbuchwert	Betrag in Euro	Restbuchwert des immateriellen Vermögenswertes am Geschäftsjahresende.		
4.	Höhe der außerplanmäßigen Abschreibung	Betrag in Euro	Höhe der in einer Periode vorgenommenen außerplanmäßigen Abschreibung.	Höhe der Wertminderung/außerplan-mäßigen Abschreibung/des Impairments/der Abschreibung nach IAS 36.	
5.	Art der Begründung	Überraschender Marktpreisverfall	Der Marktpreis eines Vermögenswertes hat sich in der Periode erheblich stärker vermindert, als durch den zeitlichen Verlauf oder die übliche Nutzung erklärbar ist.	Es fanden Transaktionen vergleichbarer Vermögenswerte zu geringen Marktpreisen statt.	
		Negative technische Entwicklungen	Technische Entwicklungen sind in der Unternehmensumgebung oder auf dem Markt, auf den der Vermögenswert gerichtet ist, eingetreten oder stehen zeitnah bevor.		
		Negative marktbezogene Entwicklungen	Marktbezogene Entwicklungen sind in der Unternehmensumgebung oder auf dem Markt, auf den der Vermögenswert gerichtet	Preiskampf; geringere Nachfrage; zunehmender Wettbewerb; verschlechterte Marktbedingungen.	

Leitfrage	Variable	Ausprägungen	Definition	Ankerbeispiele	Kodierregeln
			ist, eingetreten oder stehen zeitnah bevor.		
		Negative ökonomische Entwicklungen	Ökonomische Entwicklungen sind in der Unternehmensumgebung oder auf dem Markt, auf den der Vermögenswert gerichtet ist, eingetreten oder stehen zeitnah bevor.	Politische Veränderungen.	
		Negative gesetzliche Entwicklungen	Gesetzliche Entwicklungen sind in der Unternehmensumgebung oder auf dem Markt, auf den der Vermögenswert gerichtet ist, eingetreten oder stehen zeitnah bevor.	Negative Gesetzesänderung; verzögerte Privatisierungen.	
		Zinssatzveränderung	Der diskontierte Nutzen des Vermögenswertes ist deutlich gesunken in Folge eines gestiegenen Zinssatzes für die Abzinsung.	Der Diskontierungszins wurde von … auf … erhöht.	
		Positive Buchwert-Marktwert-Differenz	Der Marktwert des Eigenkapitals unterschreitet seinen Buchwert.		
		Überalterung/physischer Schaden	Es liegen substanzielle Anzeichen für eine Überalterung oder einen physischen Schaden vor.		
		Nutzungsänderung	In der Berichtsperiode sind wesentliche Änderungen mit nachteiliger Auswirkung auf das Ausmaß oder die Art und Weise der derzeitigen oder beabsichtigten Nutzung des Vermögenswertes eingetreten oder werden für	Stilllegung des Vermögenswertes; geplanter vorzeitiger Abgang des Vermögenswertes; Einstellung des Unternehmensbereiches, dem der Vermögenswert zugeordnet wur-	

Leitfrage	Variable	Ausprägungen	Definition	Ankerbeispiele	Kodierregeln
			die nahe Zukunft erwartet.	de; Restrukturierung des Unternehmensbereiches, dem der Vermögenswert zugeordnet wurde; verweigerte öffentliche Zulassung eines Produktes; Nutzung/Entwicklung eines Vermögenswertes eingestellt, da kein Potenzial mehr erwartet; veränderte Nutzungsdauer.	
		Hinweise des internen Berichtswesens	Es gibt substanzielle Hinweise aus dem internen Berichtswesen, die anzeigen, dass der Ertrag aus dem Vermögenswert geringer ist bzw. sein wird, als erwartet.	Eine Ergebnis(-teil-) größe hat sich in der Vergangenheit verschlechtert; eingetretene Ertragsschwäche; beobachtete, schwache Umsatzentwicklung.	Substanzielle Hinweise aus dem internen Berichtswesen, die anzeigen, dass ein Vermögenswert wertgemindert sein könnte, schließen gem. IAS 36.14 folgende Faktoren ein: (a) Cashflows für den Erwerb des Vermögenswertes, oder nachfolgende Mittelerfordernisse für den Betrieb oder die Unterhaltung des Vermögenswertes, die

Leit-frage	Variable	Ausprägungen	Definition	Ankerbeispiele	Kodierregeln
					signifikant höher sind als ursprünglich geplant; (b) tatsächliche Netto-Cashflows oder betriebliche Gewinne oder Verluste, die aus der Nutzung des Vermögenswertes resultieren, die signifikant schlechter als ursprünglich geplant sind; (c) ein wesentlicher Rückgang der geplanten Netto-Cashflows oder des betrieblichen Ergebnisses oder eine signifikante Erhöhung der geplanten Verluste, die aus der Nutzung des Vermögenswertes resultieren; oder (d) betriebliche Verluste oder Nettomittelabflüsse in Bezug auf den

Leit-frage	Variable	Ausprägungen	Definition	Ankerbeispiele	Kodierregeln
					Vermögenswert, wenn die gegenwärtigen Beträge für die Berichtsperiode mit den veranschlagten Beträgen für die Zukunft zusammengefasst werden.
		Sonstiges	Alle anderen Gründe für eine Wertminderung.	Verzögerung bei Vertragsabwicklung; gesunkener erwarteter Nutzungswert; Verlagerung von Cashflows; nicht weiter begründete Schätzungsänderung.	
		Keine Angabe	Kein Wertminderungsgrund genannt		
6.	Zeitbezug des Indikators	Entwicklung/Ereignis mit negativer Wirkung auf Vermögenswert hat begonnen/statt-gefunden	Eine Entwicklung bzw. ein Ereignis mit negativen Konsequenzen für den Wert des Vermögenswertes hat vor der Erstellung des Abschlusses begonnen bzw. stattgefunden.	…aufgrund der anhaltenden negativen Entwicklung; die Nachfrage ist zurückgegangen; beschlossene Restrukturierung; Schließung; aufgrund einer eingetretenen Veränderung des Marktes/der Marktbedingungen; die Vorjahreserwartungen wurde nicht erfüllt;	

Leitfrage	Variable	Ausprägungen	Definition	Ankerbeispiele	Kodierregeln
				wegen fehlender Marktakzeptanz wurde; infolge des weiterhin hohen Preisdrucks; eine Entscheidung wurde getroffen; aufgrund der Kündigung eines Kunden.	
		Antizipation zukünftig erwarteter Entwicklungen/Ereignisse	Eine Entwicklung bzw. ein Ereignis mit negativen Konsequenzen für den Wert des Vermögenswertes hat vor der Erstellung des Abschlusses nicht begonnen bzw. nicht stattgefunden.	Die zukünftigen (Umsatz-) Erwarten für das Jahr 2010; reduzierte Erwartungen; veränderte Erwartungen; Restlaufzeit kürzer als erwartet; aufgrund geänderter Geschäftsplanungen.	Im Gegensatz zu „Entwicklung/ Ereignis mit negativer Wirkung auf Vermögenswert begonnen/ stattgefunden“ fallen hierunter Fälle, bei denen eine negative Entwicklung erst für die Zukunft erwartet wird. Bsp.: Die Verabschiedung eines Gesetzes mit negativen Folgen wird erwartet.
		Unklarer Zeitpunkt/Zeitraum	Es ist nicht ersichtlich, ob ein negatives Ereignis bereits eingetreten ist oder noch erwartet wird bzw. ob eine negative Entwicklung bereits begonnen hat bzw. erst erwartet wird.	Aufgrund der zeitlichen Verlagerung von Cashflows	

Leitfrage	Variable	Ausprägungen	Definition	Ankerbeispiele	Kodierregeln
7.	Nennung des wertgeminderten Vermögenswertes im Zwischenbericht	Ja	Der wertgeminderte Vermögenswert bzw. die Gruppe, zu der er gehört, wird im Zwischenbericht genannt.		
		Nein	Der wertgeminderte Vermögenswert bzw. die Gruppe, zu der er gehört, wird im Zwischenbericht nicht genannt.		
8.	Wertminderung im Zwischenbericht genannt	ja	Über eine eingetretene Wertminderung wird berichtet.		
		nein	Über eine eingetretene Wertminderung wird nicht berichtet.		
9.	Höhe der Wertminderung im Zwischenbericht	Betrag in Euro	Höhe der berichteten Wertminderung im Zwischenbericht.		
10.	Berichterstattungsurteil im Zwischenbe-	eher positiv	Über den Vermögenswert wird in der Weise berichtet, dass seine Werthaltigkeit betont wird oder vermutet werden kann.	Erfreuliche Entwicklung; Geschäftsausweitung; positive Entwicklung setzt sich fort; stabiler Geschäftsverlauf.	Es finden sich nur positive Darstellungen oder die positiven überwiegen die negativen Darstellungen.

Leitfrage	Variable	Ausprägungen	Definition	Ankerbeispiele	Kodierregeln
	richt	neutral/ambivalent	Über den Vermögenswert wird berichtet, allerdings werden weder seine Werthaltigkeit besonders betont noch Anzeichen für eine eingetretene oder bevorstehende Wertminderung genannt.		Hierunter fallen auch Fälle, bei denen (nur) berichtet wird, dass keine außerplanmäßigen Abschreibungen angefallen sind.
		eher negativ	Über den Vermögenswert wird in der Weise berichtet, dass Anzeichen für eine eingetretene oder bevorstehende Wertminderung genannt werden.	Wertminderungstest wurde unterjährig angestoßen; negativer Ergebnisbeitrag; schlechte Zukunftsaussichten; Preisdruck; geplante Veräußerung; Vorjahresniveau nicht erreicht; erwartete Belastungen.	Es finden sich nur negative Darstellungen oder die negativen übertreffen die positiven Darstellungen. Wird über eine verbuchte Wertminderung des Vermögenswertes berichtet, gilt dies immer als eine negative Berichterstattung, auch wenn im Text eher positiv berichtet wird.

Anhang 4: Anzahl, Mittelwert und Median der offengelegten Buchwerte immaterieller Vermögenswerte im Geschäftsbericht 2006 je Super-Sektor

			Basic Materials (11)	Consumer Goods (24)	Consumer Services (31)	Finance, Insurance, Real Estate (26)	Industrials (68)	Information Technology (64)	Pharma & Healthcare (27)	Tele-communication (6)	Utilities (2)	Gesamtergebnis (159)
Kunde	Kundenlisten	Anzahl offengelegter Buchwerte			1			1				2
		Anteil am immateriellen Vermögen (Mittelwert)			3 %			9 %				6 %
		Anteil am immateriellen Vermögen (Median)			3 %			9 %				6%
	Auftragsbestände	Anzahl offengelegter Buchwerte			1		1	2	1			5
		Anteil am immateriellen Vermögen (Mittelwert)			0 %		0 %	0 %	1 %			0 %
		Anteil am immateriellen Vermögen (Median)			0 %		0 %	0 %	1 %			0 %
	Kundenverträge und vertragliche Kundenbeziehungen	Anzahl offengelegter Buchwerte						1	1			2
		Anteil am immateriellen Vermögen (Mittelwert)						0 %	78 %			39 %
		Anteil am immateriellen Vermögen (Median)						0 %	78 %			39 %
	Nicht vertragliche Kundenbeziehungen	Anzahl offengelegter Buchwerte	1		3	4	6	9	4	2	1	30
		Anteil am immateriellen Vermögen (Mittelwert)	26 %		2 %	18 %	15 %	21 %	17 %	36 %	12 %	18 %
		Anteil am immateriellen Vermögen (Median)	26 %		0 %	7 %	8 %	8 %	8 %	36 %	12 %	8 %
Summe		**Anzahl offengelegter Buchwerte**	**1**		**5**	**4**	**8**	**10**	**6**	**2**	**1**	**37**
		Anteil am immateriellen Vermögen (Mittelwert)	**26 %**		**2 %**	**18 %**	**13 %**	**20 %**	**24 %**	**36 %**	**12 %**	**17 %**
		Anteil am immateriellen Vermögen (Median)	**26 %**		**0 %**	**7 %**	**7 %**	**8 %**	**8 %**	**36 %**	**12 %**	**7 %**
Kunst	Musikrechte	Anzahl offengelegter Buchwerte			1							1
		Anteil am immateriellen Vermögen (Mittelwert)			50 %							50 %
		Anteil am immateriellen Vermögen (Median)			50 %							50 %
	(audio-)visuelles Material	Anzahl offengelegter Buchwerte			5							5
		Anteil am immateriellen Vermögen (Mittelwert)			84 %							84 %
		Anteil am immateriellen Vermögen (Median)			76 %							76 %
	Sonstige kunstbezogene Werte	Anzahl offengelegter Buchwerte			2							2
		Anteil am immateriellen Vermögen (Mittelwert)			15 %							15 %
		Anteil am immateriellen Vermögen (Median)			15 %							15 %
Summe		**Anzahl offengelegter Buchwerte**			**7**							**7**
		Anteil am immateriellen Vermögen (Mittelwert)			**71 %**							**71 %**
		Anteil am immateriellen Vermögen (Median)			**76 %**							**76 %**
Marketing	Marken	Anzahl offengelegter Buchwerte	2	4	7	3	3	6	2	1		28
		Anteil am immateriellen Vermögen (Mittelwert)	8 %	27 %	15 %	8 %	4 %	7 %	4 %	1 %		11 %
		Anteil am immateriellen Vermögen (Median)	8 %	31 %	3 %	6 %	4 %	5 %	4 %	1 %		5 %
	Internet-Domains	Anzahl offengelegter Buchwerte						3				3
		Anteil am immateriellen Vermögen (Mittelwert)						8 %				8 %
		Anteil am immateriellen Vermögen (Median)						8 %				8 %
	Wettbewerbsverbote	Anzahl offengelegter Buchwerte			1				2			3
		Anteil am immateriellen Vermögen (Mittelwert)			0 %				2 %			1 %
		Anteil am immateriellen Vermögen (Median)			0 %				2 %			1 %
	Vermarktungsrechte	Anzahl offengelegter Buchwerte	2					1	1			4
		Anteil am immateriellen Vermögen (Mittelwert)	10 %					3 %	1 %			6 %
		Anteil am immateriellen Vermögen (Median)	10 %					3 %	1 %			3 %
Summe		**Anzahl offengelegter Buchwerte**	**3**	**4**	**7**	**3**	**3**	**6**	**5**	**1**		**32**
		Anteil am immateriellen Vermögen (Mittelwert)	**12 %**	**27 %**	**15 %**	**8 %**	**4 %**	**10 %**	**2 %**	**1 %**		**11 %**
		Anteil am immateriellen Vermögen (Median)	**16 %**	**31 %**	**3 %**	**6 %**	**4 %**	**9 %**	**3 %**	**1 %**		**5 %**

			Basic Materials (11)	Consumer Goods (24)	Consumer Services (31)	Finance, Insurance, Real Estate (26)	Industrials (68)	Information Technology (64)	Pharma & Healthcare (27)	Tele-communication (6)	Utilities (2)	Gesamtergebnis (159)
Technologie	Patente	Anzahl offengelegter Buchwerte	2					1	2			5
		Anteil am immateriellen Vermögen (Mittelwert)	19 %					4 %	11 %			13 %
		Anteil am immateriellen Vermögen (Median)	19 %					4 %	11 %			5 %
	Computer-Software	Anzahl offengelegter Buchwerte	1	3	13	15	10	26	13	4		85
		Anteil am immateriellen Vermögen (Mittelwert)	1 %	12 %	11 %	36 %	12 %	18 %	13 %	6 %		18 %
		Anteil am immateriellen Vermögen (Median)	1 %	13 %	2 %	13 %	4 %	4 %	4 %	6 %		7 %
	Unpatentierte Technologie, Geschäftsgeheimnisse	Anzahl offengelegter Buchwerte	1			1	6	3	2			13
		Anteil am immateriellen Vermögen (Mittelwert)	0 %			10 %	9 %	16 %	3 %			9 %
		Anteil am immateriellen Vermögen (Median)	0 %			10 %	3 %	8 %	3 %			4 %
	Datenbanken	Anzahl offengelegter Buchwerte						1				1
		Anteil am immateriellen Vermögen (Mittelwert)						6 %				6 %
		Anteil am immateriellen Vermögen (Median)						6 %				6 %
	Software-Entwicklungskosten	Anzahl offengelegter Buchwerte	1	2	2	7	5	15		2		34
		Anteil am immateriellen Vermögen (Mittelwert)	0 %	0 %	50 %	16 %	4 %	20 %		6 %		17 %
		Anteil am immateriellen Vermögen (Median)	0 %	0 %	50 %	13 %	3 %	9 %		6 %		7 %
	Sonstige technologiebezogene Werte	Anzahl offengelegter Buchwerte					1					1
		Anteil am immateriellen Vermögen (Mittelwert)					0 %					0 %
		Anteil am immateriellen Vermögen (Median)					0 %					0 %
Summe		**Anzahl offengelegter Buchwerte**	**4**	**6**	**13**	**17**	**16**	**35**	**16**	**4**		**111**
		Anteil am immateriellen Vermögen (Mittelwert)	**13 %**	**13 %**	**18 %**	**39 %**	**12 %**	**26 %**	**20 %**	**9 %**		**23 %**
		Anteil am immateriellen Vermögen (Median)	**7 %**	**13 %**	**12 %**	**34 %**	**4 %**	**9 %**	**5 %**	**9 %**		**9 %**
Vertrag	Lizenzen	Anzahl offengelegter Buchwerte	1		4		4	3	5	2		19
		Anteil am immateriellen Vermögen (Mittelwert)	5 %		9 %		41 %	3 %	20 %	30 %		19 %
		Anteil am immateriellen Vermögen (Median)	5 %		5 %		24 %	3 %	15 %	30 %		9 %
	Sonstige Verträge	Anzahl offengelegter Buchwerte	1		1	1	2	1				6
		Anteil am immateriellen Vermögen (Mittelwert)	0 %		19 %	3 %	4 %	3 %				5 %
		Anteil am immateriellen Vermögen (Median)	0 %		19 %	3 %	4 %	3 %				3 %
	Leasingverträge	Anzahl offengelegter Buchwerte			3		1		2			6
		Anteil am immateriellen Vermögen (Mittelwert)			10 %		0 %		7 %			8 %
		Anteil am immateriellen Vermögen (Median)			6 %		0 %		7 %			6 %
	Betriebs- und Sendeerlaubnisse	Anzahl offengelegter Buchwerte								1		1
		Anteil am immateriellen Vermögen (Mittelwert)								55 %		55 %
		Anteil am immateriellen Vermögen (Median)								55 %		55 %
	Nutzungsrechte	Anzahl offengelegter Buchwerte	1				2					3
		Anteil am immateriellen Vermögen (Mittelwert)	0 %				50 %					33 %
		Anteil am immateriellen Vermögen (Median)	0 %				50 %					0 %
	Emissionsrechte	Anzahl offengelegter Buchwerte	1									1
		Anteil am immateriellen Vermögen (Mittelwert)	6 %									6 %
		Anteil am immateriellen Vermögen (Median)	6 %									6 %
Summe		**Anzahl offengelegter Buchwerte**	**4**		**6**	**1**	**10**	**4**	**6**	**3**		**34**
		Anteil am immateriellen Vermögen (Mittelwert)	**3 %**		**14 %**	**3 %**	**27 %**	**3 %**	**21 %**	**38 %**		**18 %**
		Anteil am immateriellen Vermögen (Median)	**3 %**		**14 %**	**3 %**	**7 %**	**3 %**	**15 %**	**55 %**		**6 %**
Weitere immaterielle Vermögenswerte	Sonstige Vermögenswerte	Anzahl offengelegter Buchwerte	7	10	18	13	30	17	12	4	2	113
		Anteil am immateriellen Vermögen (Mittelwert)	2 %	15 %	1 %	13 %	3 %	7 %	15 %	6 %	0 %	7 %
		Anteil am immateriellen Vermögen (Median)	2 %	1 %	1 %	11 %	1 %	5 %	1 %	6 %	0 %	2 %
	Goodwill	Anzahl offengelegter Buchwerte	11	18	27	20	62	55	23	6	2	224
		Anteil am immateriellen Vermögen (Mittelwert)	73 %	57 %	66 %	62 %	67 %	69 %	49 %	48 %	75 %	64 %
		Anteil am immateriellen Vermögen (Median)	81 %	71 %	76 %	71 %	77 %	79 %	41 %	51 %	75 %	72 %
	Entwicklungskosten	Anzahl offengelegter Buchwerte	6	7	3	1	31	14	9		1	72
		Anteil am immateriellen Vermögen (Mittelwert)	3 %	41 %	3 %	1 %	34 %	28 %	35 %		1 %	29 %
		Anteil am immateriellen Vermögen (Median)	2 %	9 %	3 %	1 %	23 %	23 %	24 %		1 %	17 %
	Gewerbliche Schutzrechte	Anzahl offengelegter Buchwerte			1		4	1				6
		Anteil am immateriellen Vermögen (Mittelwert)			0 %		42 %	1 %				28 %
		Anteil am immateriellen Vermögen (Median)			0 %		41 %	1 %				16 %
	Konzessionen	Anzahl offengelegter Buchwerte				3	1		2			6
		Anteil am immateriellen Vermögen (Mittelwert)				41 %	10 %		11 %			26 %
		Anteil am immateriellen Vermögen (Median)				21 %	10 %		11 %			15 %

Anhang 5: Absolute Häufigkeit von Wertminderungen und Mittelwert sowie Median der Impairmenthöhe in Prozent des immateriellen Vermögens

		2005				2006				Gesamter Zeitraum			
		Anzahl Wert-minderungen	Anzahl Impairment-höhe offengelegt	Mittelwert Wertminderung (in % des immateriellen Vermögens)	Median Wertminderung (in % des immateriellen Vermögens)	Anzahl Wert-minderungen	Anzahl Impairment-höhe offengelegt	Mittelwert Wertminderung (in % des immateriellen Vermögens)	Median Wertminderung (in % des immateriellen Vermögens)	Anzahl Wert-minderungen	Anzahl Impairment-höhe offengelegt	Mittelwert Wertminderung (in % des immateriellen Vermögens)	Median Wertminderung (in % des immateriellen Vermögens)
Kunde	Kundenlisten	0	0	0 %	0 %	0	0	0 %	0 %	0	0	0 %	0 %
	Auftragsbestände	0	0	0 %	0 %	0	0	0 %	0 %	0	0	0 %	0 %
	Kundenverträge und vertragliche Kundenbezieh	1	1	1 %	1 %	0	0	0 %	0 %	1	1	1 %	1 %
	Nicht vertragliche Kundenbeziehungen	3	2	1 %	1 %	3	2	10 %	10 %	6	4	6 %	1 %
	Sonstige kundenbezogene Werte	1	0	0 %	0 %	0	0	0 %	0 %	1	0	0 %	0 %
SUMME		5	3	1 %	1 %	3	2	10 %	10 %	8	5	5 %	1 %
Kunst	Musikrechte	0	0	0 %	0 %	0	0	0 %	0 %	0	0	0 %	0 %
	(audio-)visuelles Material	5	5	9 %	5 %	5	5	3 %	3 %	10	10	6 %	4 %
	Sonstige kunstbezogene Werte	0	0	0 %	0 %	0	0	0 %	0 %	0	0	0 %	0 %
SUMME		5	5	9 %	5 %	5	5	3 %	3 %	10	10	6 %	4 %
Marketing	Marken	8	7	10 %	2 %	4	4	0 %	0 %	12	11	7 %	0 %
	Internet-Domains	2	1	1 %	1 %	0	0	0 %	0 %	2	1	1 %	1 %
	Wettbewerbsverbote	0	0	0 %	0 %	0	0	0 %	0 %	0	0	0 %	0 %
	Vermarktungsrechte	3	3	3 %	3 %	2	2	1 %	1 %	5	5	2 %	1 %
SUMME		12	10	8 %	3 %	6	6	1 %	0 %	18	16	5 %	1 %
Technologie	Patente	4	1	0 %	0 %	4	2	1 %	1 %	8	3	0 %	0 %
	Computer-Software	17	14	2 %	0 %	11	5	2 %	2 %	28	19	2 %	0 %
	Unpatentierte Technologie, Geschäftsgeheimnis	3	2	3 %	3 %	2	1	0 %	0 %	5	3	2 %	1 %
	Datenbanken	0	0	0 %	0 %	0	0	0 %	0 %	0	0	0 %	0 %
	Software-Entwicklungskosten	4	3	3 %	1 %	5	4	2 %	2 %	9	7	3 %	1 %
	Sonstige technologiebezogene Werte	0	0	0 %	0 %	0	0	0 %	0 %	0	0	0 %	0 %
SUMME		25	19	2 %	1 %	18	12	2 %	1 %	43	31	2 %	1 %
Vertrag	Lizenzen	7	3	5 %	3 %	8	6	15 %	5 %	15	9	12 %	4 %
	Sonstige Verträge	0	0	0 %	0 %	2	1	1 %	1 %	2	1	1 %	1 %
	Leasingverträge	1	1	0 %	0 %	1	1	11 %	11 %	2	2	5 %	5 %
	Franchisevereinbarungen	0	0	0 %	0 %	0	0	0 %	0 %	0	0	0 %	0 %
	Betriebs- und Sendeerlaubnisse	1	1	0 %	0 %	1	1	0 %	0 %	2	2	0 %	0 %
	Nutzungsrechte	0	0	0 %	0 %	0	0	0 %	0 %	0	0	0 %	0 %
	Emissionsrechte	0	0	0 %	0 %	0	0	0 %	0 %	0	0	0 %	0 %
SUMME		9	5	3 %	0 %	11	9	11 %	4 %	20	14	8 %	3 %
Weitere immaterielle Vermögens-werte	Sonstige Vermögenswerte	5	4	1 %	0 %	6	5	3 %	1 %	11	9	2 %	0 %
	Goodwill	60	60	13 %	2 %	52	52	10 %	2 %	112	112	12 %	2 %
	Entwicklungskosten	11	11	1 %	1 %	11	11	7 %	4 %	22	22	4 %	1 %
	Gewerbliche Schutzrechte	5	0	0 %	0 %	6	3	0 %	0 %	11	3	0 %	0 %
	Konzessionen	3	0	0 %	0 %	3	1	0 %	0 %	6	1	0 %	0 %

Literaturverzeichnis

Aaker, David A. (1992): Management des Markenwerts, Frankfurt u.a. 1992.

Achleitner, Paul/Dresig, Tilo (2001): Mergers & Acquisitions, in: Gerke, Wolfgang/Steiner, Manfred (Hrsg.), Handwörterbuch des Bank- und Finanzwesens, 3. Auflage, Stuttgart 2001, Sp. 1559-1570.

Adam, Dietrich (1996): Planung und Entscheidung, 4. Auflage, Wiesbaden 1996.

Adam, Dietrich (2000): Investitionscontrolling, 3. Auflage, München 2000.

Adam, Dietrich et al. (2004): Allgemeine Betriebswirtschaftslehre: Koordination betrieblicher Entscheidungen, 3. Auflage, Berlin u.a. 2004.

Adler, Hans/Düring, Walther/Schmaltz, Kurt (1995): Rechnungslegung und Prüfung der Unternehmen, Teilband 1, 6. Auflage, Stuttgart 1995/2001.

Adler, Hans/Düring, Walther/Schmaltz, Kurt (1997): Rechnungslegung und Prüfung der Unternehmen, Teilband 5, 6. Auflage, Stuttgart 1995/2001.

Adler, Hans/Düring, Walther/Schmaltz, Kurt (2000): Rechnungslegung und Prüfung der Unternehmen, Teilband 7, 6. Auflage, Stuttgart 1995/2001.

Ansoff, Igor H. (1976): Managing Surprise and Discontinuity - Strategic Response to Weak Signals: Die Bewältigung von Überraschungen - Strategische Reaktionen auf schwache Signale, in: Zeitschrift für betriebswirtschaftliche Forschung, 28. Jg. (1976), S. 129-152.

Arbeitskreis "Externe und Interne Überwachung" der Schmalenbach-Gesellschaft für Betriebswirtschaft e.V. (2000): Auswirkungen des KonTraG auf die Unternehmensüberwachung, in: Der Betrieb, Beilage Nr. 11/2000 zu Heft 37, 53. Jg. (2000), S. 1-11.

Arbeitskreis "Externe und Interne Überwachung" der Schmalenbach-Gesellschaft für Betriebswirtschaft e.V. (2003): Probleme bei der Prognoseprüfung, in: Der Betrieb, 56. Jg. (2003), S. 105-111.

Arbeitskreis "Immaterielle Werte im Rechnungswesen" der Schmalenbach-Gesellschaft für Betriebswirtschaft e.V. (2001): Kategorisierung und bilanzielle Erfassung immaterieller Werte, in: Der Betrieb, 54. Jg. (2001), S. 989-995.

Arbeitskreis "Immaterielle Werte im Rechnungswesen" der Schmalenbach-Gesellschaft für Betriebswirtschaft e.V. (2002): Grundsätze für das Value Reporting, in: Der Betrieb, 55. Jg. (2002), S. 2337-2340.

Arbeitskreis "Immaterielle Werte im Rechnungswesen" der Schmalenbach-Gesellschaft für Betriebswirtschaft e.V. (2005): Corporate Reporting on Intangibles - A Proposal from a German Background -, in: Schmalenbach Business Review, Vol. 57 (2005), S. 65-99.

Arnold, Brit (2006): Markenwert and Markenidentität komplexer Handelsleistungen, Wiesbaden 2006, zugleich Dissertation an der Technischen Universität Bergakademie Freiberg 2006.

Baetge, Jörg (1992): Überwachungstheorie, kybernetische, in: Coenenberg, Adolf G./von Wysocki, Klaus (Hrsg.), Handwörterbuch der Revision, Stuttgart 1992, Sp. 2038-2054.

Baetge, Jörg (1993): Überwachung, in: Bitz, Michael u.a. (Hrsg.), Vahlens Kompendium der Betriebswirtschaftslehre, Band 2, 2. Auflage, München 1993, S. 175-218.

Baetge, Jörg (1998): Internes Überwachungssystem, Organisationsformen des, in: Lück, Wolfgang (Hrsg.), Lexikon der Rechnungslegung und Abschlussprüfung, 4. Auflage, München 1998, S. 408-410.

Baetge, Jörg (2002): Die Früherkennung von Unternehmenskrisen anhand von Abschlusskennzahlen, in: Der Betrieb, 55. Jg. (2002), S. 2281-2287.

Baetge, Jörg (2009): Verwendung von DCF-Kalkülen bei der Bilanzierung nach IFRS, in: Die Wirtschaftsprüfung, 62. Jg. (2009), S. 15-23.

Baetge, Jörg/Armeloh, Karl-H./Schulze, Dennis (1997): Anforderungen an die Geschäftsberichterstattung aus betriebswirtschaftlicher und handelsrechtlicher Sicht, in: Deutsches Steuerrecht, 35. Jg. (1997), S. 176-180.

Baetge, Jörg et al. (2008a): IAS 34: Zwischenberichterstattung (Interim Financial Reporting) (Stand: August 2008, 6. Ergänzungslieferung), in: Baetge, Jörg/Wollmert, Peter/Kirsch, Hans-Jürgen/Oser, Peter/Bischof, Stefan (Hrsg.), Rechnungslegung nach IFRS, 2. Auflage (Stand: Dezember 2008, 7. Ergänzungslieferung), Stuttgart 2002/2008.

Baetge, Jörg/Fischer, Thomas R./Paskert, Dierk (1989): Der Lagebericht, Stuttgart 1989.

Baetge, Jörg/Haenelt, Timo (2007): Konzernlageberichterstattung im IFRS-Abschluss, in: Heyd, Reinhard/von Keitz, Isabel (Hrsg.), IFRS-Management, München 2007, S. 111-132.

Baetge, Jörg/Hayn, Sven/Ströher, Thomas (2006): IFRS 3: Unternehmenszusammenschlüsse (Business Combinations) (Stand: Dezember 2006, 3. Ergänzungslieferung), in: Baetge, Jörg/Wollmert, Peter/Kirsch, Hans-Jürgen/Oser, Peter/Bischof, Stefan (Hrsg.), Rechnungslegung nach IFRS - Kommentar auf der Grundlage des deutschen Bilanzrechts, 2. Auflage (Stand: Dezember 2008, 7. Ergänzungslieferung), Stuttgart 2002/2008.

Baetge, Jörg/Hollmann, Sebastian (2004): Zur Zuverlässigkeit der Rechnungslegung nach IFRS, in: Döring, Ulrich/Kußmaul, Heinz (Hrsg.), Spezialisierung und Internationalisierung - Entwicklungstendenzen der deutschen Betriebswirtschaftslehre, Wiesbaden 2004, S. 349-378.

Baetge, Jörg/Jerschensky, Andreas (1996): Beurteilung der wirtschaftlichen Lage von Unternehmen mit Hilfe von modernen Verfahren der Jahresabschlussanalyse, in: Der Betrieb, 49. Jg. (1996), S. 1581-1591.

Baetge, Jörg/Jerschensky, Andreas (1999): Frühwarnsysteme als Instrumente eines effizienten Risikomanagements und Controlling, in: Controlling, 11. Jg. (1999), S. 171-175.

Baetge, Jörg/Kirsch, Hans-Jürgen/Thiele, Stefan (2004a): Bilanzanalyse, 2. Auflage, Düsseldorf 2004.

Baetge, Jörg/Kirsch, Hans-Jürgen/Thiele, Stefan (2004b): Konzernbilanzen, 7. Auflage, Düsseldorf 2004.

Baetge, Jörg/Kirsch, Hans-Jürgen/Thiele, Stefan (2007): Bilanzen, 9. Auflage, Düsseldorf 2007.

Baetge, Jörg/Krolak, Thomas/Thiele, Stefan (2002): IAS 36: Wertminderungen von Vermögenswerten (Impairment of Assets) (Stand: 2002), in: Baetge, Jörg/Wollmert, Peter/Kirsch, Hans-Jürgen/Oser, Peter/Bischof, Stefan (Hrsg.), Rechnungslegung nach IFRS - Kommentar auf der Grundlage des deutschen Bilanzrechts, 2. Auflage (Stand: 2002), Stuttgart 2002.

Baetge, Jörg et al. (2008b): IAS 36: Wertminderungen von Vermögenswerten (Impairment of Assets) (Stand: Dezember 2008, 7. Ergänzungslieferung), in: Baetge, Jörg/Wollmert, Peter/Kirsch, Hans-Jürgen/Oser, Peter/Bischof, Stefan (Hrsg.), Rechnungslegung nach IFRS - Kommentar auf der Grundlage des deutschen Bilanzrechts, 2. Auflage (Stand: Dezember 2008, 7. Ergänzungslieferung), Stuttgart 2002/2008.

Baetge, Jörg/Linßen, Thomas (2000): "Risiken der künftigen Entwicklung" nach KonTraG, in: Küting, Karlheinz/Weber, Claus-Peter (Hrsg.), Wertorientierte Konzernführung, Stuttgart 2000, S. 9-34.

Baetge, Jörg/Maresch, Daniela/Schulz, Roland (2008): Zur (Un-) Möglichkeit des Zeitvergleichs von Kennzahlen, in: Der Betrieb, 61. Jg. (2008), S. 417-422.

Baetge, Jörg/Niemeyer, Kai/Kümmel, Jens (2005): Darstellung der Discounted-Cashflow-Verfahren (DCF-Verfahren) mit Beispiel, in: Peemöller, Volker H. (Hrsg.), Praxishandbuch der Unternehmensbewertung, 3. Auflage, Herne/Berlin 2005, S. 265-361.

Baetge, Jörg/Prigge, Cord (2006): Anforderungen an verpflichtende, empfohlene und freiwillige Angaben des Konzernlageberichts, in: Der Betrieb, 59. Jg. (2006), S. 401-407.

Baetge, Jörg/Richter, Michael (2001): Wie lassen sich die "Risiken der künftigen Entwicklung" eines Unternehmens objektiv messen?, in: Wagner, Udo (Hrsg.), Zum Erkenntnisstand der Betriebswirtschaftslehre am Beginn des 21. Jahrhunderts, Festschrift für Erich Loitlsberger, Berlin 2001, S. 1-16.

Baetge, Jörg/Rolvering, Andrea (2001): Unterjährige Berichterstattung, in: Achleitner, Ann-Kristin/Bassen, Alexander (Hrsg.), Investor Relations am Neuen Markt, Stuttgart 2001, S. 509-528.

Baetge, Jörg/Schlösser, Julia (1993): Zwischenberichterstattung in Theorie und Praxis, in: Fritsch, Ulrich (Hrsg.), Die deutsche Aktie, Stuttgart 1993, S. 225-249.

Baetge, Jörg/Schulz, Roland (2006): Fair value-Option für Verbindlichkeiten, in: Praxis der internationalen Rechnungslegung, 2. Jg. (2006), S. 127-134.

Baetge, Jörg/Schulze, Dennis (1998): Möglichkeiten der Objektivierung der Lageberichterstattung über "Risiken der künftigen Entwicklung", in: Der Betrieb, 51. Jg. (1998), S. 937-948.

Baetge, Jörg/Stellbrink, Jörn (2005): Früherkennung von Unternehmenskrisen mit Hilfe der Bilanzanalyse, in: Controlling, 17. Jg. (2005), S. 213-222.

Baetge, Jörg/von Keitz, Isabel (2006): IAS 38: Immaterielle Vermögenswerte (Intangible Assets) (Stand: Juli 2006, 2. Ergänzungslieferung), in: Baetge, Jörg/Wollmert, Peter/Kirsch, Hans-Jürgen/Oser, Peter/Bischof, Stefan (Hrsg.), Rechnungslegung nach IFRS, 2. Auflage (Stand: Dezember 2008, 7. Ergänzungslieferung), Stuttgart 2002/2008.

Baetge, Jörg/Zülch, Henning (2001a): Fair Value-Accounting, in: Betriebswirtschaftliche Forschung und Praxis, 53. Jg. (2001), S. 543-562.

Baetge, Jörg/Zülch, Henning (2001b): Von der Spätwarnung zur Frühwarnung, in: Boysen, Kurt u.a. (Hrsg.), Der Wirtschaftsprüfer und sein Umfeld zwischen Tradition und Wandel zu Beginn des 21. Jahrhunderts, Düsseldorf 2001, S. 1-47.

Ballwieser, Wolfgang/Paarz, Roland (2008): Checkliste zu Anhangangaben, in: Ballwieser, Wolfgang/Beine, Frank/Hayn, Sven/Peemöller, Volker H./Schruff, Lothar/Weber, Claus-Peter (Hrsg.), Wiley-Kommentar zur internationalen Rechnungslegung nach IFRS 2008 [Überarbeitung der englischen Originalausgabe von Epstein/Jermakowicz], 4. Auflage, Weinheim 2008.

Bamberg, Günter (2002): Stichwort: Unsicherheitstheorie, in: Küpper, Hans-Ulrich/Wagenhofer, Alfred (Hrsg.), Handwörterbuch Unternehmensrechnung und Controlling, 4. Auflage, Stuttgart 2002, Sp. 1997-2007.

Barberis, Nicholas/Thaler, Richard H. (2005): A Survey of Behavioral Finance, in: Thaler, Richard H. (Hrsg.), Advances in behavioral finance, Volume II, New York 2005, S. 1-75.

Bartelheimer, Jörn/Kückelhaus, Markus/Wohlthat, Andreas (2004): Auswirkungen des Impairment of Assets auf die interne Steuerung, in: Zeitschrift für Controlling & Management, Sonderheft 2, 48. Jg. (2004), S. 22-30.

Bartels, Peter/Jonas, Martin (2006): §27. Wertminderungen, in: Bohl, Werner/Riese, Joachim/Schlüter, Jörg (Hrsg.), Beck'sches IFRS-Handbuch, 2. Auflage, München/Wien/Bern 2006.

Bayram, Murat (2007): Risikomanagement im internationalen Konzern, Berlin 2007.

Beatty, Anne/Weber, Joseph (2006): Accounting Discretion in Fair Value Estimates: An Examination of SFAS 142 Goodwill Impairments, in: Journal of Accounting Research, Vol. 44 (2006), S. 257-288.

Beck, Martin (2004): Bilanzierung von Investment Properties nach IAS 40, in: Zeitschrift für internationale und kapitalmarktorientierte Rechnungslegung, 4. Jg. (2004), S. 498-505.

Becker, D. (2005): Intangible Assets in der Unternehmenssteuerung - Wie Sie weiche Vermögenswerte quantifizieren und aktiv managen, Wiesbaden 2005.

Bentele, M. (2004): Immaterielle Vermögenswerte in der Unternehmensberichterstattung, Frankfurt am Main 2004, zugleich Dissertation an der Universität München 2004.

Berens, Wolfgang/Bertelsmann, René (2002): Stichwort: Controlling, in: Küpper, Hans-Ulrich/Wagenhofer, Alfred (Hrsg.), Handwörterbuch Unternehmensrechnung und Controlling, Stuttgart 2002, Sp. 280-288.

Berens, Wolfgang/Darius, Petra/Schmitting, Walter (1997): Die Verwendung von Graphiken in Geschäftsberichten: Eine empirische Studie, Aachen 1997.

Berens, Wolfgang/Delfmann, Werner/Schmitting, Walter (2004): Quantitative Planung, 4. Auflage, Stuttgart 2004.

Berens, Wolfgang/Schmitting, Walter (2003): Zum Verhältnis von Controlling, Interner Revision und Früherkennung vor dem Hintergrund der Corporate Governance, in: Zeitschrift für Planung und Unternehmenssteuerung, 14. Jg. (2003), S. 353-377.

Berger, Thomas/Gleißner, Werner (2007): Risikosituation und Stand des Risikomanagements aus Sicht der Geschäftsberichterstattung, in: Zeitschrift für Corporate Governance, 2. Jg. (2007), S. 62-68.

Berthel, Jürgen (1973): Zielorientierte Unternehmungssteuerung, Stuttgart 1973.

Beyer, Sven/Mackenstedt, Andreas (2008): Grundsätze zur Bewertung immaterieller Vermögenswerte, in: Die Wirtschaftsprüfung, 61. Jg. (2008), S. 338-349.

Beyhs, Oliver (2002): Impairment of Assets nach International Accounting Standards: Anwendungshinweise und Zweckmäßigkeitsanalyse, Frankfurt am Main u.a. 2002, zugleich Dissertation an der Universität Bochum 2001.

Beyhs, Oliver/Wagner, Bernadette (2008): Die neuen Vorschriften des IASB zur Abbildung von Unternehmenszusammenschlüssen, in: Der Betrieb, 61. Jg. (2008), S. 73-83.

Bieg, Hartmut et al. (2006): Handbuch der Rechnungslegung nach IFRS, Düsseldorf 2006.

Bieker, Marcus/Esser, Maik (2003): Goodwill-Bilanzierung nach ED 3 „Business Combinations", in: Zeitschrift für internationale und kapitalmarktorientierte Rechnungslegung, 3. Jg. (2003), S. 75-84.

Bieker, Marcus/Esser, Maik (2004): Der Impairment-Only-Ansatz des IASB: Goodwillbilanzierung nach IFRS 3 „Business Combinations", in: Steuer- und Bilanzpraxis, 6. Jg. (2004), S. 449-458.

Bitz, Horst (2000): Risikomanagement nach KonTraG, Stuttgart 2000.

Bleuel, Hans-H. (2006): Monte-Carlo-Analysen im Risikomanagement mittels Software-Erweiterungen zu MS-Excel, in: Controlling, 18. Jg. (2006), S. 371-378.

Bleuel, Hans-H./Schmitting, Walter (2000): Konzeption eines Risikomanagements im Rahmen der internationalen Geschäftstätigkeit, in: Berens, Wolfgang/Born, Axel/Hoffjan, Andreas (Hrsg.), Controlling international tätiger Unternehmen, Stuttgart 2000, S. 65-122.

Borchers, Stefan (2000): Beteiligungscontrolling in der Management-Holding, Wiesbaden 2000, zugleich Dissertation an der Universität Braunschweig 1999.

Borchers, Stefan (2006): Beteiligungscontrolling - Ein Überblick, in: Zeitschrift für Planung und Unternehmenssteuerung, 17. Jg. (2006), S. 233-260.

Braun, Herbert (1984): Risikomanagement, Darmstadt 1984.

Bräutigam, Sören (2004): Management von Markenarchitekturen: Ein verhaltenswissenschaftliches Modell zur Analyse und Gestaltung von Markenportfolios, Gießen 2004, zugleich Dissertation an der Universität Gießen 2004.

Brebeck, Frank/Herrmann, Dagmar (1997): Zur Forderung des KonTraG-Entwurfs nach einem Frühwarnsystem und zu den Konsequenzen für die Jahres- und Konzernabschlussprüfung, in: Die Wirtschaftsprüfung, 50. Jg. (1997), S. 381-391.

Brosius, Hans-Bernd/Koschel, Friederike/Haas, Alexander (2008): Methoden der empirischen Kommunikationsforschung, 4. Auflage, Wiesbaden 2008.

Brücks, Michael/Kerkhoff, Guido/Richter, Michael (2005): Impairmenttest für den Goodwill nach IFRS, in: Zeitschrift für internationale und kapitalmarktorientierte Rechnungslegung, 5. Jg. (2005), S. 1-7.

Brücks, Michael/Wiederhold, Philipp (2003): Ansatz und Bewertung des Goodwill - Kritische Darstellung der Vorschläge des IASB, in: Der Konzern, 1. Jg. (2003), S. 219-226.

Brühl, Rolf (2006): Abduktion und Induktion in wissenschaftlichen Untersuchungen, in: Wirtschaftswissenschaftliches Studium, 35. Jg. (2006), S. 182-186.

Buchholz, Rainer (2007): Internationale Rechnungslegung: Die wesentlichen Vorschriften nach IFRS und HGB - mit Aufgaben und Lösungen, 6. Auflage, Berlin 2007.

Buderath, Hubertus/Amling, Thomas (2000): Das Interne Überwachungssystem als Teil des Risikomanagementsystems, in: Dörner, Dietrich/Horváth, Péter/Kagermann, Henning (Hrsg.), Praxis des Risikomanagements, Stuttgart 2000, S. 127-152.

Buhleier, Claus (2008): Der IFRS Goodwill Impairment Test, in: Funk, Wilfried (Hrsg.), Internationale Rechnungslegung und internationales Controlling, Wiesbaden 2008, S. 455-479.

Bundesanstalt für Finanzdienstleistungsaufsicht (2005): Emittentenleitfaden der Bundesanstalt für Finanzdienstleistungsaufsicht [Internet: http://www.bafin.de/cln_152/nn_722758/SharedDocs/Downloads/DE/Service/Leitfaeden/emittentenleitfaden.html, verifiziert: 05.05.2009].

Bungartz, Oliver (2003): Risk Reporting, 2003, zugleich Dissertation an der Universität München 2003.

Burger, Anton/Buchhart, Anton (2001): Integration des Rechnungswesens im Shareholder Value-Ansatz, in: Der Betrieb, 54. Jg. (2001), S. 549-555.

Burger, Anton/Buchhart, Anton (2002): Risiko-Controlling, München u.a. 2002.

Burger, Anton/Ulbrich, Philipp/Knoblauch, Jens (2006): Zur Reform der Bilanzierung von Forschungs- und Entwicklungsaufwendungen nach IAS 38, in: Zeitschrift für internationale und kapitalmarktorientierte Rechnungslegung, 6. Jg. (2006), S. 729-737.

Busse von Colbe, Walther (1994): Berücksichtigung von Synergien versus Stand-alone-Prinzip bei der Unternehmensbewertung, in: Zeitschrift für Unternehmens- und Gesellschaftsrecht, 23. Jg. (1994), S. 595-609.

Busse von Colbe, Walther et al. (2006): Konzernabschlüsse - Rechnungslegung nach betriebswirtschaftlichen Grundsätzen sowie nach Vorschriften des HGB und der IAS/IFRS, 8. Auflage, Wiesbaden 2006.

Castedello, Marc/Schmusch, Matthias (2008): Markenbewertung nach IDW S 5, in: Die Wirtschaftsprüfung, 61. Jg. (2008), S. 350-356.

Chmielewicz, Klaus (1994): Forschungskonzeptionen der Wirtschaftswissenschaft, 3. Auflage, Stuttgart 1994.

Clark, Stanley J./Jordan, Charles E. (2004): Big Bath Earnings Management: The Case Of Goodwill Impairment Under SFAS No. 142, in: Journal of Applied Business Research, Vol. 20 (2004), S. 63-69.

Coenenberg, Adolf G./Fischer, Thomas M./Günther, Thomas (2007): Kostenrechnung und Kostenanalyse, 6. Auflage, Stuttgart 2007.

Daum, Jürgen H. (2005): Intangible Asset Management: Wettbewerbskraft stärken und den Unternehmenswert nachhaltig steigern - Ansätze für das Controlling, in: Zeitschrift für Controlling & Management, Sonderheft 3, 49. Jg. (2005), S. 4-18.

Dawo, Sascha (2003): Immaterielle Güter in der Rechnungslegung nach HGB, IAS/IFRS und US-GAAP, Herne/Berlin 2003, zugleich Dissertation an der Universität Saarbrücken 2002/2003.

Dellmann, Klaus (1982): Rechnung und Rechnungslegung über Forschung und Entwicklung (Teil I), in: Die Wirtschaftsprüfung, 35. Jg. (1982), S. 557-561.

Dembo, Ron S./Freeman, Andrew (1998): Die Revolution des finanziellen Riskmanagements, München 1998.

Deutsche Börse (2006): Praxishandbuch Börsengang von der Vorbereitung bis zur Umsetzung, Wiesbaden 2006.

Deutsche Börse (2009): Leitfaden zu den Aktienindizes der Deutschen Börse, Version 6.11, April 2009 [Internet: http://deutsche-boerse.com/dbag/dispatch/de/binary/gdb_content_pool/imported_files/public_files/10_downloads/50_informations_services/30_Indices_Index_Licensing/21_guidelines/10_share_indices/equity_indices_guide.pdf, verifiziert: 05.05.2009].

Deutsche Börse (o.J.-a): Börsenlexikon [Internet: http://deutsche-boerse.com/dbag/dispatch/de/kir/gdb_navigation/info_center/40_Know_how/10_Stock_Exchange_A_Z, verifiziert: 05.05.2009].

Deutsche Börse (o.J.-b): Industriegruppen sind Basis der Branchenindizes [Internet: http://deutsche-boerse.com/dbag/dispatch/de/listcontent/gdb_navigation/information_services/30_Indices_Index_Licensing/30_Equity_Indices/98_Branchenindizes/content_files/pi_sp_tabelle_branchen indizes.htm, verifiziert: 05.05.2009].

Deutsches Institut für Interne Revision (IIR) (o. J.): IIR Revisionsstandard Nr. 2: Prüfung des Risikomanagement durch die Interne Revision [Internet: http://www.diir-2009.de/fileadmin/downloads/allgemein/Revisions standard_Nr._2.pdf, verifiziert: 05.05.2009].

Diederichs, Marc (2004): Risikomanagement und Risikocontrolling, München 2004, zugleich Dissertation an der Universität Dortmund 2003.

Diederichs, Marc/Reichmann, Thomas (2003): Risikomanagement und Risiko-Controlling in der Praxis, in: Controlling, 15. Jg. (2003), S. 228-234.

Dobler, Michael (2004): Risikoberichterstattung, 2004, zugleich Dissertation an der Universität München 2004.

Dobler, Michael (2005): Zur Verbindung von Risikomanagement und Risikopublizität, in: Zeitschrift für Controlling & Management, 49. Jg. (2005), S. 144-152.

Dörner, Dietrich/Bischof, Stefan (2003): Risikoberichterstattung nach DRS 5, in: Dörner, Dietrich/Menold, Dieter/Pfitzer, Norbert/Oser, Peter (Hrsg.), Reform des Aktienrechts, der Rechnungslegung und der Prüfung, 2. Auflage, Stuttgart 2003, S. 617-647.

Dorprigter, Ulrich (2002): Zur gegenwärtigen Praxis des Risikomanagements, in: Controller Magazin, 27. Jg. (2002), S. 604-607.

Edvinsson, Leif (1997): Developing intellectual capital at Skandia, in: Long Range Planning, Vol. 30 (1997), S. 366-373.

Edvinsson, Leif/Brünig, Gisela (2000): Aktivposten Wissensbilanz - Unsichtbare Werte bilanzierbar machen, Wiesbaden 2000.

Ellrott, Helmut/Brendt, Peter (2006): § 255: Anschaffungs- und Herstellungskosten, in: Ellrott, Helmut/Förschle, Gerhart/Hoyos, Martin/Winkeljohann, Norbert (Hrsg.), Beck'scher Bilanz-Kommentar, 6. Auflage, München 2006.

Engel-Ciric, Dejan (2002): Einschränkung der Aussagekraft des Jahresabschlusses nach IAS durch bilanzpolitische Spielräume, in: Deutsches Steuerrecht, 40. Jg. (2002), S. 780-784.

Erdenberger, Christoph (2001): Risikomanagement: Möglichkeiten einer pragmatischen Umsetzung in mittelständischen Unternehmen, in: Controller Magazin, 26. Jg. (2001), S. 13-17.

Esser, Maik/Hackenberger, Jens (2004): Bilanzierung immaterieller Vermögenswerte des Anlagevermögens nach IFRS und US-GAAP, in: Zeitschrift für internationale und kapitalmarktorientierte Rechnungslegung, 4. Jg. (2004), S. 402-414.

Esser, Maik/Hackenberger, Jens (2005): Immaterielle Vermögenswerte des Anlagevermögens und Goodwill in der IFRS-Rechnungslegung, in: Deutsches Steuerrecht, 43. Jg. (2005), S. 708-713.

European Financial Reporting Advisory Group (2009): Endorsement Status [Internet: http://www.efrag.org/files/News%20related%20documents/EFRAG%20Endorsement%20Status%20Report%2028%20November%202008.pdf, verifiziert: 05.05.2009].

Fasse, Friedrich-W. (1995): Risk-Management im strategischen internationalen Marketing, Hamburg 1995.

Fezer, Karl-Heinz (2001): Markenrecht, 3. Auflage, München 2001.

Fiege, Stefanie (2006): Risikomanagement- und Überwachungssystem nach KonTraG, Wiesbaden 2006, zugleich Dissertation an der Technischen Universität Berlin 2005.

Filipiuk, Bogna (2008): Transparenz der Risikoberichterstattung, 2008, zugleich Dissertation an der Universität Frankfurt (Oder) 2008.

Fink, Christian/Ulbrich, Philipp (2007): IFRS 8: Paradigmenwechsel in der Segmentberichterstattung, in: Der Betrieb, 60. Jg. (2007), S. 981-985.

Finke, Robert (2005): Grundlagen des Risikomanagements, Weinheim 2005.

Fischer, Thomas M./Klöpfer, Elisabeth (2005): Bilanzpolitik nach IFRS: Sind die IFRS objektiver als das HGB?, in: Zeitschrift für internationale und kapitalmarktorientierte Rechnungslegung, 6. Jg. (2005), S. 709-719.

Flacke, Klaus/Kraft, Mirko/Triska, Thomas (2008): Grundlagen des betriebswirtschaftlichen Rechnungswesens, hrsg. von Berens, Wolfgang, 5. Auflage, Münster 2008.

Frank, Ulrich (2007): Wissenschaftstheorie, in: Köhler, Richard/Küpper, Hans-Ulrich/Pfingsten, Andreas (Hrsg.), Handwörterbuch der Betriebswirtschaft, 6. Auflage, Stuttgart 2007, Sp. 2010-2017.

Frey, Lutz G. (2006): Anforderungen an das Rechnungswesen, in: Deutsche Börse (Hrsg.), Wiesbaden 2006, S. 101-125.

Früh, Werner (2007): Inhaltsanalyse, 6. Auflage, Konstanz 2007.

Fuchs, Andreas (2007): III. Abschnitt. G.: Verordnung (EG) Nr. 772/2004 der Kommission vom 27. April 2004 über die Anwendung von Artikel 81 Absatz 3 EG-Vertrag auf Gruppen von Technologietransfer-Vereinbarungen, in: Immenga, Ulrich/Mestmäcker, Ernst-Joachim (Hrsg.), Wettbewerbsrecht: Kommentar zum Europäischen Kartellrecht, 4. Auflage, München 2007.

Fülbier, Rolf Uwe (2004): Wissenschaftstheorie und Betriebswirtschaftslehre, in: Wirtschaftswissenschaftliches Studium, 33. Jg. (2004), S. 266-271.

Füser, Karsten/Gleißner, Werner/Meier, Günter (1999): Risikomanagement (KonTraG) - Erfahrungen aus der Praxis, in: Der Betrieb, 52. Jg. (1999), S. 753-758.

Gentz, Manfred (2003): Impairment-Only-Approach, in: von Werder, Axel (Hrsg.), Internationalisierung der Rechnungslegung und Corporate Governance, Stuttgart 2003, S. 61-102.

Gerpott, Torsten J./Hoffmann, Alexander P. (2008): Risikomanagement in Unternehmen, in: Wirtschaftswissenschaftliches Studium, 37. Jg. (2008), S. 7-13.

Gerpott, Torsten J./Thomas, Sandra E. (2004): Bilanzierung von Marken nach HGB, DRS, IFRS und US-GAAP in: Der Betrieb, 57. Jg. (2004), S. 2485-2494.

Gerpott, Torsten J./Thomas, Sandra E. (2006): Externe Berichterstattung über immaterielle Vermögenswerte bei Telekommunikationsnetzbetreibern, in: Matzler, Kurt/Hinterhuber, Hans H./Renzl, Birgit/Rothenberger, Sandra (Hrsg.), Immaterielle Vermögenswerte - Handbuch der intangible Assets, Berlin 2006, S. 439-463.

Glaum, Martin (2000): Finanzwirtschaftliches Risikomanagement deutscher Industrie- und Handelsunternehmen, Frankfurt am Main 2000.

Glaum, Martin/Street, Donna L./Vogel, Silvia (2007): Making Acquisitions Transparent, Frankfurt am Main 2007.

Glaum, Martin/Thomaschewski, Dieter/Weber, Silke (2006a): Der Sarbanes-Oxley Act: Folgen für US-Börsennotierungen aus Sicht deutscher Unternehmen, in: Finanz-Betrieb, 8. Jg. (2006), S. 182-194.

Glaum, Martin/Thomaschewski, Dieter/Weber, Silke (2006b): Die Vorschriften zur Einrichtung und Dokumentation eines internen Kontrollsystems nach Section 404 Sarbanes-Oxley Act: Umsetzung durch deutsche Unternehmen, in: Zeitschrift für internationale und kapitalmarktorientierte Rechnungslegung, 6. Jg. (2006), S.

Gleißner, Werner (2000): Risikopolitik und Strategische Unternehmensführung, in: Der Betrieb, 53. Jg. (2000), S. 1625-1629.

Gleißner, Werner (2001): Identifikation, Messung und Aggregation von Risiken, in: Gleißner, Werner/Meier, Günter (Hrsg.), Wertorientiertes Risiko-Management für Industrie und Handel, Wiesbaden 2001, S. 111-137.

Gleißner, Werner (2002): Wertorientierte Analyse der Unternehmensplanung auf Basis des Risikomanagements, in: Finanz-Betrieb, 4. Jg. (2002), S. 417-427.

Gleißner, Werner (2008): Grundlagen des Risikomanagements im Unternehmen, München 2008.

Gleißner, Werner et al. (2005): Risikoberichterstattung und Risikoprofile von HDAX-Unternehmen 2000 bis 2003, in: Finanz-Betrieb, 7. Jg. (2005), S. 343-353.

Gleißner, Werner/Heyd, Reinhard (2006): Rechnungslegung nach IFRS, in: Zeitschrift für internationale Rechnungslegung, 1. Jg. (2006), S. 103-112.

Gleißner, Werner/Lienhard, Herbert/Stroeder, Dirk H. (2004): Risikomanagement im Mittelstand, Eschborn 2004.

Graumann, Mathias (2007): Wirtschaftliches Prüfungswesen, Herne 2007.

Greenspan, Alan (2002): Monetary Policy Report to the Congress, February 28, 2002 [Internet: http://www.federalreserve.gov/BOARDDOCS/HH/2002/february/testimony.htm, verifiziert: 05.05.2009].

Grünberger, David (2009): IFRS 2009 - Ein systematischer Praxis-Leitfaden, 7. Auflage, Herne 2009.

Grüner, Tanja (2006): Behandlung der immateriellen Vermögenswerte im Rahmen der Erstkonsolidierung nach IAS/IFRS, München 2006, zugleich Dissertation an der Universität Erlangen Nürnberg 2006.

Günther, Thomas (1997): Unternehmenswertorientiertes Controlling, München 1997.

Günther, Thomas/Kriegbaum-Kling, Catharina (2001): Brand Valuation and Control: An empirical study, in: Schmalenbach Business Review, Vol. 53 (2001), S. 263-294.

Günther, Thomas/Ott, Christian (2008): Behandlung immaterieller Ressourcen bei Purchase Price Allocations - Ergebnisse einer explorativen empirischen Studie, in: Die Wirtschaftsprüfung, 61. Jg. (2008), S. 917-926.

Haaker, Andreas (2005): Die Zuordnung des Goodwill auf Cash Generating Units zum Zweck des Impairment-Tests nach IFRS, in: Zeitschrift für internationale und kapitalmarktorientierte Rechnungslegung, 5. Jg. (2005), S. 426-434.

Haaker, Andreas (2006a): Da capo: Zur Eignung des value in use einer cash generating unit gemäß IAS 36 als Basis einer wertorientierten Bereichssteuerung, in: Zeitschrift für internationale Rechnungslegung, 6. Jg. (2006), S. 687-695.

Haaker, Andreas (2006b): Der Value in Use einer Cash Generating Unit als adäquate Basis einer wertorientierten Bereichssteuerung, in: Zeitschrift für internationale und kapitalmarktorientierte Rechnungslegung, 6. Jg. (2006), S. 44-47.

Haaker, Andreas (2006c): Die full goodwill method nach ED IFRS 3, in: Praxis der internationalen Rechnungslegung, 2. Jg. (2006), S. 22-27.

Hachmeister, Dirk (2005): Impairment-Test nach IFRS und US-GAAP, in: Ballwieser, Wolfgang/Beyer, Sven/Zelger, Hansjörg (Hrsg.), Unternehmenskauf nach IFRS und US-GAAP, Stuttgart 2005, S. 191-224.

Hager, Simon/Hitz, Jörg-Markus (2007): Immaterielle Vermögenswerte in der Bilanzierung und Berichterstattung - eine empirische Bestandsaufnahme für die Geschäftsberichte deutscher IFRS-Bilanzierer 2005, in: Zeitschrift für internationale und kapitalmarktorientierte Rechnungslegung, 7. Jg. (2007), S. 205-232.

Hahn, Dietger/Klausmann, Walter (1979): Indikatoren im Rahmen betrieblicher Frühwarnsysteme, in: ifo-schnelldienst, 32. Jg. (1979), S. 63-69.

Haring, Nikolai (2004): Zur Abbildung von Kapitalkosten und Steuern beim impairment of assets gemäß IAS 36, 2004, zugleich Dissertation an der Universität Wien 2004.

Hayn, Sven (1994): Die International Accounting Standards (Teil I), in: Die Wirtschaftsprüfung, 47. Jg. (1994), S. 713-721.

Healy, Paul M./Palepu, Krishna G. (2003): The Fall of Enron, in: Journal of Economic Perspectives, Vol. 17 (2003), S. 3-26.

Healy, Paul M./Wahlen, James M. (1999): A review of the earnings management literature and its implications for standard setting, in: Accounting Horizons, Vol. 13 (1999), S. 365-383.

Hebestreit, Gernot (2006): § 42, Zwischenberichterstattung, in: Bohl, Werner/Riese, Joachim/Schlüter, Jörg (Hrsg.), Beck'sches IFRS-Handbuch, 2. Auflage, München u.a. 2006.

Heidemann, Christian (2005): Die Kaufpreisallokation bei einem Unternehmenszusammenschluss nach IFRS 3, Düsseldorf 2005, zugleich Dissertation an der Universität Münster 2005.

Hense, Heinz H./Kleinbielen, Hermann O./Witthaus, Christian (2005): Die Bewertung des Goodwills nach US-GAAP und IAS/IFRS, in: Peemöller, Volker H. (Hrsg.), Praxishandbuch der Unternehmensbewertung, 3. Auflage, Herne/Berlin 2005, S. 827.

Hepers, Lars (2005): Entscheidungsnützlichkeit der Bilanzierung von Intangible Assets in den IFRS, Köln 2005, zugleich Dissertation an der Universität Hannover 2005.

Hergenröder, Wolfgang (2005): KSchG, in: Rebmann, Kurt/Säcker, Franz/Rixecker, Roland (Hrsg.), Münchener Kommentar zum BGB, Band 4, 4. Auflage, München 2005.

Heuser, Paul. J./Theile, Carsten (2007): IFRS Handbuch - Einzel- und Konzernabschluss, 3. Auflage, Köln 2007.

Heyd, Reinhard/Lutz-Ingold, Martin (2005a): Immaterielle Vermögenswerte und Goodwill nach IFRS, München 2005.

Heyd, Reinhard/Lutz-Ingold, Martin (2005b): Intangible Assets im Jahresabschluss nach IFRS - Ansatz- und Bewertungsvorschriften sowie bilanzpolitische Implikationen, in: Zeitschrift für Controlling & Management, Sonderheft 3, 49. Jg. (2005), S. 95-106.

Hitz, Jörg-Markus (2005): Fair Value in der IFRS-Rechnungslegung - Konzeption, Inhalt und Zweckmäßigkeit, in: Die Wirtschaftsprüfung, 58. Jg. (2005), S. 1013-1027.

Hoffmann, Wolf-Dieter (2008a): § 8 Anschaffungs- und Herstellungskosten, Neubewertung, in: Lüdenbach, Norbert/Hoffmann, Wolf-Dieter (Hrsg.), Haufe IFRS-Kommentar, 6. Auflage, Freiburg 2008.

Hoffmann, Wolf-Dieter (2008b): § 11 Ausserplanmäßige Abschreibungen, Wertaufholungen, in: Lüdenbach, Norbert/Hoffmann, Wolf-Dieter (Hrsg.), Haufe IFRS-Kommentar, 6. Auflage, Freiburg 2008.

Hoffmann, Wolf-Dieter (2008c): § 13 Immaterielle Vermögenswerte des Anlagevermögens, in: Lüdenbach, Norbert/Hoffmann, Wolf-Dieter (Hrsg.), Haufe IFRS-Kommentar, 6. Auflage, Freiburg 2008.

Hoffmann, Wolf-Dieter (2008d): § 14 Sachanlagen, in: Lüdenbach, Norbert/Hoffmann, Wolf-Dieter (Hrsg.), Haufe IFRS-Kommentar, 6. Auflage, Freiburg 2008.

Hoffmann, Wolf-Dieter/Lüdenbach, Norbert (2006): Die Bilanzierung von Treibhausgas-Emissionsrechten im Rechtsvergleich, in: Der Betrieb, 59. Jg. (2006), S. 57-72.

Hoitsch, Hans-Jörg/Winter, Peter/Bächle, Raphael (2005): Risikokultur und risikopolitische Grundsätze: Strukturierungsvorschläge und empirische Ergebnisse, in: Zeitschrift für Controlling & Management, 49. Jg. (2005), S. 125-133.

Hoitsch, Hans-Jörg/Winter, Peter/Baumann, Nik (2006): Risikocontrolling bei deutschen Kapitalgesellschaften, in: Controlling, 18. Jg. (2006), S. 69-78.

Hölscher, Reinhold (2002): Von der Versicherung zur integrativen Risikobewältigung: Die Konzeption eines modernen Risikomanagements, in: Hölscher, Reinhold/Elfgen, Ralph (Hrsg.), Herausforderung Risikomanagement, Wiesbaden 2002, S. 3-31.

Hölscher, Reinhold (2006): Aufbau und Instrumente eines integrativen Risikomanagements, in: Schierenbeck, Henner (Hrsg.), Risk Controlling in der Praxis, 2. Auflage, Stuttgart 2006, S. 341-399.

Holsti, Ole R. (1969): Content analysis for the social sciences and humanities, Reading, Massachusetts u.a. 1969.

Homberg, Andreas/Elter, Vera-Carina/Rothenburger, Manuel (2004): Bilanzierung von Humankapital nach IFRS am Beispiel des Spielervermögens im Profisport, in: Zeitschrift für internationale und kapitalmarktorientierte Rechnungslegung, 4. Jg. (2004), S. 249-263.

Homburg, Carsten (2004): Controlling als Instrument des Risikomanagement -Aktuelle und zukünftige Herausforderung in einem dynamischen Unternehmensumfeld, in: BearingPoint (Hrsg.), Financial Excellence, Köln 2004, S. 237-267.

Hommel, Michael/Buhleier, Claus/Pauly, Denise (2007): Bewertung von Marken in der Rechnungslegung - eine kritische Analyse des IDW ES 5, in: Betriebs-Berater, 62. Jg. (2007), S. 371-377.

Hommel, Michael/Wüstemann, Jens (2006): Synopse der Rechnungslegung nach HGB und IFRS, München 2006.

Hopt, Klaus J. (2007): § 107. Insider- und Ad-hoc-Publizitätsprobleme, in: Schimansky, Herbert/Bunte, Hermann-Josef/Lwowski, Hans-Jürgen (Hrsg.), Bankrechts-Handbuch, 3. Auflage, München 2007.

Hornung, Karlheinz (2002): Immaterielle Vermögenswerte als Herausforderung der Zeit, in: Küting, Karlheinz (Hrsg.), Vom Financial Accounting zum Business Reporting, Stuttgart 2002, S. 13-41.

Hornung, Karlheinz/Reichmann, Thomas/Diederichs, Marc (1999): Risikomanagement - Teil 1: Konzeptionelle Ansätze zur pragmatischen Realisierung gesetzlicher Anforderungen, in: Controlling, 11. Jg. (1999), S. 317-325.

Horváth, Péter (2009): Controlling, 11. Auflage, München 2009.

Horváth, Péter/Gleich, Ronald (2000): Controlling als Teil des Risikomanagements, in: Dörner, Dietrich/Horváth, Péter/Kagermann, Henning (Hrsg.), Praxis des Risikomanagements, Stuttgart 2000, S. 100-125.

Hüffer, Uwe (2008): Aktiengesetz, 8. Auflage, München 2008.

Hupp, Oliver (2001): Wie stark sind große Marken wirklich?, in: Markenartikel, 63. Jg. (2001), S. 20-22.

Hutchison, Terence W. (1972): Theoretische Ökonomie als Sprachsystem, in: Albert, Hans (Hrsg.), Theorie und Realität, 2. Auflage, Tübungen 1972, S. 191-202.

IASB (Hrsg.) (2007): International Financial Reporting Standards (IFRSs) 2007, London 2007.

IASB (Hrsg.) (2008): International Financial Reporting Standards (IFRSs) 2008, London 2008.

IDW (Hrsg.) (2006): WP-Handbuch 2006, Band I, 13. Auflage, Düsseldorf 2006.

Imboden, Carlo (1983): Risikohandhabung - ein entscheidungsbezogenes Verfahren, Bern u.a. 1983, zugleich Dissertation an der Universität Bern 1983.

Janssen, Jan (2007): Intangible Assets - Konsequenzen für den Shareholder Value und die Rechnungslegung, Saarbrücken 2007.

Jochens, Thomas (2007): Erhebung von Frühindikatoren - Erkennen von Chancen und Risiken, Saarbrücken 2007.

Jung, Hans (2006): Allgemeine Betriebswirtschaftslehre, 10. Auflage, München 2006.

Kahle, Holger (2002): Die neue Goodwill-Bilanzierung nach US-GAAP-Bilanzierung nach Belieben? (Teil A), in: Steuer- und Bilanzpraxis, 4. Jg. (2002), S. 849-858.

Kählert, Jens-Peter/Lange, Sabine (1993): Zur Abgrenzung immaterieller von materiellen Vermögensgegenständen in: Betriebs-Berater, 48. Jg. (1993), S. 613-618.

Kajüter, Peter (2001): Risikoberichterstattung: Empirische Befunde und der Entwurf des DRS 5, in: Der Betrieb, 54. Jg. (2001), S. 105-111.

Kajüter, Peter (2003): Möglichkeiten und Grenzen der Bilanzierung von Kundenbeziehungen, in: Günter, Bernd/Helm, Sabrina (Hrsg.), Kundenwert, Wiesbaden 2003, S. 563-592.

Kajüter, Peter (2004a): Die Regulierung des Risikomanagements im internationalen Vergleich, in: Zeitschrift für Controlling & Management, Sonderheft 3, 48. Jg. (2004), S. 12-25.

Kajüter, Peter (2004b): Risikomanagement im Beteiligungscontrolling, in: Littkemann, J./Zündorf, H. (Hrsg.), Beteiligungscontrolling, Herne/Berlin 2004, S. 259-282.

Kajüter, Peter/Barth, Daniela (2007): Segmentberichterstattung nach IFRS 8 - Übernahme des Management Approach in: Betriebs-Berater, 62. Jg. (2007), S. 428-446.

Kajüter, Peter/Esser, Simon (2007): Risiko- und Chancenberichterstattung im Lagebericht, in: Zeitschrift für internationale Rechnungslegung, 2. Jg. (2007), S. 381-390.

Kajüter, Peter/Reisloh, Christian (2007): Zwischenmitteilungen der Geschäftsführung nach § 37x WpHG, in: Zeitschrift für internationale und kapitalmarktorientierte Rechnungslegung, 7. Jg. (2007), S. 620-633.

Kajüter, Peter/Winkler, Carsten (2003): Die Risikoberichterstattung der DAX100-Unternehmen im Zeitvergleich, in: Zeitschrift für internationale und kapitalmarktorientierte Rechnungslegung, 3. Jg. (2003), S. 217-228.

Kajüter, Peter/Winkler, Carsten (2004): Praxis der Risikoberichterstattung deutscher Konzerne, in: Die Wirtschaftsprüfung, 57. Jg. (2004), S. 249-261.

Kalwait, Rainer et al. (2008): Risikomanagement in der Unternehmensführung, Weinheim 2008.

Kaplan, Robert S./Norton, David P. (2004): Grünes Licht für Ihre Strategie, in: Harvard Businessmanager, 26. Jg. (2004), S. 18-33.

Kaufmann, Lutz/Schneider, Yvonne (2004): Intangibles: A synthesis of current research, in: Journal of Intellectual Capital, Vol. 5 (2004), S. 366-388.

Kaufmann, Lutz/Schneider, Yvonne (2006): Intangible Unternehmenswerte als internationales Forschungsgebiet der Unternehmensführung, in: Matzler, Kurt/Hinterhuber, Hans H./Renzl, Birgit/Rothenberger, Sandra (Hrsg.), Immaterielle Vermögenswerte - Handbuch der intangible Assets, Berlin 2006, S. 23-41.

Keim, Matthias (2004): Die Prüfung des Risikomanagementsystems im Rahmen der Abschlussprüfung, 2004, zugleich Dissertation an der Universität Bamberg 2004.

Keller, Kevin Lane (1993): Conceptualizing, Measuring, and Managing Customer-Based Brand Equity, in: Journal of Marketing, Vol. 57 (1993), S. 1-22.

Kern, Werner (1972): Ziele und Zielsysteme in Betriebswirtschaften in: Das Wirtschaftsstudium, 1. Jg. (1972), S. 310-315.

Kessler, Manfred/Suchan, Wilhelm (2004): § 266 HGB Gliederung der Bilanz, in: Kropff, Bruno/Semler, Johannes (Hrsg.), Münchener Kommentar zum Aktiengesetz, Band 5/2, 2. Auflage, München 2004.

Kindler, Peter/Pahlke, Anne (2001): Die Überwachungspflichten des Aufsichtsrates im Hinblick auf das Risikomanagement, in: Lange, Knut Werner/Wall, Friederike (Hrsg.), Risikomanagement nach dem KonTraG, München 2001, S. 60-94.

Kirchner, Christian (2006): Probleme von Ermessensspielräumen in der fair value-Bewertung nach Internationalen Rechnungslegungsstandards, in: Zeitschrift für betriebswirtschaftliche Forschung, Sonderheft, 55. Jg. (2006), S. 61-78.

Kirsch, Hanno (2007): Finanz- und erfolgswirtschaftliche Jahresabschlussanalyse nach IFRS, 2. Auflage, München 2007.

Kirsch, Hans-Jürgen/Koelen, Peter (2007): IFRS-Rechnungslegung und Unternehmensbewertung - Möglichkeiten und Grenzen für Ersteller und Analysten, in: Heyd, Reinhard (Hrsg.), IFRS-Management, München 2007, S. 279-301.

Kirsch, Hans-Jürgen/Koelen, Peter/Tinz, Oliver (2008): Die Berichterstattung der DAX-30-Unternehmen in Bezug auf die Neuregelung des impairment only approach des IASB, in: Zeitschrift für internationale und kapitalmarktorientierte Rechnungslegung, 8. Jg. (2008), S. 88-97 und 188-193.

Kirsch, Hans-Jürgen/Köhrmann, Hannes (2007a): Grundlagen der Lageberichterstattung (B 500) (Stand: Juli 2007, 28. Ergänzungslieferung), in: Castan, Edgar/Böcking, Hans-Joachim/Heymann, Gerd/Pfitzer, Norbert/Scheffler, Eberhard (Hrsg.), Beck'sches Handbuch der Rechnungslegung, (Stand: Mai 2008, 29. Ergänzungslieferung), München 2008.

Kirsch, Hans-Jürgen/Köhrmann, Hannes (2007b): Inhalt des Lageberichts (B 510) (Stand: Juli 2007, 28. Ergänzungslieferung), in: Castan, Edgar/Böcking, Hans-Joachim/Heymann, Gerd/Pfitzer, Norbert/Scheffler, Eberhard (Hrsg.), Beck'sches Handbuch der Rechnungslegung, (Stand: Mai 2008, 29. Ergänzungslieferung), München 2008.

Kirsch, Hans-Jürgen/Nimwegen, Sebastian (2007): Prüfung des Lageberichts (B 520) (Stand: Juli 2007, 28. Ergänzungslieferung), in: Castan, Edgar/Böcking, Hans-Joachim/Heymann, Gerd/Pfitzer, Norbert/Scheffler, Eberhard (Hrsg.), Beck'sches Handbuch der Rechnungslegung, (Stand: Mai 2008, 29. Ergänzungslieferung), München 2008.

Kirsch, Hans-Jürgen/Scheele, Alexander (2005): Neugestaltung von Prognose- und Risikoberichterstattung im Lagebericht durch das Bilanzrechtsreformgesetz, in: Die Wirtschaftsprüfung, 58. Jg. (2005), S. 1149-1154.

Kirsch, Werner/Trux, Walter (1979): Strategische Frühaufklärung und Portfolio-Analyse, in: Zeitschrift für Betriebswirtschaft, Ergänzungsheft 2, 49. Jg. (1979), S. 47-69.

Kirschenheiter, Michael/Melumad, Nahum D. (2002): Can "Big Bath" and Earnings Smoothing Co-Exist as Equilibrium in: Journal of Accounting Research, Vpl. 40 (2002), S. 761-796.

Klein, Herbert/Voss, Christian (2002): Stichwort: Geschäftsbericht, in: Ballwieser, Wolfgang/Coenenberg, Adolf G./von Wysocki, Klaus (Hrsg.), Handwörterbuch der Rechnungslegung und Prüfung, 3. Auflage, Stuttgart 2002, Sp. 899-920.

Kley, Karl-Ludwig (2001): Aktien als Finanzierungsinstrument, in: Gerke, Wolfgang/Steiner, Manfred (Hrsg.), Handwörterbuch des Bank- und Finanzwesens, 3. Auflage, Stuttgart 2001, Sp. 36-46.

Knight, Frank H. (1964): Risk, Uncertainty and Profit, New York 1964.

Kornmeier, Martin (2007): Wissenschaftstheorie und wissenschaftliches Arbeiten, Heidelberg 2007.

KPMG (Hrsg.) (2007): International Financial Reporting Standards - Einführung in die Rechnungslegung nach den Grundsätzen des IASB, 4. Auflage, Stuttgart 2007.

KPMG (2009): Kapitalkosten- und Impairment Test-Studie [Internet: http://www.kpmg.de/docs/Kapitalkosten_Gesamt_web.pdf, verifiziert: 05.05.2009].

Krippendorff, Klaus (2004): Content Analysis, 2. Auflage, Thousand Oaks u.a. 2004.

Krolak, Thomas (2000): Die bilanzielle Behandlung des aus der Kapitalkonsolidierung resultierenden Geschäfts- oder Firmenwertes nach HGB, U.S.-GAAP und IAS, Düsseldorf 2000, zugleich Dissertation an der Universität Münster 2000.

Kromschröder, Bernhard/Lück, Wolfgang (1998): Grundsätze risikoorientierter Unternehmensüberwachung, in: Der Betrieb, 51. Jg. (1998), S. 1573-1576.

Krystek, Ulrich (1999): Früherkennungssysteme als Instrument des Controlling, in: Hahn, Dietger/Taylor, Bernard (Hrsg.), Strategische Unternehmensführung, 8. Auflage, Heidelberg 1999, S. 419-442.

Krystek, Ulrich (2007): Strategische Früherkennung, in: Zeitschrift für Controlling & Management, Sonderheft 2, 51. Jg. (2007), S. 50-58.

Krystek, Ulrich/Müller-Stewens, Günther (1993): Frühaufklärung für Unternehmen - Identifikation und Handhabung zukünftiger Chancen und Bedrohungen, Stuttgart 1993.

Krystek, Ulrich/Müller-Stewens, Günther (1999): Strategische Frühaufklärung, in: Hahn, Dietger/Taylor, Bernard (Hrsg.), Strategische Unternehmensführung, 8. Auflage, Heidelberg 1999, S. 497-517.

Krystek, Ulrich/Müller, Michael (1999): Frühaufklärungssysteme - Spezielle Informationssysteme zur Erfüllung der Risikokontrollpflicht nach KonTraG, in: Controlling, 11. Jg. (1999), S. 177-183.

Kuhl, Karin/Nickel, Johann-Peter (1999): Risikomanagement im Unternehmen - Stellt das KonTraG neue Anforderungen an die Unternehmen, in: Der Betrieb, 52. Jg. (1999), S. 133-135.

Kümmel, Jens (2002): Grundsätze für die Fair Value-Ermittlung mit Barwertkalkülen, Düsseldorf 2002, zugleich Dissertation an der Universität Münster 2002.

Kunath, Oliver (2005): Kaufpreisallokationen: Bilanzierung erworbener immaterieller Vermögenswerte nach IFRS 3 (2004)/IAS 38 (rev. 2004) und ED IFRS 3 (amend. 2005), in: Controlling, Sonderheft 3, 49. Jg. (2005), S. 107-120.

Kuster, Oliver (2007): Goodwill Impairment Testing und Earnings Management, Zürich 2007.

Küting, Karlheinz (2000): Der Geschäfts- oder Firmenwert - ein Spielball der Bilanzpolitik in deutschen Konzernen, in: Die Aktiengesellschaft, 45. Jg. (2000), S. 97-106.

Küting, Karlheinz/Dawo, Sascha (2002): Bilanzpolitische Gestaltungspotenziale im Rahmen der International Financial Reporting Standards (IFRS), in: Steuern und Bilanzen, 4. Jg. (2002), S. 1205-1213.

Küting, Karlheinz/Heiden, Matthias (2002): Zur Informationsqualität der Lageberichterstattung in deutschen Geschäftsberichten, in: Steuern und Bilanzen, 4. Jg. (2002), S. 933-937.

Küting, Karlheinz/Koch, Christian (2003): Der Goodwill in der deutschen Bilanzierungspraxis, in: Steuer- und Bilanzpraxis, 5. Jg. (2003), S. 49-54.

Küting, Karlheinz/Ulrich, Andreas (2001): Abbildung und Steuerung immaterieller Vermögensgegenstände (Teil I) - Werttreiber im normativen Zwangskorsett in: Deutsches Steuerrecht, 39. Jg. (2001), S. 953-960.

Küting, Karlheinz/Weber, Claus-Peter/Wirth, Johannes (2002): Goodwill und immaterielle Vermögenswerte im Übergang auf die Anwendung des SFAS 142, in: Zeitschrift für internationale und kapitalmarktorientierte Rechnungslegung, 2. Jg. (2002), S. 57-81.

Küting, Karlheinz/Weber, Claus-Peter/Wirth, Johannes (2008): Die Goodwillbilanzierung im finalisierten Business Combinations Project Phase II, in: Zeitschrift für internationale und kapitalmarktorientierte Rechnungslegung, 8. Jg. (2008), S. 139-152.

Küting, Karlheinz/Wirth, Johannes (2006): Bilanzierung eines negativen Unterschiedsbeitrags nach IFRS 3 und die Bedeutung der Erfassung von Eventualschulden in der Kaufpreisallokation, in: Zeitschrift für internationale Rechnungslegung, 1. Jg. (2006), S. 143-151.

Laux, Helmut (2007): Entscheidungstheorie, 7. Auflage, Berlin u.a. 2007.

Leibfried, Peter/Pfanzelt, Stefan (2004): Praxis der Bilanzierung von Forschungs- und Entwicklungskosten gemäß IAS/IFRS, in: Zeitschrift für internationale und kapitalmarktorientierte Rechnungslegung, 4. Jg. (2004), S. 491-497.

Lenz, Alexander/Tilch, Thomas (2008): Wertorientiertes Risikocontrolling, in: Zeitschrift Risk, Fraud & Governance, 3. Jg. (2008), S. 101-110.

Lev, Baruch (2002): Where have all of Enron's intangibles gone?, in: Journal of Accounting and Public Policy, Vol. 21 (2002), S. 131-135.

Lev, Baruch (2003): Remarks on the Measurement, Valuation, and Reporting of Intangible Assets, in: Economic Policy Review (Federal Reserve Bank of New York), Vol. 9 (2003), S. 17-22.

Lingnau, Volker (1995): Kritischer Rationalismus und Betriebswirtschaftslehre, in: Wirtschaftswissenschaftliches Studium, 24. Jg. (1995), S. 124-129.

Linsley, Philip/Shrives, Philip (2000): Risk management and reporting risk in the UK, in: The Journal of Risk, Vol. 3 (2000), S. 115-129.

Lintner, John (1965): The Valuation of Risk Assets and the Selection of Risky Investments in Stock Portfolios and Capital Budgets, in: Review of Economics and Statistics, Vol. 47 (1965), S. 13-37.

Löw, Edgar (2005): Risikomanagement, Risikocontrolling und IFRS, in: Wagenhofer, Alfred (Hrsg.), Internationale Rechnungslegungsstandards - IAS/IFRS, 5. Auflage, Frankfurt 2005, S. 169-201.

Löw, Edgar/Lorenz, Karsten (2001): Risikoberichterstattung nach den Standards des DRSC und im internationalen Vergleich, in: Zeitschrift für internationale und kapitalmarktorientierte Rechnungslegung, 1. Jg. (2001), S. 211-222.

Lück, Wolfgang (1998a): Der Umgang mit unternehmerischen Risiken durch ein Risikomanagementsystem und durch ein Überwachungssystem, in: Der Betrieb, 51. Jg. (1998), S. 1925-1931.

Lück, Wolfgang (1998b): Elemente eines Risiko-Managementsystems, in: Die Betriebswirtschaft, 58. Jg. (1998), S. 8-14.

Lück, Wolfgang (2000): Managementrisiken, in: Dörner, Dietrich/Horváth, Péter/Kagermann, Henning (Hrsg.), Praxis des Risikomanagements, Stuttgart 2000, S. 311-343.

Lück, Wolfgang (2001): Chancenmanagementsystem - neue Chance für Unternehmen, in: Betriebs-Berater, 56. Jg. (2001), S. 2312-2315.

Lüdenbach, Norbert (2008): § 31 Unternehmenszusammenschlüsse, in: Lüdenbach, Norbert/Hoffmann, Wolf-Dieter (Hrsg.), Haufe IFRS-Kommentar, 6. Auflage, Freiburg 2008.

Lüdenbach, Norbert (2008): IFRS: Der Ratgeber zur erfolgreichen Anwendung von IFRS, 5. Auflage, Freiburg 2008.

Lüdenbach, Norbert/Hoffmann, Wolf-Dieter (2008): § 1 Rahmenkonzept (Framework), in: Lüdenbach, Norbert/Hoffmann, Wolf-Dieter (Hrsg.), Haufe IFRS-Kommentar, 6. Auflage, Freiburg 2008.

Lüdenbach, Norbert/Prusaczyk, Peter (2004a): Bilanzierung von "In-Process Research and Development" beim Unternehmenserwerb nach IFRS und US-GAAP, in: Zeitschrift für internationale und kapitalmarktorientierte Rechnungslegung, 4. Jg. (2004), S. 415-422.

Lüdenbach, Norbert/Prusaczyk, Peter (2004b): Bilanzierung von Kundenbeziehungen in der Abgrenzung zu Marken und Goodwill, in: Zeitschrift für internationale und kapitalmarktorientierte Rechnungslegung, 8. Jg. (2004), S. 204-214.

Lutz-Ingold, Martin (2005): Immaterielle Güter in der externen Rechnungslegung, Wiesbaden 2005, zugleich Dissertation an der Universität Freiburg 2003.

Mandl, Gerwald/Rabel, Klaus (2005): Methoden der Unternehmensbewertung (Überblick), in: Peemöller, Volker H. (Hrsg.), Praxishandbuch der Unternehmensbewertung, 3. Auflage, Herne/Berlin 2005, S. 47-88.

Markowitz, Harry (1952): Portfolio Selection, in: The Journal of Finance, Vol. 7 (1952), S. 77-91.

Marten, Kai-Uwe/Quick, Reiner/Ruhnke, Klaus (2007): Wirtschaftsprüfung: Grundlagen des betriebswirtschaftlichen Prüfungswesens nach nationalen und internationalen Normen, 3. Auflage, Stuttgart 2007.

Mayring, Philipp (2008): Qualitative Inhaltsanalye, 10. Auflage, Weinheim/Basel 2008.

Meffert, Heribert (2005): Markenstrategie und Markenmanagement, in: Hungenberg, Harald/Meffert, Jürgen (Hrsg.), Handbuch strategisches Management, 2. Auflage, Wiesbaden 2005, S. 831-852.

Meffert, Heribert/Burmann, Christoph/Kirchgeorg, Manfred (2008): Marketing, 10. Auflage, Wiesbaden 2008.

Menninger, Jutta/Kunowski, Stefan (2003): Wertermittlung von Patenten, Technologien und Lizenzen vor dem Hintergrund von Optimierungsstrategien, in: Deutsches Steuerrecht, 41. Jg. (2003), S. 1180-1184.

Meyer, Marco (2005): Unternehmenswertorientierte Berichterstattung auf BAsis der IAS/IFRS, Wiesbaden 2005, zugleich Dissertation an der Universität Hamburg 2004.

Mikus, Barbara (1996): ZP-Stichwort: Risikomanagement, in: Zeitschrift für Planung und Unternehmenssteuerung, 7. Jg. (1996), S. 105-110.

Mikus, Barbara (2001): Risiken und Risikomanagement - ein Überblick, in: Götze, Uwe/Henselmann, Klaus/Mikus, Barbara (Hrsg.), Risikomanagement, Heidelberg 2001, S. 3-28.

Milne, Markus J./Adler, Ralph W. (1998): Exploring the reliability of social and environmental disclosures content analysis, in: Accounting, Auditing & Accountability Journal, Vol. 12 (1998), S. 237-256.

Moser, Ulrich/Goddar, Heinz (2007): Grundlagen der Bewertung immaterieller Vermögenswerte am Beispiel patentgeschützter Technologien, in: Finanz-Betrieb, 9. Jg. (2007), S. 594-609.

Mosiek, Thomas (2002): Interne Kundenorientierung des Controlling, Frankfurt am Main 2002, zugleich Dissertation an der Universität Münster 2002.

Mosler, Karl C./Schmid, Friedrich (2006): Wahrscheinlichkeitsrechnung und schließende Statistik, 2. Auflage, Berlin [u.a.] 2006.

Mosler, Karl/Schmid, Friedrich (2005): Beschreibende Statistik und Wirtschaftsstatistik, 2. Auflage, Berlin u.a. 2005.

Mossin, Jan (1966): Equilibrium in a Capital Asset Market, in: Econometrica, Vol. 34 (1966), S. 768-783.

Moxter, Adolf (1979): Immaterielle Anlagewerte im neuen Bilanzrecht, in: Betriebs-Berater, 34. Jg. (1979), S. 1102-1109.

Moxter, Adolf (2003): Unterschiede im Wertaufhellungsverständnis zwischen den handelsrechtlichen GoB und den IAS/IFRS, in: Betriebs-Berater, 58. Jg. (2003), S. 2559-2564.

Mugler, Josef (1979): Risk Management in der Unternehmung, Wien 1979.

Müller, Claudia (2006): Wissen, intangible Assets oder intellektuelles Kapital - eine Begriffswelt in Diskussion, in: Matzler, Kurt/Hinterhuber, Hans H./Renzl, Birgit/Rothenberger, Sandra (Hrsg.), Immaterielle Vermögenswerte - Handbuch der intangible Assets, Berlin 2006, S. 3-22.

Müller, Sarah (2003): Die Bewertung junger Unternehmen und Behavioral Finance, Lohmar u.a. 2003, zugleich Dissertation an der Universität Münster 2003.

NASDAQ (o. J.): NASDAQ International Companies [Internet: http://www.nasdaq.com/asp/NonUsOutput.asp?page=G&region=europe, verifiziert: 05.05.2009].

Nevries, Pascal/Strauß, Erik (2008): Aufgaben des Controllings im Rahmen des Risikomanagementprozesses, in: Zeitschrift für Controlling & Management, 52. Jg. (2008), S. 106-111.

Nonnenmacher, Rolf (2005): § 54, in: Marsch-Barner, Reinhard/Schäfer, Frank A. (Hrsg.), Handbuch börsennotierte AG, Köln 2005.

NYSE (o. J.): Listings Directory [Internet: http://www.nyse.com/bout/listed/lc_ny_egion_6.html?country=23, verifiziert: 05.05.2009].

o.V. (2008): Stichwort: Datenbanken, in: Corsten, Hans/Gössinger, Ralf (Hrsg.), Lexikon der Betriebswirtschaftslehre, 5. Auflage, München 2008, Sp. 152-153.

Pedell, Burkhard (2004): Risikointerdependenzen als Ansatzpunkt für Aufgaben und Instrumente des Risikocontrolling, in: Zeitschrift für Controlling & Management, Sonderheft 3, 48. Jg. (2004), S. 4-11.

Peemöller, Volker H. (2005): Grundsätze ordnungsmäßiger Unternehmensbewertung, in: Peemöller, Volker H. (Hrsg.), Praxishandbuch der Unternehmensbewertung, 3. Auflage, Herne/Berlin 2005, S. 27-45.

Peemöller, Volker H./Hofmann, Stefan (2005): Bilanzskandale: Delikte und Gegenmaßnahmen, Berlin 2005.

Peemöller, Volker H./Kunowski, Stefan (2005): Ertragswertverfahren nach IDW, in: Peemöller, Volker H. (Hrsg.), Praxishandbuch der Unternehmensbewertung, 3. Auflage, Herne/Berlin 2005, S. 201-263.

Pellens, Bernhard/Amshoff, Holger/Sellhorn, Thorsten (2008): IFRS 3 (rev. 2008): Einheitstheorie in der M&A-Bilanzierung in: Betriebs-Berater, 63. Jg. (2008), S. 602-606.

Pellens, Bernhard/Crasselt, Nils/Sellhorn, Thorsten (2007): Solvenztests zur Ausschüttungsbemessung - Berücksichtigung unsicherer Zukunftserwartungen, in: Zeitschrift für betriebswirtschaftliche Forschung, 59. Jg. (2007), S. 264-283.

Pellens, Bernhard et al. (2005): Goodwill Impairment Test - Ein empirischer Vergleich der IFRS- und US-GAAP-Bilanzierer im deutschen Prime Standard, in: Betriebs-Berater, 60. Jg. (2005), S. 10-19.

Pellens, Bernhard/Epstein, Rolf/Ruhwedel, Peter (2005): Goodwill bilanzieren und steuern, hrsg. von Deloitte [Internet: http://www.deloitte.com/dtt/cda/doc/content/DE_C_CFO_Goodwill_IFRS_311005.pdf, verifiziert: 05.05.2009].

Pellens, Bernhard et al. (2008): Internationale Rechnungslegung, 7. Auflage, Stuttgart 2008.

Pellens, Bernhard/Sellhorn, Thorsten (2001): Neue Goodwill-Bilanzierung nach US-GAAP, in: Der Betrieb, 54. Jg. (2001), S. 713-720.

Petersen, Karl/Bansbach, Florian/Dornbach, Eike (2008): IFRS Praxishandbuch, 3. Auflage, München 2008.

Petersen, Karl/Zwirner, Christian (2008): Rechnungslegung bei Film- und Medienunternehmen, in: Zeitschrift für internationale und kapitalmarktorientierte Rechnungslegung, 8. Jg. (2008), S. 401-410.

Pfeiffer, Thomas (1984): Begriffsbestimmung und Bilanzfähigkeit des immateriellen Wirtschaftsgutes, in: Steuer und Wirtschaft, 61. Jg. (1984), S. 326-339.

Philipp, Fritz (1967): Risiko und Risikopolitik, 1967.

Picot, Arnold/Dietl, Helmut/Franck, Egon (2008): Organisation - eine ökonomische Perspektive, 5. Auflage, Stuttgart 2008.

Picot, Gerhard (2001): Überblick über die Kontrollmechanismen im Unternehmen nach KonTraG, in: Lange, Knut Werner/Wall, Friederike (Hrsg.), Risikomanagement nach dem KonTraG, München 2001, S. 5-37.

Pollanz, Manfred (1999): Konzeptionelle Überlegungen zur Einrichtung und Prüfung eines Risikomanagementsystems - Droht eine Mega-Erwartungslücke, in: Der Betrieb, 52. Jg. (1999), S. 393-399.

Pottgießer, Gaby/Velte, Patrick/Weber, Stefan C. (2005): Ermessensspielräume im Rahmen des Impairment-Only-Approach, in: Deutsches Steuerrecht, 43. Jg. (2005), S. 1748-1752.

Prätsch, Joachim/Schikorra, Uwe/Ludwig, Eberhard (2007): Finanzmanagement, 3. Auflage, Berlin u.a. 2007.

Preußner, Joachim (2004): Deutscher Corporate Governance Kodex und Risikomanagement, in: Neue Zeitschrift für Gesellschaftsrecht, 7. Jg. (2004), S. 303-307.

PricewaterhouseCoopers (2007): Werthaltigkeit des Goodwills und anderer Vermögenswerte [Internet: http://www.pwc.de/portal/pub!ut/p/cxml/04_Sj9SPykssy0xPLMnMz0vM0Y_QjzKLd4p3dgoFSYGYLm4W-pEQhgtEzCDeESESpO-t7-uRn5uqH6BfkBsaUe7oqAgAqOm DA!!?siteArea=49c4e38420924a4b&content=e500c60afcbd82f&topNavNode=49c4e38420924a4b, verifiziert: 05.05.2009].

PricewaterhouseCoopers/Günther, Thomas/Beyer, Dirk (2003): Immaterielle Werte und andere weiche Faktoren in der Unternehmensberichterstattung - eine Bestandsaufnahme, Frankfurt am Main 2003.

PricewaterhouseCoopers et al. (2006): Praxis von Markenbewertung und Markenmanagement in deutschen Unternehmen - Neue Befragung 2005, Frankfurt am Main 2006.

Prigge, Cord (2006): Konzernlageberichterstattung vor dem Hintergrund einer Bilanzierung nach IFRS, Düsseldorf 2006, zugleich Dissertation an der Universität Münster 2005.

Pümpin, Cuno (1980): Strategische Führung in der Unternehmenspraxis, Bern 1980.

Raffée, Hans (1974): Grundprobleme der Betriebswirtschaftslehre, Göttingen 1974.

Rehner, Johannes/Neumair, Simon-Martin (2009): Risiken internationaler Unternehmenstätigkeit: Begriffserklärungen und Formen von Internationalisierungsrisiken, in: Kühlmann, Torsten/Haas, Hans-Dieter (Hrsg.), Internationales Risikomanagement, München 2009, S. 27-60.

Reinen, Günter/Haußer, Jochen (2008): § 266 Gliederung der Bilanz, in: Schmidt, Karsten (Hrsg.), Münchener Kommentar zum Handelsgesetzbuch, Band 4, 2. Auflage, München 2008.

Richter, Michael (2004): Die Bewertung des Goodwill nach SFAS No. 141 und SFAS No. 142, Düsseldorf 2004, zugleich Dissertation an der Universität Münster 2003.

Riedl, Edward J. (2003): An Examination of Long-Lived Asset Impairments, Harvard NOM Working Paper No. 03-54 [Internet: http://ssrn.com/abstract=467463, verifiziert: 05.05.2009].

Rieper, Bernd/Witte, Thomas/Berens, Wolfgang (1996): Vorwort, in: Rieper, Bernd/Witte, Thomas/Berens, Wolfgang (Hrsg.), Betriebswirtschaftliches Controlling: Planung - Entscheidung - Organisation, Festschrift für Univ.-Prof. Dr. Dietrich Adam zum 60. Geburtstag, Wiesbaden 1996, S. V-VI.

Rogler, Silvia (2002): Risikomanagement im Industriebetrieb, Wiesbaden 2002, zugleich Habilitation an der Universität Göttingen 1999.

Romeike, Frank (2003): Risikoidentifikation und Risikokatgeorien, in: Romeike, Frank/Finke, Robert F. (Hrsg.), Erfolgsfaktor Risiko-Management, Wiesbaden 2003, S. 165-198.

Romeike, Frank (2005): Frühaufklärungssysteme als wesentliche Komponente eines proaktiven Risikomanagements, in: Controlling, 17. Jg. (2005), S. 271-279.

Rommelfanger, Heinrich (2008): Stand der Wissenschaft bei der Aggregation von Risiken, in: Deutsche Gesellschaft für Risikomanagement e. V. (Hrsg.), Risikoaggregation in der Praxis, Berlin u.a. 2008, S. 15-47.

Roos, Johan et al. (1997): Intellectual Capital - Navigating the New Business Landscape, London 1997.

Rosenbloom, Jerry S. (1972): A case study in risk management, New York 1972.

Rosenkranz, Friedrich/Missler-Behr, Magdalena (2005): Unternehmensrisiken erkennen und managen, Berlin u.a. 2005.

Rössler, Patrick (2005): Inhaltsanalyse, Konstanz 2005.

Rütte, Marc von/Hoenes, Raimund C. (1995): Rechnungslegung immaterieller Werte, Bamberg 1995, zugleich Gemeinschaftsdissertation an der Hochschule St. Gallen 1995.

Scheinpflug, Patrick (2006): §4. Immaterielle Vermögenswerte, in: Bohl, Werner/Riese, Joachim/Schlüter, Jörg (Hrsg.), Beck'sches IFRS-Handbuch, 2. Auflage, München/Wien/Bern 2006.

Schiller, Wolfgang/Erben, Roland/Hebeis, Norbert (2005): Risikomanagement für Marken, Weinheim 2005.

Schindler, Joachim/Rabenhorst, Dirk (2001): Prüfung des Risikofrüherkennungssystems im Rahmen der Abschlussprüfung, in: Lange, Knut Werner/Wall, Friederike (Hrsg.), Risikomanagement nach dem KonTraG, München 2001, S. 160-175.

Schipper, Katherine (1989): Commentary on Earnings Management, in: Accounting Horizons, Vol. 3 (1989), S. 91-102.

Schmachtenberg, Frederik/Meixner, Philipp/Schäfer, Dirk (2005): Die Folgebewertung von Mobilfunklizenzen nach HGB, IFRS und US-GAAP, in: Zeitschrift für internationale und kapitalmarktorientierte Rechnungslegung, 5. Jg. (2005), S. 512-523.

Schmidbauer, Rainer (2004): Immaterielle Vermögenswerte in der Unternehmensrechnung: Abbildung im Jahresabschluss und Ansätze zur Steuerung, in: Deutsches Steuerrecht, 42. Jg. (2004), S. 1442-1448.

Schmidt, Alexander Oliver (2008): Intellectual Capital, Hamburg 2008, zugleich Dissertation an der Universität Augsburg 2007.

Schmitting, Walter (2008): Perspektiven eines Risikomanagements im Rahmen von Unternehmensakquisition und Due Diligence, in: Berens, Wolfgang/Brauner, Hans U./Strauch, Joachim (Hrsg.), Due Diligence bei Unternehmensakquisitionen, 5. Auflage, Stuttgart 2008, S. 233-270.

Schmitting, Walter/Siemes, Andreas (2004): EDV-technische Umsetzung eines Risikomanagementmodells, in: Controlling, 16. Jg. (2004), S. 103-109.

Schmitz, Thorsten/Wehrheim, Michael (2006): Risikomanagement, Stuttgart 2006.

Schnell, Rainer/Hill, Paul B./Esser, Elke (2008): Methoden der empirischen Sozialforschung, 8. Auflage, München 2008.

Schröer, Christopher (2007): Risikomanagement in KMU - Grundlagen, Instrumente, Nutzen, Saarbrücken 2007.

Schruff, Lothar/Haaker, Andreas (2008): Immaterielle Vermögenswerte, in: Ballwieser, Wolfgang/Beine, Frank/Hayn, Sven/Peemöller, Volker H./Schruff, Lothar/Weber, Claus-Peter (Hrsg.), Wiley-Kommentar zur internationalen Rechnungslegung nach IFRS 2008 [Überarbeitung der englischen Originalausgabe von Epstein/Jermakowicz], 4. Auflage, Weinheim 2008.

Schumann, Jochen/Meyer, Ulrich/Ströbele, Wolfgang (2007): Grundzüge der mikroökonomischen Theorie, 8. Auflage, Berlin u.a. 2007.

Schwedler, Kristina (2008): Business Combinations Phase 2: Die neuen Vorschriften zur Bilanzierung von Unternehmenszusammenschlüssen, in: Zeitschrift für internationale und kapitalmarktorientierte Rechnungslegung, 8. Jg. (2008), S. 125-138.

Seibert, Ulrich (2000): Die Entstehung des § 91 Abs. 2 AktG im KonTraG - "Risikomanagement" oder "Frühwarnsystem"?, in: Westermann, Harm Peter (Hrsg.), Festschrift für Gerold Bezzenberger zum 70. Geburtstag am 13. März 2000, Berlin u.a. 2000, S. 427-438.

Sellhorn, Thorsten (2000): Ansätze zur bilanziellen Behandlung des Goodwill im Rahmen einer kapitalmarktorientierten Rechnungslegung, in: Der Betrieb, 53. Jg. (2000), S. 885-892.

Sellhorn, Thorsten (2004): Goodwill Impairment, Frankfurt am Main u.a. 2004, zugleich Dissertation an der Universität Bochum 2004.

Sharpe, William F. (1964): Capital Asset Prices: A Theory of Market Equilibrium under Conditions of Risk, in: Journal of Finance, Vol. 19 (1964), S. 425-442.

Siegrist, Louis/Stucker, Jörg (2007): Die Bewertung von immateriellen Vermögenswerten in der Praxis, in: Zeitschrift für internationale Rechnungslegung, 2. Jg. (2007), S. 243-249.

Siemes, Andreas (2002): Marktorientierte Kreditrisikobewertung, Frankfurt am Main u.a. 2002, zugleich Dissertation an der Universität Münster 2001.

Siepe, Christian (2007): Die Bilanzierung des Goodwill im Wandel, Saarbrücken 2007.

Siepe, Günter (1994): Das Risikoanalysesystem des Unternehmens als Gegenstand der Abschlussprüfung, in: Münsteraner Gesprächskreis Rechnungslegung und Prüfung (Hrsg.), Rechnungslegung und Prüfung 1994, Düsseldorf 1994, S. 235-265.

Sontheimer, Jürgen (1983): Die Besteuerung von Software, in: Deutsches Steuerrecht, 21. Jg. (1983), S. 350-356.

Spannagl, Johannes (2001): Neuer Standard in der Markenbewertung, in: Markenartikel, 63. Jg (2001), S. 38-43.

Spindler, Gerald (2008): AktG § 91 Organisation; Buchführung, in: Kropff, Bruno/Semler, Johannes (Hrsg.), Münchener Kommentar zum Aktiengesetz, 3. Auflage, München 2008.

Steffenhagen, Hartwig (2008): Marketing - eine Einführung, 6. Auflage, Stuttgart 2008.

Streim, Hannes/Bieker, Marcus/Hackenberger, Jens (2007): Ökonomische Analyse der gegenwärtigen und geplanten Regelungen zur Goodwill-Bilanzierung nach IFRS, in: Zeitschrift für internationale Rechnungslegung, 7. Jg. (2007), S. 17-27.

Strieder, Thomas/Ammedick, Oliver (2007): Der Zwischenlagebericht als neues Instrument der Zwischenberichterstattung, in: Der Betrieb, 60. Jg. (2007), S. 1368-1372.

Strohmeier, Georg (2007): Ganzheitliches Risikomanagement in Industriebetrieben, Wiesbaden 2007, zugleich Dissertation an der Montanuniversität Leoben 2006.

Sveiby, Karl-Erik (1998): Measuring Intangibles and Intellectual Capital - An Emerging First Standard [Internet: http://www.sveiby.com/articles/mergingStandard.html, verifiziert: 05.05.2009].

Tafelmeier, Robert (2007): Wie können Marken zuverlässig bewertet werden?, in: Bilanzbuchhalter und Controller, 31. Jg. (2007), S. 44-49.

Theisen, René (2003): Zur Reform des Aufsichtsrats - Eine betriebswirtschaftliche Bestandsanalyse und Perspektive, in: Dörner, Dietrich/Menold, Dieter/Pfitzer, Norbert/Oser, Peter (Hrsg.), Reform des Aktienrechts, der Rechnungslegung und der Prüfung, 2. Auflage, Stuttgart 2003, S. 431-522.

Thommen, Jean-Paul/Achleitner, Ann-Kristin (2006): Allgemeine Betriebswirtschaftslehre, 5. Auflage, Wiesbaden 2006.

Velte, Patrick (2008): Intangible Asstes und Goodwill im Spannungsfeld zwischen Entscheidungsrelevanz und Verlässlichkeit, Wiesbande 2008, zugleich Dissertation an der Universität Hamburg 2008.

Vogler, Matthias/Gundert, Martin (1998): Einführung von Risikomanagementsystemen, in: Der Betrieb, 51. Jg. (1998), S. 2377-2383.

Völckner, Franziska/Pirchegger, Barbara (2006): Immaterielle Werte in der internen und externen Berichterstattung deutscher Unternehmen, in: Die Betriebswirtschaft, 66. Jg. (2006), S. 219-243.

von Bassewitz, Katharina (2004): Trade Dress und Functionality - Ein Vergleich des marken- und wettbewerbsrechtlichen Schutzes von Produktformen in den USA und Deutschland - Zugleich eine Anmerkung zum Urteil Antioch Co.v. Western Trimming Corp., in: Gewerblicher Rechtsschutz und Urheberrecht Internationaler Teil, 53. Jg. (2004), S. 390-395.

von Keitz, Isabel (1997): Immaterielle Güter in der internationalen Rechnungslegung, Düsseldorf 1997, zugleich Dissertation an der Universität Münster 1996.

von Keitz, Isabel (2005): Praxis der IASB-Rechnungslegung, 2. Auflage, Stuttgart 2005.

von Rosen, Rüdiger/Vogler, Matthias (2000): Einführung und Ausgestaltung von Risikomanagementsystemen, Frankfurt am Main 2000.

von Weizsäcker, Robert/Krempel, Katja (2004): Risikoadäquate Bewertung nicht-börsennotierter Unternehmen - ein alternatives Konzept, in: Finanz-Betrieb, 6. Jg. (2004), S. 808-814.

Wagenhofer, Alfred (Hrsg.) (2006): Controlling und IFRS-Rechnungslegung, Berlin 2006.

Wagenhofer, Alfred (2009): Internationale Rechnungslegungsstandards - IAS/IFRS, 6. Auflage, München 2009.

Wall, Friederike (2001): Betriebswirtschaftliches Risikomanagement im Lichte des KonTraG, in: Lange, Knut Werner/Wall, Friederike (Hrsg.), Risikomanagement nach dem KonTraG, München 2001, S. 207-235.

Wall, Friederike (2002): Unterschiede und Gemeinsamkeiten von Risikomanagement im Rahmen der Unternehmensplanung versus Risikomanagement nach KonTraG, Witten/Herdecke 2002.

Wall, Friederike (2003): Kompatibilität des betriebswirtschaftlichen Risikomanagement mit den gesetzlichen Anforderungen?, in: Die Wirtschaftsprüfung, 56. Jg. (2003), S. 457-471.

Walter, Norbert (1982): Zur Ansatzfähigkeit immaterieller Anlagewerte in der Handels- und Steuerbilanz - Eine Untersuchung aus betriebswirtschaftlicher Sicht, Berlin 1982, zugleich Dissertation an der Technischen Universität Berlin 1982.

Weber, Johannes/Roventa, Peter (2006): Synergiemanagement und Synergiecontrolling bei M&A-Projekten, in: Zeitschrift für Controlling & Management, 50. Jg. (2006), S. 280-285.

Weber, Jürgen/Schäffer, Utz (2008): Einführung in das Controlling, 12. Auflage, Stuttgart 2008.

Weber, Jürgen/Weißenberger, Barbara E./Liekweg, Arnim (1999a): Risk Tracking and Reporting, Vallendar 1999.

Weber, Jürgen/Weißenberger, Barbara/Liekweg, Arnim (1999b): Ausgestaltung eines unternehmerischen Chancen- und Risikomanagements nach dem KonTraG, in: Deutsches Steuerrecht, 37. Jg. (1999), S. 1710-1716.

Weißenberger, Barbara E. (2007): IFRS für Controller, München 2007.

Weißenberger, Barbara E./Fülbier, Rolf U./Mages, Monika K. (2008): IFRS-Kaufpreisallokation und Goodwill-Impairment, Weinheim 2008.

Weißenberger, Barbara E./International Group of Controlling (Hrsg.) (2006): Controller und IFRS: Konsequenzen für die Controlleraufgaben durch die Finanzberichterstattung nach IFRS, Freiburg [u.a.] 2006.

Weißenberger, Barbara E./Maier, Michael (2006): Der Management Approach in der IFRS-Rechnungslegung: Fundierung der Finanzberichterstattung durch Informationen aus dem Controlling, in: Der Betrieb, 59. Jg. (2006), S. 2077-2083.

Werner, Gerhild/Richter, Michael (1998): Marken im Bereich Dienstleistungen, in: Tomczak, Torsten/Schogel, Marcus/Ludwig, Eva (Hrsg.), St. Gallen 1998, S. 24-35.

Wild, Jürgen (1982): Grundlagen der Unternehmungsplanung, Opladen 1982.

Winter, Heike (2004): Risikomanagement und effektive Corporate Governance, Wiesbaden 2004, zugleich Dissertation an der Universität Magdeburg 2003.

Wirth, Johannes (2004): Der Werthaltigkeitstest nach IAS 36 (rev. 2004) im Fokus der konsolidierten Rechnungslegung, Saarbrücken 2004, zugleich Dissertation an der Universität des Saarlandes 2004.

Wirth, Johannes (2005): Firmenwertbilanzierung nach IFRS, Stuttgart 2005.

Wöhe, Günter/Döring, Ulrich (2008): Einführung in die Allgemeine Betriebswirtschaftslehre, 23. Auflage, München 2008.

Wolf, Klaus (2003a): Risikoaggregation anhand der Monte-Carlo-Simulation, in: Controlling, 15. Jg. (2003), S. 565-572.

Wolf, Klaus (2003b): Risikomanagement im Kontext der wertorientierten Unternehmensführung, Wiesbaden 2003, zugleich Dissertation an der Universität Bayreuth 2003.

Wolf, Klaus (2005): Neuerungen im (Konzern-)Lagebericht durch das Bilanzrechtsreformgesetz (BilReG) - Anforderungen und ihre praktische Umsetzung, in: Deutsches Steuerrecht, 43. Jg. (2005), S. 438-442.

Wolf, Klaus/Runzheimer, Bodo (2003): Risikomanagement und KonTraG, 4. Auflage, Wiesbaden 2003.

Wolke, Thomas (2007): Risikomanagement, 2. Auflage, München 2007.

Wolz, Matthias (2001): Zum Stand der Umsetzung von Risikomanagementsystemen aus der Sicht börsennotierter Aktiengesellschaften und ihrer Prüfer - Eine empirische Studie -, in: Die Wirtschaftsprüfung, 54. Jg. (2001), S. 789-801.

Wulf, Inge (2008): Immaterielle Vermögenswerte nach IFRS, Berlin 2008.

Ziesemer, Stefan (2002): Rechnungslegungspolitik in IAS-Abschlüssen und Möglichkeiten ihrer Neutralisierung, Düsseldorf 2002, zugleich Dissertation an der Universität Münster 2002.

Zimmer, Daniel/Sonneborn, Andrea M. (2001): § 91 Abs 2 AktG - Anforderungen und gesetzgeberische Absichten, in: Lange, Knut Werner/Wall, Friederike (Hrsg.), Risikomanagement nach dem KonTraG, München 2001, S. 38-59.

Zülch, Henning (2003): Die Bilanzierung von investment properties nach IAS 40, Düsseldorf 2003, zugleich Dissertation an der Universität Münster 2002.

Zülch, Henning/Hoffmann, Sebastian (2009): Die Modernisierung des deutschen Handelsbilanzrechts durch das BilMoG: Wesentliche Alt- und Neuregelungen im Überblick, in: Der Betrieb, 62. Jg. (2009), S. 745-752.

Verzeichnis der Rechtsquellen der EG/EU

Verordnung (EG) Nr. 1606/2002 des Europäischen Parlaments und des Rates vom 19. Juli 2002 betreffend die Anwendung internationaler Rechnungslegungsstandards, in: Amtsblatt der EG Nr. L 243 vom 11.09.2002 (IAS-Verordnung).

Verordnung (EG) Nr. 1126/2008 der Kommission vom 3. November 2008 zur Übernahme bestimmter internationaler Rechnungslegungsstandards gemäß der Verordnung (EG) Nr. 1606/2002 des Europäischen Parlaments und des Rates, in: Amtsblatt der Europäischen Union Nr. L 320 vom 29.11.2008.

Gesetzesverzeichnis

Gesetz zur Kontrolle und Transparenz im Unternehmensbereich (KonTraG) vom 27.04.1998, in: Bundesgesetzblatt (BGBl.) I 1998, S. 786.

Gesetz zur Einführung internationaler Rechnungslegungsstandards und zur Sicherung der Qualität der Abschlussprüfung (Bilanzrechtsreformgesetz – BilReG) vom 04.12.2004, in: Bundesgesetzblatt (BGBl.) I 2004, S. 3166.

Markengesetz (MarkenG) vom 25. Oktober 1994 in: Bundesgesetzblatt (BGBl.) I 1995 S. 3082; 1996, S. 682), zuletzt geändert durch Artikel 4 des Gesetzes vom 7. Juli 2008 (BGBl. I S. 1191).

Handelsgesetzbuch (HGB) in der im Bundesgesetzblatt Teil III, Gliederungsnummer 4100-1, veröffentlichten bereinigten Fassung, zuletzt geändert durch Artikel 10 des Gesetzes vom 12. August 2008 (BGBl. I S. 1666).

Wertpapierhandelsgesetz (WpHG) in der Fassung der Bekanntmachung vom 9. September 1998 (BGBl. I S. 2708), zuletzt geändert durch Artikel 1 des Gesetzes vom 12. August 2008 (BGBl. I S. 1666).

Gesetz zur weiteren Reform des Aktien- und Bilanzrechts, zu Transparenz und Publizität (Transparenz- und Publizitätsgesetz) vom 19.07.2002, in: Bundesgesetzblatt (BGBl.) I 1998, S. 2681.

Verzeichnis der Rechtsprechung

FG Berlin, Urteil vom 27.10.1982, II 138/80, in: Betriebs-Berater, 1983 (38. Jg.), S. 1705-1706.

FG Berlin, Urteil vom 8.7.1981, II 154/80, in: Entscheidungen der Finanzgerichte, 1982 (30. Jg.), S. 59-60.

Verzeichnis der Gesetzesmaterialien

BT-Drucksache 13/9712 vom 28.01.1998: Gesetzentwurf der Bundesregierung – Entwurf eines Gesetzes zur Kontrolle und Transparenz im Unternehmensbereich (KonTraG).

Verzeichnis nationaler Standards

Deutscher Corporate Governance Kodex in der Fassung vom 06.06.2008, [Internet: http://www.corporate-governance-code.de/ger/kodex/index.html, zuletzt verifiziert: 22.04.2009].

Deutscher Rechnungslegungs Standard Nr. 5 (DRS 5): Risikoberichterstattung, bekannt gemacht vom Bundesministeriuim der Justiz im Bundesanzeiger vom 29.05.2001, zuletzt geändert durch DRÄS 3, bekannt gemacht im Bundesanzeiger vom 31.08.2005.

Deutscher Rechnungslegungs Standard Nr. 15 (DRS 15): Lageberichterstattung, bekannt gemacht vom Bundesministeriuim der Justiz im Bundesanzeiger vom 26.02.2005.

Deutscher Rechnungslegungs Standard Nr. 16 (DRS 16): Zwischenberichterstattung, bekannt gemacht vom Bundesministeriuim der Justiz am im Bundesanzeiger vom 24.07.2008.

IDW Prüfungsstandard: Die Prüfung des Risikofrüherkennungssystems nach § 317 Abs. 4 HGB (IDW PS 340), in: Die Wirtschaftsprüfung, 52. Jg. (1999), S. 658-662.

IDW Prüfungsstandard: Prüfung des Lageberichts (IDW PS 350), in: Die Wirtschaftsprüfung, 59. Jg. (2006), S. 1293-1297.

IDW Stellungnahme zur Rechnungslegung: Bewertungen bei der Abbildung von Unternehmenserwerben und bei Werthaltigkeitsprüfungen nach IFRS (IDW RS HFA 16), in: Die Wirtschaftsprüfung, 58. Jg. (2005), S. 1415-1426.

IDW Standard: Grundsätze zur Bewertung immaterieller Vermögenswerte (IDW S 5), in: Die Wirtschaftsprüfung, Supplement 4/2007, 60. Jg. (2007), S. 64-75.

Verzeichnis zitierter Geschäftsberichte

BASF AG (Hrsg.), Geschäftsbericht 2005, Ludwigshafen 2006.

CENTROTEC Sustainable AG (Hrsg.), Geschäftsbericht 2006, Brilon 2007.

Curasan AG (Hrsg.), Geschäftsbericht 2005, Kleinostheim 2006.

Jenoptik AG (Hrsg.), Geschäftsbericht 2005, Jena 2006.

Linde AG (Hrsg.), Geschäftsbericht 2006, Wiesbaden 2007.

Merck KGaA (Hrsg.), Geschäftsbericht 2006, Darmstadt 2007.

Metro AG (Hrsg.), Geschäftsbericht 2005, Düsseldorf 2006.

TV-Loonland AG (Hrsg.), Geschäftsbericht 2005, Unterföhring 2006.

Wavelight AG (Hrsg.), Geschäftsbericht 2005/2006, Erlangen 2006.